# FRONTIÈRES

*Sous la direction de*
Anne-Laure Amilhat Szary
Grégory Hamez

ARMAND COLIN

# Horizon

Graphisme de couverture : Hokus Pokus Créations
Illustration de couverture : © Rael San Fratello / Ronald Rael & Virginia San Fratello



Armand Colin est une marque de
Dunod Éditeur, 11, rue Paul Bert, 92240 Malakoff

ISBN 978-2-200-62977-9

# Les auteur·ice·s

**Anne-Laure Amilhat Szary**, professeure de géographie à l'université Grenoble Alpes et directrice de *Pacte*, Laboratoire de sciences sociales (UMR 5194), elle est agrégée de géographie, ancienne élève de l'ENS de Fontenay-Saint-Cloud et membre honoraire de l'Institut universitaire de France. Elle est également co-fondatrice du collectif *antiAtlas des frontières* (antiatlas.net), un projet de recherche-création qui questionne les liens entre sciences sociales et arts.

De la même auteure :

- *Géopolitique des frontières. Découper la terre, imposer une vision du monde*, Le Cavalier Bleu, 2020.
- *Qu'est-ce qu'une frontière aujourd'hui ?* PUF, 2015.
- *Borderities: the politics of contemporary mobile borders*, Palgrave Macmillan, 2015 (co-dirigé avec F. Giraut).
- *Après la frontière, avec les frontières : dynamiques transfrontalières en Europe*, Éditions de l'Aube, 2006 (co-dirigé avec M.-C. Fourny).

**Grégory Hamez**, professeur de géographie à l'université de Lorraine et directeur du LOTERR, Centre de recherche en géographie (UR 7304), il est membre de l'UniGR-Center for Border Studies de l'université de la Grande Région (cbs.uni-gr.eu). Il est également co-fondateur du Groupement de REcherches Transfrontalières Interdisciplinaires (GRETI) et initiateur du prix littéraire « Frontières-Léonora Miano » dont la première édition se déroule en 2021.

Du même auteur :

- *Réalités, perceptions et représentations des frontières, L'espace transfrontalier de la Grande Région Sarre-Lor-Lux*, EME-Proximités, 2020 (co-dirigé avec J.-M. Defaÿs).
- *Modèles de frontières/Modelling and benchmarking of borders*, numéro thématique de la revue *Belgeo* 2013 (co-dirigé avec A.-L. Amilhat Szary, D. Paris, B. Reitel et O. Walther).
- *Frontières et aménagement, actes du colloque*, revue *Mosella*, 2007, vol. 32, n° 1-4.

◆◆◆

**Sofia Ababou** est chercheure en résidence à la Chaire Raoul-Dandurand en études stratégiques et diplomatiques, université du Québec à Montréal (UQAM), Canada.

**Véronique André-Lamat** est maîtresse de conférences en géographie à l'université Bordeaux Montaigne, UMR 5319 Passages.

**Olivier Andru** est professeur agrégé d'histoire-géographie au lycée L'Oiselet à Bourgoin-Jallieu, académie de Grenoble.

**Fabien Barthélémy** est docteur en géographie, professeur certifié d'histoire-géographie au collège le Grand Champ, Pont-de-Chérvy, académie de Grenoble, chercheur associé à l'université Grenoble Alpes, UMR 5194, *Pacte*, Laboratoire de sciences sociales.

**Nathalie Bernardie-Tahir** est professeure de géographie à l'université de Limoges, UMR 6042 GEOLAB.

**Antoine Beyer** est professeur de géographie à l'université de Cergy-Pontoise, UR MRTE (Mobilités Réseaux Territoires Environnement).

**Catherine Boskowitz** est metteure en scène et dramaturge, Compagnie ABC.

**Mathias Boquet** est maître de conférences en géographie à l'université de Lorraine, UR 7304 LOTERR (Centre de recherche en géographie).

**Michel Bruneau** est directeur de recherche émérite au CNRS Bordeaux, université Bordeaux Montaigne.

**Emmanuel Brunet-Jailly** est professeur de sciences politiques à l'université de Victoria, Canada, School of Public Administration et Chaire Jean Monnet.

**Amaël Cattaruzza** est professeur de géopolitique à l'université Paris 8, CRAG – Institut français de géopolitique.

**Olivier Clochard** est chargé de recherche au CNRS, UMR 7301 MIGRINTER, université de Poitiers.

**Isabella Damiani** est maîtresse de conférences en géographie à l'université de Versailles-Saint-Quentin-en-Yvelines, UR LIMEEP-PS (Laboratoire Interdisciplinaire sur les Mutations des Espaces Économiques et Politiques – Paris-Saclay).

**Cristina del Biaggio** est maîtresse de conférences en géographie à l'université Grenoble Alpes, UMR 5194 *Pacte*, Laboratoire de sciences sociales.

**Frédérick Douzet** est professeure de géopolitique à l'université Paris 8, CRAG – Institut français de géopolitique.

**Nathalie Fau** est maîtresse de conférences en géographie à l'université de Paris, UMR 245 CESSMA (Centre d'études en sciences sociales sur les mondes africains, américains et asiatiques).

**Fabrice Genter** est président de la CCI Moselle Métropole Metz, 1er vice-président de la CCI Grand Est.

**Philippe Gerber** est chercheur en géographie au LISER (Luxembourg Institute of Socio-Economic Research), Luxembourg.

**Frédéric Giraut** est professeur de géographie au département de géographie et environnement, université de Genève, Suisse.

**Nicolas Greiner** est doctorant en géographie à l'université de Lorraine, UR 7304 LOTERR (Centre de recherche en géographie).

**Camille Guénébeaud** est maître de conférences en géographie à l'université Paris 8, UMR 7533 LADYSS (Laboratoire Dynamiques Sociales et Recomposition des Espaces).

**Martín Guillermo-Ramírez** est secrétaire général de l'Association des régions frontalières européennes (ARFE), Gronau, Pays-Bas et Berlin, Allemagne.

**Sylvain Guyot** est professeur de géographie à l'université Bordeaux Montaigne, UMR 5319 Passages.

**Charles Heller** est docteur en géographie, chercheur associé à l'Institut de hautes études internationales et du développement à Genève, co-directeur du projet Forensic Oceanography (Goldsmiths, université de Londres), co-président du réseau Migreurop et co-fondateur de la plateforme WatchTheMed, Suisse.

**Irène Hirt** est professeure associée de géographie au département de géographie et environnement, université de Genève, Suisse.

**Ahmed Hussein** est maçon à Paris.

**Estelle Lesage** est comédienne à Paris.

**Hugo Mazzero** est doctorant en géographie à l'université Bordeaux Montaigne, UMR 5319 Passages.

**Daniel Meier** est docteur en géographie et chercheur associé à l'université Grenoble Alpes, UMR 5194 *Pacte*, Laboratoire de sciences sociales.

**Sarah Mekdjian** est maîtresse de conférences en géographie à l'université Grenoble Alpes, UMR 5194 *Pacte*, Laboratoire de sciences sociales.

**Calvin Minfegue Assouga** est enseignant-chercheur en science politique et géographie politique à l'université Catholique d'Afrique centrale (UCAC), département de sciences politiques, Cameroun.

**Frédérique Morel-Doridat** est doctorante en géographie à l'université de Lorraine, UR 7304 LOTERR (Centre de recherche en géographie).

**Luca Muscarà** est professeur à l'università del Molise (Italie) et chercheur associé à l'UMR 5194 *Pacte*, Laboratoire de sciences sociales, Grenoble.

**Kiara Neri** est maîtresse de conférences HDR à l'université Jean Moulin Lyon 3, Centre de droit international.

**Camille Noüs** est chercheure collective, Laboratoire Cogitamus, www.cogitamus.fr.

**Laetitia Perrier-Truslé** est maîtresse de conférences en géographie à l'université de Lorraine, UR 7304 LOTERR (Centre de recherche en géographie).

**Thomas Perrin** est maître de Conférences HDR en aménagement et urbanisme à l'université de Lille, ULR TVES (Territoires, Villes, Environnement & Société).

**Jean Peyrony** est directeur général de la Mission opérationnelle transfrontalière (MOT), Paris.

**Frédéric Piantoni** est maître de conférences en géographie à l'université de Reims Champagne-Ardenne, UMR 196 CEPED (Paris Descartes-INED-IRD).

**Sabrina de Pindray d'Ambelle** est doctorante en géographie à l'université de Lorraine, UR 7304 LOTERR (Centre de recherche en géographie).

**Philippe Rekacewicz** est cartographe, éditeur du site visionscarto.net et professeur associé à l'université d'Helsinki, département d'anthropologie, Finlande.

**Colette Renard-Grandmontagne** est maîtresse de conférences en géographie *cum merito* à l'université de Lorraine, UR 7304 LOTERR (Centre de recherche en géographie).

**Nadège Risse** est cheffe d'entreprise et présidente de Joints Vulcanisation Caoutchouc, Peltre (Metz Métropole).

**Sophie de Ruffray** est professeure en géographie à l'université de Rouen, UMR 6266 IDEES.

**Isabelle Saint-Saëns** est militante associative à Paris.

**Camille Schmoll** est maîtresse de conférences HDR en géographie à l'université de Paris, UMR 8504 Géographie Cités.

**Gianlluca Simi** est docteur de l'université de Nottingham et chercheur au Groupe de recherche en droits de la personne et mobilité humaine internationale, université fédérale de Santa Maria, Brésil.

**Damien Simonneau** est docteur en science politique, chercheur postdoctoral à l'Institut Convergences Migrations, Bruxelles et Paris.

**Christophe Sohn** est chercheur en géographie au LISER (Luxembourg Institute of Socio-Economic Research), Luxembourg.

**Élisabeth Vallet** est professeure associée de géographie à l'université du Québec à Montréal (UQAM), Canada, Chaire Raoul-Dandurand en études stratégiques et diplomatiques.

**Marie-Josée Vidal** est coordinatrice générale du Département de l'aménagement du territoire du ministère de l'Énergie et de l'Aménagement du territoire, Luxembourg.

**Leïla Vignal** est maîtresse de conférences HDR en géographie à l'université de Rennes, UMR ESO, Laboratoire ESO-Rennes (CNRS UMR 6590 Espaces et Sociétés).

# Table des matières

## PARTIE 4

## TYPES D'ESPACES

PARTIE 5

## CONCLUSIONS POUR ENSEIGNER LA FRONTIÈRE

# INTRODUCTION

Vu du haut, le paysage semble coupé en deux par une ligne un peu épaisse. D'un côté des déchets, de l'autre le sol strié par des équipements mécaniques, de façon à ce que toute trace d'intrusion soit rapidement perceptible. Habitué à ce type de représentations de la frontière en vue zénithale, notre cerveau se laisse prendre au piège : oui, l'image de couverture du livre propose bien l'illustration d'une rupture géopolitique. D'ailleurs, on devine que le partage médian a une matérialité propre, un volume, et guidé·e·s par l'œil, nous continuons à opérer des déductions : c'est un mur qui, au vu de la sécheresse environnante marquée par une végétation de broussailles succulentes propres aux terres xériques, pourrait bien être la barrière qui sépare le Mexique des États-Unis !

Le doute n'est plus possible au vu de ce qui est en train de se passer : des personnes sont regroupées autour de la « ligne », mais apparemment pas dans le but de la franchir. Pas d'agents des forces de l'ordre autour d'elles, pourraient-elles toucher ce mur sans être dans l'illégalité ? Que font-elles ? Que sont ces objets roses qui tranchent avec le camaïeu du reste du paysage ? Il s'agit de… balançoires, installées en ce lieu pour une performance artistique et politique intitulée *Teeter-Totter Wall*, conçue en 2009 par les architectes Virgina Fratello et Ronald Rael et mise en œuvre par eux, sur le terrain, en juillet 2019. L'ironie de ce moment réside dans la subversion de la frontière dans toutes ces dimensions, puisque la photo est prise par un drone, instrument de surveillance par excellence, retourné au profit des participants pour documenter leur rencontre. La limite entre ces deux pays a été qualifiée d'« hyper-frontière » tant elle concentre les problématiques exprimées par ces lieux exceptionnels que sont les espaces de séparation entre les États. Il s'agit de la plus fermée, mais aussi de la limite internationale la plus traversée (1 million de passages quotidiens légaux et 500 milliards d'échanges commerciaux annuels), et elle pourrait bien être plus complexe qu'on ne la représente souvent.

La frontière offre en effet une *forme* de simplicité apparente, au sens littéral du terme : il s'agirait d'une ligne sur une carte, partageant deux pays, ce que recouvre le néologisme de « dyade » forgé il y a 30 ans par Michel Foucher. Au sens de limite internationale, elle distinguerait deux États et leurs attributs, le territoire et la souveraineté. « Une frontière internationale est la ligne formée par la succession des points extrêmes du domaine de validité spatiale des normes juridiques d'un État » : cette définition extraite de la sentence pour l'arbitrage sur la frontière maritime entre Guinée-Bissau et Sénégal de 1989 est placée en exergue du site web du Conseil national de l'information géographique, chargé par le gouvernement français de mettre ses limites internationales en adéquation numérique avec celles de ses voisins. Elle se base sur un lien constitutif entre frontière, territoire et souveraineté d'un État, sans prendre garde à la dimension tautologique de cette relation : dans les dictionnaires, on définit chacun de ces termes à l'aide des trois autres dans une forme de circularité problématique.

On se réfère ici au territoire défini en tant qu'espace borné, maille exclusive d'une autre… Cette réalité géographique n'est pas aussi universelle qu'elle en a l'air : l'idée d'un partage du pouvoir selon des juridictions non recouvrantes, en lieu et place de jeux d'allégeance multiples, ne date que du XVII$^{e}$ siècle, et ne s'applique alors qu'à l'Europe occidentale. La frontière est une fiction politique et, comme telle, performative. Elle est d'autant plus utile que son pouvoir suggestif s'est avéré extrêmement puissant. Affirmer cela ne veut aucunement dire que la frontière n'existe pas, mais qu'elle participe d'un imaginaire territorial qui a une fonction politique : « On ne dira pas que la frontière est imaginaire, mais qu'elle est une composante spatiale de l'imaginaire étatique du territoire et qu'elle le conforte en retour » (Debarbieux, 2015, p. 91). Il est donc essentiel de comprendre comment ce type de discontinuité a pu prendre une telle importance dans l'organisation du monde, à travers l'analyse des processus qui nous ont conduits à partager nos représentations européennes légitimant le bien-fondé d'une ligne pour organiser les sociétés.

Le texte de cadrage officiel de la question sur les frontières aux concours du Capes et de l'agrégation souligne : « Les frontières sont un objet central de la géographie : discontinuités spatiales dont la forme actuelle est fortement liée à l'histoire de la carte et de ses usages politiques, les frontières intéressent les géographes, mais aussi les futurs enseignants qui seront amenés à enseigner cette thématique en faisant preuve d'esprit critique. » La frontière constitue en effet une notion essentielle de la géographie en tant qu'elle constitue un type de discontinuité mobilisé comme outil de « gouvernementalité », avec une efficacité telle qu'il se retrouve au cœur des dispositifs de maillage du monde. Elle contribue ainsi de façon essentielle à la catégorisation de l'espace qui est au cœur de la démarche géographique. À ce titre, le terme est souvent mobilisé au sens métaphorique (frontières urbaines, frontières intimes, etc.) : qu'apporte-t-il alors de plus que celui de limite ? L'ouvrage tente, par la diversité de ses éclairages, de répondre à ces questions épistémologiques fondamentales.

Les frontières constituent donc des constructions territoriales dont la diffusion planétaire impose une analyse plurielle. Il s'agit à la fois d'un invariant anthropologique, dans la mesure où tout individu ou groupe a besoin de limites pour se constituer des repères spatialisés, et d'une réalité tout à fait située, en tant que modèle politique constitué en Europe à l'époque moderne et diffusé par le biais de la colonisation. Il importe d'abord de comprendre avec quel autre type de limites les frontières composent et s'hybrident, à différentes échelles. Cela est d'autant plus important que l'on ne peut donc aborder cette question que dans un contexte qu'il faut expliciter : celui d'une globalisation des questions de sécurité qui met les frontières sous les feux de l'actualité médiatique, notamment depuis 2015. Il est donc essentiel de ne pas se laisser enfermer dans des lunettes « présentistes » qui bloquent l'analyse : le texte du Bulletin officiel y invite par ailleurs en soulignant la nécessaire dimension critique de toute analyse des frontières. On peut se référer à la perspective dite d'autonomie des migrations (ADM) qui propose de comprendre le monde « non pas des frontières mais des mouvements, des contraintes et des luttes des migrants. » (Heller, Pezzani et Stierl, 2019). À la suite des travaux de

Jean Gottmann (1952) ou de Denis Retaillé (2011) concevant l'espace à partir de sa dimension mobile et pas seulement à partir de la traditionnelle perspective des ancrages territoriaux, il est possible aujourd'hui de travailler la question des frontières dans une approche renouvelée, à la fois d'un point de vue scientifique et politique. Les frontières sont en effet autant des lieux d'expression du pouvoir (et un des rares types d'espaces où l'État est tangible) que des sites de luttes et de constitution de propositions politiques.

Travailler la géographie des frontières aujourd'hui, c'est donc à la fois explorer et comprendre le monde avec lequel nous avons appris à fonctionner, celui des planisphères classiques qui découpent la planète en taches multicolores distinctes… et se construire des outils pour déchiffrer tout ce que ces schémas invisibilisent : en ce moment, des femmes et des hommes sont prisonniers des frontières et y perdent leur vie. Certes, 10 % des limites internationales contemporaines sont en 2020 fermées par des murs et des barrières, accroissant le sentiment de linéarité à leur égard. Mais il s'agit là d'une mise en spectacle qui permet de cacher des pratiques de contrôle des mobilités, lesquelles échappent à la validation démocratique (Mountz, 2015). L'analyse ressort de la géographie politique, mais aussi économique, sociale, culturelle, voire artistique : on doit travailler à la fois ce qui fait frontière et comment les populations vivent avec, notamment sur le lieu de la ligne, dans des dynamiques transfrontalières plus ou moins formalisées.

Il faut désormais évoquer également les frontières maritimes, aériennes, électroniques, enjeux des conflits à venir, alors même que certaines rivalités historiques perdurent sous des formes anciennes, telles les tranchées du Haut-Karabakh. Faut-il considérer la frontière comme le lieu de superposition de territorialités ? Le palimpseste a bon dos : si les frontières exposent en effet la diversité des formes de rapport à l'espace et la complexité des territorialités, elles ne les résument pas toutes. Ce qui spécifie les frontières par rapport à d'autres types de limites est « qu'il s'agit d'espaces-temps qui matérialisent les normes » (Amilhat Szary, 2020).

L'approche géographique permet de lier acteurs, représentations et pratiques dans l'analyse politique, et cet ouvrage est donc construit de manière apparemment classique dans la mesure où il reprend ce triptyque. Il consacre sa première partie aux concepts et processus permettant d'aborder la géographie des frontières, dédie la deuxième partie aux représentations et la troisième aux pratiques, déclinées en fonction de types d'espaces dans la quatrième partie. En guise de conclusions, il pose la question de la place de la frontière dans les programmes du secondaire.

En tant qu'État doté du deuxième plus vaste espace maritime du monde, la France est donc l'un des pays qui a le plus de frontières ! Pourtant, dans notre pays très centralisé, les espaces frontaliers sont peu visibles dans les contenus transmis en classe et, à ce titre, la question de programme offre une belle opportunité de revisiter l'enseignement de la géographie nationale. Cet ouvrage ouvre enfin sur les transformations actuelles du champ que la pandémie de Covid-19 questionne en profondeur, de telle sorte que les lecteur·ices du livre puissent continuer de s'en servir au-delà de la préparation des concours.

On note au passage le choix de nombreux·se auteur·ices de ce manuel d'utiliser l'écriture inclusive, encouragé par nous deux au titre d'une approche de la production de connaissances consciente des relations de pouvoir qu'elle engendre et soucieuse de lutter contre les discriminations, notamment de genre, dans les mondes éducatifs.

Notre conception du manuel recèle toutefois quelques originalités : d'abord de placer les représentations en premier, avant les pratiques, ce qui est rarement le cas dans les plans classiques de géographie. Il s'agit pour nous d'insister sur le fait que les frontières sont dans nos têtes avant d'être ailleurs. Les écrits sur l'origine des frontières s'écharpent souvent pour déterminer ce qui prime du concept, de l'institution ou des pratiques ; pour nous, cette discussion se résout par le fait que la frontière ne peut se concevoir que dans la triangulation dialectique entre ces termes.

Deuxième point d'originalité : les courts chapitres consacrés à des cas régionaux sont placés dans la partie conceptuelle. Il s'agit pour nous de présenter une approche ouverte des façons de penser la frontière politique et l'objet frontière en général, de par le monde. Il s'agit là d'une exploration tant régionale qu'épistémologique, que nous esquissons à travers une sélection d'espaces continentaux qui, malheureusement du fait du format du manuel, ne peut pas couvrir tout à fait la planète.

Troisième élément inédit : des encarts consacrés à des entretiens avec des acteurs et actrices de la frontière. Sans prétendre à aucun type d'exhaustivité, il s'agit de donner la voix à celles et ceux dont le livre parle à la troisième personne. C'est en tant que les frontières et leurs traversées jouent un rôle essentiel dans leurs vies personnelles et professionnelles que nous leur avons proposé de remplir un questionnaire. « Qu'est-ce qu'une frontière pour vous aujourd'hui et demain ?/ *What is a border for you?* » Il s'agit d'une plateforme expérimentale de collecte de témoignages sur le devenir des frontières développée sur la base d'un questionnaire protégé par une licence collaborative *Creative Commons*, c'est-à-dire partageable avec des modifications à partir du moment où l'on en cite la source. La constitution de ce manuel a donc été l'occasion de lancer un projet de recherche qui a vocation à se déployer de manière collaborative. Il peut faire l'objet d'un travail en classe ; un site web va permettre le partage des éléments collectés.

## ENCADRÉ

### Questionnaire : « qu'est-ce qu'une frontière pour vous aujourd'hui (et demain) ? »

1. Quand vous pensez aux frontières, quelle est la première image qui vous vient à l'esprit ?
2. De quel point de vue et/ou quelle position professionnelle parlez-vous des frontières ?
3. Quelles sont les évolutions majeures des frontières que vous avez connues ?
4. Quelles émotions ressentez-vous face aux frontières/une frontière en particulier ?
5. Pouvez-vous citer un film, un roman, une pièce de théâtre, une chanson ou autre musique qui évoque la frontière pour vous, et nous en dire quelques mots ?

6. En quoi avez-vous fait bouger les frontières ?
7. Comment voyez-vous les frontières de demain ? Comment voudriez-vous qu'elles évoluent ?*
8. Voulez-vous ajouter quelque chose ?

Au fur et à mesure des ateliers, d'autres questions se sont rajoutées, notamment les suivantes :
1. Donnez/écrivez rapidement votre définition d'une frontière.
2. Quelle est la dernière fois que vous avez pensé aux frontières ?
3. Quand parlez-vous des frontières ?
4. Quelles émotions ressentez-vous face aux frontières/une frontière en particulier ?

* La question sur l'avenir des frontières a été ajoutée pendant la phase de travail sur le questionnaire et tous nos interlocuteurs·ices n'y ont pas répondu.

Anne-Laure Amilhat Szary, 2020.

Dernière originalité et non des moindres, nous vous proposons de travailler avec le premier *handbook* francophone : la production scientifique anglophone est marquée par de gros ouvrages collectifs qui ont vocation à faire le point sur l'état d'un domaine disciplinaire. Ce livre réunit parmi celles et ceux des meilleurs spécialistes de *border studies* qui écrivent en français, donnant à partager les manières de penser d'une francophonie comprise au sens le plus large du terme (Belgique, Canada, Cameroun, Luxembourg ou Suisse, mais aussi Brésil ou Italie). Les textes que nous leur avons demandés sont des chapitres courts, visant à mettre à disposition des étudiant·es l'apport multidisciplinaire des *border studies* dont cet ouvrage présente la première synthèse disponible en français. Sur le site Armand Colin, vous trouverez à la fois les bibliographies complètes évoquées par les auteurs dans les différents chapitres, mais aussi des références littéraires et cinématographiques pour enrichir encore la compréhension des frontières.

Travailler sur les frontières n'est pas neutre du point de vue éthique : les frontières se performent : les dire c'est les faire, les écrire contribue à les transformer. Ce thème implique d'aborder des questions relatives à la dignité comme aux droits humains et oblige à penser toutes les entorses qui leur sont faites. Les contributeur·ices de ce livre ont donc fait le choix de verser leurs droits d'auteur·es à des associations d'aide aux personnes en migrations.

**Anne-Laure Amilhat Szary et Grégory Hamez**

# BIBLIOGRAPHIE

AMILHAT SZARY A.-L., (2020), *Géopolitique des frontières. Découper la terre, imposer une vision du monde*, Paris, Le Cavalier Bleu.

DEBARBIEUX B., (2015), *L'espace de l'imaginaire : essais et détours*, Paris, CNRS Éditions.

GOTTMANN J., (1952), *La politique des États et leur géographie*, Paris, Armand Colin.

MOUNTZ A., (2015), « In/visibility and the Securitization of Migration. Shaping Publics through Border Enforcement on Islands », *Cultural Politics: an International Journal*, vol. 11, n° 2, p. 84-200, https://doi.org/10.1215/17432197-2895747.

RETAILLÉ D., (2011), « La transformation des formes de la limite/The transformations of the forms of the limit », *Articulo. Journal of Urban Research*, n° 6, (*Changing European Borders*), http://articulo.revues.org/1723.

# PARTIE 1
# CONCEPTS ET PROCESSUS

## SOMMAIRE

# CHAPITRE 1
# Épistémologie des frontières : origine et actualité des *border studies*

**Anne-Laure AMILHAT SZARY**

SOMMAIRE



Ce chapitre a pour but de faire le point sur les multiples façons dont les sciences sociales en général – et la géographie en particulier – se sont saisies de l'objet « frontière ». Cette approche historique est aussi thématique : elle permet de mettre en évidence comment la constitution du savoir autour d'un fait social se fait dans l'interaction entre l'évolution contextuelle de ce que l'on observe (quel type de frontière est fabriqué et utilisé à quelle époque) et les outils scientifiques dont on dispose alors pour décrire et analyser ces situations (quels concepts et méthodes, paradigmes anthropologiques et philosophiques sont mobilisés pour comprendre ce phénomène).

Le chapitre porte sur la période allant de la fin du XIXe siècle jusqu'à nos jours, soit depuis le moment où les limites internationales se sont constituées comme champ de savoir universitaire dans les pays occidentaux. La pandémie de la Covid-19 et la fermeture concomitante d'une grande partie des frontières du monde viennent de placer ces types de lieux sous les feux de l'actualité médiatique. Cette évolution fait écho à des analyses scientifiques qui, depuis la constitution d'un champ inédit de *border studies* dans les années 1990, ont mis l'accent sur le rôle à la fois fondamental et complexe que les frontières jouent aujourd'hui pour tout le monde, et pas seulement pour les habitants des régions bordières des limites internationales.

Il distingue trois phases importantes, de durées très inégales entre elles : de la fin du XIXe siècle aux années 1970, prime une approche stato-centrée de la frontière qui porte à ne la voir que comme une ligne. De la deuxième moitié de la guerre froide à la fin des années 1990, l'élargissement du regard sur les frontières amène à les saisir dans une forme d'épaisseur spatiale (notion de région transfrontalière) et temporelle (dynamiques d'ouverture/fermeture, dites de *debordering* et *rebordering* en anglais). Depuis 2001 enfin, l'imposition politique d'un agenda sécuritaire relance le débat sur la question de la traversée des frontières, alors que leurs fonctions évoluent : loin de disparaître en se fondant dans la mondialisation, les frontières se déplacent en devenant réticulaires.

# 1 Le front et la vague : la frontière définie par l'État

## 1.1 La frontière au cœur de la pensée géopolitique des États-nations coloniaux

La définition historique des frontières est à la fois praxéologique et scientifique, c'est-à-dire que ceux qui se sont intéressés à cet opérateur spatial l'ont souvent fait dans une optique applicative autant qu'explicative.

Historiquement, les premiers textes scientifiques concernant les limites internationales d'un point de vue empirique datent de la fin du XIXe siècle. Cette date n'est pas neutre, elle correspond à deux faits concomitants, d'une part la généralisation de la structuration des frontières dans le monde (notamment avec la conférence de Berlin de 1883-1884 qui statue sur le partage de l'Afrique) et d'autre part l'émergence des sciences sociales dans les universités. Les textes antérieurs qui concernent les frontières sont des textes de philosophie et de droit, qui réfléchissent donc sur la nature de la bonne frontière, de manière théorique.

On cite généralement les travaux allemands comme pionniers dans le domaine, notamment les travaux de Ritter (1817), Ratzel (1891 et 1897) auxquels on relie l'œuvre du suédois Kjellén (1917) dans le cadre de ce qu'il est courant d'appeler « l'école allemande ». Dans une approche qui tire son inspiration des raisonnements darwiniens, mais aussi de l'effort de Humboldt pour comprendre les périmètres de vie des espèces, ces derniers pensent l'État comme un organisme vivant dont il s'agit de qualifier l'enveloppe.

Dès son *Anthropogeographie* (1891), F. Ratzel affirme ainsi que « la frontière est mobile par sa nature ». C'est dans sa *Géographie politique* (1897) qu'il élabore sa théorie de la frontière, constatant à quel point il est difficile de délimiter les groupes humains dont l'unité se définit sur une base ethnique ou linguistique par définition mouvante, il propose de considérer la frontière, non pas comme une ligne, mais comme une bande. La grande question des États européens en développement industriel étant l'accès aux ressources, il s'agit aussi de théoriser la possibilité de croissance du territoire pour se les approprier. Ses successeurs, R. Kjellén (1917) et surtout K. Haushofer (1927), vont appliquer cette pensée dans une perspective politique expansionniste, théorisant le projet hitlérien.

Dans le contexte très distinct des États longtemps présentés comme « neufs », qu'il est plus juste de qualifier de colonies de peuplement, comme les pays d'Amérique du Nord par exemple, le problème de la frontière est moins le partage du territoire entre les groupes présents et aux prétentions politiques rivales que l'extension progressive de la présence des nouveaux arrivants au prix du massacre des premiers habitants. C'est dans ce cadre qu'une autre école de pensée travaille sur la frontière comme zone ou front pionnier, traduction des termes anglais *frontier* selon F. Turner (1893-1921), *pioneer fringe* selon I. Bowman (1921). Cette école américaine fait, à a sa manière, écho aux travaux de Ratzel, notamment les travaux d'E. Semple (1911) qui tentent de penser le lien entre limites environnementales et politiques.

Ce premier moment est aussi celui de l'expression d'une alternative politique, celle d'un monde sans frontière, ou du moins sans limites institutionnelles imposées du haut, notamment par l'État. Le géographe anarchiste E. Reclus dénonce le carcan des frontières dès la conférence Internationale de la Ligue de la Paix et de la Liberté, tenue à Berne en 1868, au nom de la liberté des peuples à s'assembler comme ils le souhaitent ; idée reprise dans sa *Nouvelle géographie universelle* où il annonce le risque de « bouleversement des frontières entre les États européens » à venir.

## 1.2 Partitions : avatars de la ligne et du front

La production scientifique sur les frontières va connaître une première effervescence à partir de la Première Guerre mondiale et dans l'entre-deux-guerres : pour beaucoup, les écrits tentent de cerner la « bonne frontière », c'est-à-dire, selon les postures, celle qui garantira à l'État concerné la position la plus avantageuse ou bien celle qui évitera la guerre. De nombreuses publications ont lieu en allemand et en anglais, bien moins en français, à l'exception notable de la thèse P. Geouffre de Lapradelle, juriste (1928), et de l'ouvrage fondateur de J. Ancel (*Géographie des frontières*, 1938). Pourtant les géographes français sont loin d'être étrangers à la géopolitique : en tant qu'experts, ils ont été appelés par les chefs d'État pour aider à tracer les frontières de l'Europe médiane suite au démembrement de l'empire austro-hongrois (Paul Vidal de la Blache était le vice-président du Comité d'Études réuni pour la mise en œuvre des Traités, Emmanuel de Martonne et Albert Demangeon les deux secrétaires, *cf.* Boulineau, 2001). Plus tard, I. Bowman, conseiller de Wilson en 1918 et de Roosevelt pendant la Seconde Guerre mondiale, contribuera à la constitution de l'ONU.

Des géographes feront aussi partie des nombreuses expéditions coloniales et scientifiques qui contribueront à démarquer les frontières du globe dont témoignent les compte-rendus des *Annales de Géographie* par exemple. Les frontières intéressent aussi les historiens (L. Febvre, 1928) mais peu les sociologues, à l'exception de G. Simmel qui, dès 1908, travaille la question depuis le point de vue du mouvement des personnes (et la figure de l'étranger notamment). Les anthropologues mettront beaucoup de temps à intégrer explicitement la dimension territoriale dans l'analyse des délimitations entre les groupes sociaux et culturels (F. Barth, 1969).

La géopolitique connaît un désaveu important après la Seconde Guerre mondiale du fait de son rôle délétère dans l'enchaînement des hostilités ; la pensée de la frontière ne disparaît pas pour autant, notamment en Amérique du Nord où elle est relancée dans les années 1960 par J. Minghi (1962) ou J. R. V. Prescott (1965, 1975, 1987). L'influence d'un J. Gottmann, dont la vie se construit entre la France et les États-Unis, est décisive pour la pensée du cloisonnement du monde (1952).

## 2 Les *border studies* : la frontière comme objet spatial multi-niveaux

### 2.1 À la fin de la guerre froide, la structuration des *border studies*

En écho à quelques travaux pionniers, à partir de la fin des années 1960, la géographie va se ressaisir des espaces frontaliers, notamment à partir de l'analyse régionale, moins problématique politiquement. Ces analyses vont développer l'idée de la frontière comme point de contact (Spykman, 1942). Dans le domaine francophone, faisant suite au tableau générique de R. Dion (*Les frontières de la France,* 1947), quelques grandes thèses poseront la problématique de la vie en condition de mitoyenneté nationale (S. Daveau, 1957 publiée en 1959 : *Les régions frontalières de la montagne jurassienne;* Yola Verhasselt, 1965 publiée en 1966, *Les frontières du Nord et de l'Est de la Belgique, étude de géographie humaine* ; Roger Tardy, 1970, *Pays de Gex, terre frontalière* ; F. Lentacker, 1970 publiée 1973 : *La frontière franco-belge. Étude géographique des effets d'une frontière internationale sur la vie de relations*, publiée avec le concours de la Chambre de commerce et d'industrie de Lille-Roubaix-Tourcoing) ; au Québec H. Dorion leur répond (sa maîtrise date de 1963, *La Frontière Québec-Terreneuve : Contribution à l'étude systématique des frontières*). Ces thèses font écho au travail des pères fondateurs, la thèse d'État de Raoul Blanchard consacrée à la Flandre (1906) et l'ouvrage de P. Vidal de la Blache consacré *La France de l'Est* (1917), étant passés sous silence dans l'historiographie géopolitique.

Dans le même temps, en 1976, la naissance de l'*Association for borderlands studies* consacre la multiplication d'études sur la frontière États-Unis/Mexique. La publication dont le groupe est responsable, le *Journal of borderlands studies*, ou son pendant *Frontera Norte*, la revue du Colegio de la Frontera Norte de Tijuana, multiplient aussi les études de cas. En Europe, un institut consacré à l'expertise pratique sur les frontières (résolution de conflits et démarcation) naît à l'université de Durham (Grande-Bretagne) : l'IBRU (International Boundaries Research Unit, 1989).

Les efforts de systématisation et de théorisation sont malgré tout peu nombreux. 1974 est une année tournant, qui voit à la fois la publication du livre de H. Guichonnet et C. Raffestin et celle d'un un numéro thématique des *Cahiers de Géographie du Québec* (vol. 18 n° 43, 1974). Ces deux travaux font date comme premier effort de systématisation, proposant une géographie générale de la frontière. Les travaux de V. Prescott et ceux de M. Foucher (thèse soutenue en 1986, première publication en 1988 de *Fronts et frontières. Un tour du monde géopolitique*) se répondent dans leur effort de construire un regard mondial sur les espaces frontaliers.

## 2.2 Le rôle croissant de la coopération dans la transformation des régions transfrontalières

La chute du mur de Berlin va transformer radicalement le regard porté sur les frontières. Certains prédisent leur disparition (le *Borderless World* du consultant K. Ohmae, 1990 ; Chen, 2005) corrélée à la « fin des territoires » (B. Badie, 1994). La première définition du terme proposée par le *Dictionnaire de l'Espace et des Sociétés* de J. Lévy et M. Lussault (2003) témoigne de cette représentation d'un monde où l'ouverture des frontières semble l'horizon inéluctable (en 2013, la deuxième édition présente en revanche deux définitions contrastées).

Dans ce contexte, l'accent est mis sur la collaboration de part et d'autre des frontières qui fait désormais l'objet de politiques publiques dédiées (*cf.* les programmes Interreg de l'Union européenne). Les chercheurs emboîtent le pas et vont développer une expertise croissante sur les dynamiques de coopération transfrontalière en Europe et de par le monde. L'initiative des conférences BRIT – Border Regions in Transition (acronyme qui dérive du titre du deuxième colloque qui s'est tenu en 1997) symbolise bien ce tournant : il s'agit de rencontres bisannuelles qui ont lieu depuis 1994 de part et d'autre d'une frontière que la communauté scientifique réunie pour l'occasion traverse ensemble. En France, c'est à proximité de la frontière nord que les études sur la frontière se développent d'abord (Renard et Picouet, 1993), avant un renouvellement plus large (Medina-Nicolas, 2004).

Le fond théorique de ce déploiement est celui de la postmodernité (Newman 1999) qui renouvelle les outils de l'analyse régionale (Newman et Paasi, 1998). Il devient acquis que la frontière est moins un état qu'un processus, de mise en ordre du monde (*ordering*), d'ouverture et de fermeture (*debordering/rebordering*), mais aussi d'altérisation (*othering*) (Kramsch *et al.* 2004, Van Houtum 2010). Les premières typologies proposées par R. Rattti (1991 ; 1997) et O. Martínez (1994) mettront vingt ans à être détrônées par un modèle plus robuste (E. Brunet-Jailly, 2005). Tous les chercheurs ont tendance à citer les mêmes philosophes comme E. Balibar (1997) et, de plus en plus, M. Foucault et G. Agamben. Ils ont en commun de maintenir la réflexion à l'échelle de l'État, même dans la perspective critique qu'ils font leur.

Cette période voit la création de très nombreuses nouvelles frontières, dans l'espace post-soviétique notamment. Cela ne se fait pas sans violence (guerres yougoslaves) mais les *border studies* naissantes ne font pas toujours le lien avec l'analyse géopolitique plus classique. La question des frontières maritimes dont l'actualité diplomatique est renouvelée par l'entrée en vigueur de la Convention des Nations unies sur le Droit de la Mer (UNCLOS en anglais) en 1994 n'est pas non plus tellement abordée par ces recherches. Cette période essentiellement consacrée à tisser des liens entre les communautés scientifiques européenne et nord-américaine peine à intégrer les recherches extra-occidentales (*cf.* Brunet-Jailly, 2015).

# 3 La « world border » : comprendre la frontière en tant qu'elle se traverse

## 3.1 Le tournant sécuritaire et la fermeture des frontières

Les attentats du 11 septembre 2001 vont provoquer un tremblement de terre dans l'appréhension des frontières. Brusquement, il ne s'agit plus de s'émerveiller de ce qui se produit à travers les limites internationales mais de s'en méfier. La frontière n'est plus tant analysée en tant que ligne ou région limitrophe, mais en tant qu'elle se traverse et qu'elle filtre les flux de la mondialisation. Le lien avec les questions de sécurité ne va cesser de croître dans les *border studies*, dans un rapprochement important avec un nouveau champ de connaissances, les *critical security studies* (D. Bigo, W. Walters). De plus en plus, les fonctions frontalières se réalisent à distance de la ligne elle-même. À travers l'analyse des modalités de surveillance aux frontières se dessinent de nouvelles spatialités réticulaires qui mettent en avant la nécessité de comprendre désormais la limite internationale comme un dispositif complexe. Ce tournant sécuritaire s'avérant véritablement mondial, il relie de façon inédite toutes les frontières du globe.

De ce fait, la question des migrations est souvent abordée à partir de la question de son contrôle. Paradoxalement, les recherches sur les frontières ont beaucoup de mal à croiser celles qui concernent les mobilités : jusqu'à aujourd'hui, les deux corpus bibliographiques présentent assez peu de connexions, sauf parmi les tenants les plus critiques des *border studies*, c'est-à-dire celles et ceux qui prennent leurs distances vis-à-vis des acteurs institutionnels pour travailler les rapports de domination induits par les frontières. Dans ce domaine, d'une part, obtenir des informations nécessite souvent un engagement militant qui, seul, permet d'avoir accès aux personnes et aux espaces invisibilisés par les politiques officielles. D'autre part, la production de cette information a un rôle politique : des réseaux comme Migreurop (carte des centres de rétention et des camps) ou United (comptage des morts aux frontières) permettent de témoigner sur des réalités humaines douloureuses, très éloignées du tableau officiel des réalités frontalières.

Cette période voit en effet le retour des murs dont la disparition avait été escomptée avec la chute du rideau de fer. Leur multiplication exponentielle est suivie par un certain nombre de chercheur·e·s (l'équipe d'E. Vallet à Montréal notamment) qui ont proposé de parler de « teichopolitique » (du grec *teichos*, mur, *cf.* Rosière, 2020) pour qualifier les enjeux de cette fortification inédite du monde.

S'il faut cependant prendre garde de ne pas considérer la barrière frontalière comme l'archétype de la frontière (*cf.* chap. 32), elle met néanmoins en évidence la violence des frontières. Dans le même temps, la coopération transfrontalière, loin d'avoir disparu, fait l'objet d'innovations intéressantes. Les *border studies* doivent désormais faire face à ce foisonnement thématique. Elles travaillent désormais le paradoxe visibilité/invisibilité de la frontière, lieu où « le pouvoir sélectionne ce qu'il donne à voir, la mise en scène de certains éléments servant de “couverture” à un grand nombre de processus qu'il est pourtant essentiel de comprendre » (Amilhat Szary, 2020).

Arrivées à maturité, ce dont témoigne la publication concomitante de deux gros *Companions to Border Studies* (Wastl-Walter 2011 et Wilson & Donnan 2012), ces recherches sont aussitôt mises au défi de leur dimension critique (Johnson *et al.* 2011, Parker & Vaughan-Williams 2012 et Walia 2013). Celle-ci tente de faire le lien paradoxalement faible avec les *migration studies* (*cf.* le nouveau *movements. Journal for Critical Migration and Border Regime Studies* http://movements-journal.org), notamment en stimulant la possibilité de considérer les frontières comme lieu de résistance politique à partir de la perspective de l'autonomie des migrations (Heller *et al.*, 2019).

## 3.2 Perspectives postcoloniales sur la frontière

Après une édition tenue en Inde, près de la frontière Indo-Pakistanaise en 2000, les conférences BRIT alternent régulièrement entre l'Europe et l'Amérique du Nord. La volonté de mondialiser les *border studies*, appelée de leurs vœux par les responsables, a tardé à se mettre en place malgré une incursion en Amérique andine en 2009. Le dynamisme des chercheurs asiatiques, et notamment les Japonais du Eurasia Unit for Border Research de l'université d'Hokkaido, a été déterminant dans la globalisation effective des approches frontalières. De son côté, l'Association of Borderlands Studies, consciente de son tropisme nord-américain, a favorisé la tenue de conférences régionales, notamment européennes. Leur croissance a permis d'envisager deux colloques mondiaux (*ABS World Conferences* en 2014 et 2018). Le premier est l'œuvre du centre des chercheurs du Laboratoire VERA de l'UEF (Joensuu, Finlande), et notamment I. Liikanen, J. Scott et J. Laine, dont la capacité d'animation de la recherche dans le domaine a été consacrée par de très nombreux projets européens, toujours avec le souci d'ouvrir ces financements aux pays émergents (espaces post-soviétiques notamment, *cf.* Laine *et al.* 2019) et, plus récemment, des « Suds ». Les frontières africaines font ainsi l'objet d'un profond renouveau analytique. La recherche en sciences sociales dans ce domaine s'ouvre également aux humanités, aux arts et aux études sur la performance, dans le souci d'une compréhension plus ouverte de la notion même de frontière.

Si la connaissance sur les frontières du monde progresse, avec des réseaux dédiés (ABORNE pour l'Afrique par exemple), le cadre épistémologique demeure très uniforme. La notion récente de « borderscape » est une tentative pour le transformer (Brambilla 2014). Elle s'inspire des écrits de l'anthropologue A. Appadurai (2001) qui décrit la mondialisation en termes de flux qui s'entremêlent, appelés *scapes* en anglais et contient la contradiction entre une géographie construite sur l'analyse des territoires et celle qui lui préférerait une analyse des réseaux traversant les frontières (Popescu, 2011). L'heure est aujourd'hui, comme le suggère A. Mbembe, à un renouvellement profond de la pensée des frontières, à partir de leur porosité et non plus de leur linéarité et frontalité westphalienne (Mbembe, 2020). Les *border studies* sont prêtes à ce tournant postcolonial qu'elles n'ont pas encore vraiment franchi.

## Conclusion

Les évolutions récentes offrent donc la possibilité de réfléchir sur la base d'une multiplication désormais planétaire des analyses d'espaces frontaliers qui permettent à certains d'esquisser des propositions de cette « théorie de la frontière » tant réclamée par la communauté dans le domaine (Nail, 2016). Elles font apparaître à la fois une uniformisation de certaines problématiques (sécurité, migration, coopération) et les limites d'un appareil conceptuel fabriqué à partir des réalités occidentales dont le vocabulaire reste à enrichir.

Depuis près d'un siècle et demi d'ouvrages sur les frontières, on voit deux perspectives s'opposer. « L'une est réaliste, elle présente la frontière comme un phénomène, l'expression de "faits de la vie" (Kristof, 1959), l'autre est critique, elle considère la frontière étatique comme la limite d'une entité politique parmi d'autres, puis cherche à comprendre pourquoi cette dernière a pris autant d'ascendant sur les autres formes de structures spatiales (Mezzadra et Nelson, 2013). » (Amilhat Szary, *ibid.*). Il est essentiel aujourd'hui pour les chercheur·es en *border studies* de prendre acte de leur héritage pour mieux prendre position et, à partir de là, envisager l'avenir de manière globale sans être globalisante, ce qui serait un comble pour parler de frontières.

## BIBLIOGRAPHIE

AMILHAT SZARY A.-L., (2020), *Géopolitique des frontières. Découper la terre, imposer une vision du monde*, Paris, Le Cavalier Bleu.

FOUCHER M., (1991 [1988]), *Fronts et frontieres. Un tour du monde géopolitique*, Paris, Fayard.

JOHNSON C., REECE J., PAASI A., AMOORE L., MOUNTZ A., SALTER M., RUMFORD C., (2011), « Interventions on rethinking "the border" in border studies », *Political Geography*, vol. 30, p. 61-69.

PARKER N., VAUGHAN-WILLIAMS N., (2012), « Critical border studies, broadening and deepening the "lines in the sand" agenda », *Geopolitics*, vol. 17, p. 727-733.

WASTL-WALTER D. (dir.), (2012), *Companion to Border Studies*, Farnham, Ashgate.

WILSON, T. M., DONNAN H. (dir.), (2012), *A Companion to Border Studies*, New York, Wiley-Blackwell.

CHAPITRE 2

# Souveraineté, territorialité, identité

**Anne-Laure AMILHAT SZARY**

SOMMAIRE



De quoi la frontière est-elle le lieu ? Ce chapitre s'attache à comprendre les justifications politiques du fait frontalier : ce pourquoi les limites frontalières ont été inventées par les êtres humains et l'usage qu'ils en font. Cette formulation se heurte d'emblée à une réalité paradoxale de la frontière : celle-ci donne l'impression d'une universalité sémantique, et pourtant l'analyse géo-historique démontre ce que cette première idée recouvre d'équivoque. La force de l'idée de frontière puise en effet dans l'imaginaire d'un invariant anthropologique, toutes les cosmologies se structurant autour de limites. Cependant, la notion de frontière linéaire, définie comme le marqueur d'une souveraineté territoriale exclusive, se révèle, elle, tout à fait européenne, puisant à la rationalité des Lumières et se déployant à partir du XVII^e^ siècle. Aujourd'hui, de telles limites internationales existent sur toute la planète : elles sont le résultat de négociations entre des héritages politiques spécifiques et l'exportation imposée du modèle européen par l'entremise de la colonisation.

L'objectif premier de ce chapitre est de revenir sur la tautologie qui définit traditionnellement l'État, à partir des trois termes que sont le territoire, la souveraineté et la frontière. Les dictionnaires ont en effet l'habitude de produire pour chacun de ces mots une définition qui fait référence aux autres mots, dans une circularité discursive qui pose problème : elle naturalise la forme étatique en invisibilisant l'historicité de ces concepts. Le second but de ce texte est de considérer les conséquences pour les êtres humains de la fabrique des frontières, à la fois en termes politiques (questions de citoyennetés) et culturels (questions d'identité).

Le lien constitutif, mais tautologique entre frontière, territoire et souveraineté d'un État s'exprime dans des définitions comme celle-ci : « Une frontière internationale est la ligne formée par la succession des points extrêmes du domaine de validité spatiale des normes juridiques d'un État». Cet extrait de la sentence arbitrale pour la frontière maritime Guinée-Bissau/Sénégal de 1989 est une phrase d'autant plus intéressante qu'elle a été placée en exergue du site web du Conseil National de l'Information Géographique chargé de travailler sur le tracé de frontières françaises[1]. La réflexion ouverte ici permet ainsi de poser les bases d'une re-définition de la frontière sur la base d'une pensée géographique renouvelée de ce que l'on peut désormais considérer comme un opérateur spatial.

# 1 Borner le territoire, un acte situé dans le temps et dans l'espace

## 1.1 Frontière et État-nation, double processus de genèse d'un modèle politique historique et situé

Ces dernières années, la recherche concernant les origines des fabriques frontalières a pris un nouvel essor qui permet de mieux comprendre la spécificité des frontières internationales par rapport aux autres types de limites qui construisent nos spatialités. Au travers de découvertes archéologiques ou de la multiplication de recherches sur les frontières extra-occidentales, l'idée d'un maillage contigu du territoire en une multitude de souverainetés, exclusives les unes des autres, apparaît de plus en plus comme constituante d'un «modèle», conçu depuis Europe et dans les territoires colonisés par les Européen·nes.

Les traités de Westphalie (1648) signés à la fin à la guerre dite «de Trente Ans» sont souvent associés à la naissance de l'idée de frontière. Cette date est essentielle dans l'histoire européenne en ce qu'elle scelle une rupture dans la conception du pouvoir, qui passe d'une relation féodale d'allégeance inter-personnelle à un équilibre des forces entre des territoires, laquelle définit la modernité politique. La souveraineté, c'est-à-dire la légitimité du pouvoir et l'étendue d'un ensemble de compétences juridiques exclusives, passe désormais par la reconnaissance mutuelle des membres d'un territoire envers son ou ses gouvernant·e·s, dans une configuration spatiale où toute la population concernée par un maillage répond désormais d'une seule et même autorité.

La force de ce modèle normatif est d'essentialiser, en les naturalisant, à la fois le contenant et le contenu du corps politique. D'une part les frontières sont présentées comme naturelles: «inventées» au moment où les philosophes des Lumières posent la dualité

1. Organisme chargé par le gouvernement français de mettre ses limites internationales en adéquation numérique avec celles de ses voisins dans le cadre de l'Union européenne.

entre l'homme rationnel et la nature, les limites entre les États sont tracées grâce aux dernières technologies de l'époque, à savoir des cartes topographiques précises. Faire coïncider un différentiel de pouvoir avec un accident de relief est d'autant plus tentant que, régnant de droit divin, les souverains de l'époque ont tout intérêt à faire dépendre les contours de leurs royaumes d'éléments inscrits sur terre par ce même Dieu dont ils tirent leur légitimité. La France a été pionnière dans la formulation de cette théorie mais « [l]'historien Peter Sahlins a justement relevé qu'un des paradoxes de la doctrine française des frontières naturelles [formulée entre les XVII^e^ et XVIII^e^ siècle] repose sur une tentative de couvrir la faiblesse militaire du pays par un discours de justification autocentrée. Dans les faits, la revendication d'un fameux « pré-carré » hexagonal ne s'est réalisée qu'au prix du retrait de la France de l'Europe médiane et des Amériques » (Amilhat Szary, 2020, p. 52).

La naturalisation de l'idée nationale est un peu plus tardive, prenant son essor avec le nationalisme romantique du XIX^e^ siècle. Celui-ci élève le récit national au rang du mythe sacré et propose une relation au territoire de nature religieuse (au sens latin de *religion*, « qui lie ensemble »). L'appartenance au groupe ne se conçoit pas sur l'adhésion à un projet politique mais sur l'identification aux éléments constitutifs d'un groupe, supposés homogènes et unifiés, à savoir une langue, un passé commun, possiblement une religion, lequels fondent ce qui s'appelle désormais la culture. Lorsque cette identification peut avoir lieu au sein d'un périmètre stable, on parle d'« État-nation ».

Cette histoire politique occulte une grande partie de la réalité matérialiste des frontières : R. Jones (2017) rappelle que le maillage international du globe est contemporain de la généralisation de la propriété privée de la terre en Europe de l'Ouest et de la violence que ce nouveau système impose dans le rapport à la terre. Cette période est aussi celle de l'essor du capitalisme marchand dont les logiques sous-tendent l'établissement des frontières : contrairement à ce que l'on imagine souvent, le fait que ce système économique repose sur des flux qui traversent les limites internationales ne veut pas dire qu'il n'en a pas besoin. De bien des manières, l'invention des frontières répond donc aux contraintes de fonctionnement du capitalisme qui prospère de l'exploitation de tous les différentiels, notamment territoriaux.

## 1.2 Étapes de construction et dynamiques de « frontières mobiles »

La date symbolique de 1648 a tendance à invisibiliser une histoire de l'émergence de frontières linéaires bien plus complexe. Je reviens dans un travail récent sur les grandes étapes de cette chronologie, à savoir :

- le traité de Vienne de 1815 ;
- les indépendances latino-américaines et le principe d'*Uti Possidetis* (l'intangibilité des frontières coloniales et leur respect par les pays désormais indépendants) ;

- la conférence de Berlin de 1884-1885 ;
- les traités de paix postérieurs à la Première Guerre mondiale ;
- la création de la Société des Nations en 1920 ;
- les mouvements de décolonisation en Afrique et en Asie qui ont suivi la Seconde Guerre mondiale ;
- et, enfin, la chute du mur de Berlin (*cf.* Amilhat Szary, 2020, p. 55 et suivantes).

Cette succession de dates et séquences historiques montre d'abord l'importance du XIXe siècle dans l'invention des frontières, période de l'expansion des conquêtes coloniales dans le contexte d'une concurrence effrénée pour le contrôle des ressources destinées à soutenir les révolutions industrielles. Elle met aussi en évidence la nature extrêmement contemporaine de ce processus : la fabrique frontalière continue d'avoir cours aujourd'hui. Contrairement à l'idée de permanence qu'une ligne tracée sur une carte impose à nos imaginaires, les frontières se révèlent des artefacts tout à fait contingents.

L'idée de frontière « mobile » n'est pas une caractéristique exclusive de la période contemporaine, même si on observe une forme d'accélération du processus liée à la flexibilisation de l'espace imposée par la globalisation. Les limites internationales ont évolué avec les conflits et les négociations qui leur font suite, mais aussi du fait de l'évolution de leurs supports. Les frontières tracées le long d'un marqueur topographique sont en effet susceptibles de bouger en fonction de son évolution : la forme du lit d'un fleuve évolue avec le profil de ses rives ou de ses chenaux anastomosés ; la hauteur d'une ligne de crête peut varier du fait d'un effondrement rocheux ou de la fonte d'un glacier. Le changement climatique a ainsi fait rentrer la notion de « frontière mobile » en droit international (dans le traité frontalier entre l'Italie et l'Autriche de 1994 tout d'abord, puis entre l'Italie et la Suisse en 2009), avec une première modification importante de tracé sur le Plateau Rosa, au pied du Cervin. À cette labilité physique des frontières internationales, il faut ajouter les problématiques liées au développement des frontières non terrestres : les limites tracées au sein des domaines maritimes (*cf.* chap. 33) et aérien sont concernées par un striage de l'espace en trois dimensions ; les frontières du cyberespace fonctionnent, elles, selon des géométries non euclidiennes (chap. 17).

## 1.3 Les héritages non-occidentaux et leur hybridation

Il importe aujourd'hui de ne pas résumer l'approche des frontières aux deux points précédents : si l'invention des limites internationales illustre parfaitement la manière dont une façon de penser, représenter et pratiquer l'espace s'est diffusée à partir de l'Europe et de l'aire de pensée dite « occidentale » vers le « reste » du monde (l'anglais oppose « the West » et « the rest »), il faut éviter deux pièges. Ne considérer ni que cette exportation s'est faite sur un terrain vierge, ni que les formes de limites existant dans les mondes non-occidentaux ont été totalement rayées des cartes par l'importation du modèle européen. L'analyse de ces processus est complexe, car elle demande un investissement important pour mieux connaître l'histoire de la formation des territoires. Dans ces recherches, il faut prendre garde de ne pas procéder par analogies simples en plaquant sur ces réalités extra-européennes un cadre de pensée situé, qui a précisément servi à la colonisation. Il ne faut ni chercher des limites linéaires là où les sociétés ne les concevaient pas, ni faire du rapport à l'État un facteur explicatif essentiel dans des régions où l'institutionalisation du politique ne s'exprime pas selon cette modalité… Les chapitres 7 à 12 tentent cet exercice difficile à l'échelle régionale.

## 1.4 L'extraterritorialité, l'exception qui confirme la règle

Il faut enfin se demander pourquoi la figure de la ligne perdure, alors que les frontières sont plus malléables qu'il n'y paraît au premier abord, et bien mieux adaptées à la mondialisation néolibérale qu'on ne l'a pensé dans les années 1990. La conception (à prétention universelle) d'une souveraineté exclusive des États sur des territoires maillés de façon contiguë doit être en effet confrontée à une réalité tout autre, celle d'un monde où l'exercice de la souveraineté est soumis à une géométrie variable. Le géographe J. Agnew (2005) propose ainsi une typologie des États en fonction de leurs régimes de souveraineté : elle fait varier deux critères, la territorialité de l'État (le fait que ces institutions fonctionnent dans le cadre de ses frontières ou s'en émancipent dans le cadre du commerce ou de la guerre) et la capacité d'un État à contrôler effectivement, ou pas, son territoire.

### DÉFINITION

**Extraterritorialité**

Principe de droit international selon lequel un pays renonce à exercer son autorité et abandonne une ou des compétences juridiques sur une partie de son territoire, au profit d'un autre. La notion est étendue à des entités responsables d'activités productives dans des pays étrangers où elles ne sont pas soumises à la législation locale, notamment en matière de fiscalité ou de droit du travail.

Le cas des enclaves, souvent héritières des comptoirs coloniaux, illustre la possibilité de superposition d'autorités politiques sur un territoire, notamment en raison d'arrangements parfois temporaires. Au côté de ces « confettis » d'anciens empires se développent aujourd'hui des formes renouvelées d'extra-territoralité. La multiplication des contrats de location de longue durée, sous la forme de baux emphytéotiques, consacre en effet de nouvelles formes d'appropriation territoriale qui font l'économie d'un transfert de souveraineté. Dans le cas des accaparements de terre (ou *land-grabbing*), les contrats signés entre des acteurs publics et privés échappent donc à la redevabilité : ils rendent difficile voire impossible, un droit de regard des populations vivant sur ces terres quant à leur devenir (*cf.* chap. 30).

# 2 Cultures de la frontière : vers des régimes de frontiérités

DÉFINITION

**Frontiérité(s)**

*Borderities* en anglais, néologisme qualifiant l'individualisation du rapport à la frontière et l'inégalité de traitement des personnes au passage de la ligne. Terme conceptualisé par A.-L. Amilhat Szary et F. Giraut (2015) comme l'agrégation de l'idée de « gouvernementalité », développée par le philosophe M. Foucault, et de celle de « territorialité », au sens que lui donne C. Raffestin.

## 2.1 Décrypter les justifications identitaires

La diversité des formes de déploiement de la souveraineté oblige à penser des nuances dans le modèle frontalier, divisant binairement l'espace, sur lequel se fondent les relations internationales. Le fait que les limites internationales permettent à la fois de la territorialité et de l'extraterritorialité impose en effet de revenir sur les conditions d'appartenance à la communauté politique que ces lignes dessinent. En théorie, elles tracent en effet les contours d'un groupe qui se dote d'un système de droits et de devoirs spécifiques, présupposant la reconnaissance de son identité, exprimée comme homogène et commune.

Il faut prendre garde à ne pas surdimensionner la dimension identitaire dans la justification des frontières. En effet, « [l]a conception ethnique de la nation ou du groupe a non seulement l'inconvénient de fermer les frontières vers l'extérieur, ce qui est le propre de tout État-nation, mais aussi de les fermer vers l'intérieur, de restreindre constamment l'espace de la communauté. » (Goldring, 1991, p. 71). Dans les faits, la genèse du groupe de référence de l'État peut dépasser la nation, et il existe de nombreux États plurinationaux. Leur rapport à aux identités (et plutôt aux identifications) est moins essentialiste, incluant une ouverture pluriculturelle (voire des indéterminations). Même dans les cas de luttes d'émancipation « nationale », les critères culturels, religieux ou ethniques ne sont pas aussi déterminants que les discours le proclament : la mobilisation politique ne peut se cristalliser que dans des rapports de pouvoir au sein des États concernés : « sans situation d'oppression et de privation des droits d'une minorité, celle-ci ne prend pas les armes » (Amilhat Szary, *op.cit.*)

## 2.2 Post-modernité culturelle et violence de la « différance » (Derrida, 1972)

Il est essentiel au XXIe siècle de travailler la question des identifications et des sentiments d'appartenance sans la résumer à un cadrage national et aux discours identitaires qui le légitiment. Les penseurs postmodernes, dont A. Appadurai (2001 [1996]) ont mis en évidence deux éléments importants : la multidimensionalité des processus d'identification à un groupe (sur la base de différenciations et de liens familiaux, sexuels, religieux, régionaux, ethniques, etc., tout autant que nationaux) d'une part, et d'autre part l'aspect dynamique, historique et politique de ces processus (décliné dans l'ouvrage de 1996 en cinq mouvements ou *scapes*[2]).

Cette notion de *scapes* a été adaptée aux situations de frontières par la création du néologisme de *borderscapes*, difficile à traduire en français sauf par un mot composé, du type « paysage-mouvement-frontière ». Il offre un potentiel à fois heuristique et politique. Il permet en effet de qualifier les espaces traversés par des dynamiques frontalières, même quand ils sont situés à grande distance de la ligne internationale, sans les définir uniquement par l'action de l'État et des contrôles fonctionnels, mais en prenant justement en compte les interactions sociales et culturelles qui s'y déploient et les actions et résistances politiques.

La labilité des formes d'identification n'est en rien une chose aisée à vivre. Cette violence explique notamment les crispations identitaires de type nationaliste (*cf.* chap. 19) sans les justifier.

## 2.3 Citoyenneté et régimes de frontiérités

Cette déconstruction progressive de l'équivalence État-souveraineté-territoire que la frontière est censée incarner ouvre en définitive sur un débat politique essentiel : qu'advient-il des personnes vivant au sein des périmètres frontaliers en termes de droits et d'accès aux ressources, dans la mesure où l'État censé garantir cet ensemble de prérogatives déjoue lui-même les règles de territorialité qu'il est censé s'être imposées ? La transformation contemporaine des frontières oblige à renouveler les questionnements sur la citoyenneté.

La phase récente de la mondialisation a renforcé les inégalités aux frontières que traduit simplement le classement des passeports : ce « palmarès » montre qu'à la naissance, les différences ne se mesurent pas uniquement en termes socio-économiques mais aussi en termes de lieux. Certains se voient octroyer d'emblée un libre-accès à presque tout le reste du monde alors que pour d'autres, l'horizon est restreint à un périmètre

2. *Ethnoscapes*, ou mobilité des personnes à travers les cultures et les frontières ; *ideoscapes*, ou circulations d'idéologies ; *mediascapes*, ou les flux d'informations médiatiques qui influencent nos représentations ; *technoscapes*, ou interactions culturelles liées au déploiement technologique ; *financescapes*, ou flux de capitaux au travers des frontières.

régional réduit. Sans surprise, ce sont les personnes dotées des « mauvais passeports » qui constituent une grande partie de celles et ceux qui tentent de franchir les frontières des pays européens dans les pires conditions.

Il faut alors éviter d'opposer frontières ouvertes et fermées, pour considérer plutôt qu'une même frontière peut ou pas laisser passer une personne, selon un certain nombre de critères. L'aisance financière vient souvent contre-balancer la nationalité, par exemple quand des pays de l'Union européenne vendent l'accès à leur citoyenneté (Chypre et Malte notamment), pour environ 800 000 euros par personne auxquels il faut ajouter une garantie de domicile. L'équivalence entre territoire, liberté et égalité, à l'origine de nos démocraties est donc sapée. Parler de régimes de « frontiérités » permet d'abord de qualifier cette inégalité d'accès à la frontière. Comprendre cet opérateur spatial permet ensuite de renouveler les termes du débat sur la citoyenneté (comprise comme l'appartenance à un groupe politique) dont la définition demande à être repensée aujourd'hui.

## Conclusion

Ce bref tour d'horizon met en évidence que les frontières, comprises en tant que limites entre des pays, maillent la planète de façon bien moins régulière et évidente que le récit traditionnel de leur invention ne le laisse penser. Il apparaît en effet, premièrement, que, en contradiction avec les principes des relations internationales, les frontières ne sont pas toutes équivalentes entre elles. Les asymétries de souveraineté nous disent quelque chose des rapports de force mondiaux, entre États voisins ou à une échelle plus large.

Un deuxième enseignement de ce chapitre est que les frontières internationales ne constituent pas toutes des « dyades » à proprement parler : si elles distinguent bien l'espace entre deux territoires, cette segmentation peut être tout à fait inégale. Il existe des frontières quasiment « monoface », notamment dans les cas de rivalités politiques telles qu'il est difficile d'établir quel groupe est légitime à être le partenaire de l'État limitrophe (on pense aux cas des États dits « faillis ou défaillants »). Dans d'autres cas, il existe un différentiel tel que la frontière n'est pas gérée en commun, comme c'est le cas des barrières et des murs.

Troisième point fondamental, le tracé d'une frontière ne garantit pas aux femmes et aux hommes qui vivent dans le territoire enclos par ces lignes le statut civique et politique que recouvre la notion de citoyenneté. On constate ainsi l'existence de frontières « sans autre côté », comme le sont aujourd'hui les zones d'attentes aéroportuaires ou les camps de rétention d'étranger·ères illégalisé·es en attente d'un renvoi dans un pays qui ne se fera peut-être jamais (faute de possibilité de retour dans un lieu de guerre voire en l'absence d'identification formelle du pays concerné ou de liens diplomatiques avec lui). Le durcissement des régimes de frontiérités ouvre le risque de se trouver piégé *dans* la frontière.

Ces conclusions m'amènent à proposer une nouvelle définition de la frontière, celle d'un « espace-temps de différenciation » qui a le pouvoir de matérialiser les normes (et en cela elle se distingue d'autres types de limites). Concevoir que l'état du monde repose sur un puzzle territorial labile dans le temps et l'espace est non seulement conceptuellement complexe, mais a aussi des conséquences politiques fondamentales. Cela nous oblige en effet à repenser la définition et les conditions d'accès à la citoyenneté contemporaine. Refuser de s'engager sur ce chemin, c'est entériner le creusement d'un monde de plus en plus segmenté et inégalitaire.

## BIBLIOGRAPHIE

AGNEW J., (2005), « Sovereignty Regimes: Territoriality and State Authority in Contemporary World Politics », *Annals of the Association of American Geographers*, vol. 95, n° 2, p. 437-461.

APPADURAI A., (2001 [1996 en version originale]), *Après le colonialisme: Les conséquences culturelles de la globalisation*, Paris, Payot.

BRAMBILLA C., (2014), « Exploring the Critical Potential of the Borderscapes Concept », *Geopolitics*, vol. 20, n° 1, p. 1-21.

JONES R., (2017), *Violent Borders: Refugees and the Right to Move*, Londres, Verso Books.

SAHLINS P., (1990), « Natural Frontiers Revisited: France's Boundaries since the Seventeenth Century », *The American Historical Review*, vol. 95, n° 5, p. 1423-1451.

CHAPITRE 3

# Frontières de guerre, de paix et disputes, de 1800 à nos jours

**Emmanuel BRUNET-JAILLY**

SOMMAIRE



Bien que les disputes frontalières soient aussi anciennes que la sédentarisation humaine (Brunet-Jailly, 2015, p. XVIII), il n'est devenu clair que depuis la fin des années 1980 qu'elles sont également la principale cause de la guerre et qu'elles conduisent à des disputes militarisées plus souvent que tous autres types de désaccords entre États. Elles cristallisent les rivalités concernant la terre, les mers, les rivières et les richesses naturelles des territoires et des mers, mais aussi les rivalités concernant la religion ou le sentiment d'identité qui tend à fragmenter les États. Rappelons ici que la définition de la guerre est apparue tardivement comme un sujet de débat pour les sciences sociales, notamment grâce au projet de recherche nommé les *Corrélats de la Guerre* (« Correlate of War», Singer et Small, 1972, 1984). Dans ce projet ont été comptabilisées toutes les guerres depuis 1800, pour conclure que la plupart d'entre elles se déroulaient à l'*intérieur* des États, et non entre deux membres de la communauté internationale.

Il s'agit d'une conclusion d'une importance cruciale, qui apporte une leçon importante sur ce que les méthodes de recherches peuvent nous permettre de découvrir: pour comprendre le lien entre guerres et frontières, pour analyser les disputes frontalières et pour les classer, un chercheur doit se méfier des approches fondées sur des cas uniques et chercher des critères de typologie plus vastes (Vasquez, 2000). Ce chapitre est par conséquent le résumé de la compilation d'une base de données complète des guerres et des disputes frontalières, à la fois d'un point de vue historique et mondial. Si les études de cas nous permettent de connaître les causes détaillées des disputes frontalières, une base de données complète nous amène en revanche à classer les conflits par catégories. Ainsi, ce chapitre commence par établir les définitions (guerre, disputes, catégories de disputes) puis définit plus en détail ce que sont les disputes frontalières.

## 1 Qu'est-ce qu'une guerre ?

David Singer et Melvin Small apportent les résultats de plusieurs années de recherche sur la guerre, dans The *Wages of War, 1816-1965 A statistics Handbook* (1972), suivi de *The Wages of War, 1816-1980: Augmented with Disputes and Civil War Data* (1984[1]). Ils ont compilé des ensembles de données sur la guerre et apportent des définitions, à la fois très spécifiques et suffisamment complexes pour différencier les guerres des autres formes de violence, et ce dans autant de cas que possible, qu'ils soient contemporains ou non.

Pour Singer et Small, deux critères fondamentaux sont au cœur de la définition de la guerre : le statut des participants à la guerre (États) et le nombre de blessés (soldats). Les participants au conflit sont les forces armées des États, et les victimes considérées sont les soldats, dans la mesure d'au moins 1 000 morts par an.

Les principales hypothèses de leur travail étaient que la guerre pouvait être étudiée de manière rationnelle, ce qui constituait une tentative pour dépasser les études spécifiques et pour définir des normes comparatives à travers quelques centaines d'études de cas. Leur définition, aujourd'hui l'une des plus citées dans les études de sécurité et de défense, les a aidés à développer une typologie des guerres. Puis, avec d'autres chercheurs, ils ont commencé à examiner les catégories de participants à la guerre dans un continuum, en considérant leur niveau d'indépendance par rapport aux États.

Leur typologie originale utilisait deux grands types de guerres : la guerre internationale et la guerre civile. Les guerres internationales étaient classées en guerres interétatiques et guerres extra-systémiques telles que guerres impériales et guerres coloniales. Les guerres interétatiques étaient censées se produire lorsque deux ou plusieurs membres du système étatique international étaient en guerre. Dans leurs publications de 1972 et 1984, le seuil de victimes était de 100, mais le nombre de militaires engagés dans des hostilités devait être d'au moins 1 000 de chaque côté du champ de bataille. Les guerres impériales impliquaient une entité indépendante qui ne faisait pas partie du système étatique international. Quant aux guerres coloniales, elles impliquaient des entités dépendant d'une métropole coloniale, par exemple un territoire en quête d'indépendance. La définition de la guerre civile était donc restreinte à la qualification d'une action militaire au sein du système étatique, avec la participation active du gouvernement central, face à une résistance active et avec environ 1 000 morts au combat par an.

1. Cette première publication importante de Singer and Small venait rendre compte de sept années de recherches au sein d'un projet financé par la Carnegie Corporation et la Fondation des Sciences Nationales des États-Unis.

En ce qui concerne les guerres extra-systémiques, le seuil de victimes était aussi arrêté à 1 000 morts au combat par an.

Depuis les années 1990, une nouvelle littérature fondée sur les définitions ci-dessus a élargi le champ, en distinguant jusqu'à neuf sous-catégories de guerres (Hensel, 2000). On identifie désormais six types de guerre interétatique, contre un auparavant. Peuvent être distingués, en fonction de la qualité des participants : guerres interétatiques ; guerres extra-étatiques : coloniales et impériales ; et, les guerres intra-étatiques : guerre civile pour le contrôle central, pour les questions locales, guerres régionales internes et intercommunales ; et enfin, les guerres non étatiques : sur le territoire non étatique et à travers les frontières des États.

Ce travail a permis de mettre en perspective les disputes frontalières. En effet, comme la définition des guerres se précisait, les connaissances sur les disputes territoriales se sont approfondies. En particulier, il est apparu que la cause première de la guerre est intra-étatique. En d'autres termes, grâce à l'élaboration d'une typologie de la guerre, les chercheurs ont commencé à poser des questions sur les *raisons* des conflits, c'est-à-dire sur une typologie des disputes frontalières pouvant conduire à des guerres. Trois types ont émergé : les disputes territoriales, positionnelles et fonctionnelles.

## 2 Qu'est-ce qu'une dispute territoriale ?

Les disputes territoriales constituent le motif de déclenchement le plus dangereux et le plus important de l'histoire, sur la période 1816-2008 (*cf.* données et résultats du projet *Corrélats de la guerre*). Les guerres intra-étatiques, qui sont en augmentation, naissent des disputes internes aux États, qu'il s'agisse de revendications ou de défis spécifiques touchant à l'appartenance régionale ou territoriale d'un groupe, d'une communauté, ayant conduit à des disputes territoriales majeures. Les résultats mettent en évidence 770 cas de transferts territoriaux aux seins d'États, royaumes ou empires préexistants. Parmi eux, on compte 121 cas d'indépendance nationale (sécessions), 160 cas d'échange de territoire national (regroupements intra- ou extraterritoriaux, comme la fin de l'URSS avec l'apparition de 15 États nouveaux) et 415 cas de disputes récurrentes sur le territoire (comme l'autodétermination) – toujours dans la période 1816-2008. D'autres analyses ont confirmé ces résultats quantitatifs. Jusqu'à la Seconde Guerre mondiale, le territoire est bien la première cause des guerres.

Parallèlement à ces travaux sur les guerres, plus de recherches ont été menées sur les problèmes qui en sont à l'origine. Holsti s'est penché sur les raisons historiques des conflits, Diel a souligné le cas des disputes territoriales, Kratochwil (*et al.*) l'intensité de la violence, Hensel le rôle de la contiguïté, Huth l'émergence et la durée des disputes, tandis que Toft a montré les relations entre les guerres civiles, les disputes territoriales et les disputes interétatiques. En outre, Forsberg a fait valoir en 1992 que les disputes territoriales étaient au premier plan de la politique internationale parce que la valeur du territoire, qu'elle soit « symbolique » « ethnique », « économique », « stratégique » ou autre, justifie la guerre dans de très nombreux cas.

### ENCADRÉ 3.1

#### Disputes territoriales en mer (France/Madagascar)

Les îles Éparpillées et Glorieuses du Canal du Mozambique représentent un différend territorial dans le Pacifique. Dans l'océan Indien, ces archipels épars sont composés d'un certain nombre de petites îles appelées Europa, Juan de Nova et Bassas da India, colonisées par quelques chercheurs et météorologistes français, sans population autochtone. À l'origine, un capitaine français, Hippolyte Caltaux, avait établi une plantation de bananes sur les Glorieuses dans les années 1880. Le différend est apparu à la fin de la décolonisation de Madagascar dans les années 1960 lorsque le nouvel État indépendant a revendiqué ces îles. Depuis lors, le gouvernement français a accepté de cogérer les îles Glorieuses, mais pas les îles Éparpillées au motif que la recherche scientifique doit y être préservée. Cependant, les îles donnent également à la France 425 000 kilomètres carrés de zone économique maritime où elle dispose de deux permis d'exploration pétrolière.

Aujourd'hui, il est clair que nous comprenons mieux les causes et les raisons des disputes. De très nombreuses disputes dans le monde restent d'ordre territorial, avec un certain niveau de complexité (revendications sur le territoire, raisons économiques, ethniques et stratégiques). Dans la plupart des cas, elles émergent de désaccords sur le territoire, en termes de partage de frontières et/ou de revendications territoriales. Elles peuvent être aggravées par d'autres facteurs comme les rapports de pouvoir, les disparités en termes de technologie, de position internationale des États, de taille, d'alignement politique (d'envergure parfois internationale, comme le montre l'exemple des mouvements Palestiniens). Elles dépendent enfin des divers mouvements politiques et populaires qui revendiquent ou occupent un territoire.

Grâce aux institutions des Nations unies et à leurs organes judiciaires, notamment la Cour internationale de Justice et les tribunaux d'arbitrage, il est plus difficile de violer les accords internationaux tel qu'un traité sur des frontières. Mais bien souvent, les traités anciens ne délimitent pas bien ou ne démarquent pas toute la limite internationale, ce qui est une source potentielle de disputes.

## 3 Disputes positionnelles

Certaines disputes résultent de désaccords sur la délimitation ou la démarcation de l'emplacement de la ligne de démarcation, partagée entre deux États. Une cartographie approximative, une délimitation imprécise dans un traité ou dans le marquage de la ligne peuvent en être la cause. Ces conflits sont généralement classés comme des « disputes de position » parce que le désaccord émerge d'un manque de précision dans la localisation de la frontière. Par exemple, J. R. V. Prescot dans *Political Frontiers and Boundaries* (1989), fait référence à un important différend frontalier de position concernant l'Alaska. Ce différend a affecté les relations britanniques-russes, puis britanniques-américaines et canado-américaines en raison de la formulation imprécise du traité de 1825, selon lequel : « ladite ligne remontera au nord le long du canal appelé Canal Portland jusqu'au point du continent où il arrive au 56e degré de latitude nord ; à partir de ce dernier point, la ligne de démarcation suivra le sommet des montagnes situées parallèlement à la côte jusqu'au point d'intersection du 141e degré de longitude ouest. » (*cf.* chap. 15). La place du sommet est une question importante et difficile. Le contentieux a été partiellement résolu en 1903 mais reste sans solution (Brunet-Jailly, 2015, p. 496-503), en partie parce que les sommets des montagnes varient avec l'épaisseur de la glace et de la neige et que la « ligne de démarcation » est liée à la ligne mouvante de la fonte des neiges.

## ENCADRÉ 3.2

### Disputes de position (France/Espagne, Quinto Real)

La vallée de Quinto Real, également appelée Los Alduides, est le lieu du différend frontalier de position historique le plus long entre deux membres de la communauté internationale. Ses origines ne sont pas claires mais reposent sur l'utilisation des hautes vallées pendant les mois d'été pour le pâturage. Un document de Haute-Navarre datant de 1200 discute de la collecte des impôts auprès des propriétaires d'animaux qui paissaient dans la vallée, que les propriétaires contestent. À ce jour, la France et l'Espagne n'ont pas pu se mettre d'accord sur l'emplacement de la frontière autour ou à travers la vallée. La dispute n'a jamais été réglée, mais depuis 1856, un accord constate leur incapacité à régler le différend.

### Différend allocationnel (Danemark, Islande, Irlande)

Parfois, les disputes de position évoluent vers les disputes d'allocation, ainsi par exemple si le sous-sol est fluide (eau, pétrole ou gaz). L'allocation proportionnelle de la ressource souterraine devient primordiale pour la résolution des droits aux ressources naturelles de la frontière. C'est le cas, par exemple, entre le Danemark, l'Islande, l'Irlande et le Royaume-Uni concernant l'îlot Rockall et l'île Féroé et l'impact sur la pêche (Brunet-Jailly, 2015 p. 574-578) où le bénéfice de chacun ayant été établi, le conflit a pu être dépassé.

De telles disputes de position ou d'allocation peuvent également évoluer en disputes fonctionnelles (ou opérationnelles) lorsque deux États n'arrivent pas à aligner leurs gestions des zones frontalières à cause de tensions résultant de la circulation des personnes ou des marchandises à travers la frontière. Idéalement en effet, lorsque les États gèrent les flux à travers leurs frontières communes, ils doivent aligner leurs politiques publiques – des disputes fonctionnelles surviennent lorsque ce n'est pas le cas.

## 4 Disputes fonctionnelles

Les disputes fonctionnelles surgissent lorsque les parties sont en désaccord sur la gestion des flux traversant la ligne de démarcation, notamment la gestion de l'accès aux ressources. Dans de nombreux cas, il s'agit de partager l'eau, de gérer un bassin-versant ou un sous-sol. C'est le cas des ressources naturelles fluides à travers la ligne de démarcation (pétrole, gaz ou pêche en mer). Ce type de dispute est souvent plus facile à résoudre car, dans la plupart des cas, ce qui est en jeu n'est pas l'emplacement de la frontière ou de la ligne de démarcation, mais la procédure administrative ou la réglementation qui affecte la fonction frontalière, et tout accord réduit le coût de la transaction pour l'ensemble des parties en présence.

### ENCADRÉ 3.3

#### Disputes fonctionnelles (Canada/France, Saint-Pierre-et-Miquelon)

Saint-Pierre-et-Miquelon est un petit archipel composé de quatre îles, deux grandes et deux petites, au large des côtes du Canada. Les disputes relatives à la pêche ont abouti à un règlement des disputes fonctionnelles et d'allocation des pêcheries en 1972. Cependant, en raison des progrès technologiques, la France a demandé en 1992 une extension de ses droits sur une bande de 200 milles marins s'étendant à travers la partie de la mer Canadienne pour établir sa propre Zone économique exclusive (ZEE). Un tribunal d'arbitrage a accordé à la France une bande de mer, de 24 milles nautiques de large et 188 miles nautiques de long, reliant l'archipel aux eaux internationales et traversant les ZEEs du Canada.

## Conclusion

Il est important de savoir que les guerres contemporaines ne se déroulent pas entre États, mais à l'intérieur des États. Il est également intéressant de réaliser que depuis le XIXe siècle, les disputes frontalières sont la principale cause de guerre. Il existe trois grands types de disputes : territoriales, positionnelles et d'allocation, et fonctionnelles. Les disputes positionnelles et fonctionnelles sont plus faciles à résoudre parce que l'état de droit et la jurisprudence, mais aussi les coûts économiques, sont des incitations importantes à leur résolution. Malheureusement, la résolution des disputes territoriales est la plus difficile en raison de leurs complexités et de leurs violences, et elles peuvent durer très longtemps.

## BIBLIOGRAPHIE

BRUNET-JAILLY E., (2015), *Border Disputes a Global Encyclopedia*, San Franscisco, ABC Clio.

BRUNET-JAILLY E., (2017), « Les Disputes Frontalières : Territoriales, Positionnelles et Fonctionnelles », *L'Espace Politique*, n° 33/3 https://doi.org/10.4000/espacepolitique.4488.

HENSEL P., (2015), *The Issue Correlate of War Project*, http://www.paulhensel.org/Research/jpr14.pdf accessed July 2020.

PRESCOT J. R. V., (1989), *Political Frontiers and Boundaries*, Londres, Routledge.

TOFT DUFFY M., (2014), « Territory and War », *Journal of Peace Research*, vol. 51, p. 185-198.

## ÉCLAIRAGE RÉGIONAL

### ■ LES DIFFÉRENDS TERRITORIAUX DANS LES GUYANES

Les différends territoriaux dans le plateau des Guyanes – espace compris entre les fleuves Orénoque et Amazone – sont essentiellement de type «*fonctionnels*» au sens de Brunet-Jailly. À l'exception des frontières avec le Brésil, l'héritage colonial pèse dans la permanence des conflits territoriaux. D'autres variables comme la faible densité de population globale et l'importante ramification des bassins-versants caractéristiques des écosystèmes des franges amazoniennes favorisent les litiges de «*position*» (*ibid.*) dès que l'échelle de délimitation des dyades dépasse le millionième cartographique.

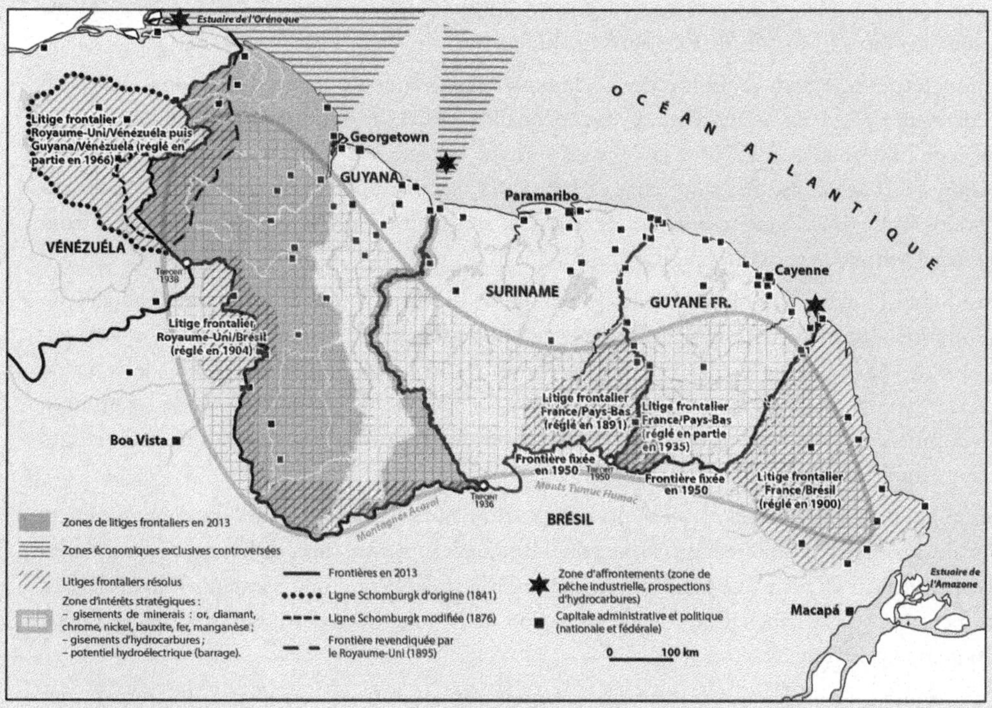


**Carte 3.1 – Litiges frontaliers dans les Guyanes**

Conception et réalisation : F. Piantoni, CePeD, 2013.

Après la fin de la suprématie ibérique à la fin du XVIe siècle, les Guyanes sont les têtes de pont des implantations coloniales américaines des nouvelles puissances européennes, la France, les Pays-Bas et le Royaume-Uni. Jusqu'aux décolonisations du milieu du XXe siècle, leurs rivalités sont transplantées outre-Atlantique ; elles sont lisibles dans leurs différends frontaliers depuis le XVIIe siècle. Les contestés actuels sont tributaires d'un héritage colonial aux souverainetés mal définies dans leurs confins.

Ces contestés se cristallisent d'abord dans le littoral utile (période XVIIe et XVIIIe siècles), puis dans l'intérieur (XIXe, XXe siècles).

En effet, durant la période coloniale les motifs des litiges sont attachés aux cycles de l'économie de plantations localisée dans la plaine littorale alluviale (canne à sucre, plantes tinctoriales, hévéa, riz essentiellement). Les frontières sont formalisées par les fleuves majeurs, marquant les fronts et les discontinuités jusqu'aux limites estuariennes marquées par les premiers sauts : la vallée du Maroni entre Guyane française et néerlandaise, du Corentyne entre la Guyane néerlandaise et britannique, du Wenanu entre la Guyane britannique et le Venezuela.

Puis, à partir du milieu de XIXe°siècle, dans le contexte de l'abolition de l'esclavage, d'économies de reconversion et de l'émergence de la révolution industrielle, les contestés frontaliers se situent dans l'intérieur du plateau des Guyanes où sont découverts des gisements de minerais (or, diamant, bauxite, manganèse, fer, nickel, chrome) ou d'hydrocarbures (Théveniaut *et al.*, 2011). Dans les trois Guyanes, le processus d'orogenèse est alors identique.

Confrontées dès la seconde moitié du XIXe siècle aux stratégies expansionnistes des nations brésilienne (indépendance 1824) et vénézuélienne (indépendance 1811), le Guyana (indépendance 1966), le Surinam (indépendance 1975) et la Guyane française (intégration à la nation par la départementalisation en 1946) constituent des espaces tributaires des métropoles colonisatrices. De fait, ces exceptions latino-américaines peinent à affirmer leur souveraineté sur le terrain et à résoudre leurs différends territoriaux en termes diplomatiques.

Ainsi, durant la période contemporaine postcoloniale, si la rentabilité économique graduelle de l'exploitation des matières premières reste le facteur essentiel de production des horogenèses, l'impossible capacité d'action favorise les différends territoriaux. La délimitation et le contrôle des tracés reposent sur des allégeances – entre droit et coutumes – entretenues avec les groupes socio-culturels amérindiens ou descendants d'esclaves marrons localisés dans ces espaces-refuges en marge du littoral.

Aujourd'hui ces relations de pouvoir nouées aux territorialités se reportent sur l'immigration internationale. En effet, à la fin du XXe siècle, les zones frontières sont ponctuées de hauts-lieux, véritables centralités attractives pour une main-d'œuvre mondialisée exploitant des gisements miniers à haut rendement (or ou diamant) et des sites d'extraction de pétrole, ou construisant des barrages pour la production électrique.

Par conséquent, les différends territoriaux ressurgissent souvent en lien avec la fluctuation des cours mondiaux des matières premières ou des hydrocarbures, au cœur d'enjeux nationaux de développement. Ils sont associés aux discours nationalistes ou souverainistes lors de crises sociales et économiques récurrentes. S'en suivent les revendications territoriales d'un État sur l'autre, avant les menaces d'intégration au nom d'une spoliation héritée de la période coloniale. En réalité, les expertises sur les débits des tributaires fluviaux déterminants les dyades restent floues, et souvent impossibles à mesurer au regard de la densité des écosystèmes aux franges du bassin amazonien. Sur le plan maritime, les contestés liés aux ZEE font l'objet de négociations au regard des gisements d'hydrocarbures (seconde moitié du XXe et début XXIe siècles). Les principaux arguments portent sur les compensations liées aux contestés frontaliers continentaux. Toutefois, là encore, le facteur environnemental brouille les lignes claires des délimitations cartographiques par les effets du changement climatique sur l'évolution des traits de côte (montée des eaux, mascarets).

De fait, les dyades dans les Guyanes restent labiles au-delà des estuaires, d'autant plus que les dépendances économiques à leurs anciennes métropoles se sont accrues, générant des crises sociales et politiques. Cette situation se traduit par des pratiques transfrontalières de fortes mobilités mues par la différence de niveau de vie entre l'espace européen de la Guyane française, les pays ACP que sont le Surinam et le Guyana et le Brésil.

Ainsi, la légitimité des tracés issue des arbitrages internationaux est-elle alternativement exacerbée ou minorée, toujours instrumentalisée dans des jeux multiscalaires d'acteurs locaux, régionaux et internationaux aux intérêts divergents, situation défavorable à la résolution de leurs différends territoriaux.

FRÉDÉRIC PIANTONI

## BIBLIOGRAPHIE

BLANCODINI P., TABARLY S., (2010), « Les frontières externes et les limites internes en Guyane, entre fragmentation, ruptures et interfaces », revue *Géoconfluences*, dossier « La frontière, discontinuités et dynamiques », URL : http://geoconfluences.ens-lyon.fr/doc/typespace/frontier/FrontScient9.htm.

DONOVAN T. W., (2003), « Suriname-Guyana Maritime and Territorial Disputes: A Legal and Historical Analysis », *Journal of Transnational Law & Policy*, vol. 13, n° 1, Florida State University, p. 41-98.

DROULERS M., (2006), *Brésil: une géohistoire*, Paris, PUF, coll. « Géographies ».

GALLOIS L., (1897), « Le territoire contesté entre le Venezuela et la Guyane anglaise », *Annales de Géographie*, t. 6, n° 28, p. 369-372.

PIANTONI F., (2009), *L'enjeu migratoire en Guyane. Une Géographie politique*, Cayenne, Ibis rouge Éditions, coll. « Espace Outre-mer ».

# CHAPITRE 4

# Front(s) écologique(s)

**Hugo MAZZERO, Sylvain GUYOT,**
**Véronique ANDRÉ-LAMAT**

SOMMAIRE



Ce chapitre aborde la notion de front écologique en tant que processus de reconquête territoriale relié à des enjeux environnementaux. Cette approche permet de rappeler combien la frontière peut être mobile, complexe et évolutive.

La première partie pose les définitions en partant du front (logique militaire, contrôle et pouvoir), puis aborde l'évolution historique et conceptuelle du front pionnier (surtout à travers la logique d'extension qui est ensuite appliquée aux espaces de nature), afin d'amener la genèse du front écologique, sa définition et ses principaux enjeux.

La deuxième partie s'intéresse aux liens et aux interactions entre front écologique et frontières internationales. Le front écologique en tant qu'outil de sécurisation des frontières met aussi en avant de nouveaux acteurs et discours, susceptibles de modifier les manières de penser et d'organiser les fonctions frontalières.

Enfin, la dernière partie montre comment le front écologique recompose des frontières via la mise en place de nouveaux espaces et territoires de conservation transfrontaliers. Le front écologique ne sert plus tant à sécuriser une frontière nationale qu'à l'inscrire et la transformer dans une dynamique transfrontalière.

# 1 Quand la frontière se fait conquête

## 1.1 Front et logique d'extension

Le terme de front vient du domaine militaire et renvoie à une ligne mobile qui met en relation plusieurs espaces, plusieurs groupes d'acteurs ou entités territoriales antagonistes. La ligne de front désigne, elle, le lieu des affrontements ; son évolution dépend des rapports de force entre les acteurs en présence. Ces affrontements supposent aussi une temporalité (la durée d'une guerre ou d'un conflit) et aboutissent au maintien, au déplacement ou à la création d'une nouvelle limite territoriale, d'une nouvelle frontière. Forgé à partir de front dans les langues latines, le mot « frontière » rappelle combien la genèse des frontières, l'« horogenèse » de Michel Foucher (1991), est liée à un processus de conquête.

Ce lien entre frontière et conquête se retrouve dans le terme de **front pionnier,** conceptualisé par Turner en 1893 pour décrire les réalités spatiales de la conquête de l'ouest américain au XIX^e^ siècle. Le front pionnier (parfois considéré comme une frange quand son mode d'extension spatiale est discontinu et progressif) renvoie alors à un processus de conquête violent qui résulte d'un rapport de forces très inégales entre des populations de colons européens et une mosaïque de populations autochtones amérindiennes, comme dans les Amériques par exemple.

Le front pionnier se manifeste aussi par une appropriation de territoires considérés comme vierges ou peu peuplés, où ce qui est à conquérir est incarné par ce qui est désigné comme le « sauvage » (« *wilderness* ») [*cf.* chap. 14]. Au Canada, les Hurons du nord du lac Ontario ou les Tsimshian de Colombie-Britannique, populations mobiles sur leur territoire, entretenant une relation intime avec la nature et dépourvues de traditions écrites, sont niées dans leur légitimité de faire société et donc d'occupantes du territoire. C. Harris (2006) montre comment « dans l'imaginaire sinon dans la réalité, le territoire a été vidé et donc ouvert » pour être conquis ; et comment « les lignes, les noms de lieux tracés sur les cartes ont produit un espace compréhensible pour les Européens ». Dans ce contexte de conquête coloniale, le front pionnier va opérer un triple processus de déterritorialisation/relocalisation dans des réserves des populations autochtones (*natives reserves*) puis de territorialisation des colons selon de nouvelles modalités foncières et juridiques.

## ENCADRÉ 4.1

### Front pionnier et dynamiques frontalières en Amérique Latine

Les Andes Centrales dans la région de la Triple Frontière entre Argentine, Chili et Bolivie sont caractérisées par un processus de successivité frontale. Depuis 150 ans, plusieurs fronts – minier puis écologique puis touristique – ont émergé, se sont superposés, heurtés, renouvelés. Les processus de domination afférents à chaque dynamique frontale sont associés à une instrumentalisation géopolitique liée à la position pluri-frontalière des espaces considérés. Ainsi le front minier est-il à la fois cause et conséquence de la guerre du Pacifique à la fin du XIXe siècle, permettant au Chili d'accroître son territoire aux dépens de la Bolivie et du Pérou. Le statut de la frontière internationale est alors conçu comme une ligne de front sécurisant l'exploitation de nouvelles richesses minières telles que le cuivre ou le salpêtre. De même, le front écologique, avec la création de la première réserve naturelle en Bolivie dans les années 1970, est utilisé comme un mode de sécurisation d'une frontière hautement conflictuelle avec le Chili. La frontière est alors assimilée à une ligne de séparation, renforcée par la mise en place de mines antipersonnel. Enfin, le front touristique, processus frontal le plus récent (années 1990) semble, à l'inverse, être propice au dépassement de ces frontières conflictuelles et plaide pour la mise en place d'une frontière mobile. Durant ces deux dernières décennies, le front minier comme le front écologique ont évolué et progressé. Le front minier rentre en conflit avec les deux autres, car les salars, convoités pour leurs ressources en lithium, sont aussi des spots touristiques (salar de Uyuni) et écologiques de premier ordre (réserve nationale Los Flamencos à San Pedro de Atacama). Le front écologique évolue conjointement au front touristique, pour le stimuler (Paysage Culturel de l'Humanité à la Quebrada de Humahuaca en Argentine) ou pour le contrôler (cogestion de la réserve nationale Los Flamencos à San Pedro de Atacama). Aucun de ces fronts ne semble faire localement l'unanimité : opérateurs miniers, naturalistes et touristes sont parfois renvoyés dos à dos par des populations autochtones qui s'estiment économiquement et culturellement spoliées. La composante ethnique de la population locale devient alors un vecteur de résistance à des processus de dominations multiformes.

Source : S. Guyot (2012), https://acme-journal.org/index.php/acme/article/view/935.

## 1.2 Conquête au nom de la nature

La (re)conquête de territoires se fonde le plus souvent sur une certaine vision du monde, un paradigme dominant ou une idéologie qui va servir à la justifier. Le front écologique montre de quelle manière la conservation de la nature joue ce rôle en étant perçue et utilisée à des fins de contrôle des territoires et des frontières.

Le front écologique, traduction du néologisme anglais *eco-frontier*, est initialement issu des discours de groupes écologistes et d'ONG environnementales empreints d'une vision européo-centrée de la nature. Des géographes ont repris et conceptualisé le terme pour penser les enjeux spatiaux liés aux reconquêtes territoriales, via l'imposition de nouvelles frontières produites au nom de la nature. À partir de travaux menés en Afrique du sud sur des processus d'éco-colonisation en grande partie hérités de la colonisation européenne puis de l'apartheid, Sylvain Guyot en propose tout d'abord la définition suivante : « le front écologique est un type d'espace, réel ou imaginaire, dont la valeur écologique et esthétique est très forte[1] ». Cette valeur associée à l'espace peut alors initier des processus de conquête, le plus souvent par des acteurs situés à l'extérieur du front écologique.

Des têtes de pont se distinguent qui désignent l'espace du front où se cristallise la conquête, et des bases-arrières d'où elle est initiée et décidée. Il est important de souligner qu'il s'agit d'un espace réel ou imaginaire : si le front écologique renvoie souvent à des réalités spatiales concrètes (une aire protégée, un éco-village, etc.), il peut prendre la forme d'une conquête idéologique qui passe par le champ des discours et des idées (logique de sanctuarisation de la nature). Le front écologique mobilise un ensemble d'acteurs qui défendent une certaine conception de la relation homme/nature et de la manière dont elle doit être gérée. On parle alors d'**éco-conquérants** aux motivations très variées et qui ont pour intention de contrôler le front écologique *in situ* ou à distance. Il peut s'agir d'éco-touristes attirés par des espaces de nature, d'écologistes, de fondations ou d'ONG prêts à prioriser les enjeux environnementaux aux dépens de populations locales.

Suite aux travaux de Guyot (2009 ; 2011 ; 2017), le concept de front écologique est ensuite repris et appliqué dans d'autres contextes, notamment en Europe (Laslaz, 2009 ; Więckowski, 2018), en Amérique latine (Guyot, 2015, 2017) ou encore en Antarctique. Ces travaux insistent sur la pluralité des manifestations d'un processus qui s'inscrit dans des dynamiques spatio-temporelles variées.

## 2 Le front écologique : un processus au service du contrôle des frontières internationales

### 2.1 Le front écologique, outil de sécurisation des frontières

Implanté au niveau de frontières internationales, le front écologique peut légitimer ou soutenir leur fonction militaire au nom d'enjeux environnementaux. Cet usage de sécurisation des frontières est caractéristique de la seconde génération des fronts

1. La valeur esthétique accordée aux espaces de nature provient en partie d'une vision romantique de la nature et de l'imaginaire lié à l'espace sauvage (*wilderness*), des idées surtout développées au XVIIIe et au XIXe siècle dans l'empire britannique et ses (ex) colonies.

écologiques, dite géopolitique[2], qui s'ouvre au début du XXe siècle. Cette période correspond à la mise en place des premières aires protégées dans une logique de contrôle territorial. Un des objectifs des premiers parcs nationaux aux États-Unis était de gérer des espaces naturels relativement vides et en position de marge, souvent situés à proximité des frontières nationales (Giraut, Guyot et Houssay-Holzschuch, 2005).

Dans le contexte de la colonisation, les formes spatiales de protection de la nature et les fonctions de sécurisation du territoire associées vont largement se diffuser dans le monde, en Afrique ou en Amérique latine. Les espaces protégés relativement éloignés et non peuplés constituent des *no man's lands* qui peuvent rapidement être militarisés pour défendre le territoire ou préparer une offensive (*cf.* chap. 29). En Argentine, la création de parcs nationaux entre 1934 et 1951 a permis d'instaurer un contrôle étatique sur des frontières conflictuelles avec le Chili, le Paraguay ou le Brésil. La militarisation des parcs frontaliers se renforce encore lors de la dictature militaire (1976-1983) alors que le pouvoir central argentin cherche à contrôler davantage ses frontières (Guyot, 2017). En Afrique australe au moment de l'apartheid (1948-1994), cette utilisation des fronts écologiques à des fins militaires se retrouve. Entre les années 1970 et 1990, des parties du parc national du Kruger, créé en 1926 le long de la frontière avec le Mozambique, ont servi de bases militaires pour soutenir la RENAMO, guérilla mozambicaine anti-communiste.

Plus récemment, des fronts écologiques sont mis en place à travers des réserves marines qui peuvent être utilisées pour légitimer la présence d'un État, assurer et étendre son contrôle sur des ressources éloignées et potentiellement disputées (Surmont et Guyot 2017).

## 2.2 Front écologique et fonctionnalisation des espaces frontaliers

Le front écologique attribue de nouvelles fonctions aux zones frontalières. La logique d'extension et de conquête n'est pas uniquement spatiale mais aussi idéologique. Les fronts écologiques ne sont donc pas uniformes et prennent différentes formes d'organisations selon ce que les acteurs de la conquête y projettent.

À l'endroit des frontières, le front écologique renvoie à un processus double : le degré d'ouverture et de fermeture de la frontière d'une part, son degré d'anthropisation ou de naturalisation d'autre part. Cela joue sur la fonctionnalisation des frontières, l'accent pouvant être mis sur la fonction récréative (développement du tourisme et des infrastructures associées) ou sur la fonction de protection de la nature (avec potentiellement exclusion de la présence humaine).

Ces deux fonctions entrent parfois en contradiction, évoluent dans le temps et peuvent se succéder. En Pologne, plusieurs réserves au niveau de la frontière avec la Slovaquie, l'Ukraine et la Biélorussie ont d'abord été conçues comme des lieux de protection

2. Sylvain Guyot (2011, 2017) distingue trois générations de fronts écologiques : impériale, géopolitique, globale.

de la nature supposant la fermeture des frontières. Puis entre 1992 et 2004, la fonction de ces frontières a changé avec la mise en place de réserves de biosphère transfrontalières (comme celles de Karpaty ou Tatry) dans un processus d'ouverture, de coopération et de développement du tourisme avec la présence de nouveaux acteurs (Więckowski 2018).

La figure 4.1 montre l'entrée du Parc national de Sagarmatha (Everest, Népal) à Jorsale, créé en 1976 et devenu patrimoine mondial de l'Unesco en 1979. L'emplacement au niveau d'un verrou très étroit dans la vallée de la Dudh Koshi permet un contrôle des visiteurs (dont plus de 40 000 touristes) avec une mise en scène explicite de la frontière : passage d'une première porte avec parfois un garde, contrôle des permis de trek, traversée d'un espace d'information et d'exposition (sorte de zone neutre) avant d'accéder à la seconde porte. Celle-ci marque l'entrée dans un « monde autre », un espace protégé symbole d'un changement des relations homme/nature au sein duquel les interactions sociales doivent aussi répondre à des normes morales, affichées. Puis le franchissement de 700 mètres de dénivelé porte le visiteur à Namche Bazar, siège de l'administration du parc, protégé de barbelés et lieu de stationnement d'une compagnie de soldats de l'armée népalaise qui apporte officiellement du renfort au personnel du Bureau du Parc national. Le fait que la limite nord du parc s'étende le long de la frontière entre le Népal et la région autonome du Tibet de la République populaire de Chine n'est pas sans lien avec cette présence militaire.

La frontière est ici d'une triple nature : une frontière nationale avec le Tibet en quelque sorte doublée et déportée, une frontière avec un territoire qui répond à des normes de fonctionnement dérogatoires où la place de l'homme et de la nature sont redéfinies, enfin une frontière symbolique qui marque l'entrée vers des montagnes sacrées dont l'Everest. C'est en ce lieu que s'inscrit visuellement et physiquement le départ d'un front écologique.

**Figure 4.1 – Entrée du parc national de Sagarmatha (Everest, Népal)**

Source : V. André-Lamat, 2013, ANR-13-Senv-005 Preshine.

# 3 Le front écologique global : des espaces au-delà des frontières ?

## 3.1 Du dépassement des frontières...

Depuis les années 1990, les fronts écologiques s'inscrivent plutôt dans une dynamique d'effacement des frontières et de développement de la coopération internationale. Ces fronts de la troisième génération, dite globale, se caractérisent par l'émergence de nouveaux acteurs à l'échelle internationale.

Dès 1988, l'Union Internationale pour la Conservation de la Nature (UICN) considère la construction d'espaces transfrontaliers comme une priorité afin de redynamiser des aires protégées déjà existantes. Plusieurs États, mais aussi des ONG et des institutions internationales vont jouer un rôle essentiel pour rendre cette idée opérationnelle.

La coopération environnementale transfrontalière se développe par exemple dans les Alpes avec la création dans les années 1990 d'un réseau d'espaces protégés répartis entre différents pays européens. Les effets territoriaux de cette mise en réseau restent limités mais la notion de connectivité est fortement mise en avant avec l'installation de sentiers de randonnée et de corridors entre les aires protégées (Laslaz 2009).

Dans cette même logique d'ouverture et de connectivité, d'anciennes zones militarisées sont reconverties en aires protégées. Le projet de ceinture verte européenne lancé en 2004 (qui concerne 23 pays) reprend le tracé du rideau de fer, devenu durant la Guerre Froide un *no man's lands* propice au développement de la faune et de la flore. Des projets similaires voient le jour dans d'autres régions du monde, à l'image du projet panafricain de la Grande Muraille Verte lancé en 2005 qui propose initialement de planter des arbres tout au long de la bande sahélienne sur onze pays de Dakar à Djibouti. Dans les faits cependant, elle reste à l'état de projet dans nombre de pays, et peine à s'inscrire dans une véritable dynamique transfrontalière (Mugelé, 2018).

De nombreuses aires protégées créées dans un but géopolitique de contrôle du territoire et de sécurisation des frontières se sont transformées en fronts écologiques de troisième génération. Plusieurs parcs nationaux d'Afrique australe, dont le parc Kruger sont ainsi devenus des supports de coopération. Le développement des parcs de la paix[3] ou *peace parks*, à partir de la fin des années 1990 est symbolique de cette évolution. Portés par des acteurs économiquement et politiquement puissants, ces parcs encouragent l'ouverture de frontières internationales afin de produire et/ou retrouver une cohérence territoriale pour des populations qui ont pu être séparées au moment du découpage du territoire lors de la colonisation et une continuité écologique qui favorise la circulation des espèces migratrices.

3. Il s'agit d'une catégorie d'aire protégée transfrontalière qui, au-delà des objectifs premiers de conservation de la nature et de développement économique local, vise à promouvoir la coopération entre les pays.

Le dépassement ou l'effacement des frontières reste cependant théorique. Dans les faits, la frontière continue d'exister sous d'autres formes et fonctions ou déportées dans d'autres lieux.

## 3.2 ...au déplacement des frontières

Il convient de nuancer la notion de dépassement des frontières, car on assiste plutôt à leur déplacement. Les fronts écologiques contribuent à créer de nouvelles limites et d'autres formes de contrôle, parfois brutales, au sein des nouveaux espaces transfrontaliers qu'ils mettent en place.

Les aires protégées transfrontalières peuvent naître de la fusion de parcs nationaux préexistants de part et d'autre de la frontière, ou résulter de la refonctionnalisation d'espaces en marge ou reconnus pour leur biodiversité. Dans tous les cas, cela implique la délimitation d'une nouvelle entité territoriale, parfois séparée par une zone tampon des espaces non protégés. Ces limites se superposent à celles des frontières nationales et des logiques de contrôle et de sécurisation, autrefois appliquées aux espaces frontaliers peuvent y être adoptées.

Dans les aires protégées transfrontalières en Afrique australe, l'ouverture des frontières contribue au déplacement plus libre de la faune et facilite la mobilité des touristes. Cette ouverture peut permettre de manière transitoire à des migrants économiques de passer clandestinement d'un pays à l'autre ou, plus durablement, à des braconniers de circuler illégalement dans les parcs devenus plus vastes et moins contrôlables. Ces pratiques et ces mobilités informelles justifient parfois le recours à des modes de gestion violente se traduisant par la présence de rangers armés ou l'adoption de dispositifs de surveillance variés (caméras, survol en hélicoptère, etc.[4]).

Certaines ONG dans le domaine de la conservation ont aussi recours à ce genre de pratiques. Par exemple l'ONG sud-africaine African Parks qui gère plus d'une quinzaine de parcs sur le continent africain est connue pour utiliser des moyens techniques et technologiques puissants ainsi que des armes à feu, au nom de la protection environnementale et de la lutte contre le braconnage (Tilouine 2020). En juin 2020, le Bénin lui a cédé pour une durée de 10 ans, la gestion du parc national du W qui appartient au complexe transfrontalier W-Arly-Pendjari (WAP) partagé avec le Niger et le Burkina Faso. Il sera intéressant de suivre comment African Parks va prendre en compte la dimension transfrontalière dans sa gestion.

Fronts et frontières sont consubstantiels les uns des autres et rythment l'ouverture et la fermeture des (re)conquêtes territoriales. Dans le cas de la création de parcs naturels transfrontaliers, le front écologique permet l'effacement de certaines frontières mais génère, de manière concomitante, l'imposition de nouvelles lignes de fronts, théâtres de nouveaux conflits entre des usages distincts du territoire.

4. Nommés par certains « violence verte » ou « green violence » (Büscher et Ramutsindela, 2015).

# BIBLIOGRAPHIE

GIRAUT F., GUYOT S., HOUSSAY-HOLZSCHUCH M., (2005), « Les aires protégées dans les recompositions territoriales africaines », *L'Information Géographique*, vol. 68, n° 4, 340-368.

GUYOT S., RICHARD F., (2009), « Les fronts écologiques – Une clef de lecture socio-territoriale des enjeux environnementaux ? », *L'Espace Politique*, n° 9.

GUYOT S., (2017), *La nature, l'autre « frontière ». Fronts écologiques au Sud (Afrique du Sud, Argentine, Chili)*, Berne, PIE Peter Lang.

HARRIS C., (2006), « Le Canada et la nature : quelques réflexions à l'échelle d'un pays », *Annales de Géographie*, vol. 3, n° 649, p. 259-269.

LASLAZ L., (2009), « La collaboration environnementale transfrontalière, constituante d'un front écologique ? Limites et perspectives des mises en réseau des espaces protégés alpins », *L'Espace Politique*, n° 9.

CHAPITRE 5

# La région transfrontalière

**Grégory HAMEZ**

SOMMAIRE



Dans le monde contemporain de frontières mouvantes et mobiles, les régions transfrontalières constituent de nouvelles catégories spatiales hybrides. Le vocabulaire pour les nommer n'est pas encore stabilisé, en français comme dans d'autres langues. Si leur objet, leurs limites et leurs configurations varient, ces régions ont en commun un jeu permanent entre des systèmes d'appartenance et d'organisation différents, où les préoccupations locales interfèrent avec les injonctions et règlements nationaux.

Ces territoires sont définis par la différenciation interne entre les parties qui les constituent, des deux côtés d'une limite internationale, et ces dissemblances peuvent être sources à la fois de mise à distance et d'interactions. Une définition des régions transfrontalières sera proposée dans un premier temps, avant d'aborder leur dynamique en termes de représentations, de pratiques spatiales et de gouvernance.

## 1 La région transfrontalière, éléments de définition

Le concept de « région transfrontalière » sera abordé d'abord par un éclaircissement linguistique, ensuite par une caractérisation théorique.

## 1.1 Les mots pour la dire

De la même façon que la *frontière* ne signifie pas exactement la même chose suivant qu'on l'exprime en anglais (*border* versus *boundary* versus *frontier*) en allemand (*Grenze*) ou en français, le terme de *région transfrontalière* véhicule des connotations différentes suivant les langues.

En anglais, le terme de *borderlands* ou *borderlands region* est le plus courant pour caractériser les espaces limitrophes des frontières nationales. Le *borderlands* a également un sens idéel, notamment en anglais américain, pour exprimer métissage et situation d'entre-deux concernant la race, la langue, la culture, etc. (*cf.* le titre du livre *Borderlands/La Frontera* de Gloria Anzaldúa, 1987).

En allemand, plusieurs nuances sont possibles pour qualifier ce type d'espace. Le terme le plus général pour l'espace situé de part et d'autre d'une frontière est le *Grenzraum*. Mais le vocabulaire peut se faire plus précis, avec par exemple le *Grenzübershreitendes Gebiet*, pour insister sur le côté administratif d'une telle entité, dans la mesure où le substantif *Gebiet* renvoie à une région institutionnelle. Le substantif *Grenzgebiet* évoque quant à lui la région frontalière, entendue comme l'entité administrative bordée par une frontière.

En français, plusieurs termes coexistent pour qualifier les espaces situés de part et d'autre de frontières internationales. La Mission Opérationnelle Transfrontalière (MOT), institution française de référence pour la valorisation des initiatives transfrontalières, a pour mission de « veiller aux intérêts des *territoires transfrontaliers* » (souligné par l'auteur du chapitre). Cela étant, la MOT utilise davantage le terme plus générique d'*espace transfrontalier* (l'adresse de son site web est www.espaces-transfrontaliers.org). L'utilisation du substantif « territoire » est lourde de sens, dans la mesure où le vocable « territoire » véhicule l'idée d'une gouvernance commune, et aussi celle d'une appropriation et d'une appartenance de la part des habitants. En revanche, le substantif « espace » est plus vague en termes de contenu, d'institutionnalisation comme d'étendue, l'espace pouvant tout à tour être « naturel », « social », « économique », « culturel » ou autre (Hamez, 2013, 2015).

Le terme de *région transfrontalière* présente l'avantage d'être plus précis que celui d'*espace transfrontalier* en termes d'échelle moyenne entre le local et le national et en termes de consistance, tout en étant peut-être moins ambitieux, mais plus réaliste, que celui de *territoire transfrontalier*.

### DÉFINITION

**Région transfrontalière**

La région transfrontalière est une entité d'échelle intermédiaire entre le local et le national, regroupant des lieux situés de chaque côté d'une frontière nationale. De telles régions peuvent présenter des éléments de continuité paysagère, économique ou culturelle, avoir constitué dans le passé une même entité politique avant la fixation de la frontière, ou encore être parcourues de flux qui traversent la frontière, voire faire l'objet de stratégies de rapprochement transfrontalier par certains acteurs. Mais dans tous les cas, il s'agit d'une représentation dont il faut questionner les motivations. Ces dernières peuvent être d'ordre identitaire, issues de groupes porteurs de revendications culturelles ; économiques, quand l'accès à un marché est attendu ; ou environnementales quand des questions écologiques sont en jeu (*cf.* chap. 4). La production de ces régions peut passer par des stratégies de *branding* et *marketing* particulières (*cf.* chap. 18).

## 1.2 Caractéristiques de la région transfrontalière

Les régions transfrontalières ont fait l'objet de nombreux travaux théoriques, principalement en Amérique du Nord et dans l'Union européenne.

Une première caractérisation théorique globale a été proposée par l'historien Oscar J. Martínez (1994), spécialiste de la frontière Mexique/États-Unis. Il différencie les régions situées aux frontières en fonction de leur degré d'interaction :

- certaines sont aliénées (*alienated borderlands*), quand les contacts sont inexistants ou presque ;
- d'autres sont co-existantes (*co-existent borderlands*), dans le sens d'une co-existence pacifique, permettant des relations non conflictuelles mais réduites ;
- d'autres sont interdépendantes (*interdependent borderlands*), quand les interactions sont élevées mais tiennent surtout de la sphère économique ;
- les dernières sont intégrées (*integrated borderlands*) quand les interactions sont variées et fortes, incluant la sphère politique.

Ce modèle peut facilement s'appliquer à la caractérisation de la plupart des régions transfrontalières. Il véhicule toutefois l'idée d'une progression allant de l'absence de relations jusqu'à leur complétude, avec une étape intermédiaire qui serait l'intégration économique, idée qui est en deçà de la richesse des différents cas de figure. Le modèle proposé par le politiste canadien Emmanuel Brunet-Jailly (2005) permet de faire un pas supplémentaire vers la prise en compte de la complexité des régions transfrontalières. L'auteur propose d'analyser ces régions à travers quatre lentilles analytiques, définies en fonction des acteurs en présence et de leur capacité d'agir (*agency*) :

- action publique en termes de gouvernance multiniveaux entre acteurs politiques locaux, régionaux et nationaux à travers la frontière ;
- secteur privé en termes de forces du marché et de liens commerciaux ;
- culture locale transfrontalière, à travers les éléments communs qui traversent la frontière en matière de langue, de patrimoine, d'histoire, pouvant être à l'origine d'un sentiment partagé d'appartenance ;
- milieu politique (*political clout*), en termes de relations locales nouées quotidiennement au sein de la société civile et de la sphère politique locale.

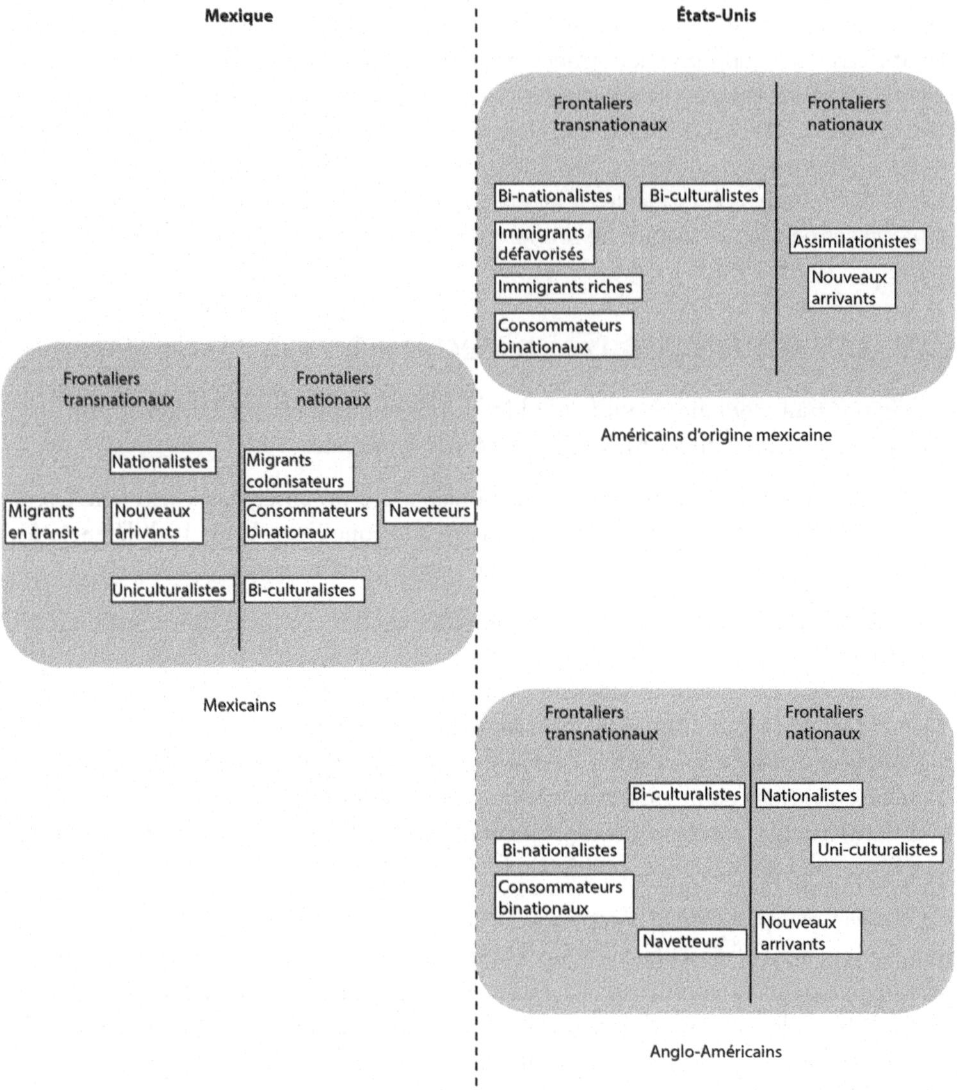


**Figure 5.1 – Une population frontalière très diverse à la frontière Mexique-États-Unis**

Source : J. Martínez 1994, traduction G. Hamez.

Cette grille d'analyse présente l'avantage de considérer la dimension multiscalaire des régions transfrontalières, qui sont toujours traversées par une tension entre le degré d'interactions possibles et réelles à travers la frontière, les intérêts et motifs à ces interactions et le contexte national et international dans lequel se trouve la frontière.

Cette tension a été représentée par O. J. Martínez (1994) dans le cas de la frontière Mexique/États-Unis, en fonction de l'intensité des relations entre différents groupes de population (*cf.* figure 5.1). Cette frontière est un cas emblématique au regard de l'ampleur de la différence socio-économique, l'ampleur des flux humains et économiques qui la traversent et l'ont traversée, et l'ampleur des représentations et imaginaires qui y sont attachées. Mais la typologie proposée par l'auteur peut, dans ses grandes lignes, être appliquée ailleurs. En effet, les habitants à la frontière, ici appelés les frontaliers (*borderlanders*), sont distingués en deux types :

- les frontaliers nationaux nouent peu de contacts à travers la frontière, ce qui s'explique par une indifférence, un désintérêt ou bien l'incapacité à établir ces contacts ;
- les frontaliers binationaux sont actifs dans l'établissement de contacts transfrontaliers, que ce soit à des fins d'achat, de travail, d'étude, de visite ou de sociabilité.

Chacun de ces deux groupes est ensuite subdivisé en sous-groupes en fonction de l'origine sociale et ethnique et du degré d'interrelation. Les « bi-culturalistes » représentent un des degrés les plus avancés d'hybridation. La dimension temporelle est ici importante, dans la mesure où les interactions doivent avoir lieu sur une durée suffisamment longue pour qu'émerge cette variété de cas de figures, constitutive des régions transfrontalières mexico-états-uniennes.

La région transfrontalière est donc un construit particulier dans l'espace et le temps, tissé sur les relations existantes ou non à travers la frontière. Des exemples seront à présent fournis suivant la nature imaginée de ces régions (2), pratiquée (3) et gouvernée (4).

## 2 Une région imaginée : approche par les représentations

Les discours sur les régions transfrontalières peuvent véhiculer des représentations variées, aussi variées que les types de population résidant en région transfrontalière (*cf.* figure 5.1). Cela étant, ces populations partagent un élément central et marquant, qui est de vivre dans la proximité d'une frontière internationale. Qu'il s'agisse de la présence de policiers et douaniers (voire de soldats) et en parallèle de trafiquants et contrebandiers de tous ordres, d'infrastructures logistiques et économiques liées au passage en douane, de commerces et entreprises particulières, la frontière véhicule de façon exacerbée l'image de risque et d'(in-)sécurité, d'opportunités et d'exotisme, d'aventure et de nouveaux horizons. Nombreux sont les romans portant sur la vie de frontière, comme *L'empreinte du dieu* de Maxence van der Meersch, prix Goncourt 1936, ou *Le grand cahier* d'Agota Kristof, paru en 1986.

Au-delà de ces représentations touchant à la frontière même, on trouve dans certaines régions transfrontalières l'idée d'un espace culturel et identitaire partagé, entre différentes parties originellement jointes mais séparées par la mise en place d'une frontière, avec cette nostalgie implicite d'un commun ancien dont le récit est amplifié.

CAS 5.1

**■ SE REPRÉSENTER LA FLANDRE HIER ET AUJOURD'HUI**

Une représentation de ce type se retrouve par exemple dans la thèse de Raoul Blanchard, soutenue en 1906, que le géographe a choisi de porter sur « la plaine flamande en France, Belgique et Hollande ». Dans le paradigme vidalien où la région constitue un objet d'étude privilégié, au croisement entre éléments d'ordre naturel et d'ordre humain, Raoul Blanchard postule cette unité flamande entre trois pays, même s'il reconnaît les effets de différenciation dus à la frontière. Aujourd'hui, le renforcement de la discontinuité franco-belge, notamment linguistique (perte du patois flamand côté français et perte de l'usage du français côté flamand belge), accroît l'hétérogénéité de cette région. Si dans cette « plaine flamande », Belges et Français peuvent chacun se revendiquer comme étant « Flamands », il s'agit de deux conceptions bien différentes de l'identité flamande, les premiers y voyant une revendication politique assise sur une reconnaissance linguistique, tandis que pour les seconds il s'agirait davantage d'éléments culturels (culinaires, paysagers, etc.) qui se surimposent à une identité d'abord française (Lentacker 1973, Hamez 2004).

De façon similaire, les Catalans français et espagnols pourront porter des représentations divergentes de l'identité catalane (*cf.* chap. 25), tout comme les Basques français et espagnols, ou les Tyroliens entre Autriche et Italie. Cette configuration particulière en deçà de certaines frontières peut faire courir le risque de tensions séparatistes, voire de faire émerger des frontières intérieures au pays en cas de conflit (comme ce fut le cas au Chili pendant la dictature). Cette question peut également croiser celle des identités autochtones à la frontière (*cf.* chap. 14).

Parfois, des instances travaillent à fortifier, voire à créer de toutes pièces de telles représentations. C'est le cas dans les régions transfrontalières où des instances de concertation, voire de gouvernance commune, ont été mises en place. À titre d'exemple, la région de Cascadia entre États-Unis et Canada est présentée par ses promoteurs comme une « biorégion » présentant des caractéristiques naturelles, sociales et économiques communes (*cf.* chap. 25). Dans différentes « eurorégions » aux frontières intérieures de l'Union européenne, des représentations de ce type sont également travaillées et peuvent déboucher sur des actions de marketing (*cf.* chap. 18).

## 3 Une région pratiquée : approche par les flux et relations

Les flux et relations de part et d'autre d'une frontière constituent d'autres éléments constitutifs d'une région transfrontalière. Flux commerciaux (*cf.* chap. 23), flux de travail (*cf.* chap. 24) ou relations de sociabilité (*cf.* chap. 22), la pratique de la région transfrontalière s'opère toujours dans un contexte d'opportunités liées au différentiel frontalier, et de risques ou interdits liés à son passage.

La région transfrontalière peut, dans une certaine mesure, être caractérisée par la portée spatiale de ces flux et relations. En analyse spatiale, il a été montré que la zone pouvant être directement concernée par une intensité de relations est située à la plus grande proximité de la frontière, et que les relations décroissent rapidement à mesure que l'on s'en éloigne (Grasland et Buxeda 2005, Le Texier 2011). Très concrètement, cette zone riche en interrelations n'excède pas une largeur de quelques kilomètres de part et d'autre des frontières. Ratzel évoquait déjà l'ourlet frontalier pour cet espace dense d'interrelations potentielles sinon réelles (Ratzel 1987 [1897]). Les agglomérations transfrontalières présentes dans cet ourlet frontalier sont paradoxales à cet égard, en ce que leur existence même est généralement liée à la frontière mais qu'en retour, la présence de la frontière pénalise certaines facettes de leur développement (*cf.* chap. 36).

De fait, la pratique de la région transfrontalière est tissée de paradoxes. Pour que des flux transfrontaliers s'opèrent, il faut certes que la frontière soit ouverte à la circulation, mais surtout aussi que les populations aient un intérêt à traverser. C'est ainsi qu'à travers le monde, les régions transfrontalières traversées par les flux les plus intenses sont celles qui sont le plus disparates, notamment en termes d'écart de développement socio-économique et/ou de régimes fiscaux, offrant les avantages comparatifs les plus forts. Entre Bénin et Nigeria, entre Mexique et USA, entre Singapour et les provinces voisines d'Indonésie et de Malaisie, entre Luxembourg et les régions voisines de France, de Belgique et d'Allemagne, l'écart de richesse en termes de PIB/habitant varie du simple au double (voire davantage) ; les salaires sont à l'avenant, ce qui induit des processus de segmentation économique et de travail frontalier. L'intensité des relations transfrontalières dans une région témoigne généralement avant tout d'une forte hétérogénéité sectorielle, et secondairement d'éléments de proximité culturelle.

## 4 Une région gouvernée ?

Des formes de proto-gouvernance sont apparues dans plusieurs régions transfrontalières. En dehors de l'Union européenne, le secteur privé est généralement à l'initiative.

### DÉFINITION

**Gouvernance**

Le *gouvernement* qualifie un groupe d'acteurs publics ou privés qui exercent leur autorité sur un territoire donné ou sur une organisation (les gouvernements se trouvent à la tête des États, mais il y a aussi des gouvernements d'entreprise). La *gouvernance* qualifie l'art et la manière de gouverner dans un contexte de complexité en termes de variété des acteurs impliqués (publics, privés, société civile), de remise en question de l'autorité de l'État, d'interdépendance entre les participants et d'autonomie des réseaux d'acteurs (voir Joumard 2009).

Ainsi, dans la Cascadia, où la coopération est portée par des groupes d'intérêts privés ou des partenariats public-privé (Brunet-Jailly 2008), plusieurs périmètres de gouvernance sont identifiables :

- le PNWER (Pacific North-West Economic Region) est une organisation public-privé sans but lucratif fondée en 1991, et dont la mission est « le bien-être et la qualité de la vie pour tous les citoyens de la région, en préservant et renforçant l'environnement naturel ». Elle est très étendue puisqu'elle comprend 5 états du nord-ouest des États-Unis et les 5 provinces canadiennes les plus occidentales.
- Le Pacific Corridor Enterprise Council (PACE) est une organisation commerciale à but non-lucratif, regroupant les plus grandes entreprises de la région, dans le but de promouvoir la libre-circulation.
- La coopération est aussi métropolitaine, entre la ville canadienne de Vancouver et ses voisines états-uniennes de Seattle et Portland. En 2016 a émergé l'initiative de créer un cluster de haute technologie, le « Cascadia Innovation Corridor », regroupant conseils de développement économique, universités et grandes entreprises (telles que Microsoft) – ainsi qu'un projet de train à grande vitesse.

Dans l'Union européenne en revanche, les instances de gouvernance sont portées principalement par les collectivités régionales et locales. Il s'agit de groupement d'entités subnationales existantes, comme par exemple l'eurorégion Nouvelle Aquitaine-Euskadi-Navarre, la Conférence franco-germano-suisse du Rhin Supérieur, le Sommet de la Grande Région entre Luxembourg, Lorraine, Wallonie, Sarre et Rhénanie-Palatinat, ou encore la région Öresund entre nord-est du Danemark et sud la Suède (pour plus d'information, le site web de la Mission Opérationnelle Transfrontalière – cité plus haut, donne une présentation de ces « eurorégions »). Leur statut est divers ; nombreuses sont celles qui se dotent de la forme juridique du GECT/ Groupement européen de coopération territoriale, leur permettant d'être dotées d'une personnalité morale et d'une autonomie financière. Les objectifs de ces structures sont multiples, depuis l'incitation aux coopérations jusqu'à la mise en place de schémas de développement.

Que les instances de gouvernance soient pilotées par le secteur privé ou par le secteur public, il s'y joue toujours une tension particulière liée à la situation d'entre-deux : promouvoir un intérêt général transfrontalier dans la limite de ce que permettent les États en présence.

## Conclusion

La région transfrontalière constitue un objet paradoxal, hybride et évolutif.

Paradoxal, car composé d'espaces subétatiques distincts et hétérogènes. Cette région suppose de réunir à moyenne échelle des entités conçues généralement de façon périphérique à l'échelle étatique.

Hybride, car constitué d'interrelations entre des imaginaires, des pratiques spatiales et parfois des actes concertés de gouvernance. Quand une gouvernance commune est mise en place, cette région peut être délimitée précisément entre différentes parties subnationales, mais les délimitations sont le plus souvent floues et diverses.

Évolutif, car les fonctions de la frontière se transforment suivant le contexte international, conditionnant les intérêt et opportunités de mise en relation.

L'identité d'une région transfrontalière sera à chercher dans l'interrelation entre ces imaginaires, ces pratiques et ces modes de gestion (Hamez 2013).

# BIBLIOGRAPHIE

BRUNET-JAILLY E., (2005), « Theorizing borders: An interdisciplinary perspective », *Geopolitics*, vol. 10, p. 633-649.

BRUNET-JAILLY E., (2008), « Cascadia in comparative perspectives : Canada-US relations and the emergence of cross-border regions », *Canadian Political Science Review*, vol. 2(2), p. 104-124.

HAMEZ G., (2015), *Pour une analyse géographique des espaces transfrontaliers – Contribution théorique et méthodologique*, Mémoire HDR, Université de Rouen, https://hal.archives-ouvertes.fr/tel-01321837.

MARTÍNEZ O. J., (1994), « The dynamics of border interaction: new approaches to border analysis », vol. 1-15, *in* SCHOFIELD C. H., *Global boundaries*, New York, Routledge.

WASSENBERG B., REITEL B., (2015), « La coopération territoriale en Europe – Une perspective historique », Luxembourg, Office des publications de l'Union européenne.

## ENTRETIEN

**Avec Jean Peyrony, directeur général de la Mission opérationnelle transfrontalière**

**1.** Quand vous pensez aux frontières, quelle est la première image qui vous vient à l'esprit ?

Ayant toujours vécu en France, en temps de paix, dans un milieu ouvert sur le monde et pro-européen, l'image que j'ai de la frontière est celle d'une ligne qu'on franchit avec une légère excitation, mais sans aucune appréhension : le plaisir du voyage. Mon premier souvenir de passage d'une frontière d'État est un souvenir d'enfant, en vacances dans la région des Rousses. Pour aller à Genève en voiture, il y avait une pointe d'exotisme au moment du passage, de la douane, mais ce qui m'étonnait le plus était qu'en passant à pied par les chemins nous nous retrouvions dans un village suisse voisin sans avoir rencontré ni barrière ni douanier. Au fond, le plaisir n'était pas de nature différente de celui du passage rituel d'un pont sur la Loire, censé marquer l'arrivée dans le « Sud », ou de celui du franchissement d'une ligne de partage des eaux, que mon père ne manquait pas de nous signaler.

**2.** De quel point de vue et/ou quelle position professionnelle parlez-vous des frontières ?

Je dirige la Mission opérationnelle transfrontalière, une structure associative para-publique d'appui à la coopération transfrontalière aux frontières françaises. Ma position est donc celle d'un facilitateur du franchissement de la frontière, dans le cadre des quatre libertés offertes par l'appartenance à l'Union européenne et à ses voisins de l'AELE. Nous promouvons les « territoires transfrontaliers », espaces de vie tels que les agglomérations transfrontalières, comme le Grand Genève, ou les espaces naturels, comme le massif du Mont-Blanc. Cela suppose en fait de travailler à 3 échelles : l'échelle locale de la vie des personnes, où sont développés, par exemple, des services publics transfrontaliers ; mais aussi l'échelle nationale, car les frontières restent une affaire d'États qui doivent se coordonner sur leur frontière commune ; et enfin l'échelle européenne : l'Europe joue un rôle important, non seulement pour ouvrir les frontières, mais aussi pour faciliter la coopération au travers de programmes comme Interreg.

**3.** Quelles sont les évolutions majeures des frontières que vous avez connues ?

On peut parler depuis quelques années d'un retour des frontières (M. Foucher), avec les crises successives que nous avons connues : crise migratoire, crise sécuritaire liée aux attentats terroristes – pour la France la motivation invoquée pour le rétablissement temporaire des contrôles aux frontières, et maintenant crise sanitaire. En tant que professionnel de la coopération, mais aussi citoyen, je suis convaincu que la fermeture des frontières n'est jamais la solution – et d'ailleurs, cette fermeture reste heureusement relative, du moins pour les citoyens européens.

Le plus frappant pour moi est la fermeture qui est ré-advenue dans les têtes de nombreux Européens : par exemple le fantasme du « take back control » du Brexit. Pendant la crise de la Covid-19 au printemps 2020, les contrôles aux frontières terrestres françaises, sans caractère sanitaire à proprement parler, avaient clairement une fonction rituelle, celle de rassurer la population.

Même si cela fait 20 ans que je travaille sur les enjeux frontaliers, j'ai l'impression d'apprendre encore sur la nature ambivalente, quasi sacrée de la frontière. Il nous arrive à la MOT d'intervenir sur d'autres frontières, celles de la Guyane, ou de l'Afrique de l'Ouest. Il y a encore 5 ans, il semblait évident d'opposer des frontières européennes ouvertes, et des frontières, sinon fermées du moins très contrôlées ailleurs. On se rend compte maintenant que les frontières ne sont jamais si ouvertes ni si fermées qu'on croit. Et la résurgence de sentiments nationalistes invite à promouvoir plus que jamais la coopération transfrontalière, l'intégration régionale, et un partenariat ambitieux avec les voisinages est et sud de l'Europe.

**4.** Quelles émotions ressentez-vous face aux frontières/une frontière en particulier ?
J'ai parlé plus haut de l'émotion positive du franchissement autorisé de la frontière. Il y a aussi l'émotion négative de la frontière fermée. Je l'ai découverte pendant un séjour linguistique à Lübeck dans les années 1970, où mes hôtes allemands m'avaient amené voir le rideau de fer proche. Image choquante pour moi, mais je sentais surtout la blessure qu'elle représentait pour ma famille d'accueil. Quand j'ai plus tard passé le rideau de fer, ou la frontière entre Israël et les territoires palestiniens, j'ai ressenti la violence légale que manifestent ces frontières.

**5.** Pouvez-vous citer un film, un roman, une pièce de théâtre, une chanson ou autre musique qui évoque la frontière pour vous, et nous en dire quelques mots ?
Je pense à l'écrivain Stefan Zweig qui, dans un récit autobiographique, *Le monde d'hier*, décrit la descente aux enfers d'un juif européen, depuis sa jeunesse viennoise des années 1900 dans une ville-monde, et ses pérégrinations entre les villes du continent, jusqu'à son départ d'Autriche pour fuir le nazisme en 1934. Il trouve refuge au Brésil où il se suicide en 1942. Un de moments les plus poignants du livre est celui où, rendant visite à son ami le poète Verhaeren en Belgique en juillet 1914, il se rend brutalement compte que la situation internationale devient critique, et, prenant le dernier train pour rentrer en Autriche, croise, à la frontière entre l'Allemagne et la Belgique, un convoi militaire de l'invasion.

**6.** En quoi avez-vous fait bouger les frontières ?
J'espère par ma pratique professionnelle avoir fait bouger quelques frontières dans les têtes. Nos pratiques professionnelles sont naturellement cloisonnées par des silos sectoriels, des territoires administratifs ou des échelles d'intervention. Ma vie d'« aménageur du territoire » a toujours au fond consisté à subvertir des frontières, et à prôner la coopération territoriale, horizontale et verticale. La fonction publique à la française a aussi des vertus, comme celle de la mobilité : quand un fonctionnaire (sous-préfet, responsable d'ARS…) a rencontré la frontière au moins une fois, il est fréquent qu'il y ait appris une pratique moins cloisonnée.

**7.** Voulez-vous ajouter quelque chose ?
Le confinement qu'une bonne partie de la planète a vécu ces derniers mois a engendré beaucoup de souffrances, mais aussi une expérience géographique grandeur nature. Nous avons retrouvé ce que représente l'obligation de justifier de sortir de chez soi, ou d'une zone de 100 km autour de chez soi. Les frontaliers ont été amputés de la moitié de leur espace de vie, et privés pour un temps de l'accès à leur travail, ou de pouvoir visiter leurs proches de l'autre côté de la frontière. Passé le premier temps de sidération où, par réflexe, les États ont fermé les frontières et sont réapparus des stéréotypes de rejet de l'étranger, la coopération et la solidarité ont repris le dessus.
Sur la frontière franco-allemande, les Eurodistricts transfrontaliers ont agi, et le dispositif du « Comité de coopération transfrontalière » tout juste instauré dans la suite du traité d'Aix la chapelle (2019) a été activé. Ce sont les personnes qui se sont mobilisées, mais elles l'ont fait d'autant mieux qu'un cadre institutionnel préexistait. Des frontaliers et des élus ont dit « plus jamais ça ! », promettant de ne plus refermer les frontières, et de se mobiliser davantage pour l'intégration transfrontalière dans l'après-*crise.* Peut-être cette leçon nous aidera-t-elle à sortir du territorialisme stigmatisé par Andreas Faludi (*Poverty of territorialism*, 2018).

CHAPITRE 6

# Frontières à l'intersection des rapports de pouvoir

**Camille SCHMOLL**

SOMMAIRE



Les frontières, qu'il s'agisse de lignes, de lieux ou de zones, sont tout à la fois révélatrices et transformatrices des rapports de pouvoir. Ceux-ci se manifestent à travers passages et blocages, conflits et luttes, tensions et frictions, circulations et immobilisations.

Ce chapitre met en lumière le caractère genré des processus et situations frontaliers, le genre désignant ici l'ensemble des mécanismes par lesquels les identités et rôles masculins et féminins sont produits et génèrent des inégalités, ainsi que la façon dont ces identités et rôles sont négociés ou subverties.

La force du genre aux frontières sera notamment explorée à travers une série d'exemples touchant des femmes. Nos représentations, en effet, sont encore empruntes d'un biais masculiniste : aveuglées par les images médiatiques de jeunes hommes entassés dans les bateaux ou agglutinés sur les grillages de Ceuta et Melilla, elles associent souvent les femmes à la sédentarité alors que celles-ci constituent 48 % des personnes en migration dans le monde.

Si la situation aux frontières est révélatrice de la force d'explication du genre en tant qu'outil de catégorisation et de mise en ordre du monde, celui-ci s'articule à d'autres logiques de pouvoir, qui peuvent avoir tout autant d'importance, voire plus. Le genre est imbriqué à d'autres caractéristiques et constructions ethno-raciales, à la sexualité, au statut social et légal des personnes à la frontière.

# 1 Femmes à la frontière, femmes *dans* la frontière

## 1.1 Nécropolitique du genre et économies frontalières

La ville de la Jonquera, située à la frontière franco-espagnole, se distingue de sa voisine française du Perthus par la présence sur son territoire d'une activité prostitutionnelle importante. La prostitution de masse, en rue ou en *puticlub*, s'y est développée à partir de 1992, en remplacement d'autres activités lucratives existant avant l'institution de la libre circulation entre la France et l'Espagne. C'est ici l'asymétrie législative entre les deux pays qui permet à cette industrie de s'épanouir, impliquant essentiellement des femmes immigrées venues du Maghreb, d'Afrique sub-saharienne et d'Europe de l'Est. Cette offre commerciale s'adresse aux touristes de la Costa Brava, aux habitants des Pyrénées orientales et plus largement du reste de la France : elle s'organise sur la base d'activités frontalières ordinaires (passage de routiers), ainsi que sur l'organisation de voyages à visée consommatoire du type « enterrement de vie de garçon ». Deux clubs sont particulièrement réputés à La Jonquera, le Dallas et le Paradise, ce dernier se présentant comme le plus grand bordel d'Europe : 120 prostituées, 80 chambres, une capacité d'accueil de 600 personnes dans 2 700 mètres carrés.

Dans la ville frontalière de Ciudad Juarez, au Mexique, on a pu dénombrer des centaines de femmes, mutilées et assassinés, portant des traces de sévices sexuels et jetées comme des détritus aux marges de la ville. Plus de 1 500 crimes de ce type auraient été commis dans les 25 dernières années, auxquels il faut ajouter plusieurs centaines de disparues. La plupart de ces femmes travaillaient dans les *maquiladoras*, ces usines de montage situées du côté mexicain de la frontière (*cf.* chap. 25). Alors que la situation à Ciudad Juarez a contribué à rendre célèbre dans le monde entier le terme de « féminicide », les meurtres commis sur ces femmes font l'objet du plus grand dédain de la part des autorités, qui font peser sur elles un soupçon d'immoralité, contribuant ainsi à légitimer leur assassinat. Mais, contre l'indifférence et la corruption, des femmes se sont mobilisées pour la reconnaissance de ces crimes et la condamnation des assassins. Ces militantes manifestent régulièrement au son de « *ni una mujer menos, ni una muerta mas* » (pas une femme de moins, pas une morte de plus), slogan de la poétesse Susana Chavez, elle-même assassinée à Ciudad Juarez en 2011 à l'âge de 36 ans.

Les deux exemples de La Jonquera et de Ciudad Juarez montrent comment les femmes contribuent au développement de territoires et d'économies frontalières, basées sur l'exploitation de leur force de travail et les différentiels de coûts de production ou de régulation. Ils montrent également que si des femmes vivent et travaillent à la frontière, elles peuvent également y mourir, contribuant au paysage nécropolitique décrit par Achille Mbembé. La mort aux frontières est, en effet, un phénomène genré.

On l'observe également dans les zones de passage : les femmes sont proportionnellement plus nombreuses que les hommes à succomber à la traversée de la frontière mexico-américaine, du Sahel ou de la Méditerranée (*cf.* chap. 21).

## 1.2 Femmes qui traversent, femmes qui circulent

D'autres femmes parviennent à traverser les frontières. Leurs trajectoires sont alors longues et semées d'embûches, d'autant plus que l'intensification du contrôle et l'externalisation des politiques migratoires ont, ces dernières décennies, provoqué un allongement des espaces-temps de la traversée. Le « continuum de frontière », pour reprendre l'expression de Sharon Pickering, devient alors un continuum de violence, dont certaines s'exercent tout particulièrement envers les femmes.

Les femmes, en effet, risquent l'agression à chaque passage de frontière. Certaines se font même implanter des contraceptifs intradermiques avant leur départ pour éviter de tomber enceintes. Durant ces voyages qui peuvent durer plusieurs années, certaines femmes sont plus vulnérables que d'autres : par exemple les femmes voyageant avec des enfants sont moins souvent agressées ; les femmes victimes de « trafic » également, car les organisations criminelles en charge de leur voyage sont plus attentives à les maintenir en bonne santé pour pouvoir mieux les exploiter au lieu d'arrivée.

Enfin, pour certaines, la traversée est régulière et plus facile : il en va ainsi de ces circulantes qui, une fois régularisées dans un pays d'accueil, passeront fréquemment les frontières, vivant ainsi une existence authentiquement transnationale. Les nombreuses mobilités transnationales des femmes d'Europe centrale et orientale qui travaillent en Europe de l'Ouest et se rendent fréquemment au pays, pour s'occuper de leurs proches, en témoignent. Les travaux de Serge Weber montraient par exemple, comment les Polonaises et les Roumaines vivant à Rome traversaient la frontière plusieurs fois par an, alternant résidence au pays et résidence en Italie.

Une autre catégorie de femmes traverse régulièrement la frontière : il s'agit des nombreuses travailleuses et commerçantes informelles, qui tirent profit des différentiels frontaliers pour développer une activité économique autonome. Ainsi des centaines de femmes tunisiennes – munies d'un titre de séjour ou d'un visa – empruntent chaque semaine la route maritime de Tunis à Naples pour aller s'approvisionner en linge de maison, chaussures et vêtements dans la métropole parthénopéenne. Ce commerce transfrontalier régulier, qu'elles effectuent grâce à un circuit d'intermédiaires bien rodé, leur permet de revendre à domicile, dans les souks et dans les boutiques tunisiennes, des produits venus d'Italie à des prix défiant toute concurrence. Ces femmes parviennent à traverser les frontières grâce à des stratégies et des circuits fortement genrés : groupe de copines voyageant en « grappe », stratégies d'achat collectives et tontines féminines[1].

...............

1. Association de personnes cotisant à une caisse commune dont le montant est remis à tour de rôle à chacune d'elles.

On retrouve ce type de commerçantes transfrontalières dans de nombreuses zones-frontières : c'est le cas des « femmes-mules » marocaines qui chaque jour se rendent dans les enclaves espagnoles, des femmes birmanes qui traversent régulièrement la frontière avec la Thaïlande pour acheter et revendre toutes sortes de biens, des femmes du Paraguay qui commercent avec le Brésil dans le cadre du *sacoleiro circuit*, des *nana-benz* africaines parcourant toute l'Afrique de l'ouest pour commercer des pagnes. Pour traverser, les femmes doivent corrompre les officiers des deux côtés, négocier constamment avec les autorités, et mettre en place des stratégies corporelles et vestimentaires. Les Birmanes, par exemple, s'habilleront « à la thaïlandaise » pour passer inaperçues des gardes-frontières et douaniers.

En tout état de cause, qu'il s'agisse des commerçantes qui traversent régulièrement les frontières ou des migrantes irrégulières dont les trajectoires sont de plus en plus longues, on peut dire que ces femmes vivent *dans la frontière*, au sens où l'activité frontalière et la puissance du dispositif frontalier de contrôle et de filtrage font désormais partie de leur quotidien, parfois durant de longues années.

**Figure 6.1 – Femmes-mules à la frontière, Melilla**
Crédi photo : S. Prestianni 2002.

# 2 L'enjeu du genre à la frontière

Tous ces exemples se réfèrent à des processus frontaliers touchant des femmes. En effet, bien que celles-ci soient souvent invisibilisées des paysages et récits sur la frontière, elles les traversent ou y vivent, y prennent des risques, y sont exploitées ou assassinées.

Mais la frontière n'est pas uniquement un lieu de vulnérabilisation pour les femmes. Assez paradoxalement, il est parfois plus facile pour elles, que pour les hommes, de les traverser : il existe ainsi des tactiques féminines de traversée. Ainsi les commerçantes transfrontalières usent de techniques corporelles multiples pour cacher les marchandises qu'elles font circuler, d'autres s'entoureront d'enfants pour être sûres de ne pas être importunées. Car si les violences de genre aux frontières sont bel et bien présentes et nombreuses, il est tout de même, dans des métiers largement masculinisés comme celui de douanier, plus difficile de fouiller au corps une femme qu'un homme, ce qui facilite le passage des femmes.

La place des femmes à la frontière nous invite également à adopter une approche matérielle des rapports de pouvoir. On peut observer cette matérialité dans sa dimension corporelle, au croisement du technologique et du biologique. On entend ici technologie au sens large : bien sûr on se réfère aux technologies de surveillance et d'évaluation de la légitimité des mobilités (tests osseux, dispositifs biométriques de relevés des empreintes digitales) mais aussi aux technologies de résistance car finalement, lorsque les commerçantes transfrontalières cachent des marchandises dans leurs soutiens-gorge, se déguisent ou portent des baluchons sur leurs dos, elles mettent en place ce que Michel Foucault nomme des technologies du corps. Le corps est encore puissamment transformé par la frontière, comme pour les femmes qui tombent enceintes suite aux viols subis en route. Cette force de la frontière sur les corporéités nous amène à réfléchir, à l'instar des géographes féministes, aux processus scalaires : la frontière est un lieu de concaténation des échelles de pouvoir, des processus transnationaux qui la traversent et la structurent, des inégalités globales qui la justifient et la transforment, aux corps des hommes et des femmes qui y vivent et la traversent.

## 2.1 La frontière, un lieu producteur de masculinité et de féminité hégémoniques

On peut définir la frontière comme un dispositif de pouvoir visant à marquer la césure entre ce qui est légal et illégal, ce qui est d'ici et d'ailleurs, mais aussi ce qui est légitime et illégitime. De ce point de vue, il y a une forte relation entre le marquage des frontières spatiales et juridiques, et d'autre part celui des frontières sociales. Le rôle du genre dans ce processus de délimitation est fondamental : la frontière est un dispositif genré au sein duquel la mobilité féminine est davantage stigmatisée que la mobilité masculine. L'agression ou la menace de l'agression est d'ailleurs une façon de réassigner les femmes à l'immobilité, de leur faire sentir l'incongruité de leur présence sur les routes. C'est pourquoi, dans certains contextes, les femmes auront tendance à s'effacer dans la masse des hommes, portant pantalon et se cachant sous de larges capuches, de manière à se prémunir d'éventuelles violences. Dans l'autre cas, elles se déplaceront en groupe, pour se construire une carapace collective. La présence d'un groupe de femmes, dans certains cas, est également une façon de se prémunir contre le stigmate de la « femme de mauvaises mœurs » qui inévitablement risque d'entacher la réputation de celles qui passent les frontières, car le groupe constitue une garantie du contrôle social.

Une autre forme du dispositif de genre consiste à se représenter les femmes aux frontières comme nécessairement victimes, nécessairement contraintes et forcées. Les frontières sont ainsi ces lieux des clichés les plus victimaires : celles qui traversent ne peuvent qu'être sous l'emprise des pires trafiquants car une femme qui souhaite traverser les frontières peut-elle être une femme ? Que feraient-elles sur les routes si on ne les y avait obligées ? Ce faisant, on les assigne à une nature féminine sédentaire, incarnée dans la tradition antique par la figure de Pénélope attendant Ulysse.

Bien souvent, les traversées féminines de la frontière, sont désapprouvées à la fois du côté du pays de départ et du côté du pays d'accueil. Sur le plan symbolique, l'assimilation entre femmes au foyer, et gardiennes de la patrie, est une figure récurrente du nationalisme banal. La femme qui traverse des frontières internationales est forcément traîtresse. Car les frontières qui délimitent les rôles de genre sont également celles de l'intégrité nationale : les mobilités transnationales remettent en cause des formes d'appartenance univoque et se situent dans l'entre-deux et l'hybridité. Les mobilités féminines, dans les représentations, se heurtent à ce que Sarah Farris nomme le femonationalisme.

Passer la frontière est une double transgression : vis-à-vis des ordres de sédentarité et des ordres genrés. Il y a ainsi un ordre genré de la frontière basé sur la répression de ceux et celles qui le transgressent. Par ailleurs, la surveillance toute particulière dont font l'objet les femmes s'accorde bien à l'approche sécuritaire qui domine aujourd'hui et qui vise à l'immobilisation des migrant.e.s : l'agence Frontex n'hésitera pas à déclarer ainsi que le contrôle et le renvoi des femmes aux frontières permet de lutter contre leur exploitation. Ce qui revient à considérer que les femmes au foyer risquent bien moins que celles qui s'aventurent sur les routes. Nicola Mai propose d'utiliser le terme *d'humanitarisme sexuel* pour qualifier un tel mode de gouvernement des migrations, qui articule la sexualité et le genre, pour construire, hiérarchiser et au final stigmatiser certaines mobilités.

La frontière, en ce sens, peut être productrice de masculinité et de féminité hégémonique. Par exemple, aller au *puticlub* à La Jonquera, c'est participer d'un rituel social de construction de la masculinité, couplé d'une forte injonction à l'hétérosexualité : la zone frontalière est une instance de socialisation à la masculinité hégémonique. Pour les jeunes des catégories populaires, la virée à La Jonquera est une façon de dépasser le mépris social de classe dont ils se sentent victimes, à travers la construction d'un sentiment commun de virilité, d'appropriation du groupe social des femmes par les hommes.

### 2.2 Passage et trouble dans le genre

À l'inverse, le passage de frontière peut également générer du trouble dans le genre, pour utiliser l'expression de Judith Butler : ainsi on peut questionner, à travers les travaux de Nicola Mai comment les frontières bouleversent les cadres binaires de l'opposition entre hétérosexualité et homosexualité. Dans une optique *queer*, il montre comment on peut être homosexuel ici, hétérosexuel là-bas, et bien plus encore. Régulations et discours frontaliers déplacent et subvertissent les frontières du genre, de même que migrantes et migrants transgressent, par la traversée, les limites de ce qui est toléré.

Last but not least, dans le bouleversement des identités et constructions genrées, pour celles et ceux qui parviennent à la traverser, le passage de frontière peut être l'outil d'une indépendance économique et d'une prise en main par les femmes de leur propre trajectoire, qui aille dans le sens d'un processus d'autonomisation par la mobilité et qui renverse les rapports de pouvoir au lieu d'origine et au pays d'accueil. Il y a aussi une forme d'*empowerment*, d'émancipation par le passage de frontières : celles qui parviennent à les traverser peuvent gagner un certain pouvoir. Les commerçantes transfrontalières que j'étudiais à Naples disposaient ainsi d'un réseau puissant d'intermédiaires et de commerçants italiens leur permettant d'obtenir visas, invitations et sauf-conduits aux douanes et, *in fine*, de s'enrichir, devenant de véritables soutiens de famille.

## 3 La frontière au prisme de l'intersectionnalité

À l'intersection du genre et des frontières, toutes les femmes ne se valent pas. Dans la formation de subjectivités frontalières, le fait d'être un homme ou une femme peut avoir bien moins de poids que la couleur de peau, l'origine sociale ou la place des un·e·s et des autres dans les rapports de production. Ainsi la lecture de la frontière en termes de pouvoir ne peut se limiter à une approche par le genre.

Les exemples évoqués dans la première partie concernent des migrantes, des ouvrières, des réfugiées, des sans-papiers, des femmes racisées. Les victimes de Ciudad Juarez, par exemple, sont à la fois, des femmes, des ouvrières et des migrantes internes. Elles sont stigmatisées et dévalorisées tout autant en tant que femmes qu'en tant que migrantes rurales d'extraction populaire. Comme le soulignent Neilson et Mezzadra, la réflexion sur les frontières aujourd'hui doit se nourrir d'une réflexion sur l'articulation des processus frontaliers avec la logique de localisation et d'accumulation du capital. De la même façon, les prostituées de La Jonquera sont stigmatisées du fait de leur statut d'étrangère, souvent irrégulières et de leur racialisation. Ainsi, les habitantes de la ville de La Jonquera mettent en place des stratégies de distinction vis-à-vis de ces prostituées immigrées. Racisme, classisme, et autres processus de minorisation se combinent pour déterminer la place de chacun.e dans la frontière et dans sa traversée. Le statut légal et juridique est également important. Prenons l'exemple de la frontière franco-italienne aujourd'hui : alors que les citoyen.ne.s européen.ne.s et les détenteurs d'un permis de séjour en règle peuvent la traverser quotidiennement, elle est une redoutable zone de passage pour celles et ceux arrivé·e·s par la voie maritime et dont les empreintes digitales ont été relevées en Italie.

## CAS 6.1

### ■ LE FÉMINISME INTERSECTIONNEL

Le concept d'intersectionnalité, proposé par la féministe afro-américaine Kimberlé Crenshaw, nous permet d'expliciter les enchevêtrements des rapports de pouvoir et la façon dont ils agissent puissamment en situation frontalière. La perspective intersectionnelle permet de montrer combien les positionnements féminins et masculins sont imbriqués au sein de rapports de pouvoir multiples, en termes de genre, mais aussi de classe, de sexualité, d'ethnicité, de race, d'habilité physique ou encore de génération. La dimension juridique des rapports de pouvoir est également fondamentale quand on traite de migrations. Statuts (irrégulièr·e, sans papièr·es, détenteur·trice d'un visa ou d'un permis, demandeur·se d'asile) et nationalité détermineront les régimes d'expulsabilité des un·e·s et des autres.

Le statut légal lui-même déterminé par des ressources sociales et économiques : l'appartenance à un milieu social favorisé, la capacité à mobiliser des réseaux relationnels, peut parfois garantir un accès plus aisé au visa, tandis que d'autres catégories, moins aisées, privilégieront le passage clandestin des frontières. Mais les régimes migratoires et frontaliers s'articulent également à des considérations ethno-raciales et le privilège de « race » est parfois bien plus fort que le privilège de genre ou de classe. Max J. Andrucki propose ainsi la notion de « motilité blanche » pour montrer comment, dans le cas sud-africain, le fait d'être un·e blanc.he permet d'accéder, pour les descendant.e.s de Britanniques, à un passeport. Pour les autres blanc·he·s sud-africain·e·s, d'autres formes de mobilité légale vers le Royaume-Uni sont également possibles, tels que les programmes *Working Holiday Visa scheme*. Ainsi, la distribution des visas participe de ce qu'Andrucki nomme un « visa whiteness regime » différenciant les candidat·e·s blancs et noirs à la mobilité. La question de la blanchité nous ramène ici à nouveau à l'importance de la dimension corporelle du passage de frontière.

Ces différents exemples nous invitent à réfléchir à la situation aux frontières en termes « intersectionnalité située », pour reprendre les termes de Nira Yuval-Davis, c'est-à-dire d'inégalités, de formes de discriminations et de rapports de pouvoir inscrits dans un contexte spécifique, un « ici et maintenant » de la frontière ; le genre s'articule à d'autres dimensions des identités et rapports de pouvoir dans la formation de subjectivités subalternes.

# BIBLIOGRAPHIE

CRENSHAW K., (1991), « Mapping the Margins. Intersectionality, Identity, Politics and Violence against Women of Color », *Stanford Law Review*, vol. 43, n° 6, p. 1241-1299.

AVARGUEZ S., HARLE A., (2014), « Entre "elles" et "nous" : phénomène prostitutionnel et logiques de distinctions/détrritorialisation à la Jonquera », *Cahiers du Cedref*, n° 21, p. 207-235.

PICKERING S., (2011), « Border Policing in the Borderlands: Policing Politically Active Women on the Thai – Burma Border », *Women Borders and Violence. Current issues in Violence, Forced migration and Trafficking*, New York, Springer, p. 39-56.

SCHMOLL C., (2020), *Les damnées de la mer. Femmes et frontières en Méditerranée*, Paris, La Découverte.

WRIGHT M., (2011), « Necropolitics, Narcopolitics, and Femicide: Gendered Violence on the Mexico-U.S. Border », *Signs*, vol. 36, n° 3, p. 707-731.

## ENTRETIEN

**Questionnaires d'habitant·es de Sevran (93) : réponses recueillies lors d'un atelier d'écriture mené par Catherine Boskowitz et Estelle Lesage au théâtre de la Poudrerie – le 20 juin 2020**

### PARTICIPANT·E 1

**1.** Quand vous pensez aux frontières, quelle est la première image qui vous vient à l'esprit ?
Mondialisation, économie mondiale/rejet/restrictions/différences/peuples. Liberté/désir de partir, de choisir, de réussir. Loi du plus fort/humanité.

**2.** Écrivez une définition personnelle du mot « frontière ».
Ligne de délimitation entre deux ou plusieurs espaces, territoires géographiques. Par extension, cela peut s'entendre de la délimitation entre des idées, concepts.

**3.** Quelle est la dernière fois que vous avez pensé aux frontières ?
C'est une horreur. Je ne peux m'empêcher de relier cette question à ce qui se passe dans le monde aujourd'hui. Hier, le 19 juin 2020, j'en parlais encore avec mes enfants. Il n'y a plus de choix, toutes les frontières se referment, on a de plus en plus de mal à se dire qu'on peut s'affranchir et être libre n'importe où, du moment qu'on est de bonne foi.

**4.** Quand parlez-vous des frontières ?
Réalisation de mes projets de vie personnelle, partir ? rester ? où être mieux intégrée, acceptée. L'accueil de l'autre, de la famille qui veut venir. Même les frontières entre les pays africains/difficultés de l'intégration de la différence.

**5.** Quelles sont les évolutions majeures des frontières que vous avez connues ?
L'espace Schengen : facilité pour se déplacer d'un pays à un autre. Le métissage dans la famille : accepter que ma famille ne soit plus afro-africaine. Dans le couple : accepter que chacun évolue différemment, même si le projet de vie est identique.

**6.** Quelles émotions ressentez-vous face aux frontières ? Laquelle en particulier ?
Les frontières me semblent nécessaires, car même si l'Humanité est une, les peuples sont différents, la difficulté est de trouver la manière la plus juste de faire évoluer, bouger, tout le monde. Or, c'est la loi de la jungle, la loi du plus fort qui prime. Je ressens beaucoup d'injustice quant à la façon dont les règles sont édictées. Les États du Nord et leurs ressortissants peuvent traverser les frontières plus facilement que ceux qui viennent du Sud. Pourquoi ?

**7.** Pouvez-vous citer un film, un roman, une pièce de théâtre, une chanson ou autre musique qui évoque la frontière pour vous, et nous en dire quelques mots ?
*American son*. Mère noire : prof dans une université réputée. Mari blanc qui travaille dans les forces spéciales. Fils tué par les forces de l'ordre. Comment est-ce qu'on est perçu par la société, par l'ordre établi ? L'éducation ? La couleur de peau.

**8.** Avez-vous fait bouger des frontières ?
C'est très difficile de répondre à cette question parce qu'avec le temps, il y a la tentation de repli sur soi, de rester limité dans sa propre sphère, frontières. C'est très dur d'aller vers l'autre, d'accepter

sa différence, et de faire le travail, l'effort de l'accepter. Cela suppose qu'on est bien ancré dans sa propre histoire, qu'on n'a pas peur que l'autre nous vole, retire quelque chose de très important pour soi. Alors on peut voir l'autre comme un complément, un enrichissement. Le fait pour moi de me dire que mes enfants ont le droit de choisir où ils vont vivre, avec qui ils vont faire leur vie, est une façon de faire bouger les frontières psychologiques.

### ■ PARTICIPANT·E 2

**1.** Quand vous pensez aux frontières quelle est la première image qui vous vient à l'esprit?
Autre langue/autres cultures, visiter, repas/voyages, loisirs, famille, hôtel/vacances, été, soleil, mer, montagne.

**2.** Écrivez une définition personnelle du mot « frontière » ?
Séparation virtuelle pour désigner la séparation géographique entre deux pays.

**3.** Quelle est la dernière fois que vous avez pensé aux frontières?
Le 9 avril 2020 : pourra-t-on voir la maman de mon épouse cet été? Mes parents pourront-ils retourner au pays? Quand pourra-t-on se retrouver dans une soirée dansante, organiser une représentation musicale?

**4.** À quelle occasion parlez-vous des frontières?
Lorsqu'on va retrouver la famille, lorsqu'on quitte le territoire.

**5.** Quelles sont les évolutions majeures des frontières que vous avez connues?
Fermeture de nuit – longue attente – contrôle – ouverture – disparition – point de passage – construction d'un ensemble d'appartenance – suppression des barrières, chute de murs – espoirs – exode – partage – libre circulation rapprochement.

**6.** Quelles émotions ressentez-vous face aux frontières? Laquelle en particulier?
Joie, angoisse, en tout cas c'est souvent des retrouvailles, mais aussi le retour avec une certaine nostalgie, pannes, danger, fatigue, repas sur une aire de repos, moments de partage en famille, discussions intéressantes, ou désinvolte, jeux, chanson.

**7.** Pouvez-vous citer un film, un roman, une pièce de théâtre, une chanson ou autre musique qui évoque la frontière pour vous, et nous en dire quelques mots?
Linda de Suza, *Deux malles en carton.*

**8.** Avez-vous fait bouger des frontières?
Jusqu'à présent je suis restée dans mes jeunes années avec des souvenirs et des évolutions sur les frontières physiques mais pour cette dernière question j'explore une nouvelle frontière qui est celle de mon cœur, avec ce que j'ai déjà pu faire, ce que je fais, et ce que j'aimerais encore faire. Si je suis ici ce jour, c'est que j'essaie de dépasser ma frontière qui depuis mon enfance n'a pas cessé de se modifier, celle-ci s'exprime par le courage, l'audace, la bêtise, la désinvolture, le sérieux, la vérité, la timidité, les essais, les remords, l'envie, la trace, le souvenir, la joie et le chagrin.

### ■ PARTICIPANT·E 3

**1.** Quand vous pensez aux frontières quelle est la première image qui vous vient à l'esprit?
Sortir des frontières, l'espace Schengen. Frontières et limites. Les pays avec les frontières. Les frontières et la liberté. Les frontières de l'esprit. Se libérer des carcans.

**2.** Écrivez une définition personnelle du mot « frontière » ?
Frontière : qui touche un autre pays.

**3.** Quelle est la dernière fois que vous avez pensé aux frontières ?
Aujourd'hui j'ai pensé que je pouvais partir me ressourcer dans la nature, être en lien avec les arbres, la forêt et aussi me baigner dans une rivière, tout simplement dépasser les frontières et visualiser un champ bucolique pendant la relaxation de ce matin.

**4.** À quelle occasion parlez-vous des frontières ?
Pas souvent, je ne voyage pas beaucoup.

**5.** Quelles sont les évolutions majeures des frontières que vous avez connues ?
RFA/RDA. La nouvelle carte de la France, les hauts de France, l'Occitanie.

**6.** Quelles émotions ressentez-vous face aux frontières ? Laquelle en particulier ?
Question à laquelle la personne interrogée n'a pas souhaité répondre.

**7.** Pouvez-vous citer un film, un roman, une pièce de théâtre, une chanson ou autre musique qui évoque la frontière pour vous, et nous en dire quelques mots ?
*Partir un jour, sans retour* (chanson des 2Be3). *Liberty Valence* pour le titre. *La grande vadrouille* avec Bourvil. *L'île* de Robert Merle.

**8.** Avez-vous fait bouger des frontières ?
Oui, les miennes. Frontières psychologiques.

## ■ PARTICIPANT·E 4

**1.** Quand vous pensez aux frontières quelle est la première chose qui vous vient à l'esprit ?
Les frontières sont source de conflits de territoires. Elles délimitent les territoires, les nationalités, les humains et entravent leur liberté. Elles peuvent donner à certains un sentiment de sécurité.

**2.** Écrivez une définition personnelle du mot « frontière » ?
Frontière : délimitation d'un pays, sépare deux pays, deux nations. Peau qui sépare deux corps.

**3.** Quelle est la dernière fois que vous avez pensé aux frontières ?
La dernière fois que j'ai pensé aux frontières c'était pendant le confinement, le 4 avril 2020 des gens étaient bloqués dans un bateau de croisière qui ne pouvait accoster nulle part, prisonniers d'un lieu de vacances.

**4.** À quelle occasion parlez-vous des frontières ?
Je parle des frontières lorsque je vois des personnes réfugiées à la télévision et je me dis que s'il n'y avait pas de frontières, il n'y aurait pas autant de souffrance.

**5.** Quelles sont les évolutions majeures des frontières que vous avez connues ?
Disparition des frontières physiques. Espace Schengen. Prison. Peau (frontière entre le dedans et le dehors).

**6.** Quelles émotions ressentez-vous face aux frontières ? Laquelle en particulier ?
Restriction des libertés, frustration. Peur de l'autre « étranger » qui n'est pas justifié. Fraternité. Injustice.

**7.** Pouvez-vous citer un film, un roman, une pièce de théâtre, une chanson, ou autre musique qui évoque la frontière pour vous, et nous en dire quelques mots ?
Phrase d'une chanson « Je t'ai dans la peau », il n'y a plus de frontières entre soi et l'autre.

**8.** Avez-vous fait bouger des frontières ?
On peut faire bouger des frontières lorsqu'on partage des idées, des émotions, des opinions avec d'autres personnes.

### ■ PARTICIPANT·E 5

**1.** Quand vous pensez aux frontières, quelle est la première image qui vous vient à l'esprit ?
Le train qui roule à travers les montagnes traverse des paysages divers. Il part d'un climat chaud désertique et sec. C'est l'Italie du Sud.

**2.** Écrivez une définition personnelle du mot « frontière » ?
Séparation de terres parfois hostiles – qui n'aurait pas dû être – qui engendre souvent des conflits (politiques).

**3.** Quelle est la dernière fois que vous avez pensé aux frontières ?
J'ai participé au musée de la personne à Sevran, en novembre 2019, et j'ai été interviewé en juin 2019. J'ai parlé à cette occasion de mon arrivée en France en décembre 1959, j'avais quatre ans.

**4.** À quelle occasion parlez-vous des frontières ?
Pendant un débat sur l'immigration. Quand je parle de mon enfance. À l'atelier théâtre de ce jour.

**5.** Quelles sont les évolutions majeures des frontières que vous avez connues ?
À mon arrivée en France, mon père a pu rentrer en France en ayant signé un contrat d'embauche chez Citroën. Il y avait du travail. Aujourd'hui, on laisse entrer les migrants sans promesse d'embauche.

**6.** Quelles émotions ressentez-vous face aux frontières ? Laquelle en particulier ?
Découverte, curiosité, mais surtout injustice car selon le pays où l'on se trouve… Mon pays c'est la terre.

**7.** Pouvez-vous citer un film, un roman, une pièce de théâtre, une chanson ou autre musique qui évoque la frontière pour vous, et nous en dire quelques mots ?
L'escargot qui n'arrivait pas à passer la frontière. Il devait traverser l'avenue Gambetta à Sevran pour passer du jardin au numéro 11 de la rue au 12. Une passante…

**8.** Avez-vous fait bouger des frontières ?
Je suis allé boire un thé à la menthe chez mes seuls voisins maghrébins de la rue, et je passe pour une extraterrestre auprès de mes autres voisins.

### ■ PARTICIPANT·E 6

**1.** Quand vous pensez aux frontières, quelle est la première image qui vous vient à l'esprit ?
La mer du Nord, les immigrés venant en bateau par dizaines vers Calais. La frontière, une étape à passer, à franchir difficilement ou facilement selon le lieu et les conditions que l'on vit. Aux frontières du possible et de l'impossible. Tout vient comme une immense vie vécue intensément où l'homme croise des gens de divers horizons. C'est une richesse qui permet de partager des cultures, des choses.

**2.** Écrivez une définition personnelle du mot « frontière » ?
La frontière : une limite séparant deux choses, de valeurs, deux unités, deux lieux différents que l'on peut ou ne peut pas franchir selon les libertés. Construire une frontière, c'est établir une limite entre deux choses qui ont des points communs ou des points divers, différents.

**3.** Quand avez-vous pensé aux frontières la dernière fois ?
La dernière fois que j'ai franchi la frontière c'était le 30 mars 2004. Lorsque je suis revenu avec mon fils que nous avons, mon mari et moi, adopté. Il avait quatre ans et demi. C'était la frontière entre la Bulgarie et un autre pays (à l'aéroport) pour rentrer en France. C'était un moment inoubliable. Notre fils Yvon était petit. Il était intrigué de monter dans un avion.

**4.** À quelle occasion parlez-vous des frontières ?
Lorsque je parle de la Bulgarie, pays d'origine de notre fils. Car je suis fière d'avoir adopté, pas uniquement lui mais sa culture, son pays.

**5.** Quelles sont les évolutions majeures des frontières que vous avez connues dans votre vie ?
Frontière belge lorsque j'étais en vacances à Dunkerque, film *Les frontières du réel*, frontière belge quand j'étais dans les Ardennes, frontière italienne avec mon futur mari, frontière grecque avec mon futur mari, frontière du Luxembourg avec ma belle-mère et mon mari, frontière bulgare lors de mes démarches pour adopter, frontière du passage de la vie d'enfant à la vie d'adolescente puis d'adulte.

**6.** Quelles émotions ressentez-vous face aux frontières ? Laquelle en particulier ?
Je ressens de la joie d'être en famille lorsque j'étais avec ma tante à Dunkerque pour aller en Belgique au parc de Méliparc (avec des abeilles). On s'amusait comme des fous avec mon cousin âgé de trois ans de moins que moi. C'était mes plus belles vacances d'enfance. Je ressentais le plus d'émotions lorsque j'allais en Bulgarie pour voir l'enfant que l'on nous proposait à l'adoption. C'est la première fois que mon mari et moi allions en Bulgarie et lorsqu'on a vu pour la première fois Yvon, c'était un sentiment de joie, de crainte, de curiosité extrême. J'allais être mère pour la première fois.

**7.** Pouvez-vous citer un film, un roman, une pièce de théâtre, une chanson ou autre musique qui évoque la frontière pour vous, et nous en dire quelques mots ?
*Chanson* de Jacques Prévert. Cette chanson m'évoque le jour de mon mariage où je passe la frontière entre le célibat et le mariage. Cette chanson, ce poème, nous l'avons choisi, Marc et moi car elle nous évoque beaucoup de choses. Même si la vie à deux était déjà bien entamée depuis 10 ans. Ce mariage nous a fait, m'a fait connaître une partie de la famille de mon mari que je ne connaissais pas. J'ai franchi la frontière d'une nouvelle famille.

**8.** Avez-vous fait bouger des frontières ?
Oui lorsque j'ai demandé de manière assez forcée à mon conjoint de se marier avec moi, au bout de 10 ans de vie commune. J'ai dû le mettre à la porte et le quitter, s'il ne franchissait pas cette frontière du mariage. Pour moi, c'est la plus belle preuve d'amour faite à celle ou celui qu'on aime. Je ne concevais pas d'enfants hors mariage. J'avais, juste avant, fait un ultimatum un mois auparavant le 1er avril, mis une valise en carton devant la porte d'entrée en farce de poisson d'avril. Mais rien n'y faisait. Alors le 1er mai j'ai dû le faire réellement. Mais c'est moi qui me suis mise à la porte. J'ai déprimé et, ensuite mon conjoint est revenu pour m'épouser plusieurs mois plus tard.

**Montages réalisés en atelier d'écriture par les participant.es aux ateliers du théatre de la Poudrerie, Servan (93)**

*À partir de six fragments de textes écrits par chacun·e pendant la précédente consigne, et qui sont piochés de manière aléatoire, chaque participant fait le montage d'un texte.*

**1.** Je suis allé boire un thé à la menthe chez mes seuls voisins maghrébins. La difficulté est de trouver la manière la plus juste de sortir des frontières, frontières et limites, séparant deux pays, deux nations sans que ce soit la loi de la jungle ou la loi du plus fort qui prime. Il faut se libérer des frontières de l'esprit, se libérer des carcans, se libérer et retrouver la liberté. Les peuples sont différents et je ressens beaucoup d'injustice, je passe pour un extraterrestre auprès de mes autres voisins. J'ai franchi la frontière d'une nouvelle famille. Ça m'a permis de connaître une partie de la famille que je ne connaissais pas. D'ailleurs moi, même si la vie à deux était déjà bien entamée depuis dix ans, lorsque j'ai quitté les frontières de la liberté – la délimitation de la peau qui sépare deux corps –, je passais la frontière entre le célibat et le mariage. Nous l'avons choisi, elle et moi. Ce mariage nous a fait, m'a fait quitter le pays avec ses frontières, l'espace Schengen, or je ressens beaucoup d'injustice, en effet les États du Nord et leurs ressortissants peuvent traverser les frontières plus facilement que ceux qui viennent du Sud. Lorsque l'on va retrouver la famille. Lorsque l'on quitte le territoire. « Les frontières », ce poème, cette chanson m'évoque le jour de mon mariage, la manière de faire bouger tout le monde. Jacques Prévert m'évoque le jour de mon mariage avec cette chanson car elle nous évoque beaucoup de choses. La difficulté est de trouver la manière la plus juste de faire évoluer quant à la façon dont les règles sont édictées. Car même si les frontières me semblent nécessaires, l'humanité est une chanson.

**2.** Les frontières sont sources de conflit de territoires. Elles délimitent les territoires, les nationalités, les humains et entravent leur liberté mais elles peuvent aussi donner à certains un sentiment de sécurité.

La frontière touche un autre pays.

À mon arrivée en France, mon père a pu rentrer en France avec un contrat de travail, il y avait du travail, maintenant il y a la tentation du repli sur soi, de rester dans sa propre sphère, c'est très dur d'aller vers les autres, d'accepter la différence. Cela suppose d'être bien ancré dans sa propre histoire, de ne pas avoir peur que l'autre nous vole, nous retire quelque chose d'important pour soi mais de voir l'autre comme un enrichissement. Me dire que mes enfants ont le droit de choisir où ils vont vivre, avec qui ils vont faire leur vie est une façon de faire bouger les frontières psychologiques.

– autre langue
– autre culture, autre repas
– les voyages, les loisirs, la famille

Je ressentais la joie d'être en famille lorsque j'étais chez ma tante à Dunkerque pour aller en Belgique au Méliparc (avec les abeilles). On s'amusait comme des fous avec mon cousin de trois ans de moins que moi.

C'était mes plus belles vacances d'enfant. Vacances, été, soleil, mer, montagnes, lacs. J'ai ressenti plus d'émotions lorsque je suis allée en Bulgarie pour voir l'enfant qu'on nous proposait à l'adoption.

C'était la première fois que j'allais en Bulgarie. Lorsque j'ai pu voir Yvon pour la première fois, j'avais un sentiment de joie, de crainte, de curiosité.

J'allais être mère pour la première fois.

**3.** Je dois faire bouger les frontières psychologiques. Si, si !

Dans mon couple, je veux que chacun évolue différemment, même si le projet est identique.

Les moments de partage avec ma famille franco-africaine, les discussions intéressantes,

la joie des jeux et des chansons…

Tout cela ne serait pas possible sans l'ouverture de l'Espace Schengen. Alors parlons-en de la frontière !

La frontière, c'est établir une limite entre deux choses, deux valeurs, deux unités, deux lieux différents que l'on peut ou ne peut pas franchir selon les libertés.

Lorsque je vois des personnes réfugiées à la télévision, je me dis que s'il n'y avait pas de frontière, il n'y aurait pas de souffrance.

Ah oui ! J'y ai pensé aussi à la frontière quand j'ai participé au musée de la Personne et que j'y ai raconté mon arrivée en France en décembre 1959, j'avais quatre ans.

**4.** Je ne voyage pas beaucoup. Pas souvent.

La dernière fois que j'ai pensé aux frontières, c'était pendant le confinement, le 4 avril 2020.

Il y avait des gens qui étaient bloqués dans la mer du Nord. Des immigrés venus en bateau de croisière qui ne pouvaient accoster nulle part. Ils devaient être prisonniers d'un lieu de vacances où l'homme croise des gens de divers horizons. C'est une richesse qui permet de partager la réalisation de nos projets de vie personnels.

Partir ou rester ? Peut-être mieux intégrés et acceptés.

L'accueil de l'autre, de sa famille qui veut venir avec ses cultures et ses différences. C'est en partant en bateau par dizaines et vers Calais. Même si les frontières entre les pays africains montrent des difficultés d'intégration et des différences, il vaut mieux prendre le train qui roule à travers les montagnes et traverse des paysages divers, je pense.

Je pars alors pour un climat chaud, désertique et sec, pour l'Italie du Sud.

C'est une séparation virtuelle pour moi et une séparation géographique en vue d'une séparation entre ces deux pays. Je désigne ainsi la limite à ne pas franchir. Tout cela est une richesse qui permet de partager nos cultures et nos choses.

**5.** Aujourd'hui, j'ai pensé que je pouvais partir me ressourcer dans la nature, être en lien avec les arbres, la forêt. Visualiser un champ bucolique comme pendant la relaxation de ce matin.

Liberté, désir de partir, espoir, exode, partage, rapprochement, libre circulation !

Je peux faire bouger les frontières : suppression des barrières, chute des murs, construction d'un ensemble d'appartenance, partager des idées, des émotions, des opinions avec d'autres personnes. Mais c'est la mondialisation, le rejet, la loi du plus fort. Fermeture de nuit, longue attente, contrôle, point de passage, ouverture, humanité.

Lorsque je parle de la Bulgarie, pays d'origine de mon fils, je ne pense pas à la séparation de deux terres parfaitement hostiles qui n'auraient pas dû l'être et qui engendrent souvent des conflits. Je suis fière d'avoir adopté, pas seulement lui, mais sa culture, son pays.

Je choisis de réussir malgré les restrictions de l'économie mondiale, d'aller me baigner dans une rivière, tout simplement de dépasser les frontières.

**6.** Quand je pense aux frontières de ma vie intime, cela me renvoie aux frontières du passage de la vie d'enfant à la vie d'adolescente puis d'adulte.

Cela évoque aussi des événements heureux comme la frontière bulgare lors de ma démarche pour adopter.

La frontière italienne avec mon futur mari ou bien la frontière grecque avec mon futur mari.

À l'atelier théâtre de ce jour, on a parlé des frontières mais aussi comment on est perçu par la société, par l'ordre établi ? L'éducation ? La couleur de peau ?

Des films et des chansons comme :

– *Partir un jour sans retour* (les 2Be3) ;
– *Liberty Valance* pour le titre ;
– *La grande vadrouille* avec Bourvil ;
– *American Son.*

Mère noire, prof d'université réputée, mari blanc qui travaille dans les Forces spéciales, fils tué par les forces de l'ordre.

**7.** Le 9 avril 2020, pourrais-je voir la maman de mon époux cet été ? Mes parents pourront-ils retourner au pays ? Vaste question !

Restriction des libertés, frustration.

La frontière du Luxembourg avec ma belle-mère et mon mari est interdite à ce jour.

Quand pourra-t-on se retrouver dans une soirée dansante, organiser une représentation musicale ? Vaste question !

La peur de l'autre, ce mot « étranger » qui n'est pas justifié… Fraternité a ici tout son sens et les injustices sont nombreuses.

Quand je parle de mon enfance, je pense aussitôt à la frontière belge quand j'étais dans les Ardennes. La frontière belge lorsque j'étais en vacances à Dunkerque, au livre *L'île* de Robert Merle, au film *Les frontières du réel.*

CHAPITRE 7

# Frontières américaines

**Laetitia PERRIER-BRUSLÉ**

SOMMAIRE



« Build the wall ! » L'injonction a été le cri de ralliement des partisans de Donald Trump en 2016. Son élection place la frontière mexico-étatsunienne sous les feux de la rampe de l'actualité internationale. Ce *huge wall* de la rhétorique trumpiste est un redoutable écran de fumée pour celui qui souhaite saisir la singularité des frontières américaines. En renvoyant dos à dos le nord et le sud du continent, il empêche d'en saisir l'unité pourtant bien réelle. Elle s'ancre dans une géographie physique organisée en *bandes* méridiennes, selon une symétrie parfaite de part et d'autre de Panama. L'unité continentale s'enracine aussi dans une communauté de destin produite par la rencontre, sur la plus grande des îles continentales, des autochtones, des Européens et d'un milieu aux dimensions inconnues de l'Ancien monde.

L'aire régionale américaine est une entrée pertinente pour penser les frontières, en dépit de la mise en scène de ses divisions. Car, du nord au sud du continent, les hommes partis à sa découverte et leurs descendants sont animés par la même « géophagie » (Droulers, 2001 – à propos du Brésil). Ils ont besoin d'occuper la terre, fusse de façon fruste, pour réduire l'espace infini. La frontière naît de ce mouvement, véritable région-frontière en déplacement. Cependant, cette terre américaine sans limite génère aussi le besoin d'inventer des lignes de démarcation pour asseoir une appropriation territoriale partout incertaine. C'est dans cette tension entre une frontière mobile qui se déploie dans un monde sans limite et le besoin de border l'espace que réside l'originalité des frontières américaines.

# 1 Origines et originalité

Pour comprendre les frontières en Amérique, il faut observer leur genèse. Elles sont, en tous lieux, antécédentes aux territoires qu'elles entendent délimiter.

## 1.1 En Amérique latine : une frontière de papier au milieu du vide

La frontière en Amérique Latine précède la découverte du continent. Son destin commence en Europe en 1493 lorsque le pape Alexandre VI Borgia dessine une ligne de partage du monde pour résoudre le conflit naissant entre les royaumes ibériques : à l'est de la ligne les Portugais, à l'ouest les Espagnols. Un an plus tard, en 1494, c'est dans la bourgade espagnole de Tordesillas que les Ibériques la tracent sur une carte incertaine. Matrice de toutes les frontières en Amérique, le méridien de Tordesillas en porte déjà tous les maux. Alors qu'il doit établir un cadre fixe pour organiser la territorialisation du continent, il ne cesse de se déplacer. Déjà à Tordesillas, les Portugais avaient négocié un premier déplacement vers l'ouest de la ligne, ce qui leur donnait accès à la bande côtière du Brésil. Puis, à force des poussées portugaises, la ligne poursuit sa translation vers l'ouest jusqu'à atteindre le centre du continent. Le déplacement est entériné en 1750 par le traité de Madrid. Frontière mobile, le méridien est aussi une frontière de papier. Tracée sur des cartes, elle peine à exister sur le terrain. Au centre du continent, le vide entre les points avancés portugais et ceux du Roi d'Espagne fait frontière, bien plus que les lignes imaginées loin du terrain.

## 1.2 En Amérique du Nord : une frontière mobile marque la limite de la civilisation

En Amérique du Nord les conditions d'occupation sont plus difficiles et la conquête poussive. À l'ouest, les populations autochtones et l'espace infini résistent aux appétits des colonisateurs. La conception de la frontière diffère pour cette raison de celle du Sud. Elle ne doit pas tant partager un espace que marquer l'avancée des colons face au monde inconnu et sauvage de l'Ouest. Un siècle plus tard, Turner, lors d'une conférence restée célèbre, expose la signification de cette frontière dans la destinée nord-américaine (Turner, 1893). La frontière américaine est mobile. Elle a vocation à avancer dans le *wilderness* conçu comme une « grande page » blanche (*ibid*) où les Nord-Américains doivent écrire leur histoire. La frontière américaine est absolue. Quintessence de frontière, elle s'établit sur la ligne de partage du monde entre « la civilisation » et « la barbarie ».

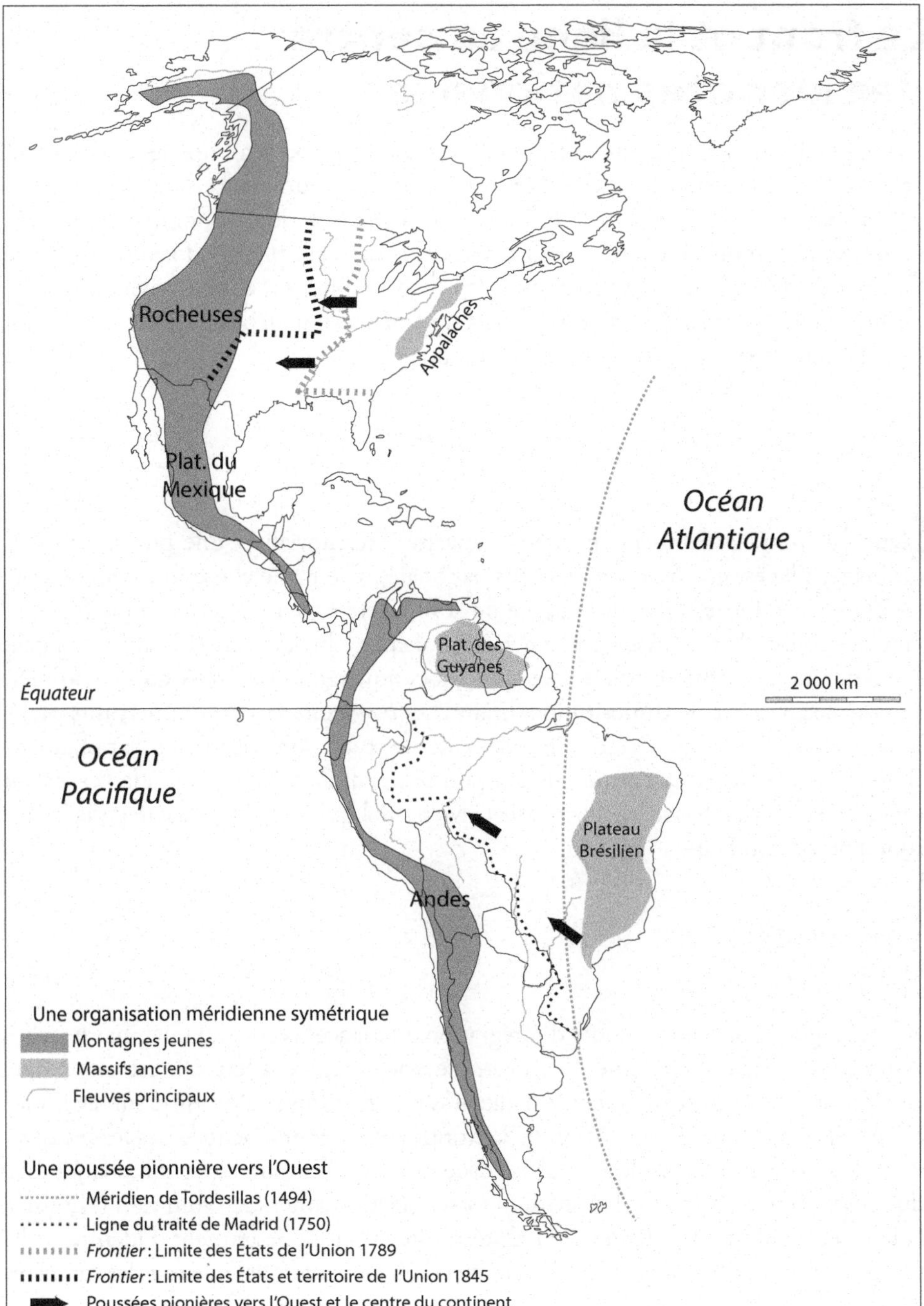


**Carte 7.1 – Fronts et frontières dans les Amériques**

Conception et réalisation : L. Perrier-Bruslé.

# 2 Le front et la ligne au centre des identités nationales

Du nord au sud du continent, la frontière naît du même besoin impérieux d'organiser et de contrôler l'espace. Pour des hommes « noyés dans un espace surabondant et en grande partie inutile» (Braudel, 1985, p. 29), cette fonction est fondamentale. Elle accompagne le mouvement de territorialisation. Lorsqu'elle prend la forme d'une ligne, elle permet d'établir une démarcation entre deux empires ou entre la civilisation et le monde sauvage. Lorsqu'elle s'incarne dans un front, elle se déplace au fur et à mesure de l'intégration de l'espace américain au monde global.

## 2.1 L'appel de la frontière au cœur des identités nationales

Ligne ou front, la frontière tire de sa capacité à territorialiser une puissance extraordinaire. Elle est au cœur des identités nationales. C'est une chose fort connue pour les États-Unis d'Amérique où la figure de la frontière est convoquée chaque fois qu'il faut remobiliser la nation comme en 1960, lorsque John Fitzgerald Kennedy appelle à ouvrir une nouvelle frontière. Au sud, les conquérants sont plus que la frontière elle-même au centre du dispositif identitaire. Les *bandeirantes*, ces commerçants explorateurs lancés à la conquête de l'intérieur dès le XVII^e^, sont des héros nationaux au Brésil. «Ils ont brandi des armes, ils ont poussé des quilles, ils ont plié à la verticale le méridien de Tordesillas», est-il écrit sur le Mémorial qui leur est consacré dans le Parc Iburapuera à Sao Paulo.

## 2.2 Une ligne pour dessiner les contours de la nation

À cette région frontière en cours d'intégration à l'espace national, l'imaginaire américain ajoute une frontière-ligne. Dans cette seconde configuration, elle est tout autant constitutive de l'identité nationale car elle dessine les contours d'un entre soi territorial. En Amérique latine, cette fonction de la frontière a été fondamentale dès les indépendances, au début du XIX^e^ siècle. Sur les décombres de l'empire espagnol, chaque État doit inventer une nation sur la base d'un matériel latino-américain commun (l'histoire, la langue, la culture, la religion etc.) Le territoire est l'unique ferment d'identité et les frontières qui le dessinent font dès lors l'objet d'un culte national que tous les moments de crise réactivent.

### 2.3 *Border – frontier* : quelle relation entre les deux ?

La ligne frontalière et la région frontière ne font pas que coexister. Elles entretiennent aussi des relations dynamiques. Tant que le front est mobile, ce qui est encore le cas dans les fronts pionniers du centre de l'Amérique du Sud, l'ambition géopolitique reste la même : faire que le front atteigne la frontière pour la consolider. La construction de routes sur le pourtour de l'immense Brésil dans les années 1970 (l'*estrada do Pacifico* dans l'Acre, la BR 364 dans le Rondônia) permet ainsi d'attirer des agriculteurs pionniers au plus près de la ligne frontalière. En Amérique du Nord, où la progression du front pionnier est telle que le bureau du recensement peut déclarer la fin de la *frontier* dès 1890, la dialectique reste aussi opératoire, car pour que la destinée américaine s'accomplisse il faut qu'elle soit capable de dépasser la frontière-ligne pour ouvrir des nouveaux horizons (de nouvelles frontières) : dans l'espace, dans les océans ou encore dans le cyberespace.

## 3 Variations américaines des frontières

Pour conclure, regardons trois archétypes contemporains de la frontière américaine.

### 3.1 La frontière barrière

La frontière barrière est une configuration récente. Elle apparaît sous l'effet de troubles géopolitiques. La frontière entre le Mexique et les États-Unis en est l'exemple le plus abouti, mais elle se déploie aussi ailleurs sur le continent, partout où des zones hors de contrôle de l'État existent. Migrations incontrôlées, guérillas, contrebande ou encore trafic de drogue et d'armes engagent une réaction de l'État pour restaurer sa souveraineté territoriale. Sur le terrain, le contrôle est parfois difficile à mettre en œuvre, comme à la frontière entre le Venezuela et la Colombie, sur la triple frontière Paraguay-Argentine-Brésil ou encore en limite de la Guyane française.

### 3.2 Les frontières introuvables, le métissage

Renforcer l'effet barrière de la frontière est d'autant plus ardu que les zones frontières sont le lieu d'un grand métissage de populations. C'est le cas lorsque des bassins de peuplement précolombiens ont été divisés par les limites administratives coloniales puis par les frontières d'État qui leur ont succédé. Le bassin aymara, dans les Andes à la frontière entre la Bolivie, le Chili et le Pérou en est un exemple (Amilhat Szary, 2012), comme le sont les réserves indiennes transfrontalières entre le Canada et les États-Unis (Rouvière, 2019). La mixité existe aussi dans des régions où le front pionnier a débordé la frontière. Les Brasiguayos, ces pionniers brésiliens installés au Paraguay dans la deuxième moitié du XXe siècle, sont ainsi des facteurs de métissage (Souchaud, 2002).

## 3.3 L'invention de frontières ouvertes

L'Amérique se rêve aussi unie. Le panaméricanisme, contre la domination des puissances européennes, ou le bolivarisme, inspiré par la volonté de Simon Bolivar de ne pas défaire l'unité du feu empire espagnol, servent de référents idéologiques aux projets d'intégration. Ces intégrations ont pour effet de transformer les fonctions des frontières. Elles doivent devenir des interfaces facilitant les circulations et renforçant les solidarités au sein de l'ère continentale. À la triple frontière Bolivie-Brésil-Pérou traversée par un corridor biocéanique promu par l'IIRSA (l'initiative pour l'intégration régionale sud-américaine créée en 2000), la frontière jadis poste avancé et défendu de chacun de ces États est devenue le lieu d'une intense coopération.

La frontière américaine, à la fois ligne et front, est duale. Du nord au sud du continent, et quelle que soit sa configuration spatiale, elle répond au même défi : organiser et contrôler un espace gigantesque, parce que faiblement peuplé.

# BIBLIOGRAPHIE

AMILHAT SZARY A.-L, (2012), « Identités collectives à la frontière », *Civilisations*, vol. 60, n° 1, p. 81-101.

DROULERS M., (2001), *Brésil : une géohistoire*, Paris, PUF.

ROUVIÈRE L., (2019), « Entre souveraineté indigène et sécurité nationale : Négocier la sécurité frontalière et la culture Mohawk à Akwesasne », *The Canadian Geographer/Le Géographe canadien*, vol. 63 (1), p. 57-68. https://doi.org/10.1111/cag.12497.

SOUCHAUD S., (2002), *Pionniers brésiliens au Paraguay*, Paris, Karthala.

TURNER J., (1893), « The Significance of the Frontier in American History », Report of the American Historical Association, p. 199-227.

CHAPITRE 8

# Frontières africaines

Calvin MINFEGUE ASSOUGA

SOMMAIRE



Les frontières politiques africaines doivent aujourd'hui être comprises au regard de grilles de lectures renouvelées. En effet, elles sont largement appropriées par les sociétés africaines, pour des raisons et des besoins multiples. Cette appropriation révèle des entrelacements entre plusieurs manières de considérer la frontière, au croisement de différents imaginaires. Certaines réifient sa dimension linéaire, associée à une conception abstraite et très géopolitique de sa nature. Liées à la logique des États, elles sont d'inspiration westphalienne et datent de la période coloniale. D'autres conceptions de la frontière africaine la font apparaître comme lien entre des sociétés (Kopytoff, 1987) ou comme ressource pour ces dernières (Feyissa et Hoehne, 2010). Ces représentations, non exclusives, subsistent et cohabitent.

Aborder les frontières africaines, aujourd'hui, c'est les envisager comme des espaces dont les dynamiques articulent des héritages historiques et des expressions contemporaines mettant en jeu des rivalités régionales, des appropriations sociales et des transgressions tirant parti des différentiels socio-économiques et écologiques. À ce schéma interprétatif, il faut ajouter l'impact des dynamiques humanitaires et sécuritaires qui marquent, sur ce continent comme ailleurs, l'évolution géopolitique récente des frontières.

## 1 Les réalités frontalières avant la pénétration coloniale

Avant les grands mouvements coloniaux européens, une diversité de sociétés politiquement organisées était présente en Afrique. Entre ces dernières, ainsi qu'en leur sein, l'idée de frontière renvoyait à diverses réalités. On peut en identifier trois figures. La première s'inscrivait dans une dialectique entre guerre et paix. Dans ce cas, les limites entre sociétés politiques étaient façonnées par des initiatives guerrières tandis que leur gestion et leur reconnaissance impliquaient des consensus sociaux. Les frontières des chefferies et royaumes de l'ouest actuel du Cameroun, de constitution ante-coloniale, ont incarné cette dynamique (Bah, 2005). La deuxième figure est celle de frontières renvoyant à des espaces flous ou marches. Loin d'une conception linéaire, il s'agissait d'espaces-tampons, lieux de liaison et de séparation mais aussi d'espaces transitoires séparant des entités politiques. La frontière permettait alors de distinguer des espaces centralisés d'espaces éclatés, parfois lointains et moins contrôlés. Elle pouvait être matérialisée par des murs fortifiés ou *tata* à l'instar de ceux que l'on trouvait dans le Soudan occidental (Bah, 1985). Une troisième configuration se caractérisait par l'idée d'une frontière en mouvement composant avec divers registres de différenciation sociale. En effet, dans le contexte ante-colonial, les structures socio-politiques étaient délimitées par des formes spatiales plurielles, en constante restructuration (Mbembe, 2005). L'idée d'une frontière en mouvement pouvait y être liée à deux dynamiques. D'une part, elle référait au caractère mobile des espaces de vie des acteurs. D'autre part, elle renvoyait à une conception de la frontière qui serait incorporée par les individus au gré de leurs activités. Ces formes multiples de spatialité, en lien avec la frontière, étaient prégnantes autour du royaume du Dahomey ou du pays Yoruba (Asiwaju, 1983) ou dans le Soudan occidental (Lefebvre, 2015).

## 2 La colonisation et le tracé des frontières en Afrique

La colonisation européenne, au XIXe siècle, est un marqueur fort de la trame contemporaine des frontières africaines. Elle a imposé une grammaire particulière de l'espace tout en réduisant les imaginaires, entités et dynamiques africaines préexistantes à des objets passifs. Le processus de délimitation du continent fut particulier. Les limites des possessions coloniales furent d'abord délimitées sur des cartes alors disponibles, hors du continent. Des expéditions se chargèrent, ensuite, de les délimiter sur le terrain. Cinq puissances européennes (la France, l'Angleterre, l'Allemagne, la Belgique et le Portugal) furent à l'origine du dessin d'environ 82 % des frontières inter-étatiques actuelles. L'essentiel de ces frontières fut tracé entre 1885 et 1900.

La moitié d'entre elles résultent de traités entre les puissances coloniales, le quart représente des frontières plus anciennes internes à des ensembles impériaux, le dernier quart étant d'origine plus diverse, en reprenant, par exemple, les tracés liés à la présence ottomane (Foucher, 2014). Certains tracés antérieurs furent repris par les acteurs coloniaux qui n'inventèrent pas partout des frontières. Des « locaux » y jouèrent également un rôle, tout comme ont compté les réalités géopolitiques ante-coloniales (Lefebvre, 2015). Au Caire, en juillet 1964, les États africains déjà indépendants réaffirmèrent leur choix de consacrer l'intangibilité des frontières héritées de la colonisation. La résolution de l'Organisation de l'Unité Africaine (OUA), qui acta cette intangibilité, a été globalement respectée jusqu'ici.

## 3 Les conflits de frontière en Afrique

De 1960 à 1990, le continent a connu de nombreux conflits frontaliers, surtout des disputes autour des tracés hérités de la colonisation (cas des frontières entre l'Algérie et le Maroc ou entre le Mali et le Burkina-Faso). Des conflits ont également opposé des populations frontalières à propos de l'exploitation des ressources. D'autres tensions à enjeux frontaliers ont été articulées à des revendications sécessionnistes notamment dans le cas du Katanga (Congo belge) entre juillet 1960 et janvier 1963, de la guerre du Biafra (Nigeria) de mai 1967 à janvier 1970 ou de la « crise anglophone » au Cameroun qui se manifeste intensément depuis 2016. Le respect du principe d'intangibilité a été renforcé par le règlement juridique et politique de nombreux différends frontaliers sur le continent. Entre 1963 et 2017, 8 différends ont été traités par la Cour Internationale de Justice. L'OUA et plus tard l'UA ont joué un rôle majeur dans la prévention et le règlement des disputes frontalières. Les négociations bilatérales entre les pays ont aussi permis de faire face aux tensions frontalières. Les avancées observées en 2018 autour du conflit frontalier entre l'Érythrée et l'Éthiopie (1998-2000) s'inscrivent dans ce registre.

En dépit d'une diminution des conflits armés autour des frontières, des « zones chaudes » persistent. Elles sont liées à la non-démarcation de plus de la moitié des frontières africaines, aux rivalités autour de ressources ou à l'expansion de la menace extrémiste telle qu'on peut l'observer dans la zone sahélienne (cas des frontières entre le Mali, le Burkina Faso et le Niger ou du bassin du lac Tchad où sévit le mouvement Boko Haram).

## 4 Les constructions régionales et leurs incidences frontalières

Les frontières sont apparues très tôt comme un enjeu clé de l'intégration régionale africaine. L'une des initiatives formalisées à ce sujet a été la création du Programme Frontière de l'Union Africaine (PF-UA). Il avait pour buts d'accompagner les efforts de délimitation et de démarcation des frontières, de promouvoir la coopération transfrontalière et de renforcer les capacités des États. Depuis son lancement en 2007, le PF-UA a permis la démarcation de plus de 4 000 kilomètres de frontières et la signature d'accords entre États. Ces initiatives ont concerné, à titre illustratif, la frontière Tanzanie/Mozambique ou celle Rwanda/RDC. Ces actions apparaissent comme des initiatives visant à renforcer l'intégration africaine en faisant de la frontière non pas « une barrière, mais une passerelle ».

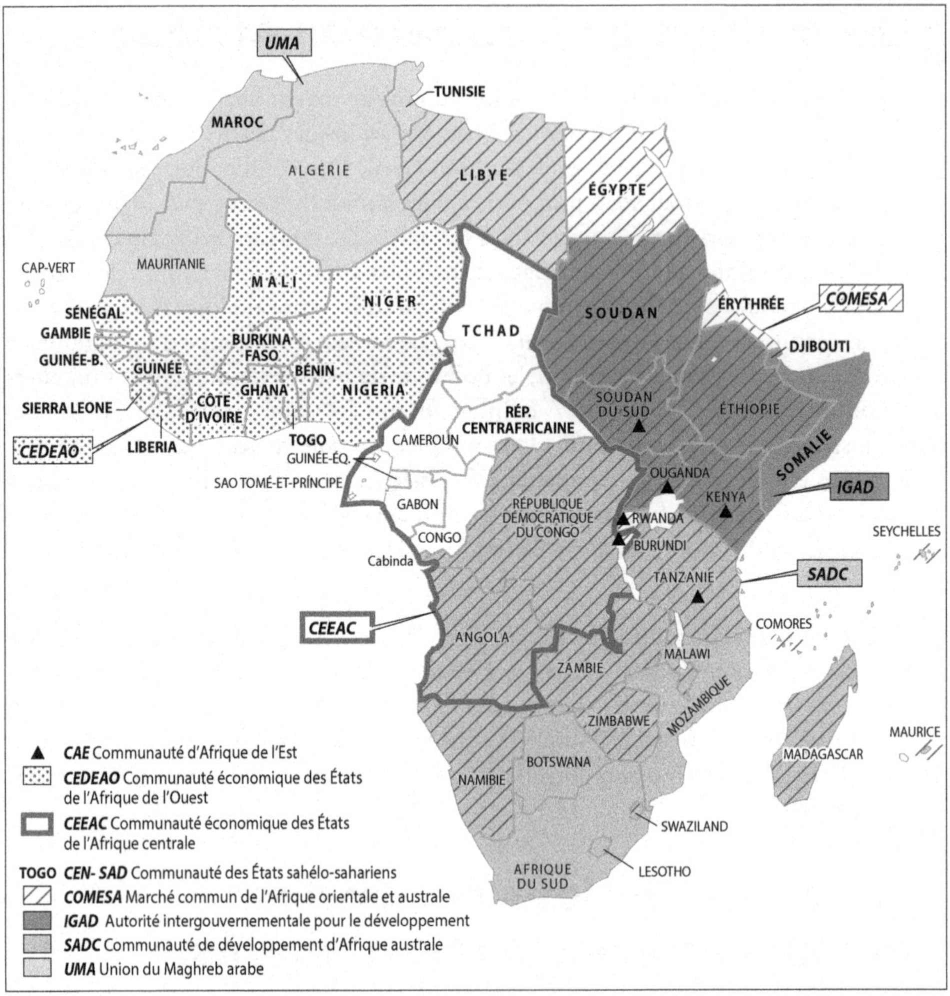


**Figure 8.1 – Constructions régionales en Afrique**

Conception et réalisation : C. Minfegue Assouga et N. Cottrel.

Dans cette marche vers l'intégration du continent, les communautés économiques régionales (CER) jouent un rôle majeur. Elles constituent les premiers niveaux d'intégration et d'expérimentation de la libre circulation. Les principales CER reconnues par l'UA sont l'UMA, le COMESA, la CEN-SAD, la CAE, la CEEAC, la CEDEAO, l'IGAD et la SADC. L'existence de ces CER crée un autre niveau de frontières situé entre l'échelon national et l'échelle continentale. Cette logique de limitation propre aux CER prend en compte une variété de critères qui se combinent souvent : proximité géographique, langue, appartenance à une aire géographique spécifique ou partage d'une vision commune de développement, etc.

## 5 La frontière au quotidien

Les frontières africaines, au quotidien, s'accompagnent de multiples effets socio-spatiaux. Ces derniers sont, d'abord, intimement liés à des logiques et pratiques économiques. Certaines zones frontalières africaines sont marquées par un dynamisme fort, les différentiels économiques et politiques de part et d'autre de la limite internationale pouvant être exploités puisque ces frontières sont assez ouvertes. Ce dynamisme s'incarne dans de nombreux marchés frontaliers, « nœuds incontournables de sociabilité et de commerce » (OCDE/CSAO, 2017 : 86). Près de 135 marchés frontaliers ont été identifiés en Afrique de l'Ouest, étendue au Cameroun et au Tchad (OCDE/CSAO, 2017). Ces flux commerciaux sont reliés au reste du monde selon des modalités permises par la globalisation.

Ces effets concernent ensuite les mobilités. Les frontières africaines aussi sont le siège de mobilités géographiques, ordinaires, de proximité entre populations situées de part et d'autre de la ligne conventionnelle, tout comme elles structurent des mobilités de longue distance motivées par des opportunités économiques (migrations de travail, notamment saisonnières). Elles sont également insérées dans des circuits de mobilités non humaines (souvent socialement et politiquement encadrées) lorsqu'elles s'inscrivent, par exemple, dans les réseaux imbriqués de corridors écologiques dans le Bassin du Congo ou de corridors de transhumance que l'on peut repérer en zone sahélienne et au-delà (Kagone *et al.* 2006, Moutari et Giraut 2013). Les espaces frontaliers apparaissent aussi comme des zones de refuge pour des populations fuyant leurs pays de résidence ou d'origine du fait de crises diverses. Ce besoin se traduit par la prolifération des camps gérés par le HCR et que l'on trouve principalement aux marges de pays tels que le Cameroun, le Kenya, la Mauritanie, la Tanzanie ou le Tchad. Ces mobilités peuvent être entravées par des obstacles à la circulation dans certaines régions, notamment la multiplication de barrières routières qui reproduisent, au sein des territoires, les frontières externes des pays, quand elles ne génèrent pas des discontinuités à d'autres échelles territoriales. C'est le cas sur de nombreux segments du corridor Douala (Cameroun) – N'djamena (Tchad)/Bangui (RCA).

Comme dans le reste du monde, les espaces frontaliers africains sont marqués par une évolution technologique, pour des motifs sécuritaires et économiques, afin de contrôler, surveiller et « suivre » aussi bien des hommes que des biens. Si cette dynamique est repérable depuis la période coloniale, elle s'est intensifiée dès 2001. Le Cameroun, par exemple, utilise des dispositifs de vidéosurveillance sur certaines de ses frontières. L'Afrique du Sud expérimente, depuis quelques années, des systèmes de capteurs et de communications en réseaux sur des portions de ses frontières avec les pays voisins (Touchard, 2018).

Les frontières africaines sont aujourd'hui appropriées aussi bien par les États dont elles sont un marqueur fort que par les populations pour qui elles signifient opportunités, refuges ou rencontres. Elles sont également lieux de tensions et cadres d'expression de dynamiques conflictuelles. D'autres enjeux y apparaissent. Les « murs » frontaliers sont présents sur le continent et s'y multiplient. Par exemple, un mur sépare, depuis 1975, l'Afrique du Sud du Mozambique le long du parc Kruger ; une clôture de barbelés est mise en place depuis 2015, par le Kenya sur sa frontière avec la Somalie. Plus qu'hier, l'externalisation des frontières européennes et la production des normes qui l'accompagne, font des espaces africains, des postes avancés des frontières européennes. Aujourd'hui, les frontières africaines doivent être saisies dans leur banalité vis-à-vis du reste des frontières du monde comme dans leur complexité socio-historique, géographique, économique, tout en étant attentif à leurs déclinaisons à différentes échelles et à leur articulation à d'autres imaginaires spatiaux.

## BIBLIOGRAPHIE

ASIWAJU A., (1985), *Partitioned Africans: Ethnic Relations across Africa's International Boundaries, 1884-1984*, Londres, Lagos, C. Hurst & Co. Publishers.

BAH T., (2005), « Frontières, guerre et paix dans l'Afrique précoloniale : l'exemple des chefferies Bamiléké et du royaume Bamum dans l'Ouest-Cameroun », *Des frontières en Afrique du XVII^e^ au XX^e^ siècle*, Paris, Unesco/CISH, p. 145-158.

FEYISSA D., HOEHNE N. (eds.), (2010), *Borders and Borderlands as Resources in the Horn of Africa*, Woodbridge, Suffolk ; Rochester, New York, Boydell and Brewer.

LEFEVBRE C., (2015), *Frontières de sable, frontières de papier. Histoire de territoires et de frontières, du jihad de Sokoto à la colonisation française du Niger (XIX^e^-XX^e^ siècles)*, Paris, Publications de la Sorbonne.

OCDE/CSAO, (2017), « Coopération transfrontalière et réseaux de gouvernance en Afrique de l'Ouest », *Cahiers de l'Afrique de l'Ouest*, Paris, Éditions OCDE. http://dx.doi.org/10.1787/9789264265974-fr.

CHAPITRE 9

# Frontières du Proche-Orient

**Leïla VIGNAL**

SOMMAIRE



Si le terme arabe pour frontière (*hudûd*) est un terme ancien, au Proche-Orient la frontière est historiquement une réalité bien différente de celle qui émerge, en Europe, de la constitution progressive d'États Nations territorialisés. Le Proche-Orient est une région qui appartient aux différents empires arabes qui se succèdent depuis le VIIe siècle jusqu'à l'Empire ottoman. Les limites de ces enveloppes territoriales impériales sont fluctuantes, et la domination politique ne se traduit pas par une territorialisation de type linéaire : jusqu'au XIXe siècle, la notion de marge reflète davantage la réalité des frontières dans le monde arabe.

Jusqu'aux lendemains de la Première Guerre mondiale, la région du Proche-Orient (appelé en arabe le Machrek, le Levant, en opposition au Maghreb, le Couchant) est tout entière incluse dans l'Empire ottoman. À la fin du XIXe siècle, cet empire compte une cinquantaine de provinces (*vilayet*), elles-mêmes divisées en circonscriptions administratives de premier niveau (les *sandjak*-s) et de second niveau (les *caza*-s). Les limites de certaines de ces provinces forment les bases de certaines des frontières ou des découpages infranationaux des États modernes, et les grandes villes actuelles du Proche-Orient contemporain étaient dans l'ensemble des capitales de ces provinces.

# 1 Naissance des États modernes et fixation des frontières

La physionomie du Proche-Orient actuel résulte du règlement de la Première Guerre mondiale. Lors de la conférence de San Remo (avril 1920), réunie sous l'égide de la tout récemment créée Société Des Nations, les bases des futurs États de la région sont jetées, nouveaux États aux destinées desquelles président deux puissances mandataires : la France, dont le Mandat couvre la Syrie et le Liban, et la Grande-Bretagne, dont le Mandat couvre l'Irak, la Transjordanie et la Palestine. Contrairement à une légende tenace, ce n'est donc pas le partage agréé entre la France et la Grande-Bretagne dans le cadre de l'accord secret de « Sykes-Picot » en 1916 qui a dessiné les frontières du Proche-Orient : cet accord n'a jamais été appliqué. Quelques mois plus tard, le Traité de Sèvres (août 1920), bientôt caduc et remplacé par le Traité de Lausanne (juillet 1923), consacrent le démantèlement de l'Empire ottoman et la création de la Turquie moderne, réduite à la seule péninsule anatolienne. Sur cette base, mais à la marge, de nombreux ajustements de frontière ont lieu tout au long des années 1920 et 1930, que ce soit dans le cadre de Traités ou de décisions qui relèvent de seules puissances mandataires : par exemple, en 1920, la France rattache la vallée de la Bekaa au Petit-Liban pour donner naissance au Liban actuel ; en 1939, le sandjak d'Alexandrette, qui faisait partie de la Syrie, est cédé à la Turquie par la France – donnant naissance à une revendication irrédentiste syrienne de long terme.

Il est à noter que la création d'États sous l'égide des puissances victorieuses de la Première Guerre mondiale se fait au détriment des mouvements nationalistes arabes qui revendiquaient la création d'un royaume arabe de « Grande Syrie » qui engloberait l'ensemble du Proche-Orient. Ce royaume avait notamment été promis par la couronne britannique, par l'intermédiaire de son émissaire T. E. Lawrence (plus connu sous le nom de Lawrence d'Arabie) en échange du soutien des forces arabes dirigées par l'émir Fayçal contre les troupes ottomanes alliées de l'Allemagne. Les années 1920 voient ainsi se multiplier les révoltes contre les puissances mandataires, notamment en Syrie. En outre, la promesse inscrite dans le Traité de Sèvres de création d'un État national kurde n'a jamais vu le jour – donnant naissance à des mouvements nationalistes kurdes dans les quatre pays où se trouvent les Kurdes divisés pas ces nouvelles frontières (Turquie, Syrie, Irak, Iran). Enfin, l'installation de juifs européens en Palestine s'accélère à partir des années 1920. Cette migration a notamment été encouragée par le soutien apporté en novembre 1917 par la Grande-Bretagne à la « déclaration Balfour », déclaration qui appelle à « l'établissement en Palestine d'un foyer national pour le peuple juif ».

# 2 Les frontières de l'État d'Israël

Le second événement historique majeur pour les frontières du Proche-Orient est la création de l'État d'Israël, dont l'indépendance est proclamée unilatéralement en 1948 sur la base du Plan de partage de la Palestine en un État juif et un État arabe voté par les Nations unies en 1947. La première guerre israélo-arabe (1948-1949) qui suit cette proclamation conduit à l'élargissement des territoires israéliens au-delà des frontières agréées en 1947 et à l'annexion de la Cisjordanie par la Jordanie. 750 000 Palestiniens fuient et trouvent refuge dans la région, principalement en Jordanie, en Syrie et au Liban.

Ces frontières, fondées sur la ligne de cessez-le-feu de 1949 (dite « ligne verte »), sont de nouveau transformées en 1967 lors de la guerre israélo-arabe des Six Jours à la suite de laquelle Israël occupe la Cisjordanie et la partie orientale de Jérusalem (ce qui conduit à un nouvel exode palestinien) ainsi que le plateau du Golan syrien (annexé par Israël en 1981, annexion non reconnue par l'ONU) et la péninsule égyptienne du Sinaï. En 1978, le traité de paix de Camp David entre Israël et l'Égypte fixe leur frontière commune (le Sinaï est retourné à l'Égypte), de même que le traité de paix signé entre Israël et la Jordanie en 1994. Ce sont donc les deux seules frontières d'Israël internationalement reconnues. La fixation de toutes ses frontières est conditionnée à un accord général qui inclut un accord israélo-palestinien tel qu'encadré par les nombreuses résolutions du Conseil de Sécurité des Nations unies, et en particulier la résolution 242 votée en 1967 qui appelle au retrait des territoires occupés, c'est-à-dire en deçà de la « ligne verte ». Dans les faits, cette ligne verte est remise en cause par la politique de colonisation de l'État d'Israël et, à partir de 2003, par la construction d'un « mur de sécurité » dont le tracé, situé plus à l'est que cette limite, inclut de nombreuses colonies.

L'Autorité Palestinienne, dont l'autonomie est très réduite, n'administre ni ses frontières avec l'Égypte (Bande de Gaza) ni celles avec la Jordanie. Ce sont des postes de douanes israéliens qui les contrôlent, et c'est Israël qui collecte les droits de douane et la TVA liés au commerce international palestinien et les reverse à l'Autorité Palestinienne. La frontière de Gaza est régulièrement fermée en provenance de Palestine, et l'Égypte a commencé l'érection d'un mur en 2020.

## 3 Constructions nationales et conflits

Les frontières actuelles du Proche-Orient ont donc été imposées de l'extérieur au travers du concept d'État nation qui implique des frontières rigides là où la fluidité des contacts dominait. Mais lorsque ces États nouvellement créés accèdent à l'indépendance (Irak : 1932 ; Jordanie, Syrie et Liban : 1946), ils sont faiblement intégrés du point de vue territorial et comme en termes de population : la consolidation de l'État territorial devient donc l'une des priorités de ces jeunes États, plus que la démarcation officielle des frontières qui intervient parfois bien plus tard : par exemple dans les années 2000 pour la dyade Jordanie-Syrie, ou qui reste encore à faire pour la dyade Liban-Syrie.

Des rivalités ou des conflits, qui se manifestent dans des politiques de frontières, accélèrent parfois la consolidation de celles-ci. Par exemple, dans les années 1970 et 1980, les régimes rivaux de Damas et de Bagdad avaient totalement fermé leur frontière commune. À la suite de la défaite de l'Irak (qui envahit le Koweït en 1990-1991), les circulations formelles et surtout informelles de toute nature reprennent : liens tribaux transfrontaliers, commerce et pèlerinage mais aussi, à partir des années 2000, armes, combattants vers l'Irak et réfugiés irakiens vers la Syrie. Autre exemple, les frontières de la Syrie ont été consolidées par le conflit des années 2010, à la fois du fait de l'accès stratégique qu'elles offrent aux parties combattantes, comme aux réfugiés syriens, aux ressources des pays voisins « en paix » et du fait de leur fonction de « conteneur de guerre » (les États voisins de la Syrie les ont progressivement fermées, parfois au moyen de murs, comme celui construit par la Turquie).

Globalement, la question d'Israël mise à part, les frontières du Proche-Orient dessinées dans les années 1920 n'ont donc pas été remises en cause depuis, même si des revendications irrédentistes ou nationales persistent. Les conflits de frontière ont été circonscrits : l'occupation du Koweït par l'Irak en 1990-1991, le Sud-Liban occupé par Israël qui s'en retire en 2000, le secteur des fermes de Chebaa entre Liban, Syrie et Israël.

## 4 Circulations transnationales, régionalisation « par le bas », espaces frontaliers

Le Proche-Orient demeure caractérisé par la connectivité de ses espaces. Celle-ci repose sur les circulations transnationales qui innervent la région. Ce sont notamment les migrations de travail entre pays voisins (par exemple les Syriens au Liban et en Jordanie avant le conflit syrien) et surtout vers les pays du Golfe qui constituent le troisième marché mondial du travail migrant au monde. Ce sont aussi les circulations économiques : les flux de commerce formels, informels, ou clandestins et criminels, mais aussi les flux d'investissements directs étrangers, notamment en provenance des pays du Golfe et en direction du monde arabe. Ce sont également des circulations culturelles, dont a notamment attesté l'écho rencontré par les révolutions arabes de 2010-2011 (Tunisie, Égypte, Libye, Syrie, Yémen) et celles des mouvements de protestation des années 2018-2020 (Algérie, Soudan, Irak, Liban). À l'absence de régionalisation institutionnalisée, malgré le lancement d'une Zone Arabe de Libre-Échange en 2005 par la Ligue Arabe (créée en 1945, c'est une institution faible et minée par les divisions de ses 22 membres), répond ainsi une régionalisation « par le bas », inscrite dans les pratiques multiples de migrants, commerçants, entreprises, professionnels, intellectuels, etc. Les réfugiés participent aussi de cet espace régionalisé, et notamment les Syriens (7 millions estimés dont près de 6 millions dans la région).

À l'ordre juridique international inscrit dans la ligne frontière répondent donc à différentes échelles des pratiques de la frontière caractérisées par la porosité, par la superposition et l'intersection de différents types de frontière, et par des stratégies de contournement lorsque certains segments frontaliers se ferment. L'exploitation de l'effet frontière (différentiels de développement, systèmes économiques complémentaires, marchés du travail, pays en guerre/pays en paix) donne lieu à des espaces transfrontaliers dont la profondeur et la forme (espaces asymétriques ou symétriques) varient ainsi d'une dyade à l'autre, voire d'un segment de dyade à l'autre.

A l'échelle régionale, les dynamiques transnationales sont largement polarisées par le marché du travail et la capacité de projection économique (et, de plus en plus, stratégique) des pays du Golfe, donnant naissance à une régionalisation en partie asymétrique.

## BIBLIOGRAPHIE

BENNAFLA K. (dir.), (2017), « La frontière dans tous ses états », *Confluences Méditerranée*, 2017/2, n° 101.

BENNAFLA K., MEIER D. (dir.), (2017), « Enjeux frontaliers et territoriaux au Sahel et au Moyen-Orient », *Égypte/Monde arabe*, n° 18.

BONTEMPS V., (2014), « Entre Cisjordanie et Jordanie, l'épreuve du passage frontalier au pont Allenby », *Revue européenne des migrations internationales*, vol. 30, n° 2.

DEL SARTO R., FAWCETT L. (eds.), (2017), « *Contentious borders : The Middle east and North Africa post-2011* ». *International Affairs*, vol. 94, n° 3.

VIGNAL L., (2017), « Ordres de paix et ordres de guerre à la frontière syrienne », *Espace Politique*, vol. 33, n° 3.

CHAPITRE 10

# Les frontières de l'Asie centrale, un exemple post-soviétique

**Isabella DAMIANI**

SOMMAIRE



L'espace central de l'Eurasie – Asie centrale – a longtemps été délimité par des frontières « en négatif ». Habitée principalement par des populations nomades, la *Tartarie* des Européens du Moyen Âge était définie comme au-delà des confins de l'Europe sédentaire à l'ouest, et de la Chine, également sédentaire, à l'est. Ses frontières étaient régulièrement traversées par les conquêtes mongoles, malgré une frontière matérialisée comme la Grande Muraille. Ce monde nomade avait de nombreux échanges avec le monde perse, sédentaire et indo-européen, dès la période achéménide au v^e^ siècle avant J-C. Bien qu'à cette époque les nomades centrasiatiques constituaient un peuple indo-européen (les Scythes), le binôme nomades turco-mongols/sédentaires iraniens constitue le dualisme fondateur de l'espace géographique qu'on appelle aujourd'hui *Asie centrale*. Ses frontières et leurs transformations au fil des évolutions des formes de pouvoir constituent l'objet de ce chapitre.

## 1 Régions anciennes et frontières fluides

Les frontières internes de la région centrasiatique précoloniale ont toujours été floues. La composante topographique, notamment hydrique, constitue souvent l'élément générateur des territoires et de leurs limites. La région steppique du nord et la région des montagnes à l'est ont été habitées principalement par des communautés nomades ou semi-nomades de langue turcique à islamisation réduite : clans kazakhs dans les steppes et clans kirghizes dans les montagnes.

À partir du Syr-Daria commence le sud, structuré surtout autour des oasis des communautés sédentaires, plus islamisées et persanophones, ainsi que des peuples turciques sédentarisés, comme les tribus ouzbèkes, à partir du xve siècle. Les régions historiques y sont construites autour de l'eau ou de son absence : le Ferghana, dans la vallée du haut Syr-Daria ; la région située « au-delà du fleuve » Amou-Daria/Oxus (Transoxiane en gréco-latin, Farārud en persan, Mawarah-al-Nahr en arabe) ; le Jetyssou – « sept eaux » en langues turciques, territoire entre les affluents du lac Balkhach ; le Khorezm, autour du delta de l'Amou-Daria sur la mer d'Aral. Le sud s'étend au désert Karakoum (des sables noirs), territoire de prédilection des tribus nomades turkmènes. Les éléments hydriques, rares et précieux, créent les territoires en Asie centrale, et peuvent faire office de frontière, de délimitation des espaces, d'outils de repérage mais aussi de contrôle.

**Figure 10.1 – Évolutions frontalières en Asie centrale**

Conception et réalisation : I. Damiani et N. Cottrel.

## 2 La frontière coloniale en évolution

Au début du XVIIIe siècle, l'Empire tsariste délimite sa frontière méridionale avec la steppe centrasiatique à travers la ligne de front dite « amère » (*Gor'kaja linija*), constituée de fortifications ponctuelles gérées par l'armée cosaque, qui servait de délimitation et d'avant-poste pour des incursions dans la steppe le long de l'actuelle frontière russo-kazakhstanaise. La colonisation des steppes passe par de longues négociations d'alliance/allégeance qui font entrer les trois hordes kazakhes dans la sphère d'influence russe. La conquête russe s'achève en 1895 avec la prise du désert turkmène, du Pamir, et des trois Khanats de Khiva, Boukhara et Kokand, monarchies constituées autour du Khorezm, du Transoxiane et du Ferghana. Leurs frontières étaient incertaines et disputées, et les forteresses avaient fonction de démarcation ponctuelle comme de contrôle des sujets nomades.

Deux entités administratives sont créées : le Gouvernorat général des Steppes et le Gouvernorat général du Turkestan. Khiva et Boukhara restent des protectorats dans l'Empire. Les frontières internes de l'Asie centrale changent de tracé et de valeur, en devenant les délimitations administratives d'un empire européen. L'espace centrasiatique se transforme en *région de frontière*, avec un périmètre à défendre : pour cela un corps de garde-frontières est créé en 1899 à Tachkent, capitale du gouvernorat du Turkestan et de nouveau centre névralgique de l'Asie centrale russe.

La question des frontières externes de l'Asie centrale se pose surtout à l'époque soviétique. Les bolcheviques considéraient le périmètre de l'Empire tsariste trop poreux, en témoigne la rhétorique soviétique très active autour de la figure du garde-frontière, figure héroïque de la protection de la patrie. La frontière externe soviétique devient « sous clef » (*na zamke*), « épaisse » pour Sabine Dullin (2014), protégeant de tous les dangers extérieurs. Les frontières soviétiques internes, elles, changeront de tracé mais pas de valeur : elles restent des délimitations administratives comme à l'époque tsariste, plus visibles sur les cartes que dans la réalité.

Après la révolution, d'éphémères centres de pouvoir tentent d'émerger sur bases autochtones et réformistes, comme l'Autonomie de Alash ou celle de Kokand. Ils sont rapidement écartés par les bolcheviques qui créent dès 1918 les premières républiques soviétiques du Turkestan, des Kirghizes[1], de Boukhara et de Khorezm. Si ces premières frontières soviétiques sont très proches de celles de l'empire antérieur, la rupture arrive en 1924 avec la création des premières républiques soviétiques sur base nationale.

Dans l'Asie centrale pré-russe, les seules frontières étaient entre nomades et sédentaires, ou citadins et paysans. Le pouvoir tsariste, avec une approche colonialiste classique de supériorité morale, avait pour objectif l'intégration de ces catégories par le haut. La rhétorique soviétique, elle, est fondée sur la libération des carcans impériaux et

1. Qui sera rebaptisée « des Kazakhes » quelques années plus tard, en mettant fin au malentendu qui a amené les Russes à dénommer « Kirghizes » les populations kazakhes et « Kara-kirghizes » les populations kirghizes.

coloniaux via la mise en place d'un système fédéral : la nation devient l'unique modèle socio-politique capable de moderniser et d'égaliser tous les peuples soviétiques. Les catégories identitaires centrasiatiques n'étaient alors pas compatibles avec ce projet. Des commissions de spécialistes ont cherché à faire ressortir « les communautés déterminées d'individus », définition selon Staline des nationalités (*nacional'nost'*). La politique de délimitation nationale-territoriale (*razmeževanie*) définit la forme, les frontières et les cinq identités nationales titulaires des Républiques socialistes soviétiques de la région, qu'elles garderont dans leurs grandes lignes après l'indépendance. Elle est soutenue par la politique d'indigénisation du pouvoir (*korenizatsija*) visant à favoriser l'appropriation des nationalités, devant être perçues comme une évolution naturelle pour tous les territoires.

En 1924, les RSS de Turkménistan et d'Ouzbékistan voient le jour. Cette dernière contient la république autonome tadjike, qui deviendra RSS en 1929. Pour la première fois, une différenciation géopolitique entre sédentaires turcophones et persanophones se met en place : la « communauté de langue » était pour Staline un trait fondamental de la nation. La RSSA kazakhe et la région autonome des Kirghizes deviendront des RSS en 1936. Néanmoins, de nombreuses disputes territoriales virent le jour suite aux délimitations. Des minorités importantes se créèrent dans toutes les républiques. Représentation classique de l'espace soviétique, la dynamique *Divide et Impera* est impulsée par Moscou et entretenue par les élites locales, converties au nationalisme pour exister et acquérir du pouvoir : Moscou devient arbitre des conflits.

Si l'européanité de l'empire tsariste et le caractère colonial de son expansion, caractérisée par la continuité territoriale, ont fait débat, l'idée d'un colonialisme soviétique a été d'autant plus contestée que le régime se positionnait en rupture vis-à-vis des impérialismes et dans une proximité avec le mouvement tiers-mondiste et le projet d'émancipation des peuples. Aujourd'hui, la plupart des spécialistes s'accordent pour qualifier de coloniale la relation entre la Russie et l'Asie centrale soviétiques, au regard de la mise en place d'un modèle européen étatico-national et des frontières westphaliennes, ainsi que de la pertinence des trois piliers du colonialisme (domination, orientalisme, identité hybride chez les colonisés·ées) dans ce contexte. Madina Tlostanova parle ainsi d'une modernité soviétique dotée de sa propre colonialité.

## 3 En 1991 : la frontière se matérialise

Avec la chute de l'URSS, les républiques soviétiques, conçues pour représenter la diversité dans l'Union, deviennent indépendantes. Leurs frontières, imaginées pour être internes, deviennent internationales : l'indépendance n'en a pas changé les tracés, mais jamais leur valeur n'a connu telle transformation. Elles se matérialisent, sous forme bureaucratique (régimes de visa), ponctuelle (postes-frontières), et linéaire (barrières) quand la topographie le permet, devenant ainsi des enclos de défense du territoire national, « sous clé », comme les frontières externes de l'URSS.

Une série d'accords partiels de délimitation frontalière voient le jour dans les années 1990-2000. L'accord sur la limite russo-kazakhstanaise, frontière continue la plus longue au monde, sera ratifié en 2005. La question frontalière sera plus ardue entre Ouzbékistan, Kirghizstan et Tadjikistan. L'Ouzbékistan mine l'ensemble de sa frontière avec le Tadjikistan touché par la guerre civile de 1992 à 1997 avant de devenir, à partir de 1999, le moteur de l'escalade à la matérialisation frontalière dans le Ferghana. Les motifs en sont économiques, sécuritaires et politiques : présence au Ferghana du Mouvement Islamique d'Ouzbékistan, impact douanier de l'entrée du Kirghizstan dans l'Organisation Mondiale du Commerce, crainte d'une immigration du Tadjikistan et du Kirghizstan économiquement plus faibles, volonté de renforcer l'idéal national dans un contexte marqué par un régionalisme culturel.

Les matérialisations frontalières dans le Ferghana, région désormais transfrontalière, deviennent sources de conflits : les accords de délimitation entre ces trois pays sont loin d'être finalisés, de nombreuses zones sont encore disputées, et la présence de huit enclaves éparpillées au sud de la région complique la tâche. L'internationalisation de ces nouvelles frontières, qui par endroits séparent des villes et des familles en deux, a eu un impact démesuré sur la population, contrainte de s'adapter à des réseaux de transport coupés, aux conditions physiques et économiques de la traversée de la frontière.

Dans les années 2000, la proximité avec l'Afghanistan amène l'Union Européenne à financer en Asie centrale des programmes de formation sur la gestion des frontières et le contrôle des trafics de drogue, des migrations et de la contrebande (*Border Management in Central Asia* – BOMCA ; *Central Asia Drug Action Program* – CADAP), tandis que des troupes russes accompagnent les unités tadjikistanaises pour le contrôle de la frontière afghano-tadjikistanaise. Aujourd'hui, le rôle de garant frontalier au Tadjikistan est plutôt exercé par la Chine, et l'appui européen aux politiques frontalières se poursuit et inclut désormais la Covid-19.

Tel est le paradoxe de la frontière centrasiatique, restée virtuelle dans le monde « sous clé » soviétique, et qui devient réelle avec la fin de celui-ci et l'ouverture de la région sur l'extérieur. La fermeture frontalière, souvent considérée comme un symptôme de la démondialisation, s'affirme comme une conséquence de la mondialisation en Asie centrale.

## Conclusion : frontières contemporaines, frontières fluctuantes

Des dynamiques divergentes caractérisent aujourd'hui les frontières d'Asie centrale. Des signes d'ouverture existent : intégration régionale d'une partie de l'espace post-soviétique au sein de l'Union Économique Eurasiatique, qui amène une facilitation douanière des mouvements de biens et de personnes entre certains pays de la région ; ouverture vis-à-vis des « étrangers lointains », avec le retrait par le Kazakhstan, le

Kirghizstan et l'Ouzbékistan du régime de visa pour les ressortissants de nombreux pays. Un autre exemple est le changement mené par le nouveau président de l'Ouzbékistan, Chavkat Mirzioïev, pour qui la question frontalière est une priorité. Depuis son élection en 2016, Mirzioïev développe les échanges diplomatiques sur cet enjeu, notamment avec le Kirghizstan et le Tadjikistan au sujet du Ferghana, qui ont conduit à la facilitation administrative du passage, à la délimitation de portions du tracé, au déminage total de la frontière avec le Tadjikistan, et à des projets de coopération transfrontalière. Malgré l'impulsion institutionnelle, le Ferghana demeure un cas d'école de conflit frontalier : des heurts se produisent régulièrement entre civils ou gardes-frontières dans les zones encore disputées, et l'utilisation du réseau routier, des ressources hydriques ou foncières sont les mobiles de ces conflits à la connotation fortement ethnique. La situation frontalière entre Kirghizstan et Tadjikistan est actuellement très délicate, car la moitié du tracé n'est pas encore délimitée et les incidents sont nombreux ces dernières années.

Le défi de la frontière centrasiatique des prochaines années sera donc de concilier l'avènement des politiques nationales, en mettant un point final au flou frontalier soviétique, avec la nécessité pour la région et ses pays de se développer et de se désenclaver, en renforçant l'ouverture régionale.

# BIBLIOGRAPHIE

DAMIANI I., (2013), *Géopolitique de l'Asie centrale. Entre Europe et Chine : le cœur de l'Eurasie*, Paris, Presses Universitaires de France.

DULLIN S., (2014), *La frontière épaisse. Aux origines des politiques soviétiques (1920-1940)*, Paris, Éditions EHESS.

GORSHENINA S., (2012), *Asie centrale. L'invention des frontières et l'héritage russo-soviétique*, Paris, CNRS Éditions.

MEGORAN N., (2017), *Nationalism in Central Asia. A biography of the Uzbekistan-Kyrgyzstan Boundary*, Pittsburgh, University of Pittsburgh Press.

THOREZ J., (2015), *Asie centrale. Des indépendances à la mondialisation*, Paris, Éditions Ellipses.

CHAPITRE 11

# Les frontières en Asie du Sud et du Sud-Est

**Michel BRUNEAU**

SOMMAIRE



## 1 Deux conceptions de la frontière : l'indienne et la chinoise

Le tracé actuel des frontières des États de la Péninsule indochinoise a été fixé sur une carte entre 1890 et 1910, soit à l'intérieur des empires coloniaux britannique et français, soit dans leur relation avec le royaume de Siam qui n'avait pas été colonisé. Cependant chacun des États concernés n'a pas toujours été en mesure de faire respecter sa souveraineté territoriale le long de ses frontières. C'est pourquoi pour comprendre la situation actuelle d'inégale maîtrise des territoires frontaliers, il faut faire appel aux conceptions qui prévalaient avant la période coloniale, la cartographie moderne et l'avènement des États-nations. De ce point de vue, il existe une très nette opposition entre deux types de frontières : une frontière linéaire de type chinois, délimitant les basses-terres densément occupées à la suite d'une colonisation systématique par une population majoritairement chinoise ou vietnamienne[1], et un type indien,

...............

1. Par exemple, la frontière entre le Vietnam et la Chine devint, à partir de 939, une frontière entre deux États, délimitée par des obstacles naturels (rivières, montagnes) et des stèles ou bornes. Au cours des siècles suivants, toujours défendue avec vigueur, elle ne subit pas de changements notables, et le colonisateur français la reprit telle qu'elle avait été historiquement constituée. Elle est quasiment linéaire depuis un millénaire, ce qui est unique dans la région. Non seulement le Vietnam est bloqué vers le nord, mais même sur la défensive jusqu'à une période très récente, si l'on se réfère à l'expédition punitive chinoise de 1979.

caractérisant l'Assam et les monarchies de bouddhisme *Theravada*, qui avaient une frontière beaucoup plus floue, c'est-à-dire une zone de petits États tributaires pratiquant les allégeances multiples avec leurs voisins plus puissants.

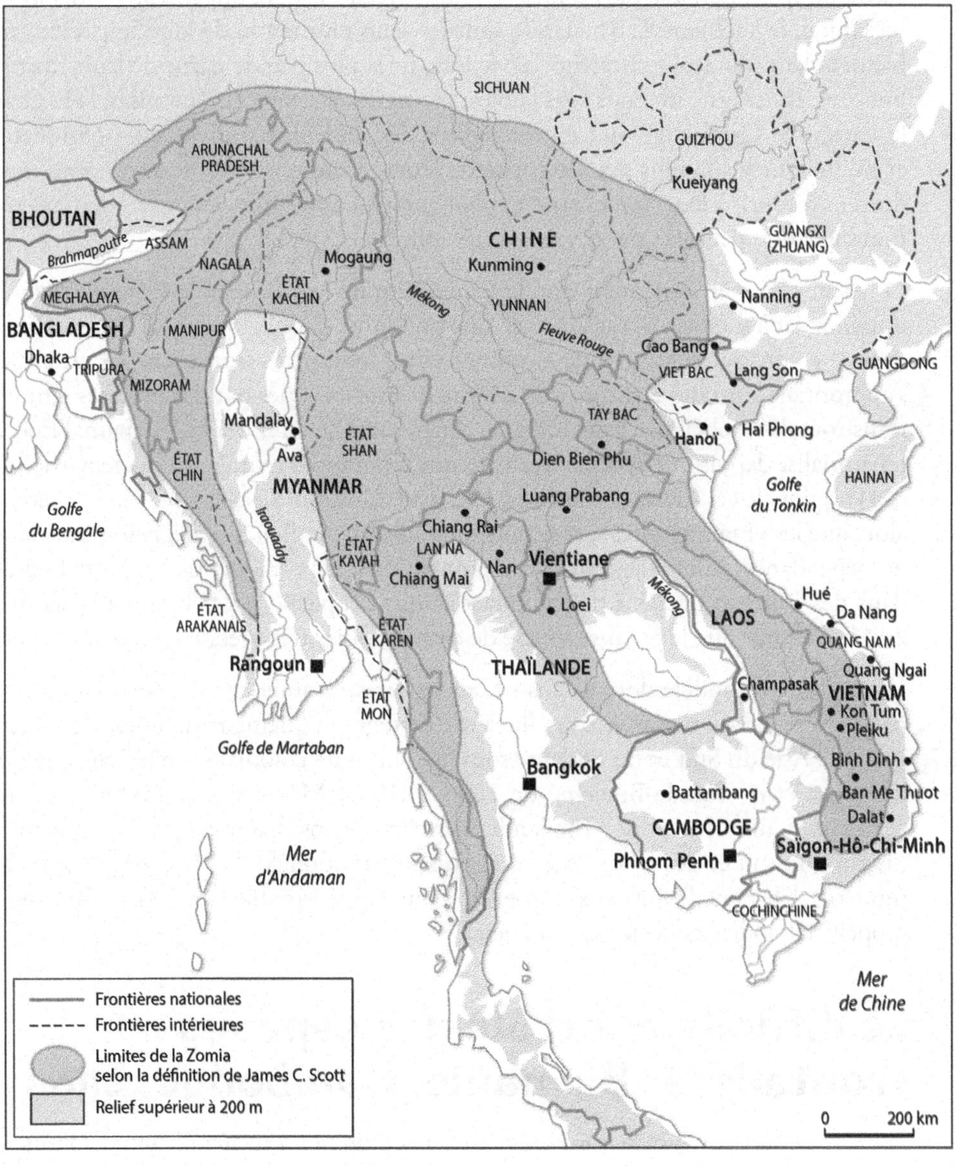


**Carte 11.1 – Frontières en Asie du Sud et du Sud-Est**

Conception et réalisation : M. Bruneau et N. Cottrel.

Aujourd'hui encore, ce caractère zonal d'étendue variable de la frontière, en fonction de la puissance réelle du pouvoir central, se retrouve un peu partout dans les zones montagneuses ou de plateaux, à la périphérie des grands États. Il est d'autant plus accentué que l'État est plus faible et d'un niveau de développement moins avancé. La Chine, le Vietnam, la Thaïlande sont les seuls en mesure de faire respecter véritablement leur souveraineté territoriale le long de la plus grande partie de leurs frontières linéaires. Par contre, les États plus faibles, moins développés et modernisés, la Birmanie, le Laos et le Cambodge, ont eu longtemps des difficultés à maîtriser, politiquement et militairement, la plus grande partie de leurs territoires frontaliers. Aujourd'hui, ils doivent recourir à leurs forces armées pour assurer ce contrôle, du moins dans les zones montagneuses peuplées par des minorités ethniques.

On peut observer également que la supériorité de la Chine et du Vietnam dans ce domaine est à mettre en relation avec une politique, dans la longue durée, d'implantation de colons agricoles d'origine militaire dans les espaces frontaliers. L'État impérial s'appropriait ainsi des territoires relativement sous-occupés par des groupes ethniques transfrontaliers, obéissant à des logiques différentes. En Chine et au Vietnam, l'État s'est territorialisé depuis une époque très ancienne, comme en témoigne l'existence de cartes dès l'origine de ces États (VIe siècle av. J. C. en Chine, XIIe siècle apr. J.-C. au Vietnam), alors que les « États agraires », concentriques, de type indien, privilégiaient les relations de dépendance et les allégeances des populations, sans traduction territoriale précise dans des zones qui étaient de toute façon sous-peuplées. Il a fallu attendre la fin du XIXe siècle pour que le Siam se soucie de cartographier très précisément son territoire.

Le passage du modèle des anciens « États agraires » à auréoles concentriques à l'État-nation territorial, aux frontières linéaires cartographiquement définies, s'est étendu à toute l'Asie du Sud et du Sud-Est sous la contrainte coloniale (traités entre le Siam, la France et la Grande-Bretagne de 1893 à 1907). Même si aujourd'hui chacun de ces États (Union Indienne, Thaïlande, Birmanie, Laos, Cambodge) se conforme, au niveau du droit et des relations internationales, au modèle de l'État-nation territorial moderne, chacun d'entre eux conserve, à un degré variable, un comportement qui rappelle le modèle concentrique ancien.

## 2 Le difficile contrôle des espaces frontaliers : Birmanie, Cambodge, Laos

Les identités hybrides et la fluidité sociale caractérisent les sociétés frontalières du vaste ensemble des montagnes et collines sino-indochinoises appelé *Zomia*[2]. Ces populations de cueilleurs et de cultivateurs itinérants de la forêt se sont tenues à l'écart des États

2. James C. Scott (2013) a donné à cet espace montagneux le nom de *Zomia* ou « gens de la montagne », terme commun à plusieurs peuples de langue tibéto-birmane (de *Zo*, retiré, *Mi*, peuple). Les termes *Mi-zo* ou *Zo-mi* désignant une population vivant retirée dans les collines.

construits dans les basses-terres de vallées et plaines alluviales. Ce sont des zones de refuge, de résistance, de refus culturel voire de rébellions, où dominait l'animisme, distinctes des basses-terres sièges des États-*mandalas* ou des cités-États et des grandes religions (bouddhisme, islam, confucianisme). Les populations de ces hautes-terres ont souvent choisi de se mettre hors de portée de l'État coercitif des vallées, en particulier de l'État des Han le plus précocement développé.

En Birmanie, l'ancienne auréole externe des États tributaires de ces espaces montagneux, peuplés en majorité d'ethnies non-birmanes, s'est trouvée encore plus coupée des basses-terres birmanes à la suite de la colonisation, bien qu'un processus d'intégration ait été amorcé à l'époque du royaume de Mandalay (1857-1885). Les structures politiques traditionnelles y avaient été maintenues à l'époque coloniale sous un système d'administration indirecte. Leur coupure d'avec la société birmane avait été accentuée par la christianisation de leur élite ainsi que par son intégration dans l'armée coloniale dont les Birmans étaient tenus à l'écart. Ainsi, une véritable dichotomie de l'espace birman avait été instituée par le système colonial britannique. Elle s'est perpétuée jusqu'à aujourd'hui, à travers les multiples mouvements nationalistes armés visant à la constitution d'entités autonomes, sinon indépendantes. Les Karen, Môn, Chan, Wa, Kachin, Naga et Chin, ont pris les armes après l'indépendance (1947) et résisté avec plus ou moins de succès à l'armée de Rangoun. Le renforcement après 1988 de l'armée de la junte birmane a réussi à contenir plus efficacement cette poussée, en prenant en particulier la base militaire de l'Union Nationale Karen (KNU), Manerplaw, en janvier 1995.

En prenant l'exemple des Karen dans l'espace compris entre la Pon, la Salouen et la frontière, dans les États Kayah et Karen, on peut se faire une idée précise de la politique et de la stratégie visant à assurer à l'armée birmane, la *Tatmadaw*, une meilleure maîtrise des régions frontalières. Cette stratégie dite des « Quatre Coupures » (*Four Cuts*) vise à couper tous les liens pouvant exister entre les insurgés et les populations locales. L'armée birmane force celles-ci à abandonner leurs villages, pour être réinstallés dans des « hameaux stratégiques », à proximité des infrastructures récemment aménagées (routes et bases militaires), c'est-à-dire sous son contrôle.

Bien qu'un cessez-le-feu ait été signé en 1994 entre l'armée d'indépendance Kachin (KIA) et le gouvernement birman, la guérilla a repris en 2011 depuis que le gouvernement central cherche à intégrer les armées ethniques dans le corps national des gardes-frontières (*Border Guard Forces*). Les populations Kachin frontalières de la Chine ont été regroupées de force dans des camps proches de la frontière (160 environ).

Les massacres et la purification ethnique dont sont victimes depuis les années 1970 les *Rohingya*, dans l'état d'Arakan non loin de la frontière avec le Bangladesh, ont un grand retentissement international. Ils y sont regroupés dans un grand camp de réfugiés. Le gouvernement civil d'Aung San Suu Kyi, très critiqué, n'a pas pu résister au pouvoir de l'armée qui s'appuie sur un nationalisme soutenu par le clergé bouddhiste.

Au Cambodge, l'auréole externe est constituée par des espaces en marge très peu peuplés, mal reliés au reste du pays, encore largement couverts par des forêts, dans lesquels les minorités montagnardes (*Khmer Lœu*) et quelques populations khmères marginales pratiquent une agriculture sur brûlis (terres hautes, plateaux du nord ou montagnes du sud-ouest). Ces espaces non intégrés, désignés par le terme de « Cambodge délaissé », zones d'insécurité chronique, n'ont jamais cessé d'être le refuge et la base des oppositions armées au pouvoir central de Phnom Penh[3].

Au Laos, l'intégration des minorités montagnardes de l'auréole externe a été tentée notamment par la dénomination unifiée de Lao des vallées, des versants et des hauteurs (*Lao Lum, Theung, Sung*) se substituant à celle des différents groupes ethniques, et par une politique de déplacement de certains groupes vers les basses-terres. Elle s'est heurtée à de grandes difficultés dans le cas des *Hmong* qui représentent 7 % de la population nationale et diffèrent des Lao dans leur organisation sociale, religieuse et culturelle. Les deux guerres d'Indochine ont favorisé la volonté d'autonomie voire d'indépendance d'une partie d'entre eux, de même que l'échec relatif des politiques de leur réinstallation et sédentarisation dans les basses-terres, aussi bien sur le plateau de Xieng Khouang que dans la province de Vientiane[4]. Le vaste espace des montagnes sino-indochinoises, de la *Zomia*, a bien été partagé entre les États-nations voisins et intégré ou en cours d'intégration à leurs territoires nationaux à l'exception d'une partie de la Birmanie et du Laos.

## 3 Une bonne maîtrise des espaces frontaliers : Thaïlande, Vietnam, Chine

En Thaïlande, par contre, l'auréole externe est une bande de plus en plus étroite s'étendant le long de presque toutes les frontières, à l'exception de la vallée du Mékong. Zone de reliefs, parfois encore mal desservis par les réseaux de communication, l'insécurité relative, les trafics et contrebandes illicites, ainsi que les conflits potentiels l'ont caractérisée. L'armée et la police des frontières y sont souvent présentes. Les cinq provinces du sud de la Thaïlande, qui ont une majorité ou une grande partie de leur population de religion musulmane et parlant malais, posent le plus sérieux problème frontalier à l'État thaïlandais, à cause de l'existence d'un mouvement nationaliste pratiquant le terrorisme depuis les années 1960.

Au Vietnam, sur les montagnes et plateaux, qui s'étendent du nord au centre-sud du pays, les frontières n'avaient été définies avec précision que sous la forme de limites

..............

3. La coupure de cette auréole externe d'avec le reste du territoire s'était accentuée depuis l'état de guerre civile larvée qui y avait prévalu à la suite de l'intervention vietnamienne de 1979. C'est la zone où les Khmer rouges avaient installé leurs bases et contrôlaient des territoires échappant totalement à l'autorité du gouvernement de Phnom Penh.

4. Une petite partie de ces Hmong mène, encore aujourd'hui, des actions de guérilla au nord-est de la province de Vientiane.

administratives entre les territoires de l'Indochine française. Celles-ci sont devenues ensuite les frontières internationalement reconnues du Laos et du Cambodge avec le Vietnam. Depuis la réunification de ce pays (1975), l'intégration de cette auréole externe de hautes-terres est un objectif essentiel du gouvernement vietnamien. Il a supprimé les anciennes « Zones Autonomes » de minorités ethniques du nord-ouest et du nord (*Tay Bac* et *Viet Bac*), et favorisé l'implantation systématique de colons vietnamiens, issus des villes (surtout Hô-Chi-Minh-Saïgon) et du delta du Fleuve Rouge surpeuplé, dans des « Nouvelles Zones Économiques », dont les premières avaient été créées dans les montagnes du nord entre 1961 et 1966. Deux à cinq millions de personnes, selon les estimations, auraient ainsi été transplantées, sans compter les migrants spontanés de plus en plus nombreux. Il s'agit bien d'une poussée vers l'ouest (*Tay Tiên*), analogue à celle vers le sud antérieure (*Nam Tiên*) dans la longue durée.

L'État vietnamien, comme l'État chinois, a ainsi organisé la colonisation agricole dans les zones marginales montagneuses, moins peuplées, de minorités ethniques, pour les intégrer systématiquement au territoire national, en puisant dans les réserves démographiques des zones centrales très densément peuplées. Les plateaux centraux vietnamiens ont donc reçu au cours des trente dernières années aussi bien des soldats Viet démobilisés que des minorités ethniques venant des provinces du nord limitrophes de la Chine, relativement surpeuplées. Les minorités « autochtones » chams ou môn-khmères sont ainsi obligées de s'intégrer dans une agriculture commerciale permanente, en particulier la culture de caféiers, ou de se retirer dans les forêts résiduelles des montagnes les plus éloignées, pour tenter d'y conserver leur agriculture traditionnelle sur brûlis.

## 4 Zones d'influence frontalière

Les États forts, Chine, Vietnam, Thaïlande, ont même cherché au cours des dernières décennies à se constituer une auréole externe, sous leur influence directe, au-delà de leurs frontières, aux dépens des États voisins. C'est le cas de la Thaïlande le long de sa frontière avec la Birmanie, avec les guérillas ethniques, les échanges inégaux du marché noir ou les concessions forestières. De même à l'ouest du Cambodge, la Thaïlande s'est constitué une zone d'influence économique dominante dans les provinces de Battambang et de Siemreap. Une grande partie du Laos, notamment le long de la vallée du Mékong, est aussi dans l'orbite économique et culturelle de la Thaïlande. Le Vietnam a cherché par des traités d'assistance militaire, politique et économique à se constituer une zone d'influence exclusive entre 1975 et 1989, au Laos et au Cambodge où son armée a été très fortement présente. Aujourd'hui cette influence a beaucoup diminué, mais elle est toujours susceptible d'être réactivée. Quant à la Chine, elle ne cesse d'étendre son influence économique et politique aux frontières du Yunnan, au nord du Laos et de la Birmanie, en y aménageant les corridors ferroviaires et routiers des Nouvelles Routes de la soie (*Belt and Road Initiative*).

# BIBLIOGRAPHIE

BRUNEAU M., (2001), « La notion de frontière et sa signification dans la Péninsule indochinoise », *Moussons*, n° 3, p. 33-55.

BRUNEAU M., (2006), *L'Asie d'entre Inde et Chine : logiques territoriales des États*, Paris, Belin

LEACH P. R., (1960), « The frontiers of Burma », *Comparative Studies in Society and History*, vol. 3-1, p. 49-68.

SCOTT J. C., (2013), *Zomia ou l'art de ne pas être gouverné*, Paris, Éditions du Seuil, p. 529.

CHAPITRE 12

# Les frontières des mondes océaniens

**Nathalie BERNARDIE-TAHIR**

SOMMAIRE



Haut lieu de l'exotisme et de la construction mythique, pour autant reléguée dans les limbes de la plupart des atlas centrés sur l'Europe et l'Afrique, l'Océanie a longtemps été ce « continent invisible » (Le Clézio, 2006) et méconnu des Occidentaux, aussi difficile à représenter qu'à définir, nommé *Océanique* au début du XIXᵉ siècle, puis *Océanie, îles du Pacifique* ou *Pacifique Sud* (Argounès, Mohamed-Gaillard et Vacher, 2020). Plus petit continent terrestre et le moins peuplé d'entre tous (si l'on excepte l'Antarctique), mais étalée et émiettée dans le plus grand océan du monde qui recouvre la moitié des surfaces maritimes du globe, l'Océanie est la région des extrêmes, du petit et de l'immensité, de la distance et de la discontinuité. Probablement plus que toute autre région du monde, elle interroge le rôle de l'océan comme barrière ou comme espace d'échanges et questionne, à toutes les échelles de temps et d'espace, le sens des limites et la fabrique des frontières.

## 1 L'invention de l'Océanie et de ses frontières

Dernière parcelle de l'œcoumène découverte par les hommes, l'Océanie est une pure invention des Occidentaux partis, dès le XVIᵉ siècle, en quête du continent austral (Bachimon, 1989). Le premier grand malentendu géographique réside dès lors dans cette approche initiale continentaliste de l'Océanie (d'après l'étymologie latine un continent signifie « une vaste étendue de terre émergée »), un oxymore si l'on considère que celle-ci est au contraire une vaste étendue maritime parsemée d'îles. L'évolution des limites océaniennes au cours du temps (Tcherkézoff, 2008) traduit également tout l'arbitraire de cette invention occidentale qui inclut longtemps « l'archipel d'Asie» (l'actuelle Malaisie, Indonésie, Philippines) avant de l'exclure définitivement à la fin du XIX^e siècle. Mais les Occidentaux ne s'en tinrent pas à l'élaboration des seules limites externes : ils n'eurent de cesse de découper l'Océanie en grands blocs, selon des critères géographiques et raciaux, distinguant notamment différentes communautés océaniennes à partir de leur couleur de peau. Cette approche racialiste donna ainsi naissance à la tripartition désormais familière de l'Océanie entre : la Mélanésie («îles noires» de l'ouest pacifique, comprenant initialement l'Australie), la Polynésie (regroupant les populations à peau claire des îles de l'est pacifique) et la Micronésie (îles du nord-ouest pacifique plus proches de l'Asie). Aujourd'hui complètement remis en question, ce découpage perdure néanmoins dans les discours et les représentations sur l'Océanie.

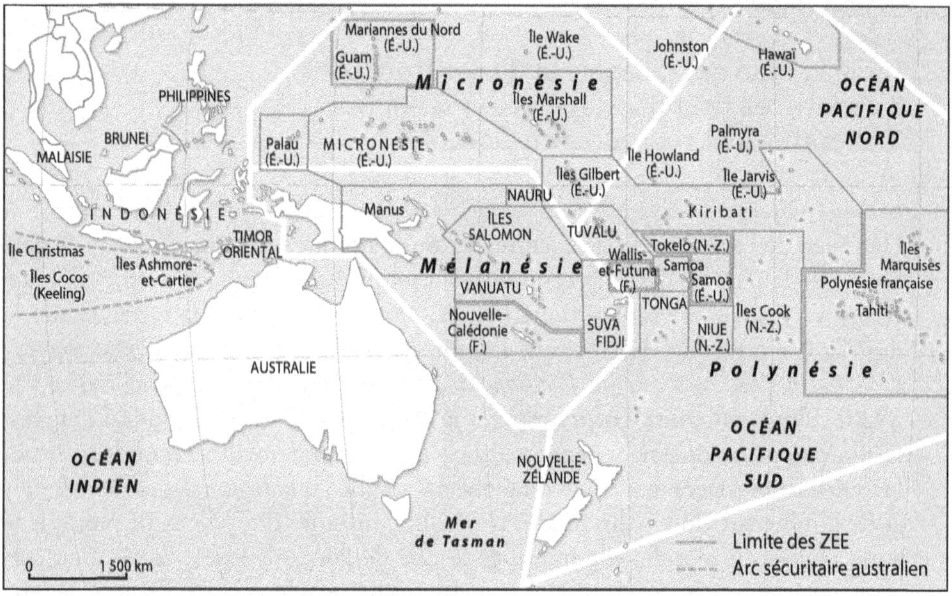


**Figure 12.1 – Mondes océaniens**

Conception et réalisation : N. Bernardie-Tahir et N. Cottrel.

À cette première forme de morcellement ethnique et géographique, s'est ensuite rapidement superposée une seconde phase de fragmentation de l'espace océanien sous l'effet des différentes vagues de colonisation qui se succédèrent entre 1840 (date de la prise de possession de la Nouvelle Zélande par les Britanniques) et la veille de la Première Guerre mondiale. Malgré les résistances des populations insulaires, le grand partage de l'Océanie était scellé, entre d'une part les grandes puissances européennes (Français, Britanniques, Allemands) qui firent main basse sur l'essentiel des territoires océaniens, et dans une moindre mesure les Américains (qui s'emparèrent de l'archipel d'Hawaii en 1898 et des Samoa en 1899) et les Chiliens (qui annexèrent l'île de Pâques en 1888).

En érigeant une multitude de lignes et de barrières, ces différentes phases de frontiérisation ont porté un coup d'arrêt brutal aux innombrables circulations qui sillonnaient le Pacifique jusqu'alors. Ce faisant, elles ont constitué un contresens dans l'histoire de l'Océanie, intimement mêlée à celle de la navigation. Les peuples océaniens avaient en effet une connaissance exceptionnelle des constellations, mais également des vents et des courants marins qui leur ont très tôt permis de se repérer sur l'océan et de produire de remarquables cartes nautiques. Élaborées par les navigateurs des îles Marshall, les cartes à bâtonnets en particulier, en figurant les îles à l'aide de petits coquillages et le mouvement et le sens des courants par des bâtonnets, ont permis de dresser une cartographie des îles et archipels d'une remarquable précision. C'est bien la maîtrise des techniques de navigation qui permirent aux Océaniens, avant la colonisation, de tracer des routes et des réseaux d'alliances entre les îles et de faire du Pacifique « un vaste monde dans lequel les peuples et les cultures se déplaçaient et se mêlaient » (Hau'ofa, 2015, p. 19).

## 2 Frontières politiques et enjeux maritimes

Si la colonisation, on l'a vu, a morcelé l'espace océanien et bloqué les circulations, la période de décolonisation a aggravé le processus en produisant de nouvelles frontières. L'accès à l'indépendance d'un grand nombre de territoires insulaires s'est en effet traduit par une démultiplication des frontières étatiques, partageant l'espace pacifique entre les grands États australien et néo-zélandais, les Small Island Developing States (SIDS) et les petites îles restées sous tutelle française, anglaise ou américaine. La diversité des tailles et statuts politiques des territoires océaniens a contribué à construire une scène géopolitique complexe, traversée d'intérêts divergents et de conflictualités plus ou moins ouvertes, notamment autour de la création des zones économiques exclusives (ZEE).

Après la frontiérisation des espaces terrestres insulaires, celle des espaces maritimes a parachevé la fragmentation de la région du sud-pacifique. En traçant des lignes à 200 milles de chacune des côtes dans un espace maritime immense où les îles sont très parsemées, la mise en place des ZEE a doté les espaces insulaires du Pacifique d'un territoire marin considérable sur lequel ils exercent des droits de souveraineté économique. Compte tenu de l'extrême dispersion de ses archipels qui ne couvrent pourtant qu'une surface de 4 200 km$^2$, la Polynésie française par exemple dispose ainsi d'une des plus grandes ZEE du monde avec près de 5 millions de km$^2$. Si ces délimitations marines restent un non-sens dans la culture des peuples océaniens qui ont toujours eu le Pacifique en partage, elles constituent un enjeu majeur pour les territoires insulaires dont les frontières politiques sont d'autant plus renforcées qu'elles conditionnent le contrôle de vastes espaces maritimes riches en ressources halieutiques ou en hydrocarbures *offshore*.

Pour autant, compte tenu de l'extrême dispersion des États et de l'étendue de leurs ZEE respectives, les différends maritimes restent finalement assez rares. À part les îles Marshall qui réclament l'atoll de Wake abritant une base militaire américaine, ou encore le Vanuatu qui revendique Hunter et Matthew, deux îlots français situés près de la Nouvelle-Calédonie, c'est sans doute le conflit opposant l'Australie au Timor-Leste qui a été le plus long et le plus vif depuis l'indépendance de ce dernier en 2002. La présence d'importantes ressources pétrolières dans les eaux du Timor oriental, l'un des pays les plus pauvres d'Asie, a en effet longuement attisé les convoitises de ses voisins indonésien et australien et rendu conflictuel le processus de délimitation des frontières maritimes, notamment au niveau du *Timor Gap*, entre le Timor oriental, l'Indonésie et l'Australie qui comprend le « Greater Sunrise », l'un des gisements les plus importants de la région.

# 3 Migrations et frontières en Océanie

La frontiérisation des mondes océaniens impacte également profondément les circulations contemporaines qui animent un bassin pacifique confronté à deux problématiques majeures de la globalisation : les migrations internationales et le réchauffement climatique. Selon différentes modalités, ces deux processus questionnent aujourd'hui les dynamiques frontalières à l'œuvre, entre ouverture et fermeture, rigidité et fluidité.

Espace-mouvement ancestral nous l'avons vu, l'Océanie est aujourd'hui le théâtre d'intenses circulations pacifiques animant un système migratoire régional de type Nord-Sud, largement polarisé par l'Australie et la Nouvelle-Zélande dont l'attractivité ancienne au sein de l'Océanie a donné corps à d'importantes communautés insulaires diasporiques. Ces migrations intra-océaniennes se combinent aujourd'hui à des migrations extra-océaniennes plus récentes provenant principalement du Proche-Orient, d'Afghanistan, du Sri Lanka et d'Afrique qui, via l'Indonésie, tentent de rejoindre les côtes septentrionales de l'Australie par la mer. Quoique relativement limitées en nombre, celles-ci font néanmoins l'objet d'une spectacularisation politico-médiatique à l'instar de ce qui se passe en Méditerranée. Depuis 2013, le gouvernement de Canberra a décidé de mettre en œuvre une politique extrêmement dure et répressive, en enfermant systématiquement les migrants dans des camps de rétention situés dans les petites îles australiennes proches du continent (Cocos Islands, Christmas Islands), voire dans certains États insulaires comme Nauru ou la Papouasie Nouvelle-Guinée (île de Manus) auprès desquels l'Australie externalise la gestion des flux. Vivement dénoncé par une partie de l'opinion publique australienne et internationale, ce dispositif a de fait provoqué un glissement des frontières australiennes vers l'archipel-prison ceinturant le nord du Continent, une dérive des frontières signant une autre dérive : celle des droits humains.

Fluides et mouvantes, les frontières océaniennes sont aussi remises en question par le réchauffement climatique qui tend à devenir une préoccupation majeure dans ce bassin composé d'un grand nombre d'îles basses. Si les déplacements de populations sont anciens dans cette région fréquemment frappée par des épisodes cycloniques voire par la raréfaction de certaines ressources, l'élévation du niveau marin fait peser une lourde menace sur l'avenir des micro-états insulaires et s'est déjà traduite par l'apparition des premiers réfugiés climatiques. Pour l'heure encore peu nombreux, essentiellement observés entre îles d'un même archipel, que ce soit des îles Carteret vers l'île de Bougainville en Papouasie Nouvelle-Guinée, ou encore au sein de l'archipel des Kiribati, ces déplacements pourraient prendre de l'ampleur dans un avenir proche. Récemment, les îles Fidji se sont d'ailleurs déclarées prêtes à accueillir les habitants de Tuvalu et Kiribati. Plus largement, les migrations climatiques qui se profilent en Océanie interrogent doublement la problématique des frontières, qui d'une part constituent des barrières fermées en l'absence d'une reconnaissance internationale du statut juridique de réfugié climatique (La Nouvelle-Zélande a notamment refusé le visa d'entrée d'une famille venant de Kiribati au prétexte que le statut de réfugié climatique n'est pas reconnu par la Convention de Genève), et dont certaines pourraient, d'autre part, être déplacées, voire rayées de la carte sous l'effet de la submersion marine.

En dépit de ces multiples logiques de fragmentation politique, territoriale et maritime, l'Océanie est aujourd'hui le théâtre d'un intense processus de coopération (Taglioni, 2004), que ce soit sur le plan technique (Communauté du Pacifique), économique et politique (Forum des îles du Pacifique, *Pacific Islands Conference of Leaders, Melanesian Spearhead Group, etc.).* Les espaces de coopération intra-pacifique se développent et tendent ainsi à redéfinir les frontières océaniennes à une autre échelle. Bien plus, en réactivant les anciennes routes d'Alliance, ces processus font écho à l'émergence d'un réveil culturel post-colonial, soucieux de replacer l'Océan au cœur d'une identité océanienne transpacifique.

## BIBLIOGRAPHIE

ARGOUNÈS F., MOHAMED-GAILLARD S., VACHER L., (2020), *Atlas de l'Océanie. Continent d'îles, laboratoire du futur*, Paris, Autrement., coll. « Atlas Monde ».

BACHIMON P., (1989), « Le continentalisme et l'exploration du Pacifique Sud », *Revue française d'histoire d'outremer*, 1989, vol. 76, n° 284-285, p. 13-44.

HAU'OFA E., (2015), *L'océan est en nous*, Pacific Islanders éditions.

LE CLÉZIO J-M., (2006), *Raga. Approche du continent invisible*, Paris, Éditions du Seuil.

TAGLIONI F., (2004), « La coopération régionale dans l'Océanie insulaire : des processus polymorphes », *Les Cahiers d'Outre-Mer*, n° 225.

TCHERKÉZOFF S., (2008), *Polynésie/Mélanésie : L'invention française des « races » et des régions de l'Océanie (xvi<sup>e</sup>-xx<sup>e</sup> siècles)*, Tahiti, Au vent des îles.

# PARTIE 2
# REPRÉSENTATIONS

## SOMMAIRE

CHAPITRE 13

# Droit de la frontière, droits liés à la frontière

**Kiara NERI**

SOMMAIRE



## 1 Qu'est-ce qu'une frontière en droit international?

Une frontière internationale permet avant toute chose de délimiter l'assise territoriale de l'État, c'est-à-dire sa zone de compétence et/ou de souveraineté (1.1). Cette fonction est essentielle au bon fonctionnement du système international, le droit international lui accorde donc une place particulière (1.2). En revanche, très peu de règles régissent leur établissement (1.3).

### 1.1 La délimitation de l'assise territoriale de l'État

La frontière permet d'identifier l'espace sur lequel l'État peut exercer ses compétences exclusives. Elle est donc définie comme « la ligne formée par la succession des points extrêmes du domaine de validité spatiale des normes de l'ordre juridique d'un État[1] ». Le territoire de l'État est composé de son territoire terrestre, aérien et maritime.

La frontière terrestre permet de déterminer la ligne où deux ou plusieurs titres territoriaux se rencontrent. Il faudra donc que les États s'entendent sur son tracé (voir infra 1.3.) Sur leurs territoires terrestres, les États exercent une souveraineté pleine et entière, tout comme dans leur territoire aérien (il se compose de l'espace aérien qui surplombe les zones de souveraineté, c'est-à-dire le territoire terrestre, les eaux intérieures et la mer territoriale de l'État).

...............

1. *Sentence arbitrale, Frontière maritime entre la Guinée Bissau et le Sénégal*, 31 juillet 1989, R.S.A, XX., p. 144.

L'espace maritime présente des particularités, tout d'abord parce que sa nature fait que l'emprise de l'État est nécessairement moins importante[2], notamment à mesure que l'on s'éloigne des côtes (*cf.* chap 33, figure 3.1). L'État côtier dispose d'une souveraineté sur ses eaux intérieures (ports et baies historiques) et sa mer territoriale (jusqu'à 12 milles nautiques). Au-delà, il exerce uniquement des compétences finalisées prévues par la Convention des Nations unies sur le droit de la mer adoptée le 10 décembre 1982 à Montego Bay (Jamaïque). Ainsi, l'État côtier n'est pas souverain sur sa zone économique exclusive (jusqu'à 200 milles nautiques), mais il y exerce des droits exclusifs en matière de pêche et de conservation. En clair, l'État côtier peut édicter des règles dans ces matières qui s'imposent aux États tiers, il peut par exemple réserver la pêche aux navires battant son pavillon ou interdire les captures pour une espèce précise dans un souci de conservation. Il peut également exercer des compétences de police finalisées afin de surveiller la bonne application des règles ainsi adoptées. Néanmoins, les autres activités demeurent libres. La même remarque peut être faite pour la zone contiguë (jusqu'à 24 milles nautiques) dans laquelle l'État côtier exerce une compétence exclusive en matière sanitaire, douanière, fiscale et d'immigration et pour le plateau continental (en général jusqu'à 200 miles nautiques, même si une extension est possible) en matière d'exploration et d'exploitation des ressources du sol et du sous-sol.

## ENCADRÉ 13.1

### Délimitation *versus* délinéation

Là où les espaces terrestres sont *délimités* par des frontières entre deux États souverains, les espaces maritimes et aériens sont également *délinéés* entre l'espace de compétence de l'État et les espaces internationaux. Pour la mer il s'agit de la haute mer (colonne d'eau) et de la zone internationale des fonds marins (sol et sous-sol). Pour l'air il s'agit de l'espace aérien international qui surplombe la haute mer et de l'espace extra-atmosphérique. Les velléités expansionnistes des États ne se heurtent donc pas aux intérêts d'un autre État, mais à ceux de la communauté internationale dans la mesure où elles sont susceptibles de réduire corrélativement les espaces internationaux. Ces espaces sont soumis à deux régimes juridiques distincts : celui de la liberté et celui du patrimoine commun de l'humanité. La haute mer, l'espace aérien international et l'espace extra-atmosphériques sont des espaces de liberté, ce qui signifie qu'ils peuvent être utilisés par tous les États, sans que l'un d'eux, seul ou en groupe, ne puisse se l'approprier. La zone internationale des fonds marins, quant à elle est, ainsi que ses ressources, le patrimoine commun de l'humanité. Elle peut donc être exploitée par les États, mais au bénéfice de l'humanité représentée ici par une institution internationale : l'Autorité internationale des fonds marins. C'est elle qui octroie des permis d'exploration et d'exploitation aux entreprises et qui s'assure d'une répartition équitable des bénéfices.

2. Bardonnet D., (1989), « Frontières terrestres et frontières maritimes », *Annuaire français de droit international*, vol. 35, p. 1-64.

## 1.2 L'attachement du droit international au respect des frontières

Intimement à la souveraineté de l'État, la frontière occupe une place de choix dans l'ordre juridique international. Ainsi ont été consacrés les principes du respect de l'intégrité territoriale (a.), de l'intangibilité des frontières (b.) et de l'interdiction de la reconnaissance des frontières modifiées par la force (c.).

### a Le respect de l'intégrité territoriale

Le respect de l'intégrité territoriale des États est un principe cardinal du droit international affirmé par l'article 2 §4 de la Charte des Nations unies du 26 juin 1945. Le respect des frontières est alors au cœur du système onusien. Même lorsqu'il s'agit de promouvoir l'accès à l'indépendance des peuples sous domination coloniale, l'Assemblée générale des Nations unies prend le soin de préciser que rien dans ses résolutions « ne peut être interprété comme autorisant ou encourageant une action [...] qui démembrerait ou menacerait, totalement ou partiellement, l'intégrité territoriale ou l'unité politique d'un État[3] ». De la même manière, « toute tentative visant à détruire partiellement ou totalement l'unité nationale et l'intégrité territoriale d'un pays est incompatible avec les buts et les principes des Nations unies[4] ». Le Conseil de sécurité des Nations unies rappelle également de manière très fréquente son attachement à l'intégrité territoriale des États, qu'il lie directement au respect de leur souveraineté, de leur unité et de leur indépendance. Par exemple, la résolution 2525 (2020) du 3 juin 2020 relative à la situation au Darfour (Soudan) ou encore la résolution 2522 (2020) du 22 mai 2020 relative à l'Irak.

D'autres instruments internationaux, notamment régionaux attachent une importance de premier plan au respect des frontières et placent l'intégrité territoriale parmi leurs principes ou objectifs fondateurs. L'article 3 §b de l'Acte constitutif fait référence à la défense de l'intégrité territoriale de ses membres[5]. De la consécration de l'intégrité territoriale découlera le principe de l'inviolabilité des frontières et l'interdiction de l'agression armée, devenue une norme impérative du droit international général.

### b L'intangibilité des frontières

Le principe de l'*uti posidetis juris* (littéralement « comme vous possédiez de droit, qu'ainsi vous possédiez ») constitue une autre matérialisation de l'importance donnée

...............

3. ONU, Assemblée Générale, Déclaration relative aux principes du droit international touchant les relations amicales et la coopération entre les États conformément à la Charte des Nations unies, Résolution 2625 (XXV), 24 octobre 1970, §7.
4. ONU, Assemblée Générale, Déclaration sur l'octroi de l'indépendance aux pays et peuples coloniaux, Résolution 15145 (XV), 14 décembre 1960, §6.
5. Acte constitutif de l'Union Africaine, 11 juillet 2000.

à la stabilité des frontières. Cette règle de droit international est née en Amérique latine au XIXe siècle afin d'éviter des conflits territoriaux sans fin liés au tracé des frontières internationales des nouveaux États issus du processus de décolonisation. Ainsi, « l'*uti possidetis* est par essence un principe rétroactif, qui transforme en frontières internationales des limites administratives conçues à l'origine à de toutes autres fins[6] ». Dès lors, les États nés de la décolonisation succèdent aux limites qui étaient les leurs lorsqu'ils étaient sous l'administration de la puissance coloniale, fussent-elles arbitraires. Le principe a été étendu, en 1964, au continent africain[7], puis a acquis la valeur de principe général du droit international qui régit l'accession à l'indépendance des territoires anciennement dépendants[8]. Il a donc été appliqué à des cas d'accession à l'indépendance hors Amériques et hors Afrique comme lors du démembrement de la Yougoslavie[9]. Néanmoins, un accord bilatéral entre deux États voisins sur le tracé de leur frontière commune peut sans aucune difficulté modifier le tracé de la frontière issue de l'application du principe de l'*uti possidetis*.

## C L'interdiction de la reconnaissance des frontières modifiées par la force

L'attachement au respect des frontières a pour conséquence logique l'interdiction de reconnaître des entités nées d'une acquisition de territoire réalisée par la force. En effet : « nulle acquisition territoriale obtenue par la menace ou l'emploi de la force armée ne sera reconnue comme légale[10]. » Les autres États doivent donc s'abstenir de reconnaître l'entité et d'entrer en relation avec elle. Une telle interdiction, plus couramment dénommée doctrine Stimson[11] a par exemple été édictée par le Conseil de sécurité des Nations unies au sujet de l'annexion du Koweït par l'Irak[12], de la Rhodésie du Sud[13] ou des Bantoustans[14]. Plus récemment, la question se pose pour la Crimée ou encore l'annexion par Israël de colonies en Cisjordanie.

...............

6. Cour internationale de Justice (CIJ), arrêt, *Affaire du différend frontalier, terrestre, insulaire et maritime* (El Salvador c. Honduras), 11 septembre 1992, Rec. 1992, p. 350, §43.

7. OUA, Conférence des chefs d'État et de gouvernement, Déclaration finale, Le Caire, le 16-21 juillet 1964, Res. AGH/Res. 16 I.

8. CIJ, arrêt, *Différend frontalier*, (Burkina Faso c. Mali), 22 décembre 1986, Rec. 1986, §23.

9. Conférence pour la paix en ex-Yougoslavie, Commission d'arbitrage, avis n° 3, 11 janvier 1992, point 2 et 3, *RGDIP* 1992, 267 s.

10. Déclaration relative aux principes du droit international touchant les relations amicales, préc.

11. Du nom du secrétaire d'État américain du début des années 1930 en charge de la gestion de la crise entre le Japon et la Chine au sujet de la Manchourie.

12. ONU, Conseil de sécurité, Résolution 662 (1990) du 9 août 1990, S/RES/662 (1990).

13. ONU, Conseil de sécurité, Résolution 217 (1965) du 20 novembre 1965, S/RES/217 (1965).

14. ONU, Assemblée générale, Politique d'apartheid du Gouvernement sud-africain, Résolution 32/105 du 14 décembre 1977, A/RES/32/105.

## 1.3 L'établissement des frontières

Le titre territorial prouve l'appartenance d'un espace au territoire de l'État et sera par conséquent le fondement légal des pouvoirs de l'État sur cet espace. Il nécessite une certaine effectivité, c'est-à-dire l'exercice réel des fonctions étatiques sur le territoire[15] à l'exception notable des cas de décolonisation pour lesquels l'effectivité n'est pas requise[16]. Une fois le titre territorial établi, il faut encore procéder au tracé de la frontière et à son éventuelle délimitation avec le territoire d'un autre État.

### DÉFINITION

**Processus de délimitation d'une frontière internationale**

Il s'agit d'une opération juridique complexe comportant trois étapes distinctes[17]. La première est essentiellement politique et suppose un accord sur les orientations générales de la frontière. La seconde se traduit par un traçage sur plan d'une ligne séparant les territoires. Le droit international s'en remet essentiellement aux États pour déterminer les règles qui s'appliqueront à la délimitation de leurs frontières, qu'elles soient terrestres ou maritimes. Le tracé de la ligne peut intervenir par voie conventionnelle ou, à défaut d'accord entre les riverains, par la voie contentieuse. Elle sera alors contenue dans une sentence arbitrale ou un arrêt qui s'imposera aux États parties au différend. La troisième étape consiste à reporter sur le terrain la ligne déterminée sur plan. C'est le processus d'abornement.

Par exemple, la frontière franco-luxembourgeoise, délimitée par un traité bilatéral en 1820 (Traité des limites de Courtai) et longue de 73 km compte 400 bornes. Au contraire, la frontière entre l'Érythrée et l'Éthiopie a été tracée par une « commission des frontières », crée par l'article 4 de l'Accord de paix conclu à Alger le 12 décembre 2000[18]. Plus récemment c'est la Cour internationale de justice (CIJ) qui traça la frontière terrestre entre le Costa Rica et le Nicaragua dans la région d'Isla Portillos[19].

15. CIJ, arrêt, *Affaire des Iles Minquiers et Ecréhous*, 17 novembre 1953, Rec. 1953, p. 47 ou encore CPJI, arrêt, *Affaire du Groenland oriental*, 5 avril 1933, série A/B, n° 43.

16. Pour des raisons évidentes : un peuple sous domination coloniale n'est pas en mesure de contrôler effectivement le territoire.

17. CIJ, arrêt, *Frontière terrestre et maritime entre le Cameroun et le Nigéria* (Cameroun c. Nigéria ; Guinée équatoriale (intervenant)), 10 octobre 2002, Rec. 2002, p. 303.

18. D'Argent P., D'Aspremont J., (2007), « La commission des réclamations Érythrée/Éthiopie : un premier bilan », *Annuaire français de droit international*, vol. 53, p. 347-396.

19. CIJ, arrêt, *Frontière terrestre dans la partie septentrionale d'Isla Portillos* (Costa Rica c. Nicaragua), 2 février 2018, Rec. 2018, p. 139.

## ENCADRÉ 13.2

### La méthode de délimitation des frontières maritimes

À cet égard, le tracé des frontières maritimes présente des spécificités. Les règles de délimitations appliquées par les juridictions internationales, au premier rang desquelles la CIJ ont longtemps été fluctuantes, laissant la place à une insécurité juridique et à une imprévisibilité dommageable. Mais depuis l'affaire de la délimitation en mer Noire[20], une méthode de délimitation maritime a été dégagée par la CIJ, qu'elle applique désormais systématiquement dès lors qu'elle est saisie et que les États n'ont pas préalablement déjà délimité leurs frontières. En résumé, le juge trace une ligne d'équidistance provisoire, recherche ensuite s'il y a des circonstances particulières ou spéciales nécessitant de modifier le tracé de la ligne et vérifie enfin si le résultat obtenu ne crée pas de disproportion entre les espaces maritimes attribués et la longueur des côtes de chacune des parties. Au cours de la dernière décennie, cette méthode a été utilisée par d'autres juridictions internationales telles que le Tribunal international du droit de la mer (TIDM), notamment pour délimiter la frontière maritime entre le Ghana et la Côte d'Ivoire[21]. Ces contentieux sont fréquents, une affaire de délimitation est pendante devant le TIDM (Maurice c. Maldives) et 3 devant la CIJ (Nicaragua c. Colombie ; Somalie c. Kenya et Guatemala c. Belize).

# 2 Quelles implications pour les droits des individus ?

## 2.1 Des droits par essence limités

En raison des liens forts entre la frontière et la souveraineté de l'État, le droit international lui reconnaît des prérogatives très importantes en matière de gestion de ses frontières, notamment en ce qui concerne le franchissement de celles-ci par les individus. L'État peut donc autoriser, prohiber ou ordonner la présence d'un individu sur son territoire. L'octroi de sa nationalité, les conditions d'admission des étrangers sur son territoire telles que la politique de visa, l'extradition ou l'expulsion restent donc essentiellement gérés par chaque État librement. Certes, l'État peut conclure des traités qui diminuent sa marge de manœuvre, mais il les adopte librement de telle sorte que l'on ne peut que difficilement y voir une limitation de son pouvoir de décision. Quelques règles de droit international général éparses limitent à la marge cette liberté

...............

20. CIJ, arrêt, *Délimitation maritime en mer Noire* (Roumanie c. Ukraine), Rec. 2009, p. 61.

21. Tribunal international du droit de la mer (TIDM), *Différend relatif à la délimitation de la frontière maritime entre le Ghana et la Côte d'Ivoire dans l'océan Atlantique* (Ghana/Côte d'Ivoire), 23 septembre 2017, Rec. 2017, n° 23.

qui reste conséquente. Par exemple, le droit international requiert un lien effectif pour l'octroi de sa nationalité[22]. En revanche, le droit international des droits de l'homme et le droit des réfugiés contiennent des limitations importantes de la liberté des États quant au franchissement par les individus de leurs frontières.

## 2.2 La difficile reconnaissance de droits individuels ponctuels

Le droit international des droits de l'homme et le droit des réfugiés prévoient des cas de figure où le franchissement (ou le non-franchissement) d'une frontière internationale est un droit de l'individu. Dans certaines circonstances limitatives, un droit de quitter l'État peut être identifié (a), ainsi qu'un droit d'y entrer (b) et un droit de ne pas le quitter (c).

### a Le droit de *quitter* le territoire d'un État

La Déclaration universelle des droits de l'homme adoptée en 1948 par l'Assemblée générale des Nations unies prévoyait déjà le droit de quitter tout État, y compris son État de nationalité. Malgré la valeur morale fondamentale de cette Déclaration, elle ne lie pas les États membres des Nations unies, il a donc fallu attendre l'adoption du Pacte international sur les droits civils et politiques[23] pour que ce droit soit prévu par un instrument juridiquement contraignant (art. 12 §2). Ce droit n'est pas absolu et peut être limité si ces limitations sont prévues par la loi, nécessaires pour protéger la sécurité nationale, l'ordre public, la santé ou la moralité publiques, ou les droits et libertés d'autrui (art. 12 §3). Ainsi la loi française n° 2014-1353 du 13 novembre 2014 (modifiée en 2016) permet d'interdire la sortie du territoire aux individus soupçonnés de vouloir participer à des activités terroristes (art. L. 224-1 du Code de la sécurité intérieure).

### b Le droit d'*entrer* sur le territoire d'un État

Si le droit international interdit en principe aux États d'empêcher les individus de quitter son territoire, il ne prévoit pas de droit, pour les individus, d'entrer sur le territoire d'un autre État. On se retrouve donc dans une situation ubuesque où les individus ont le droit de « sortir » mais ne peuvent « entrer » nulle part. Ce paradoxe est particulièrement visible dans les migrations maritimes où la frontière est plus diffuse et où des eaux internationales séparent la « sortie » de « l'entrée ».

22. CIJ, arrêt, *Nottebohm (Liechtenstein c. Guatemala)*, 6 avril 1955, Rec. 1955, p. 4.

23. Pacte international sur les droits civils et politiques, New York, 16 décembre 1966, entré en vigueur le 23 mars 1976.

Toutefois, certaines catégories de personnes disposent du droit d'entrer sur le territoire d'un État. Tel est tout d'abord le cas des nationaux. Le Pacte international relatif aux droits civils et politiques prévoit en effet que « [n]ul ne peut être arbitrairement privé du droit d'entrer dans son propre pays » (art. 12 §4).

Ensuite, la Convention de Genève[24] a parfois été interprétée par des juristes comme conférant aux personnes fuyant des persécutions le droit de franchir une frontière internationale et d'entrer dans le territoire d'un État étranger sans autorisation préalable. La formulation de l'article A §2 de la Convention qui fait référence à une personne qui « se trouve hors du pays dont elle a la nationalité » laisse plutôt penser que l'obligation de l'État n'est pas de « laisser entrer » mais plutôt de « laisser rester » une personne qui est déjà sur son territoire (cf. *infra*). Néanmoins, l'obligation de « laisser entrer » existe dans le droit régional africain, dans la mesure où la Convention de l'OEA sur les réfugiés du 10 septembre 1969 définit le réfugié non uniquement pas comme la personne qui « se trouve » dans un État dont elle n'a pas la nationalité, mais également comme celle qui « est obligée de quitter sa résidence habituelle pour chercher refuge dans un autre endroit à l'extérieur de son pays d'origine ou du pays dont elle a la nationalité » (art. 1 §2).

## C Le droit de *rester* sur le territoire d'un État

Certaines catégories de personnes se sont vu conférer le droit de « rester » sur le territoire d'un État dont elles n'ont pas la nationalité. Dès lors, cet État ne peut forcer l'individu à franchir ses frontières nationales pour rejoindre son État de départ. Il s'agit principalement des réfugiés et des personnes pouvant bénéficier de la protection subsidiaire.

### DÉFINITION

**Réfugié**

Un réfugié est défini par la Convention de 1951 (art. A §2) comme une personne « craignant avec raison d'être persécutée du fait de sa race, de sa religion, de sa nationalité, de son appartenance à un certain groupe social ou de ses opinions politiques, se trouve hors du pays dont elle a la nationalité et qui ne peut ou, du fait de cette crainte, ne veut se réclamer de la protection de ce pays ; ou qui, si elle n'a pas de nationalité et se trouve hors du pays dans lequel elle avait sa résidence habituelle à la suite de tels événements, ne peut ou, en raison de ladite crainte, ne veut y retourner ».

La Convention interdit expressément aux États parties d'expulser ou de refouler un réfugié vers « des territoires où sa vie ou sa liberté serait menacée en raison de sa race, de sa religion, de sa nationalité, de son appartenance à un certain groupe social ou de ses opinions politiques » (art. 33-principe de non-refoulement).

24. Convention de Genève relative au statut des réfugiés du 28 juillet 1951, entrée en vigueur le 22 avril 1954.

La protection subsidiaire est quant à elle accordée à des personnes qui ne remplissent pas les conditions (très limitatives) pour être qualifiées de réfugiées, notamment parce qu'elles ne fuient pas des persécutions en raison de leur appartenance à un groupe précis, mais une situation de violence plus généralisée au sein de leur région d'origine, par exemple un conflit armé. Ce statut a été mis en place par l'Union européenne en 2004, et révisé en 2011. La directive 2011/95/UE du Parlement et du Conseil du 13 décembre 2011 dite « directive qualification » octroie une protection à tout ressortissant d'un pays tiers ou tout apatride « pour lequel il y a des motifs sérieux et avérés de croire que la personne concernée, si elle était renvoyée dans son pays d'origine ou, dans le cas d'un apatride, dans le pays dans lequel il avait sa résidence habituelle, courrait un risque réel de subir [d]es atteintes graves » (art. 2f), à savoir la peine de mort ou l'exécution, la torture ou des traitements ou sanctions inhumains ou dégradants ou des menaces graves en raison d'une violence aveugle en cas de conflit armé interne ou international (art. 15).

L'obligation de ne pas éloigner un étranger qui risque des mauvais traitements dans l'État de retour a été généralisée par le droit international des droits de l'homme à tous les étrangers, notamment grâce à la jurisprudence de la Cour européenne des droits de l'homme[25].

## BIBLIOGRAPHIE

SOREL J.-M., (2011), « La frontière comme enjeu de droit international », *CERISCOPE Frontières*, [en ligne], http://ceriscope.sciences-po.fr/content/part2/la-frontiere-comme-enjeu-de-droit-international (consulté le 24 juin 2020).

FLEURY GRAFF T., (2015), « Territoire et droit international », *Civitas Europa*, n° 35, p. 41-53.

SOREL J.-M., MEHDI R., (1994), « L'uti possidetis entre la consécration juridique et la pratique : essai de réactualisation », *Annuaire français de droit international*, vol. 40, p. 11-40.

BARDONNET D., (1989), « Frontières terrestres et frontières maritimes », *Annuaire français de droit international*, vol. 35, p. 1-64.

D'ARGENT P., D'ASPREMONT J., (2007), « La commission des réclamations Érythrée/Éthiopie : un premier bilan », *Annuaire français de droit international*, vol. 53, p. 347-396.

25. Cour EDH, arrêt, *Soering c. Royaume-Uni*, 7 juillet 1989, requête n° 14038/88.

CHAPITRE 14

# Peuples autochtones et frontières

**Irène HIRT**

SOMMAIRE



Les frontières font partie des dispositifs de domination coloniale des peuples s'identifiant comme «autochtones», au sens donné à cet adjectif par les organisations internationales. Ces frontières, qu'elles soient territoriales ou identitaires, concrètes ou symboliques, sont autant de découpages sociaux et spatiaux de la réalité que les peuples autochtones tentent aujourd'hui de décoloniser.

## 1 Qui sont les peuples autochtones?

### 1.1 Combien sont-ils? Une réalité difficile à chiffrer

L'Unesco et la Banque mondiale estiment qu'il existe 5000 peuples autochtones dans le monde, totalisant entre 370 et 500 millions d'individus (4 à 5% de la population mondiale, présente dans 90 pays et 5 continents), détenant, occupant ou utilisant 22% des terres de la planète[1]. Si certains États nient l'existence de leurs peuples autochtones, d'autres recourent à des méthodologies de recensement variables qui ne cessent d'évoluer, en fonction du degré de reconnaissance de l'autochtonie au sein d'un pays. En outre, au cours des dernières décennies, les recensements nationaux ont progressivement adopté des critères subjectivistes d'appartenance ethnique (principe d'auto-identification) au détriment de critères objectivistes (identité déterminée

1. https://fr.unesco.org/indigenous-peoples,
https://www.banquemondiale.org/fr/topic/indigenouspeoples, consulté le 26 juin 2020.

en fonction d'attributs « objectifs », tels que la langue, les coutumes, la résidence rurale, etc.). Dans de nombreux pays, ce changement a entraîné une augmentation significative du nombre d'individus s'identifiant comme autochtones, en particulier en milieu urbain, où pendant longtemps ils ont cherché à rester « invisibles » en raison de la discrimination dont ils faisaient l'objet. Cette augmentation est venue s'additionner aux taux de croissance naturels de la population autochtone. La Commission économique pour l'Amérique latine et les Caraïbes (CEPAL) a estimé qu'en Amérique latine, la population autochtone a augmenté de près de 49 % entre 2000 et 2010, tandis que le nombre de peuples recensés aurait doublé (passant de 400 à 800). Ces chiffres sont produits par l'appareil statistique des États-nations à l'intérieur desquels les peuples autochtones ont été, malgré eux, incorporés. Ils reflètent moins des réalités démographiques que des rapports de force entre groupes sociaux (ceux qui ont le pouvoir de définir les catégories de recensements et ceux qui en sont dépourvus). Les recensements montrent en outre que la thématique autochtone est intimement liée à des processus d'assignation ou d'auto-compréhension identitaires (définition que les groupes sociaux donnent d'eux-mêmes et des autres), et donc de construction de frontières symboliques : celles de l'identité individuelle et collective, dans un contexte marqué par l'histoire de la colonisation européenne du monde.

## 1.2 Peuples autochtones : une catégorie liée à l'histoire de la colonisation

Dans ce contexte, le qualificatif « autochtone » revêt un sens politique et juridique. Il est à distinguer du sens étymologique – « qui est issu du sol même où il habite, qui est censé n'être pas venu par immigration ou n'être pas que de passage » (*Le Robert*). Le terme « peuple autochtone » est apparu dans les années 1970, dans le sillage des mobilisations des Amérindiens sur la scène internationale. Ces derniers dénonçaient le colonialisme interne dont ils étaient l'objet au sein des pays qui les englobent, en revendiquant la reconnaissance de droits de nature collective, distinct des droits individuels de citoyenneté.

Le terme a ensuite été approprié par d'autres peuples dans le monde subissant des formes de domination coloniale ou néocoloniale. En raison de la diversité des situations, l'Organisation des Nations Unies (ONU) n'a pas établi de définition stricte des peuples pouvant être qualifiés d'« autochtones », mais une série de critères ne devant pas nécessairement être tous remplis : l'antériorité sur un territoire déterminé par rapport à l'invasion coloniale ; le fait d'avoir une position non dominante sur le plan politique ou social (indépendamment de l'importance démographique) ; le fait de se juger distinct des éléments dominants de la société et de vouloir préserver l'identité culturelle et le territoire du groupe[2]. La relation historique à la terre est considérée en outre

...............

2. « Étude du problème de la discrimination à l'encontre des populations autochtones, E/CN.4/Sub.2/1986/7/Add.4., New York, Nations-Unies, par. 379 (rapport rédigé par Martínez Cobo, José).

comme un critère majeur par les instances internationales pour distinguer les peuples autochtones d'autres minorités.

Enfin, selon une démarche sujette à controverse, le qualificatif d'« autochtone » a été étendu par l'Organisation Internationale du Travail (OIT) à des peuples d'Asie et à l'Afrique dont l'antériorité sur le territoire ne peut être déterminée aussi clairement que dans les anciennes colonies dites de peuplement européen (Amériques, Océanie) mais qui sont marginalisés en raison de leur mode de vie et de subsistance telle que la chasse, la cueillette, l'agriculture sur brûlis (Adivasi de l'Inde, Penang de Malaisie, San de Namibie, Pygmées Batwa d'Afrique centrale…).

## 2 Frontières étatiques : une construction arbitraire

### 2.1 Peuples séparés, territoires fragmentés

La création des États modernes, suite à la dislocation des empires coloniaux dans les Amériques aux XVIII^e et XIX^e siècles, et à la décolonisation en Afrique et en Asie au XX^e siècle, a engendré de nouvelles frontières nationales qui ont séparé de nombreux peuples autochtones. Selon Helvetas, organisation suisse d'aide au développement, rien qu'en Amérique latine, on recense 108 peuples transfrontaliers[3]. Une partie d'entre eux est dispersée dans deux pays différents. C'est le cas des Mapuche (Chili, Argentine) ou des Emberá et Kuna (Colombie, Panama). Les Quechua, eux, sont éparpillés entre l'Argentine, la Bolivie, la Colombie, le Chili, l'Équateur et le Pérou. En Europe du Nord, les Saami sont présents en Norvège, en Finlande, en Suède et en Russie. En Afrique centrale, les Batwa vivent au Burundi, dans la République démocratique du Congo, au Rwanda et en Ouganda. En Asie, on peut mentionner, entre autres, les Karen, dispersés entre le Myanmar et la Thaïlande.

Le maillage politico-administratif interne aux États (communes, provinces, régions, etc.) a également contribué à fragmenter les peuples autochtones. Quant à leurs territoires, seuls quelques États reconnaissent leur existence sur le plan constitutionnel ou légal, et en tiennent compte dans leurs politiques d'aménagement du territoire.

Aujourd'hui, les peuples autochtones vivant dans des régions transfrontalières sont particulièrement vulnérables, notamment pour les raisons suivantes :

- ils sont affectés par les conflits armés, fréquents dans les régions frontalières, et par la militarisation de nombreuses frontières ;
- longtemps « zones refuges », ces régions périphériques sont l'objet de nouveaux fronts économiques liés à l'exploitation des ressources naturelles (minières, forestières, etc.) (*cf.* chap. 4) ;



……………

3. http://territorioindigenaygobernanza.com/web/pueblos-transfronterizos/, consulté le 28 juin 2020.

- les contraintes imposées par les frontières étatiques ont privé ou limité l'accès des peuples autochtones transfrontaliers à des ressources essentielles pour leur survie (sources d'eau, ressources alimentaires) ou à des espaces nécessaires pour pratiquer leur mode de vie (pour les Saami de la région circumpolaire d'Europe, par exemple, les frontières étatiques ont entraîné une diminution progressive des migrations liées à la transhumance des troupeaux de rennes).

### ENCADRÉ 14.1

#### Les droits des peuples autochtones

Les droits des peuples autochtones ont été consacrés par la *Convention nº 169 de l'Organisation Internationale du Travail concernant les peuples indigènes et tribaux dans les pays indépendants* de 1989 (ci-après la Convention) et par la *Déclaration des Nations unies sur les droits des peuples autochtones*, adoptée par l'Assemblée générale de l'ONU en 2007 (ci-après la Déclaration). La première est contraignante juridiquement pour les États qui l'ont ratifiée.
La Convention (art. 32) et la Déclaration (art. 36), invitent les États à prendre des mesures facilitant les contacts entre peuples autochtones à travers les frontières, y compris dans les domaines économique, social, culturel, spirituel et environnemental. Bien que de tels droits reposent parfois sur des traités plus anciens signés entre États et peuples autochtones, leur application soulève des enjeux complexes de citoyenneté, de souveraineté étatique et de sécurité nationale.

## 2.2 La géographie de la frontière en Amérique du Nord

L'Amérique du Nord illustre les multiples façons dont les frontières ont contribué à coloniser les peuples autochtones. Aux XVIII^e^ et XIX^e^ siècles, les guerres d'indépendance des États américains ont entraîné des déplacements et la sédentarisation forcés des populations autochtones. Le dominion canadien et les États-Unis ont en outre perçu celles-ci comme des obstacles à leur expansion territoriale et à l'exploitation des ressources naturelles.

Ils ont obligé les peuples autochtones à s'établir dans des « réserves », portions infinitésimales des vastes territoires qu'ils occupaient ou parcouraient jusqu'alors. Aux États-Unis, la plupart de ces réserves ont été établies à l'Ouest du fleuve Mississipi, où les Amérindiens ont été repoussés progressivement par les colons. Au début du XX^e^ siècle, s'est formé un imaginaire de la nation américaine fondé sur le mythe de la frontière, cristallisant la limite entre « civilisation » et « barbarie », et qui a été alimenté par les travaux d'un historien comme Frederick Jackson Turner. Ce récit du choc frontal entre Amérindiens et colons est questionné depuis plusieurs décennies par de nouveaux courants historiographiques montrant qu'aux XVIIe et XVIIIe siècles, Européens et Amérindiens ont parfois coexisté en tissant des liens complexes et par le métissage[4].

Au Canada, la sédentarisation a signifié pour des peuples comme les Innus ou les Cree, la fin de leur mode de vie nomade et des migrations saisonnières en canot ou à pied sur de vastes territoires. Comme aux États-Unis, les réserves se sont inscrites dans une « idéologie de la frontière ». Elles ont en outre engendré un « environnement carcéral » déterminant les lieux où les Autochtones peuvent encore aller *versus* ceux où ils ne peuvent plus aller (Harris, 2004, p. 78-79). Dès la fin du XIXe siècle, et parfois jusque dans les années 1970 au Canada, la création des réserves a coïncidé avec des politiques d'assimilation culturelle visant à « désindianiser » plusieurs générations d'enfants placés dans des pensionnats, loin de leurs parents. On supposait qu'en détruisant les liens familiaux, on briserait également les liens à l'identité et au territoire.

## CAS 14.1

### ■ LES MOHAWK D'AKWESASNE ET LA CONFÉDÉRATION IROQUOISE

Les Mohawk font partie de la Confédération iroquoise (Haudenosaunee Confederacy). Akwesasne est l'une de leurs réserves, traversée par la frontière entre les États-Unis et le Canada. De ce fait, les habitant·es d'Akwesasne sont soumis, outre les conseils tribaux, à cinq administrations différentes (américaine, canadienne, québécoise, ontarienne et new-yorkaise). Certaines parties de la réserve situées en territoire canadien sont entourées du fleuve Saint-Laurent. Pour se rendre dans d'autres secteurs de la réserve, ou ailleurs au Canada, il faut se rendre aux États-Unis et rentrer à nouveau au Canada. La pointe Saint Régis, située en territoire canadien, n'est accessible par voie de terre qu'à partir des États-Unis. Pour les Mohawks, se rendre à l'école, au travail, ou faire les courses de l'autre côté de la frontière nationale constitue donc un défi quotidien ; le maintien des liens sociaux et familiaux entre les résident·es d'Akwesasne n'est pas moins compliqué (Clermont, 2017).

Depuis 1977, des membres de la Confédération iroquoise ont établi leur propre passeport pour rappeler leur souveraineté et l'existence des traités signés avec les États-Unis. Si certains pays le reconnaissent comme un document valide de voyage, il n'est pas accepté pour entrer au Canada. En outre, en 2010, la Grande-Bretagne a empêché l'équipe iroquoise de joueurs de Lacrosse de rentrer sur son territoire pour assister au championnat mondial de Lacrosse, invoquant que le passeport iroquois ne répondait pas aux exigences de sécurité (quand bien même ce sont les Iroquois qui ont inventé le Lacrosse).

À voir : *Vous êtes en terre indienne*. Documentaire de Michael Kanentakeron Mitchell, 1969, 36 min, www.onf.ca. En 1969, les Mohawk de la réserve de St-Régis (Akwesasne) ont manifesté contre l'imposition de taxes sur l'achat de denrées alimentaires aux États-Unis. En bloquant un pont reliant le Canada aux États-Unis, ils ont réclamé un droit de transit établi par le traité de Jay de 1794.

4. C'est ce que l'historien Richard White a montré pour la région des Grands Lacs.

# 3 Frontières culturelles et symboliques

L'acte de délimitation entre espaces, groupes sociaux, mais aussi entre le terrestre et le divin, est culturel. Distinct d'une société à l'autre, il fait intervenir des frontières symboliques, relatives aux présupposés ontologiques sur la nature de la réalité; en d'autres termes, des manières-d'être-au-monde qui sont autant de conceptions singulières de la distribution de certaines entités (humains et non humains, vivants et morts…) et de l'établissement des relations entre elles (Descola, 2005).

## 3.1 Le sacré et le spirituel

Les sociétés modernes se caractérisent par une ontologie dualiste dont les origines remontent au siècle des Lumières, et qui opposent la « nature » et la « culture ». Chez des peuples autochtones, des traits communs sont observables, par-delà la diversité des croyances et des pratiques culturelles, et leur intégration à d'autres modes de pensée et d'être via des processus de modernisation ou d'urbanisation. Les ontologies autochtones sont généralement relationnelles. En d'autres termes, elles s'actualisent dans le dialogue avec les ancêtres et les non-humains (plantes, animaux, roches, etc.). Dans certaines sociétés autochtones, les non-humains ne sont pas réduits à des « objets », comme dans les sociétés dualistes, mais font partie du collectif social. Descola (2005) a montré, par exemple, que les Ashuar de l'Amazonie péruvienne et équatorienne considèrent les singes laineux comme des personnes, et des parents par alliance des humains.

Ces divergences ontologiques expliquent la nature et l'intensité de certains conflits territoriaux ou relatifs à des ressources naturelles opposant les peuples autochtones aux États ou à d'autres acteurs (entreprises, propriétaires privés, etc.). À Hawaï, la construction d'un télescope géant sur le volcan endormi Maunakea a suscité la résistance des habitants polynésiens. Pour ces derniers, loin de n'être qu'un élément de la « nature », le volcan abrite des entités spirituelles génératrices de vie et porteuses de responsabilités. En Australie, Uluru/Ayers Rock, monolithe de 350 mètres, est un haut-lieu du tourisme. Revêtant une signification spirituelle majeure aux yeux des Aborigènes, ceux-ci ont obtenu en 2019 l'interdiction pour les touristes d'y grimper.

## 3.2 Tracer des lignes : États, peuples autochtones et revendications territoriales

Les conceptions du monde et de l'espace des peuples autochtones s'opposent également à celles de l'État dans le contexte des revendications de récupération de terres perdues au cours de la colonisation, ou de la demande de reconnaissance de droits territoriaux.

L'État a une représentation polygonale et continue du territoire, fondée sur la résidence (villages historiques, réserves, etc.) et l'occupation exclusive. La territorialité de nombreux peuples autochtones dans le monde est quant à elle structurée en fonction de réseaux de parenté ou d'origine, à l'image d'un faisceau de lignes aériennes structurée par des hubs et des destinations, la zone totale de parcours des lignes constituant le territoire (Thom, 2009, p. 197). Elle s'organise également en fonction du partage ou de la répartition des ressources naturelles entre groupes voisins. Les familles nomades innues du Québec, par exemple, se distribuaient autrefois le territoire en fonction des bassins versants et des lignes de partage des eaux. Or, ces affiliations territoriales transcendent généralement les maillages étatiques ou intra-étatiques, tout en permettant la multi-appartenance et des espaces partagés. Et à l'heure de négocier des droits, l'État considère invariablement ces derniers comme des « chevauchements ». Il somme les acteurs autochtones de les résoudre pour aboutir à des entités territoriales contrôlées par un seul et même groupe, ce qui revient à tracer des lignes exclusives et à dessiner des polygones sur des cartes. Une situation qui déstructure d'anciennes solidarités, exacerbe des conflits déjà existants entre groupes voisins, ou en crée des nouveaux, réinscrivant ainsi le pouvoir de l'État et l'ordre territorial colonial dans les espaces autochtones.

# 4 Jouer/déjouer les frontières

Dans la seconde moitié du XX^e^ siècle, les peuples autochtones ont adopté de multiples stratégies pour s'approprier les frontières qui leur ont été imposées (entre États ou à l'intérieur de ceux-ci), pour en jouer, ou pour les déjouer.

## 4.1 Produire du transnational

Dès les années 1970, les peuples autochtones ont produit du « transnational » en se regroupant en fédérations régionales – à l'instar des peuples du bassin amazonien – ou en militant à l'échelle continentale et transcontinentale. Ainsi, le Conseil international des traités indiens créé en 1974, a réuni des organisations autochtones des Amériques, des Caraïbes et du Pacifique. Les peuples autochtones du monde entier ont investi les organisations internationales pour pallier à leurs difficultés à faire valoir leurs droits au niveau national. Le Groupe de travail de l'ONU qui a rédigé la Déclaration pendant plus de 25 ans a servi de creuset pour la formation d'une identité pan-autochtone, d'un langage et de stratégies partagés autour de la résistance au fait colonial (Morin, 2011).

Par ailleurs, des peuples divisés par des frontières internationales ont cherché à reconstruire leur unité perdue. Les Mapuche, par exemple, séparés par la création des États argentin et chilien au XIX^e^ siècle, ont, à partir des années 1990, réactivé leurs réseaux et alliances transandines. Des dirigeants d'organisations politiques et des intellectuels mapuche ont en outre recréé un imaginaire national mapuche faisant fi des frontières internationales : un nouveau nom pour le territoire transandin (Wallmapu), un drapeau national mapuche et une iconographie (logos de journaux, illustrations de livres d'histoire mapuche). L'affirmation de ces symboles ayant pour objectif de décoloniser les représentations véhiculées par les cartes officielles, notamment en montrant la cordillère non pas comme une limite infranchissable mais comme un lien.

## 4.2 Devenir un acteur des frontières

Au début du XXIe siècle, les peuples autochtones transfrontaliers se sont retrouvés, plus que jamais, au cœur des enjeux de sécurité nationale et des rapports de force géopolitiques. En Afrique du Nord, les Touareg et les Peuls sont mêlés, comme victimes ou participants, aux conflits militaires du Sahel. Aux États-Unis, le gouvernement cherche à renforcer la sécurité de ses frontières nationales. Or, sur les 8 900 kilomètres de frontières partagées avec le Canada et les 3 100 km avec le Mexique, 420 km, soit presque 30 % des frontières, sont directement contrôlées par des nations amérindiennes. Le paradoxe n'est pas des moindres : d'un côté, les Amérindiens revendiquent le droit de franchir librement les frontières qui leur ont été imposées ; de l'autre, on leur demande de participer à la sécurisation de ces frontières (Clermont, 2017). La nation autochtone des Tohono O'odhams, dont le territoire est scindé en deux par 120 kilomètres de frontières entre le Mexique et les États-Unis, a la responsabilité de surveiller leurs frontières en collaboration avec les autorités fédérales. Cette tâche représente une lourde charge financière pour la communauté, au détriment d'autres besoins sociaux et économiques. Depuis peu, les Tohono O'odhams luttent en outre contre le projet du président Donald Trump de construire un mur sur leur territoire. Celui-ci entraverait de manière dramatique le maintien des liens sociaux entre membres de la communauté situés de part et d'autre de la frontière, ainsi que l'accès à certaines ressources, notamment en eau.

Certaines nations amérindiennes des États-Unis ont cependant réussi à tirer leur épingle du jeu colonial, et de jouer des ambiguïtés des frontières, intérieures cette fois. En dépit des problèmes sociaux au sein des réserves (alcool, drogue, violences domestiques, etc.), loin de disparaître comme certains l'avaient prédit, celles-ci sont aussi devenues des lieux d'appartenance et de sociabilité. Certaines nations amérindiennes ont même réussi à tirer des avantages économiques de ces espaces : grâce à une jurisprudence établissant la souveraineté des réserves au sein des États américains, elles ont installé des casinos dont les revenus leur ont permis de sortir de la misère, et même de racheter des terres. Non sans redessiner et durcir certaines frontières identitaires et créer des tensions internes pour le partage de cette nouvelle manne financière (Treuer 2014).

# BIBLIOGRAPHIE

CLERMONT G., (2017), « Nations sans frontières : les Indiens d'Amérique du Nord face aux défis du terrorisme et des trafics internationaux », *Revue de recherche en civilisation américaine*, n° 7, http://journals.openedition.org/rrca/897.

DESCOLA P., (2005), *Par-Delà Nature et Culture*, Paris, Gallimard.

MORIN F., (2011), « Le malaise des anthropologues face à la globalisation de l'autochtonie », *Inditerra. Revue internationale sur l'autochtonie*, n° 3, p. 129-140.

THOM B., (2009), « The paradox of boundaries in Coast Salish territories », *Cultural Geographies*, vol. 16, n° 2. p. 179-205.

TREUER D., (2014), *Indian roads. Un voyage dans l'Amérique indienne*, Paris, Albin Michel.

CHAPITRE 15

# Cartographies et contre-cartographies des frontières

**Sarah MEKDJIAN**

SOMMAIRE



« Ladite ligne remontera au Nord le long du chenal appelé Portland Channel jusqu'à la pointe du continent où il atteint le 56e degré de latitude nord » : cet extrait d'un traité signé en 1825 par la Russie et l'Angleterre, au sujet d'une délimitation coloniale en Alaska, dessine une ligne-frontière. Cette délimitation cartographique fut l'objet, pendant tout le XIXe siècle, de conflits entre les puissances coloniales qui se succédèrent : Russie/Angleterre, puis États-Unis/Canada, sous protection britannique, après le rachat de l'Alaska par les États-Unis en 1867. En 1903, un nouveau traité fixa, par arbitrage, la ligne actuelle, sur fond de ruée vers l'or et d'extractivisme des ressources. *K'alii Xk'alaan* en langue Nisga, le Canal de Portland, met en évidence les enjeux de la cartographie frontalière moderne : non pas délimiter des espaces existants, mais détruire, créer et différencier des espaces, par le dessin, la toponymie, pour une appropriation juridique, économique, militaire au profit de puissances nationales et coloniales.

Si la cartographie est classiquement définie comme un outil de *représentation* de l'espace, cet exemple de tracé frontalier montre combien la cartographie ne *représente* pas ce qui existe déjà, mais crée et institue des espaces, définit des populations qui ne lui préexistaient pas, tout en essayant d'effacer, de naturaliser, l'acte même de création. La notion de représentation renvoie également à une relation politique, où *représenter* signifie *agir pour*, *au nom de*. Dans l'histoire cartographique de la frontiérisation de l'Alaska, les intérêts *représentés* sont ceux de puissances coloniales qui ont produit les espaces et les populations qu'elles souhaitaient contrôler.

Cela ne veut pas dire que toute représentation – figuration, création, médiation, à la fois cartographique et politique – serve un ordre (post-)colonial, national et extractiviste, ni que la notion de frontière ne soit qu'un outil d'exploitation et de violence. De nombreuses cartographies, ou contre-cartographies, visent précisément à décoloniser, dénationaliser les espaces et relations politiques, ainsi que les pratiques scientifiques, qui ont produit et servi de légitimation aux processus modernes de frontiérisation. Les cartes, croquis et schémas sont aussi des outils pédagogiques utilisés et créés régulièrement, notamment dans le contexte scolaire et universitaire : ce chapitre vise à interroger le pouvoir des cartes et des contre-cartographies, en lien avec les frontières, pour tenter de décoloniser les modes de production et diffusion du savoir.

# 1 Tracés cartographiques de frontières linéaires : des créations de la modernité coloniale, impériale et nationale

## 1.1 Lignes-clôtures et lignes d'horizon

La cartographie moderne, post-Renaissance, qui « émerge à partir de la crise de la notion cosmographique d'*imago mundi* » (Mezzadra, Neilson, 2019, p. 58), institue des découpages le long de tracés linéaires. Ces découpages modernes ne sont pas inédits, issus notamment de la théologie et de la partition médiévale du monde par les cartes dites T dans l'O, où étaient distinguées les terres d'« Europe », d'« Asie » et d'« Afrique ». À l'époque moderne, les cartes servent, de plus en plus, des intérêts marchands et d'extraction de ressources. La partition du monde vise à différencier des espaces, pour les normaliser, les contrôler et les mettre en lien, depuis des circulations marchandes.

Les lignes cartographiques, matérialisées entre les champs et les terres agricoles ou forestières servent, dès le XVIe siècle, en Angleterre, à contrôler les terres, pour en limiter les droits d'usage et instituer la propriété privée. Dans le même temps, les lignes cartographiques dessinent les premières terres coloniales, au service de l'accumulation primitive : « le tracé de ces lignes anticipait et rendait possible la mise en place de frontières linéaires entre les États-nations européens à la veille de la paix de la Westphalie » (*ibid.*) en 1648. Les lignes cartographiques ouvrent aussi sur des espaces blancs, qui signifient l'illimitation de l'expansion coloniale. Le planisphère appelé « L'Amérique ou le Nouveau Monde : nouvelle description », créé aux environs de 1579, par Abraham Ortelius, cartographe et géographe brabançon, institue la catégorie de « Nouveau Monde », et donc, en creux, celle d'« Ancien Monde ». La frontière apparaît dans la dénomination même de « Nouveau Monde », « soit une frontière mentale qui préfigur(e) les divisions à venir entre l'Ouest et le 'Reste' » (*ibid.*, p. 62). Il peut sembler d'apparence contradictoire que les tracés linéaires cartographiques modernes servent autant à délimiter les États-Nations et fonder leur souveraineté, qu'à renforcer l'idéologie impériale d'une expansion illimitée. Empires et États-nations, bien que des formes politiques en partie concurrentes, ne sont pas strictement distinctes. À la fin du XIXe siècle, l'Angleterre et la France sont des États-Nations colonialistes et impérialistes, à la fois corsetés dans une cartographie frontalière, censée délimiter un intérieur homogène et souverain, et ouverts sur l'extérieur, censé être illimité, de l'expansion impériale. Ce qui est nommé « intérieur national » ou « Ancien Monde », différencié de l'« extérieur » illimité du « Nouveau Monde », sont les deux faces d'un même processus de frontiérisation, construit par les géographes et les cartographes, au service de l'extraction, l'accumulation et la circulation de ressources.

Les découpages cartographiques, en aires civilisationnelles ou culturelles, la délimitation entre un Ancien et un Nouveau Monde, entre Orient et Occident, la partition en cinq continents et en sous-continents, servent à produire de la valeur. Il s'agit de créer et différencier des espaces, pour les contrôler, les standardiser, les comparer, et les intégrer aux systèmes d'échanges marchands. Ces processus de frontiérisation sont toujours à l'œuvre, depuis les cartes apparemment les plus banales, qui découpent la planète en cinq continents, à la carte des aires civilisationnelles de Samuel Huntington, auteur de la théorie du « choc des civilisations », parue en 1996, jusqu'au découpage des modes de production du savoir en « études régionales » ou *area studies*. La cartographie moderne a autant construit une image de la souveraineté étatique et nationale enclose que celle d'un monde où les différences standardisées sont toujours ouvertes à de nouvelles formes d'expansion.

## 1.2 Tracer des lignes frontalières : enjeu de litiges

Les lignes frontalières, figures maîtresses de la cartographie, servent la fiction d'un intérieur national naturalisé, contrôlé par une souveraineté quasi-théologique. La période post-coloniale et post-impériale des Indépendances, la fin de la Guerre Froide, la guerre en Yougoslavie ont entraîné la multiplication d'États-Nations et de cartographies frontalières. Les principaux conflits portant sur les tracés frontaliers et leurs cartographies, ont aujourd'hui lieu dans des contextes post-coloniaux de nationalismes, à la fois de « libération et de domination » (Balibar, Wallerstein, 1997, p. 66). Les enjeux sont autant la délimitation d'un État-Nation que l'insertion dans le système Monde : notamment, se différencier pour avoir une place dans les échanges mondiaux et renégocier en partie les relations avec l'ancienne métropole. La domination progressive de Google Maps, lancé en 2005, renforce une dimension hégémonique de la cartographie depuis les États-Unis et les anciennes puissances coloniales. En entrant les noms des États dans le moteur de recherche du site, les frontières, apparaissent, dans la majorité des cas, sous la forme d'un tracé linéaire rouge. Pour plus de trente pays, dont la liste évolue, le tracé est simplement grisé, ou apparaît en pointillé (par exemple pour les territoires palestiniens). Plusieurs versions de tracés sont aussi dessinées, en fonction du pays et du serveur depuis lequel le site est consulté. En décembre 2005, puis en novembre 2013, le gouvernement indien a reproché à Google de figurer le territoire du Cachemire comme partie intégrante du Pakistan. En 2010, une plainte contre Google a été instruite par le premier ministre cambodgien au motif que leur carte contredisait le tracé frontalier avec la Thaïlande, notamment autour du temple de Preah Vihear revendiqué par le Cambodge. Au-delà de Google, ces conflits inter-étatiques et cartographiques existent aussi avec les anciennes puissances coloniales : par exemple, pour la France, autour du tracé de la frontière Guyane-Surinam ou encore, dans l'océan Indien, du tracé des frontières terrestres et maritimes, avec la demande, de Madagascar à la France, de restitution des îles Éparses (*cf.* chap. 3).

## 2 À quoi peuvent (encore) servir les cartographies de frontières linéaires dans le contexte de la néolibéralisation ?

### 2.1 Tracés linéaires frontaliers, murs et néolibéralisation : un paradoxe ?

L'hyper-connexion logistique et l'intensification des échanges internationaux n'entraînent ni la disparition des frontières, ni des États.

#### DÉFINITION

**Néolibéralisation**

La néolibéralisation désigne un processus de rationalisation économique, politique et sociale qui « met le marché au premier plan » (Brown, 2009), sans que ce processus ne soit qu'économique. Les valeurs du marché sont étendues, diffusées, disséminées à toutes les institutions, dont les institutions étatiques. L'État, les frontières, les institutions politiques, juridiques... sont mis au service de la rationalité économique. Wendy Brown reprend ici les travaux de Michel Foucault, en définissant le néolibéralisme en tant que technique de gouvernement, où les sujets à gouverner sont considérés depuis le marché.

La multiplication des échanges ne s'oppose pas, bien au contraire, aux dispositifs frontaliers : ceux-ci constituent, en eux-mêmes, un marché économique très important, et participent de différenciations, valorisées pour les échanges. Prises dans la rationalité néolibérale, les frontières deviennent même de plus en plus mobiles, voire ubiquistes, avec « un brouillage croissant de la distinction entre contrôle interne et contrôle externe » (Brown, 2009, p. 23). Ainsi, non seulement les frontières ne disparaissent pas, mais se diffusent de plus en plus. Sur les cartes, celles-ci restent pourtant principalement linéaires. Plusieurs interprétations sont possibles : un effet d'inertie du savoir, ou encore des tracés linéaires pour s'opposer ou résister à la néolibéralisation. Plutôt que ces deux interprétations, celle d'une intégration de la cartographie frontalière linéaire à la néolibéralisation semble plus pertinente : la réaffirmation de blocs continentaux, d'aires culturelles, de projets nationalistes, crée des différenciations qui sont valorisées économiquement. Les délimitations et frontiérisations cartographiques servent l'économie du tourisme, du patrimoine, ou encore, la capture du travail, en participant de la clandestinisation, donc de l'hyper-flexibilité, de millions de personnes.

## 2.2 Cartographies autochtones et tracés frontaliers linéaires : « inverser » la cartographie coloniale ?

« *Una suerte de conquista al revés* », « une sorte de conquête à l'envers » (Hirt, 2009, p. 171) : cette expression de José Bengoa, anthropologue, et traduite par Irène Hirt, géographe, désigne des mouvements de revendications territoriales par des groupes politiques, désignés ou auto-désignés « autochtones ». Cette « conquête à l'envers » désigne un processus de décolonisation de terres, de statuts juridiques, de modes d'occupation et d'usages de ressources. En parlant de « conquête à l'envers », José Bengoa fait référence à la *Conquista* coloniale, liée à l'accumulation primitive, qui a entraîné non seulement la dépossession massive de terres au profit des colonisateurs, mais aussi des formes génocidaires et des exterminations de masse. L'expression d'un « envers » de la Conquête est dérangeante : les actions politiques des personnes auto-désignées Mapuche au Chili, étudiées par José Bengoa, sont-elles l'envers, au sens du contraire radical de la *Conquista*, ou l'envers d'un même processus, qui sous-entend des ruptures certes, mais aussi des formes de continuités ? Irène Hirt, à la suite de José Bengoa, tend vers la seconde interprétation et précise que « les peuples autochtones » se sont « approprié les outils du colonisateur pour les mettre au service de leur programme politique » (Hirt, 2009, p. 171) [*cf.* chap. 14]. Autrement dit, la cartographie est ici replacée dans son histoire coloniale, avec une attention portée à des usages cartographiques qui reprennent les codes de la cartographie coloniale à des fins de décolonisation. La question qui peut être posée ici est celle de la possibilité d'un « usage à l'envers » de la cartographie : la cartographie moderne et coloniale, qui institue des tracés frontaliers territoriaux, peut-elle être un outil de subversion, mise au service d'une décolonisation ? Comment et par qui les cartographies de revendications territoriales dites « autochtones » sont-elles produites, selon quelles relations et par qui sont-elles utilisées ?

L'expression « cartographies autochtones » regroupe des pratiques et des cartes extrêmement diverses : documents subventionnés par les États, dont la production est déléguée à des Organisations Non-Gouvernementales, pour utiliser la « participation autochtone » comme faire-valoir dans des grands projets publics-privés extractivistes ; documents produits dans le cadre de procédures juridiques visant à la création de frontières de territoires autonomes par des groupes d'activistes qui revendiquent (ou non) une politique identitaire ; ou encore documents produits dans une perspective contestataire, qui questionnent les États-Nations, l'ordre postcolonial, mais aussi les notions modernes et coloniales de propriété privée, d'identité et de souveraineté. L'ensemble de ces pratiques (contre-)cartographiques génère des conceptions et des usages très divers, y compris opposés idéologiquement.

## 3 (Contre-)cartographier et lutter contre les gouvernementalités frontalières contemporaines

La contre-cartographie, expression très floue où sont régulièrement classées les « cartographies autochtones », désigne également des pratiques cartographiques et des cartes très diverses, voire contradictoires. La question posée précédemment sur la possibilité et les effets d'un « inversement » de la cartographie moderne coloniale, peut être ici posée au sujet de « contre-cartographies ». À quoi s'oppose ce « contre », et comment une « contre-cartographie » peut-elle lutter radicalement *contre* la modernité cartographique, coloniale, impériale et nationale ? Un premier déplacement serait celui de ne plus traiter des frontières, en tant qu'objets, mais d'envisager des processus – spatio-temporels, historiques – de frontiérisations, voire, comme le proposent Sandro Mezzadra et Brett Neilson, faire de la frontiérisation une « méthode ». De nombreuses cartographies, auto-désignées ou désignées de « contre-cartographies » ou « cartographies critiques », se donnent pour perspective de rendre visibles, dévoiler, ce qui serait dissimulé, caché ou sous-représenté. L'image du dévoilement est problématique, et relance la question de la *représentation* : à qui s'adressent ces contre-cartes ou cartes critiques, et depuis quelle place, au nom de qui, et pour qui sont-elles produites ? Quels sont celles et ceux auxquels ces cartes doivent « ouvrir les yeux » ? D'autres contre-cartographies prétendent moins dévoiler ce qui serait caché, que proposer une esthétique et une politique transformées des processus de frontiérisations, notamment figurer leur multiplication, l'épaisseur et la mobilité des dispositifs frontaliers, contre l'image linéaire et fixe de la cartographie frontalière moderne. La *Cartographie critique du détroit de Gibraltar* (2004[1]), réalisée par le collectif d'artistes, scientifiques et militant·e·s Hackitectura, créé en Espagne, présente un fond de carte du Détroit de Gibraltar où le nord, l'Espagne, est situé en bas de la carte, et le Maroc en haut, sans aucun tracé linéaire autre que le trait de côte.

1. https://www.antiatlas.net/hackitectura-cartographie-critique-de-gibraltar/.

Figurent également des données de localisations, de fonctionnement, de financement des technologies de contrôle de l'Union européenne : c'est un continuum frontalier public-privé hyper-militarisé et mortifère qui est analysé, où la frontière de l'Union européenne est externalisée au Maroc et déployée en une myriade de technologies mobiles en mer, sur terre, et par satellites.

La carte, dessinée et coloriée à la main, par Philippe Rekacewicz, intitulée *La grande roue africaine* (2007[2]), propose également une analyse du continuum post-colonial frontalier, qui lie Europe et Afrique, depuis des échanges inégaux de ressources, de main-d'œuvre clandestinisée, et de processus d'externalisation de frontières. Les cartes de *l'Atlas des migrants en Europe* du collectif Migreurop (Migreurop, 2017), avec la carte des morts aux frontières de l'Europe (*cf.* chap. 21 et 31), ou encore la cartographie participative du site Closethecamps[3], qui vise à recenser les lieux de privation de liberté des étrangers, produisent et rendent accessibles des données très difficiles à obtenir sur les nombres de morts et de personnes détenues ou retenues.

D'autres contre-cartographies insistent sur la pratique cartographique comme lieu d'expérimentation esthétique et politique (*cf.* chap. 20).

## ENCADRÉ 15.1

### Contre-cartographies : expérimentations esthétiques et politiques

- La performance cartographique *Latino/a* (2003-2006[4]) créée par l'artiste Pedro Lasch inscrit le passage de la frontière Mexique-États-Unis dans la matérialité du papier de la carte. Des cartes en papier, représentant les terres du Labrador à la Patagonie, sans tracés linéaires frontaliers, et dessinées par Pedro Lasch, sont données par l'artiste à des personnes qui s'apprêtent à franchir la frontière Mexique-États-Unis. Pedro Lasch leur demande de lui renvoyer les cartes au Mexique, à leur arrivée aux États-Unis ou depuis des points d'étapes, ou encore depuis leur retour – forcé ou non-au Mexique. Les cartes reviennent ou non, pliées, déchirées, marquées par la violence des traversées ;
- Le travail *Cartographies traverses, Atlas Local*, réalisé à Grenoble en 2013[5], présente des cartographies à main levée, dessinées par celles et ceux qui ont franchi des frontières internationales sans visa. Sur les cartes, la frontiérisation prend l'épaisseur de tout le voyage spatio-temporel dessiné, mais aussi de tout un contexte historique, en particulier post-colonial,

...............

2. Voir une reproduction de la carte ici : https://journals.openedition.org/cdg/687?lang=en.
3. https://closethecamps.org.
4. Voir des reproductions des cartes ici : https://www.pedrolasch.com/latinoaamerica.html#en.
5. Voir des reproductions des cartes ici : https://www.antiatlas-journal.net/01-mekdjian-moreau-re-dessiner-l-experience-art-science-et-conditions-migratoires/.

- La vidéo cartographique réalisée en 1999 par l'artiste Ursula Biemann, intitulée *Performing the border*, ou encore le documentaire *De l'autre côté* de Chantal Akerman (2002) utilisent les images-mouvements pour tracer des cartographies spatio-temporelles non-conventionnelles des modes de gouvernementalité frontalière.

Ces cartes et ces pratiques contre-cartographiques, à la recherche d'une décolonisation et dénationalisation des processus de production du savoir au sujet des modes historiques et contemporains de frontiérisations, ne sont évidemment pas exhaustives et mériteraient d'être complétées par bien d'autres cartes et pratiques, notamment des pratiques cartographiques forensiques, abordées par Charles Heller (*cf.* chap. 28) où la cartographie devient un document juridique, pour attaquer en justice les responsables des violences perpétrées depuis et au nom des frontières.

Les cartographies modernes sont parcourues de lignes-frontières, fictions toujours opérantes de clôtures nationales naturalisées, et d'horizons illimités, toujours ouverts aux conquêtes du capital. Ces cartographies, encore renforcées par le déclin des États-Nations face au capital, produisent des violences et un ordre inégalitaire à décoloniser, dénationaliser et dégager des rapports sociaux produits par le capital. Plutôt que la suppression des cartes et/ou des frontières, il s'agit de considérer les cartographies frontalières en tant qu'instruments en traduction, à partir desquelles pourrait être et est déjà revérifié un commun indéterminé, et traduisible en coopérations solidaires. Ces cartographies pourraient contribuer – et contribuent déjà – à revérifier des discontinuités, spatiales, sociales, linguistiques qui ne soient ni des assignations, ni de fausses oppositions binaires, produites depuis un même référentiel dominant, ni des modes de valorisation du capital : « l'enjeu est une fabrication du monde, une *fabrica mundi*, qui aille à l'encontre de la tendance transcendante de l'État et du capital et des différentes configurations de leurs frontières » (Mezzadra, Neilson, 2019, p. 410).

## BIBLIOGRAPHIE

BALIBAR E., WALLERSTEIN I., (1997), *Race, nation, classe. Les identités ambigües*, Paris, La Découverte.

BROWN W., (2009), *Murs. Les murs de séparation et le déclin de la souveraineté étatique*, Paris, Les Prairies Ordinaires.

HIRT I., (2009), « Cartographies autochtones. Éléments pour une analyse critique », *L'Espace géographique*, vol. 38, n° 2, p. 171-186.

MEZZADRA S., NEILSON B., (2019), *La frontière comme méthode ou la multiplication du travail*, traduction Julien Guazzini, Toulouse, Éditions l'Asymétrie.

MIGREUROP, (2017), *Atlas des migrants en Europe. Approches critiques des politiques migratoires*, 3e édition, Paris, Armand Colin.

## ENTRETIEN

**Avec Philippe Rekacewicz - cartographe, éditeur du site visionscarto.net, le 10 septembre 2020**

**1.** Quand vous pensez aux frontières, quelle est la première image qui vous vient à l'esprit?

L'image immédiate me traverse l'esprit, c'est un panneau qui nous dit au revoir alors que l'on quitte un pays – en traversant une ligne symbolique – et qui nous dit en même temps «bienvenue» alors qu'apparemment on entre dans un autre pays. Ce panneau est aussi accompagné de symboles, de drapeaux et… de rappels à la loi. Ce qui me laisse perplexe c'est que le marquage de cette frontière que l'on traverse est puissant, marque symboliquement un changement fort, mais généralement, le paysage et souvent l'atmosphère restent identiques de part et d'autre. Il me semble que cette première image, cette image de pensée, la première qui vient à l'esprit à l'évocation du mot «frontière», est conditionnée par ma pratique européenne de la frontière, c'est-à-dire dans un territoire où les circulations internationales sont faciles, voire totalement indolores (à condition d'avoir le bon passeport bien entendu). Puisque je pratique aussi parfois le passage de frontières «compliquées», en encore en «tension», et quand j'imagine me retrouver en position de traverser une telle frontière, l'image évidente qui me vient est le mur qui rend aveugle ou le grillage brutal, mais ce qui m'occupe le plus l'esprit, ce n'est pas l'image, mais plutôt un sentiment de peur neutralisant, un sentiment d'immense inconfort.

**2.** De quel point de vue et/ou quelle position professionnelle parlez-vous des frontières?

Je suis géographe, cartographe, et peut-être plus encore «designer d'information». Je me retrouve assez bien dans cette définition qui fait la symbiose entre l'acquisition de l'information ou des données et leur mise en forme visuelle. J'ai passé une grande partie de ma vie professionnelle à rechercher les modes d'expression visuels le plus pertinents pour représenter cet objet très particulier de la géographie, dans son contexte rapproché ou large, pour leur donner, visuellement, le caractère visuel qui les «habille» le mieux: contrastes, ombres, trait épais ou fin, angulaires ou arrondis… En fait, la recherche d'une représentation qui transcrit le mieux possible la nature des frontières qu'on cartographie, ce qui relève d'un vrai défi, en forme d'une équation presque impossible à résoudre tant elle est un élément paradoxal: on ne sait jamais si elle protège et regroupe; ou si elle exclut et rejette, si elle est défensive ou offensive.

**3.** Quelles sont les évolutions majeures des frontières que vous avez connues?

Ma première expérience mémorable a été le passage de la frontière entre l'Allemagne de l'Est et la Pologne à Görlitz au tout début des années 1980: en voyageant le soir après la traversée de l'Allemagne communiste sur la seule route autorisée, nous arrivions au poste frontière dans cette petite ville aux pavés luisants sous des petites lumières jaunes incertaines, les crépis des façades des maisons et des immeubles qui se décollaient par plaques. Je me souviens des chiens, des grillages, le pont, la rivière, des tours de contrôle, des douaniers, de l'attente, des questions, de l'angoisse. Un peu moins de quarante ans plus tard, je suis passé au même endroit, plus rien… Plus de poste frontière, plus de grillage, plus de trace… Tout avait disparu. Ne restait plus, sans doute, que le fantôme de cette ligne dans l'esprit des habitants.

J'ai eu la chance – si on peut utiliser cette expression – de vivre la période 1989-1991, la chute du mur de Berlin, l'écroulement des communismes européens et deux ans plus tard l'implosion de l'URSS et les nouvelles indépendances, alors que je venais tout juste de démarrer une collaboration avec le *Monde diplomatique* qui s'est révélé être alors un excellent poste d'observation des bouleversements profond du paysage européen, transformant toutes les cartes de géographie en cartes d'histoire. Cet événement fulgurant a fini de me convaincre de la nature profondément artificielle de la frontière (comme s'il fallait encore trouver des arguments pour disqualifier l'idée qu'il existe des frontières politiques « naturelles »), ainsi que de son caractère éphémère et mouvant. Dans les années qui ont suivi, j'ai vu – en Eurasie – des territoires se fragmenter, des barrières frontalières se dresser, et d'autres qui, simultanément, se regroupaient, se coordonnaient pour finalement faire disparaître physiquement la frontière.

**4.** Quelles émotions ressentez-vous face aux frontières/une frontière en particulier ?
Avec ma compagne d'origine lettone, j'ai commencé à voyager de manière fréquente entre la France, la Norvège et la Lettonie de manière très régulière à partir de 1995, c'est-à-dire quatre ans seulement après la déclaration de la deuxième indépendance du pays. La traversée de la frontière à l'aéroport de Riga était restée tout ce qu'il y a de plus soviétique. Ce n'était pas seulement les cabines de la douane – conçues pour faire peur, où l'on ne voit qu'un ersatz de douanier (en fait la casquette et à peine les yeux) sous une lumière blafarde – mais aussi l'attitude des fonctionnaires restée profondément soviétique (les formulaires qu'il fallait remplir plusieurs fois, les visas qui n'allaient pas, les tampons manquants…). Au cours des années, la situation s'est améliorée et le passage de cette frontière est devenue un peu moins désagréable mais toujours laborieux, jusqu'au jour où les visas n'étaient plus obligatoires, et où les anciennes guérites soviétiques furent remplacées par des comptoirs ouverts et beaucoup plus discrets derrière lesquels on pouvait voir au moins la moitié de la douanière ou du douanier, ce qui représentait un changement très significatif. J'avais l'impression, que désormais, en montrant mon passeport à la douane, je bénéficiais d'un contrat de confiance qu'avaient signé les autorités lettones avec l'Union européenne ! Le personnel était même devenu souriant… Puis vint le grand jour : le jour où le pays fût reçu à bras ouverts dans l'espace Schengen. Je me souviendrai toute ma vie de ce jour de décembre, l'arrivée dans le terminal aéroportuaire, nous avons pu royalement traverser la zone – où nous avions l'habitude d'être contrôlés – sans avoir à présenter le moindre document d'identité. Dans les coins gisaient les carcasses des anciennes cabines et des anciens comptoirs désormais inutiles, tous pétés [cassés], entassés en désordre. Nous avions le sentiment d'avoir gagné sur l'arbitraire du contrôle et du pouvoir.

**5.** Pouvez-vous citer un film, un roman, une pièce de théâtre, une chanson ou autre musique qui évoque la frontière pour vous, et nous en dire quelques mots ?
Le livre qui m'a le plus marqué est sans aucun doute celui de Michel Warschawski *« sur la frontière »* qui évoque son expérience de militant et sa pratique politique d'une des frontières aux contours tellement incertains et compliqués qu'elle est autant un atout qu'un obstacle pour mener les actions de défense des droits des Palestiniens. Le livre est publié en 2002, quelques années après l'élaboration des zones A, B et C qui vont balafrer la Palestine historique dans un accord qui feint (assez mal en fait) de poser les principes d'un futur État palestinien indépendant. L'auteur raconte souvent avec humour comment, avec les activistes palestiniens, ils se sont joués de la police des frontières israélienne pour pouvoir se rencontrer et se réunir. Michel Warschawski est un observateur très subtil, et je n'ai pas souvent retrouvé l'acuité avec laquelle il décrit la frontière et les espaces adjacents

comme des lieux qui effrayent et qui fascinent en même temps, mais aussi comme lieu artificiel de confrontation, et selon ses propres termes « comme lieux de domination, et de terreur ».

**6.** En quoi avez-vous fait bouger les frontières ?
Malheureusement je n'ai pas cette expérience personnelle, mais j'ai travaillé pendant quelques années avec le directeur de la section cartographique des Nations unies, Miklos Pinther, qui est sans doute le dernier géographe à avoir « produit » des frontières au XXe siècle : la ligne bleue entre le Liban et Israël d'une part, et la frontière entre le Koweït et l'Irak après la première Guerre du Golfe. Son témoignage, que j'ai précieusement consigné, est fascinant en ce qu'il décrit dans le détail le comportement et les stratégies des représentants de pays tout au long des missions de bornage.

**7.** Voulez-vous ajouter quelque chose ?
J'ai principalement évoqué la frontière en ce qu'elle a de plus évident, si on se réfère à sa définition la plus connue : une limite qui sépare deux pays et qui délimite de fait un territoire sur lequel s'exerce une souveraineté gérée par un état bien identifié. Je n'ai pas eu l'occasion de dire que je pense la frontière comme un des outils à la disposition des souverains pour assoir, pour renforcer leur pouvoir puisqu'ils ont ainsi la possibilité de contrarier les déplacements, les circulations humaines, de pouvoir mieux dominer le territoire et les citoyen·es. Par ailleurs, il y a une autre gamme de frontière que l'on ne voit pas mais qui joue un rôle prépondérant dans la vie des sociétés humaines : ce sont les barrières symboliques ou psychologiques. Je pense en particulier à la ville de Woippy dans l'est de la France dans laquelle les clivages sont profondément marqués, et où les limites de quartier jouent le rôle de véritable frontière, au-delà desquelles on ne s'aventure pas, « parce que c'est pas chez nous ». Je me souviens, lors d'un reportage, de m'être entretenu avec un responsable d'une maison des jeunes d'un quartier périphérique qui n'avait pas traversé la voie ferrée avant l'âge de 19 ans, pour aller dans les quartiers bourgeois de la ville.

CHAPITRE 16

# La frontière, une discontinuité : quelques apports de l'analyse spatiale

**Sophie de RUFFRAY, Grégory HAMEZ**

SOMMAIRE



Le concept de discontinuité en géographie contribue à la réflexion scientifique menée sur les frontières et les régions qu'elles délimitent. Celle-ci a des ramifications politiques et opérationnelles dans la mesure où elle contribue à un changement de perspectives : elle souligne combien les territoires frontaliers, auparavant perçus comme périphériques au sein de leurs États respectifs, constituent désormais un champ d'intervention spécifique des politiques publiques, notamment européennes, avec une volonté appuyée de réduire les disparités régionales et de compenser les handicaps liés à leur situation.

Dans cette perspective, la nécessité d'avoir une connaissance objectivée de ces espaces a permis non seulement la création de nombreux observatoires fondés sur des initiatives locales (comme le Systèmes d'information géographique de la Grande Région www.sig-gr.eu, ou celui du Rhin Supérieur www.georhena.eu) mais aussi l'émergence d'un cadre général théorique et méthodologique pour comparer les profils des régions frontalières européennes. L'élaboration d'une approche générale des espaces transfrontaliers est en effet particulièrement délicate puisque les États restent les principaux concepteurs de données statistiques et de maillages infranationaux. Elle implique de poser clairement un certain nombre d'hypothèses, sous peine de produire des images trompeuses ou des interprétations fallacieuses de réalités sociales.

Ce chapitre a ainsi pour objectif de montrer l'intérêt d'approches complémentaires pour réinterroger certains concepts (discontinuité et/ou barrière et/ou intégration), puis proposer une typologie de ces territoires complexes à travers l'exemple des discontinuités de richesse dans l'Union Européenne.

## ENCADRÉ 16.1

### La discontinuité en géographie

La question des limites et des discontinuités constitue une des clés de la connaissance géographique et contribue à des réflexions théoriques et méthodologiques sur les frontières. Le sociologue G. Simmel (1999) mène une réflexion particulièrement poussée sur ces notions dans son ouvrage *Soziologie des Raumes* (1903, p. 607) : le concept de frontière sociologique est nettement différent du concept de frontière spatiale mais entretient avec lui des rapports étroits. Il souligne le rôle primordial des hommes dans la constitution d'une frontière spatiale et pose implicitement les problèmes méthodologiques que cela induit pour le géographe. À la suite de R. Brunet, dont la thèse complémentaire porte en 1965 sur « Les phénomènes de discontinuité en géographie », les travaux sur les discontinuités se multiplient. Certains, comme ceux de J.-C. Gay (1995) mettent en lumière la variété et le rôle des discontinuités dans l'organisation spatiale du monde à toutes les échelles. D'autres, comme ceux de C. Grasland (1997) apportent une réflexion épistémologique et méthodologique au champ d'étude des discontinuités territoriales. Ce dernier souligne l'ambiguïté de ce concept qui constitue moins un objet qu'une procédure de recherche permettant de décrire des formes sociales et des configurations spatiales pour les interpréter. Sur le plan épistémologique, J.-P. Hubert (1993) propose que le concept de discontinuité soit soumis à une analyse philosophique, selon le point de vue transcendantal.

La mise en évidence des discontinuités permet ainsi de distinguer le processus de l'élément ponctuel, dans le temps ou dans l'espace (local). La discontinuité est, en effet, considérée comme un phénomène sensible : le seuil représente le mécanisme qui lui a donné naissance et qui doit être reconstitué par la science. Des formes différentes peuvent être identifiées par le géographe : discontinuités brutales de part et d'autre des systèmes (limite supérieure de la forêt en montagne…), franges ou espaces de transition. Ainsi, la discontinuité est une zone d'imprécision et d'incertitude, de passage d'un système ou d'un sous-système à un autre, qui peut être réduite à une ligne sans épaisseur.

Les discontinuités peuvent également devenir un outil puisqu'elles peuvent servir à isoler des ensembles relativement homogènes. Elles constituent aussi un support à la mise en évidence des limites, ce qui permet au géographe de mieux comprendre le fonctionnement spatial d'un système géographique, notamment les relations avec son environnement.

# 1 Les dilemmes cartographiques en contexte transfrontalier

Dans l'objectif d'une approche comparative des régions frontalières, la représentation cartographique souligne plusieurs dilemmes qui ont trait aux questions de données, de maillage, et d'échelle d'appréhension du phénomène frontalier. La cartographie transfrontalière permet de mettre en évidence ces configurations territoriales particulières et/ou d'avoir une approche critique de certaines études.

## CAS 16.1

**■ LA FRONTIÈRE, UNE DISCONTINUITÉ ET UNE BARRIÈRE**

En analyse spatiale, une frontière est considérée à la fois comme une discontinuité et une barrière, et ses effets ont trait à cette double nature (Grasland, 1997). C'est une discontinuité, en tant que ligne séparant deux espaces ayant chacun un degré élevé d'homogénéité ; le passage de cette ligne signifie d'entrer dans un nouveau contexte politique, social, culturel, économique, médiatique, etc. C'est aussi une barrière, pas au sens courant d'infrastructure de contrôle, mais au sens de l'effet-barrière : par sa seule présence, la frontière exerce un effet de frein sur les flux. Prenons l'exemple d'un modèle théorique de l'attractivité d'une ville : si cette ville est frontalière, les flux seront moindres depuis et vers l'autre côté de la frontière. La nature de la discontinuité joue sur l'effet-barrière : si la discontinuité socio-économique est forte, l'effet-barrière pourra être faible, dans la mesure où de nombreux habitants du versant le plus pauvre seront tentés de traverser pour bénéficier des apports du versant le plus riche.

## 1.1 Le défi de l'harmonisation des données

La recherche d'informations transfrontalières implique de s'interroger sur les contextes nationaux de production de données et/ou la volonté des États de souhaiter des démarches d'harmonisation des données. Ce qui peut sembler évident dans le cas de l'Union européenne, où les États membres reconnaissent le besoin d'informations territoriales partagées pour guider les politiques communautaires (*cf.* la directive INSPIRE qui établit une infrastructure commune d'information géographique dans l'Union européenne), ne l'est pas ailleurs. Dans les quelques endroits du monde où un rapprochement régional est entrepris, il s'agira soit de projets exclusivement économiques comme dans l'ALENA/NAFTA, soit de projets encore émergents en termes d'action territoriale comme dans le MERCOSUR (Caplan 2015). La volonté de faire converger les systèmes statistique ou d'analyse territoriale y fait défaut. Pourtant, malgré les politiques d'harmonisation statistique menée au sein de l'Union Européenne notamment aux échelles régionales, les données démographiques demeurent encore souvent les seules réellement efficientes pour une comparaison internationale, à l'échelle locale et présentent, à cet égard, un intérêt particulier.

Or, dès qu'une frontière est traversée, toutes les définitions et tous les paramètres changent. Les catégories statistiques permettant de définir ce qu'est une ville ou une population active ne sont plus les mêmes. Même des concepts qui pourraient sembler partagés, voire recouvrir une certaine forme d'universalité comme le développement durable, ne sont pas traduits de la même façon : ce ne sont pas les mêmes polluants qui sont mesurés, les espèces floristiques et faunistiques protégées varient, le recyclage des déchets ne suit pas les mêmes critères. L'État garde la main sur la définition des catégories statistiques qu'il utilise, et à défaut de volonté délibérée d'harmonisation transfrontalière, la présence de données définies de la même façon ne pourrait être que fortuite.

## 1.2 Le maillage

À cette question de la définition statistique répond la question de l'harmonisation des maillages territoriaux. Le maillage représente le quadrillage d'un État suivant ses limites administratives, par exemple en régions, départements, arrondissements, intercommunalités ou communes dans le cas français. La représentation cartographique d'un espace transfrontalier requiert une harmonisation des maillages : une carte où les unités spatiales d'un pays seraient de grande taille, face à celles d'un autre pays où elles seraient de petite taille, ne serait pas lisible car elle ne ferait que montrer qu'il y a un niveau d'agrégation supérieur dans le premier pays par rapport au second, sans possibilité d'analyser l'expression des dynamiques spatiales. Cette difficulté n'est pas que technique mais aussi conceptuelle, et a été théorisée sous le nom de MAUP – *Modifiable Areal Unit Problem* (Openshaw, 1983).

### CAS 16.2

**■ LE MAUP OU *MODIFIABLE AREAL UNIT PROBLEM***

Le MAUP, parfois traduit en français par problème de l'unité spatiale modifiable ou problème de l'agrégation spatiale, désigne l'influence du niveau d'agrégation spatiale sur la représentation géographique. Par exemple, une carte représentant l'information au niveau des départements différera très sensiblement d'une carte représentant la même information au niveau des régions. C'est à chaque fois le concepteur de l'analyse qui choisit le niveau d'agrégation, et cela influence le résultat sans que les lecteurs de la carte en aient nécessairement conscience.

Dans un espace transfrontalier, la question du MAUP est consubstantielle de l'analyse, dans la mesure où les espaces en présence appartiennent à des États différents, organisés suivant des maillages administratifs sans commune mesure les uns par rapport aux autres.

## 1.3 L'Union européenne : une exception à l'échelle régionale ?

L'Union européenne est sans doute la seule aire régionale dans le monde où les discontinuités frontalières puissent être analysées systématiquement. Un processus d'harmonisation statistique s'est mis en place dès le début de la construction européenne. Dès 1953, un premier office statistique est créé, qui deviendra Eurostat en 1958. Au fur et à mesure du développement des prérogatives communautaires, de nouvelles informations entrent dans le système statistique européen, en suivant la logique d'un besoin de connaissances pour pouvoir déployer les politiques publiques et notamment celles qui visent à promouvoir l'intégration européenne. Dans une perspective d'ouverture des données publiques, toutes les données sont gratuites et accessibles en ligne et la plupart des domaines statistiques sont couverts.

Cela étant, Eurostat ne collecte pas l'information directement mais indirectement, par l'intermédiaire des offices nationaux de statistiques (comme l'INSEE en France, l'INS en Belgique ou l'INE en Espagne). Chaque pays procède à ses propres méthodes de recensement de la population et des activités en fonction de ses besoins et de ses moyens. Il revient à Eurostat en amont de diffuser un certain nombre de normes auprès des offices nationaux, puis en aval de rassembler les informations et de les rendre comparables. D'un point de vue spatial, l'entreprise est d'autant plus intéressante que l'effort d'harmonisation a aussi porté sur les maillages, à travers la mise en place de la NUTS – Nomenclature des unités territoriales statistiques (*cf.* le numéro spécial d'Echogéo sur les maillages en Europe, Bonnet-Pineau et Vandermotten, 2016). Le NUTS 0 correspond aux pays, le NUTS 1 à de grandes régions comme les Länder en Allemagne, le NUTS 2 à des régions comme les régions françaises dans leur découpage d'avant 2016, le NUTS 3 aux départements français ou districts (*Kreise*) allemands – jusqu'au niveau le plus local, qui est le niveau communal (LAU-*Local Administrative Unit* 2).

Si l'effort d'harmonisation est remarquable, il est intéressant de constater que les défis pour représenter l'information transfrontalière n'en sont pas moins vifs (de Ruffray *et al.*, 2008). Imaginons que l'on cherche à représenter le chômage dans une zone frontalière franco-allemande, en choisissant le niveau NUTS 3. Deux problèmes se posent :

- le chômage ne recouvre pas les mêmes réalités dans les deux pays, même si les deux pays déclarent appliquer la définition du chômage suivant les recommandations du Bureau International du Travail. Par exemple, la propension qu'auront les sans-emploi à s'inscrire à l'agence pour l'emploi dépendra en partie des allocations escomptées, dont le mode de calcul diffère entre les deux pays ; la présence ou non de contrats de travail précaires et peu payés (comme les mini-jobs en Allemagne) a pour incidence de baisser le nombre de chômeurs au profit de celui des travailleurs pauvres.
- Le niveau NUTS 3 ne correspond pas non plus aux mêmes réalités. En France, le département, depuis sa mise en place dans le sillage de la Révolution française, reprend le plus souvent le modèle du regroupement d'une ville centre et sa périphérie ;

en Allemagne, les districts découpent strictement soit des espaces urbains, soit les espaces ruraux qui les entourent. Une carte franco-allemande du chômage au NUTS 3 représentera donc le différentiel urbain-rural côté allemand, face à une valeur moyenne agrégée entre urbain et rural côté français.

# 2 Représentation de discontinuités frontalières dans l'Union européenne

Les discontinuités frontalières peuvent être multiples, et recouvrir des différences de peuplement, d'âge, de richesse, de spécialisation économique… Une carte des disparités de richesse sera proposée, avant d'envisager d'autres types de discontinuité dans l'espace et le temps.

## 2.1 Les discontinuités de richesse

La représentation des différences de richesse aux frontières revêt plusieurs intérêts, notamment par rapport aux flux qui peuvent en découler. Si la frontière correspond à un écart de développement socio-économique, les incidences pourront être fortes sur le travail frontalier (*cf.* chap. 24) et les pratiques commerciales (*cf.* chap. 23). Dans l'Union européenne, quelles frontières correspondent aux plus fortes disparités de richesse ?

Pour y répondre, la carte 16.1 a été élaborée en suivant différents principes. La variable choisie pour représenter la richesse est le PIB/hab. en euros/hab. Cette variable est critiquable dans la mesure où le PIB/hab. n'est qu'une approximation incomplète du développement, car fondé sur la seule valeur ajoutée en termes économiques ; les PIB régionaux sont notamment décalés par rapport aux revenus des ménages (Talandier 2008). Cela étant, il s'agit d'une variable-clef qui conditionne une part importante de la politique régionale européenne, dans la mesure où une région est définie comme étant en difficulté si son PIB/hab. est inférieur à 75 % de la moyenne communautaire. Cette variable présente en outre la qualité d'être disponible à différents niveaux territoriaux et avec une grande profondeur temporelle, ce qui permet d'analyser les évolutions de richesse relative. Signalons au passage le caractère ubuesque de cette situation, où une variable statistique qui présente de nombreux défauts bien connus sert de critère principal pour guider une politique publique, et bénéficie donc d'un fort investissement de la part des offices statistiques pour être disponible, dans le même temps que sa disponibilité garantit son usage… (Grasland et Hamez, 2005).

Sur la carte 16.1, le niveau territorial NUTS 2 a été retenu, car c'est le niveau de référence pour la politique régionale européenne. L'intérêt de ce maillage en NUTS2 réside aussi dans sa relative harmonisation en termes de taille suivant les pays de l'Union européenne. Seule exception, nous avons choisi le NUTS 1 pour la Belgique et les Pays-Bas, c'est-à-dire les « régions », car le NUTS 2 dans ces pays correspond aux « provinces », de taille bien plus réduite, ce qui aurait nui à la lisibilité de la carte. On voit là que la connaissance du terrain aide le géographe dans ses choix au-delà du cadre de production des statistiques.

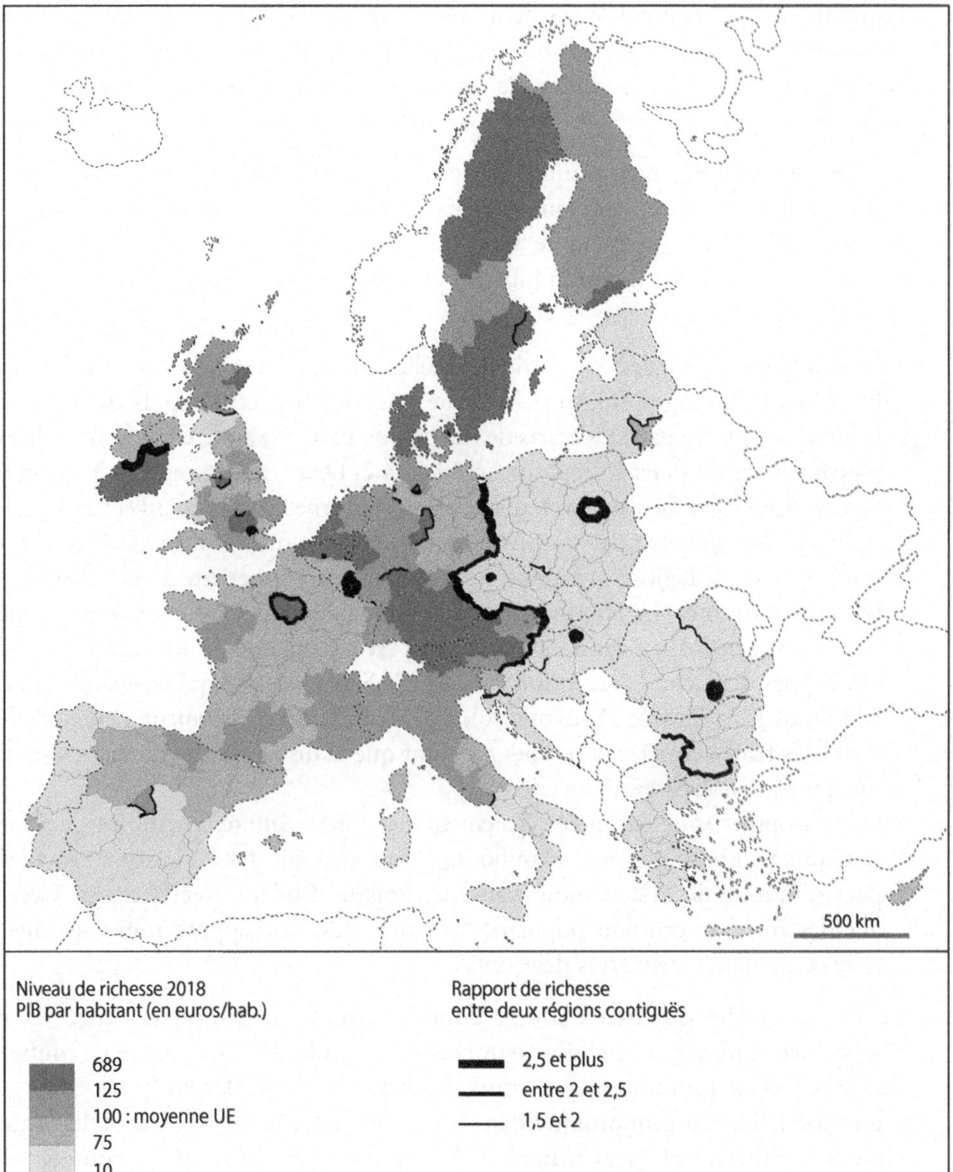


**Carte 16.1 – Discontinuités de richesse dans l'Union européenne en 2018**

Source : Eurostat 2020.

Conception et réalisation : G. Hamez et L. Lizzi, 2020.

Dernière précision méthodologique, les informations proviennent d'Eurostat. Réunies en 2020, elles sont récentes car portent sur le PIB/hab. en 2018, ce qui montre l'investissement de l'office statistique européen pour garantir la fraîcheur de ces données économiques (ce n'est pas le cas de toutes les variables). Dans cette carte de l'Union européenne, les régions suisses ne sont pas représentées ; de fait, les données suisses récentes n'étaient pas disponibles à la date de réalisation de la carte. Ne sont donc pas indiquées les discontinuités de richesse autour des villes frontalières de Bâle et Genève.

La représentation des discontinuités passe ici par le calcul du rapport de richesses entre régions contiguës, en représentant les rapports supérieurs à 1,5, c'est-à-dire quand une région à un PIB/hab. supérieur de 50 % à celui de la région voisine. De façon générale, la carte montre que les discontinuités les plus fortes correspondent à deux configurations spatiales :

- les frontières nationales, en particulier celles situées le long de l'ancien Rideau de Fer. Entre l'Allemagne et l'Autriche d'une part, la Pologne, la République tchèque et la Hongrie d'autre part, les écarts de richesse de part et d'autre de la frontière sont la plupart du temps dans un rapport supérieur à 2. Deux exceptions sont à signaler sur l'ancien Rideau de Fer : la première exception concerne l'Allemagne de l'Est (ex-RDA) qui présente globalement un niveau de richesse du même ordre de grandeur que celui des autres régions d'Europe occidentale, bien supérieur à celui des régions polonaises voisines. La réunification allemande a donc permis ce rattrapage, même si à l'échelle de l'Allemagne les Länder de l'est restent de loin les espaces les moins développés. La seconde exception concerne la Slovénie, pays qui était situé à l'est du Rideau de Fer (dans l'ex-Yougoslavie), mais dont le développement a été notable au cours des trois dernières décennies au point que la discontinuité de richesse se situe maintenant entre Slovénie et Croatie ;
- les métropoles sont entourées également des discontinuités parmi les plus fortes, notamment Londres, Paris, Hambourg, Madrid, mais aussi plusieurs capitales de pays d'Europe de l'est comme Varsovie, Prague, Budapest et Bucarest. Ces plus grandes villes concentrent populations et richesses, par rapport à un voisinage qui reste comparativement sous-développé.

Le Grand-Duché du Luxembourg, dont les frontières comptent parmi les plus fortes discontinuités de l'Union européenne, semble associer ces deux configurations. Son essor économique au cours des trois dernières décennies s'est fait grâce à une spécialisation économique dans le secteur de la finance, en exploitant directement le différentiel fiscal frontalier. Le pays connaît alors une accumulation et concentration de richesse en termes de valeur ajoutée, mais c'est une métropolisation strictement délimitée par les frontières nationales qui délimitent l'aire d'intérêt des avantages fiscaux.

Au-delà des disparités de richesse, ce sont des rythmes d'évolution qui sont séparés par la frontière. La discontinuité est à la fois spatiale et temporelle.

## 2.2 La dimension spatiale et temporelle des discontinuités frontalières

L'exploration des discontinuités doit se concevoir de façon à la fois multiscalaire et diachronique.

Suivant les processus étudiés, il faut varier les échelles d'analyse. À titre d'exemple, il est avéré que les comportements démographiques ont généralement un certain degré d'inertie, et que l'enveloppe nationale est structurante (Decroly et Grasland, 1992). Ainsi, depuis maintenant le début des années 2000, c'est la France dans son ensemble et dans toutes ses localités qui est marquée par une forte fécondité, relativement aux pays voisins. Une analyse des différences locales de fécondité de part et d'autre de la frontière franco-allemande ne peut se comprend que par le fait de la présence d'un système français de comportement démographique *versus* un système allemand. En revanche, si l'analyse vient à porter sur d'autres considérations telles que la décroissance démographique ou l'attractivité, une échelle plus locale est requise afin d'envisager les dynamiques régionales et d'éventuels effets d'interaction frontalière.

La frontière sépare aussi des temporalités d'évolution différentes. À « l'intérieur » de frontières nationales, les sociétés font dans la plupart des cas l'expérience des mêmes événements en même temps, au gré des élections et des orientations politiques, des évolutions sociétales et économiques, en réaction ou non avec les expériences des générations précédentes. Ces différences apparaissent de façon brutale à la frontière. Même dans le monde globalisé contemporain où les modes semblent se diffuser quasi-instantanément à travers la planète, de même que les vidéos qui font le buzz, les réseaux sociaux ne traversent que rarement la frontière en dehors de quelques cas particuliers d'espaces de sociabilité transfrontalière (Dubois et Rérat 2012, Drevon 2016).

# Conclusion

Discontinuité, la frontière nationale se manifeste par un effet de rupture nette au passage de la ligne, notamment en termes démographiques et socio-économiques mais aussi dans tous les domaines de la vie. Cette rupture ne s'exprime pas de la même façon suivant les contextes et les échelles spatiales d'analyse. Elle demeure consubstantielle de la frontière, limite d'États souverains qui gèrent de façon cloisonnée leurs territoires respectifs.

# BIBLIOGRAPHIE

BRUNET R., FRANCOIS J.-C., GRASLAND C., (1997), « La discontinuité en géographie : Origines et problèmes de recherche. Entretien de Claude Grasland et Jean-Christophe François avec Roger Brunet », *L'espace géographique*, n° 4, p. 297-308.

DECROLY J.-M., GRASLAND C., (1992), « Frontières, systèmes politiques et fécondité en Europe », *Espace Populations Sociétés*, n° 2, p. 135-152.

GRASLAND C., HAMEZ G., (2005), « Vers la construction d'un indicateur de cohésion territoriale européen », *L'espace géographique*, 34(2), p. 97-116.

GUÉROIS M. (dir.), (2016), « Typologie socio-économique des régions frontalières de l'Union Européenne (2000-2012 », rapport d'étude pour le CGET, UMS RIATE, https://riate.cnrs.fr/?p=4692.

DE RUFFRAY S. *et al.*, (2008), « La comparaison des territoires transfrontaliers à l'échelle nationale : Vers une typologie fondée sur les logiques d'intégration », rapport d'étude pour la DATAR, Paris, UMS RIATE, https://riate.cnrs.fr/?p=4827.

CHAPITRE 17

# Des frontières dans le cyberespace

**Frédérick DOUZET, Amaël CATTARUZZA**

SOMMAIRE



Le 16 novembre 2019, l'Iran a volontairement déconnecté son réseau du cyberespace mondial, dans un contexte de manifestations publiques contre le régime activement relayées sur les réseaux sociaux. L'opération, particulièrement sophistiquée, a été rendue possible par une réorganisation de l'architecture de la connectivité iranienne autour de seulement trois points de sortie sous contrôle du gouvernement. Il a fallu 24 heures pour permettre au réseau interne à l'Iran de continuer à fonctionner tout en ne laissant passer que 5 % du trafic vers l'extérieur pour les activités essentielles à la stabilité du pays.

L'Iran a ainsi démontré, si c'était encore à faire, qu'il y a bel et bien des frontières dans le cyberespace même si, comme nous le verrons dans ce chapitre, elles sont protéiformes et rarement superposables à celles des États. Mais surtout, cet événement témoigne d'une dynamique plus générale de territorialisation du cyberespace de la part d'une multitude d'acteurs dans un contexte où, face aux défis posés par l'interconnexion mondiale des systèmes d'information, les États cherchent à affirmer leur puissance et défendre l'exercice de leur souveraineté dans le cyberespace.

## 1 Représentations et territorialisation du cyberespace

Le concept de cyberespace émerge en deux temps, dans deux communautés différentes, pour des raisons diamétralement opposées, donnant lieu à deux systèmes de représentations profondément antagonistes dans leurs principes et leurs valeurs mais qui ont en commun la représentation du cyberespace comme un territoire – sous un angle utopiste et libertaire d'une part, sous un angle de menace pour la sécurité des États d'autre part.

## DÉFINITION

**Cyberspace**

Le cyberespace désigne à la fois les infrastructures physiques et informatiques de l'Internet et l'espace d'information, de communication et d'interactions qui en est issu.

## 1.1 Des représentations utopistes et libertaires

La première conception émane des représentations utopistes et libertaires des pionniers de l'Internet. Le terme de cyberespace naît sous la plume de l'auteur de science-fiction William Gibson dès 1984. Dans son ouvrage *Neuromancer*, il offre une représentation mentale des données et de l'information stockée au cœur des systèmes informatiques de toute l'humanité, un espace tridimensionnel « d'une infinie complexité » dans lequel ses personnages entrent en se connectant par ordinateur. Cette représentation a fortement inspiré les pionniers de l'Internet, baignés de la contre-culture des campus californiens des années 1960 et dont l'esprit d'ouverture, d'autogestion, d'échange et de liberté d'expression imprègne jusqu'à l'architecture même de l'Internet. Le réseau n'a pas de centre, il est conçu sans contrôle, de manière distribuée pour favoriser avant tout la circulation sans entrave des données, avec une séparation des fonctions de transport et de traitement de l'information qui permet aux paquets de données de voyager indépendamment afin de contourner les éventuels blocages.

Au début des années 1990, cette représentation gagne les discours politiques avec le projet d'autoroutes de l'information d'Al Gore qui permettrait l'avènement d'une ère de l'information et d'une intelligence collective, porteuses d'une société plus égalitaire et pacifiste. L'enthousiasme autour de la chute du mur de Berlin et les théories sur la fin de l'histoire (Fukuyama) portent même à croire qu'en abolissant la notion de distance et de frontières, le cyberespace pourrait annoncer la fin de la géographie.

## 1.2 Un territoire indépendant

John Perry Barlow, co-fondateur de l'association de défense des libertés numériques l'*Electronic Frontier Foundation* – une référence directe à la notion de frontière dans l'histoire américaine –, pousse l'idée à son paroxysme en 1996. Dans sa *Déclaration d'indépendance du cyberespace*, il estime que les gouvernements du monde physique n'ont aucune légitimité à gouverner ce monde de l'esprit, dont la liberté d'expression est le principe constitutif : un territoire virtuel libre des frontières, des lois, du pouvoir et de la souveraineté des États. Le pendant dystopique de cette représentation décrit toutefois un monde violent, sombre, une société de la surveillance généralisée dans laquelle ces mêmes technologies de l'information sont au contraire utilisées pour assurer la domination sur les plus faibles.

Le texte fondateur de Barlow initie un processus de territorialisation symbolique du cyberespace qui prend une tournure radicalement différente au cours de la décennie suivante, alors que les conflits géopolitiques se multiplient jusqu'à se projeter dans l'espace numérique. Un deuxième système de représentations émerge alors, cette fois dans les discours et les stratégies des États qui se représentent le cyberespace comme un espace de menace pour la sécurité du territoire et les intérêts de la nation, voire un champ de bataille.

## 1.3 Un champ de bataille

Cette représentation se construit dans un contexte de croissance exponentielle du cyberespace et de prolifération des cyberattaques. Entre 1995 et 2005, le nombre d'utilisateurs de l'Internet est passé de 44 millions à plus d'un milliard, pour atteindre 4,5 milliards en 2020. Largement accessible et de faible coût, la technologie met à portée d'une grande diversité d'acteurs – individuels, étatiques, criminels, terroristes – de puissants outils d'expression, d'influence, de propagande ou de renseignement, mais aussi de redoutables vecteurs d'attaques. L'attaque qui paralyse les serveurs de l'Estonie en 2007 inaugure une ère de la prolifération de cyberattaques de plus en plus ciblées, sophistiquées et diversifiées dans leur origine comme leurs objectifs, avec des conséquences parfois dévastatrices.

Face aux défis multiples et complexes auxquels ils sont confrontés sans savoir encore comment y répondre, les acteurs étatiques se réapproprient la représentation territoriale des pionniers du cyberespace en créant un lien discursif entre cyberespace et sécurité nationale. Ce processus de territorialisation s'inscrit alors dans une dynamique de sécuritisation du cyberespace, qui devient un territoire à conquérir et à contrôler au nom de la sécurité nationale : un territoire sur lequel il faut faire respecter ses frontières, ses lois et sa souveraineté. Le cyberespace devient même le cinquième domaine militaire, après la terre, la mer, l'air et l'espace, consacrant ainsi sa militarisation tout en légitimant les ressources exceptionnelles dévolues à la cyberdéfense et la course aux cyberarmes dans un contexte de compétition stratégique exacerbée.

## 1.4 La territorialisation du cyberespace

La territorialisation du cyberespace initiée par les pionniers visait à le protéger des rivalités géopolitiques. Elle a donné lieu à la sécuritisation et à la militarisation du cyberespace par les États. Ces deux systèmes de représentations contradictoires ne s'excluent pas mutuellement mais au contraire coexistent, renforçant ainsi la représentation du cyberespace comme un territoire. Or, les représentations géopolitiques ne sont pas neutres, elles jouent un rôle dans l'élaboration de politiques publiques qui à leur tour affectent la géographie du cyberespace. La volonté des États de regagner un contrôle territorial sur l'espace numérique se heurte toutefois aux spécificités et à la complexité de cet environnement hautement dynamique partagé par une multitude d'acteurs – privés, étatiques et de la société civile – et caractérisé par la fluidité, l'ubiquité et la multiplicité des échanges et des interactions qu'il permet. En outre, la territorialisation du cyberespace prend des formes multiples qui engagent, au-delà des États, une diversité d'acteurs aux représentations et aux intérêts contradictoires. La production de frontières dans le cyberespace relève alors autant du rapport de force géopolitique que du défi technique et conceptuel.

## 2 Des frontières multiformes dans l'espace numérique

Si l'on considère les fonctions des frontières, en particulier celles de la protection du territoire et du filtrage des flux, il est indéniable que l'espace numérique a vu ces dernières décennies émerger de véritables frontières, même si leur conceptualisation soulève plusieurs difficultés.

### 2.1 Un espace réticulaire

Une première difficulté réside dans la nature réticulaire de cet espace, qui amène à repenser les concepts géographiques habituellement utilisés dans le cadre de l'analyse territoriale. La notion de lieu réticulaire (Beaude, 2012) peut nous permettre d'entrevoir les spécificités de ces espaces en réseaux, dans lesquels les distances sont remplacées par des logiques de connexités (la proximité ne se rapporte pas à des distances mais à des connexions plus ou moins fortes) et dans lesquels la communication permet de faire apparaître des ensembles spatiaux cohérents constitués par des lieux distants. Avec cette approche, la frontière n'est plus à penser comme une limite entre deux espaces contigus mais comme un filtre plus ou moins fort entre deux espaces connectés. Cette logique réticulaire a ainsi permis aux acteurs les plus puissants dans le cyberespace de projeter leur pouvoir sur la scène internationale, comme l'ont montré les révélations d'Edward Snowden sur les capacités de surveillance mise en place par les États-Unis via l'espace numérique.

### 2.2 Une « infinie complexité »

Une deuxième difficulté est due à la complexité de ce réseau qui repose autant sur des infrastructures physiques (datacenters, serveurs, routeurs, câbles terrestres et sous-marins etc.), que sur des protocoles logiques permettant la communication (codes, applications, etc.), et sur des échanges réels de contenus et d'informations. Or, chacun de ces éléments peut amener à différentes façons de penser la frontière, que l'on privilégie une approche physique – en rassemblant un maximum d'infrastructures physiques du réseau sur son territoire national – ou logique – en cherchant par exemple à maîtriser les algorithmes de routage pour s'assurer du trajet que prennent les données – ou encore informationnel (filtrage des contenus et des échanges sur la toile).

Cette complexité est visible dans la conception même de la frontière qui ne se matérialise pas en un espace fini et univoque (frontière-ligne dans l'espace terrestre, zonale dans l'espace maritime, etc.) mais en une succession de dispositifs territoriaux (ensemble d'infrastructures connectées, de protocoles, de législations nationales ou régionales, etc.) qui ne se superposent pas les uns avec les autres et ne coïncident que rarement avec les frontières nationales traditionnelles. Les États cherchent souvent, en fonction de leurs moyens, à inscrire leur souveraineté simultanément sur ces différents plans – avec des solutions inédites d'une région à une autre. La Chine, par exemple, a dès l'origine développé son architecture réseau en s'assurant un contrôle rigoureux de ses points d'accès. Elle favorise également le développement de ses propres plateformes numériques (comme le moteur de recherche Baidu ou les réseaux sociaux Wechat ou Weibo) et de ses propres industries (Alibaba, Tencent, Huawei, etc.). De plus, le pays double ce contrôle physique, logique et économique d'un arsenal juridique évolutif lui permettant de censurer les contenus, d'assurer la mainmise sur ses fournisseurs d'accès et de sécuriser ses données stratégiques (voir l'ordonnance pour la protection de la sécurité des systèmes d'information informatiques de 1994 et plus récemment le Livre blanc de 2010 qui a donné lieu à de nouvelles lois sur la souveraineté numérique).

## 2.3 Des enjeux multiples et imbriqués

Une troisième difficulté est la nature multidimensionnelle du cyberespace qui affecte aujourd'hui tous les domaines de la vie sociale, des administrations aux entreprises privées, des institutions financières aux établissements de santé ou encore aux infrastructures militaires ou de transports. Les agents qui participent à la sécurisation et au contrôle de cet espace sont par conséquent très divers. Dès le début des années 2000, la question du contrôle des contenus était ainsi soulevée même dans les sociétés démocratiques, comme en témoigne l'affaire qui, en 2000, oppose l'historien juif Mark Knobel à l'entreprise Yahoo. Cette dernière diffusait des sites aux contenus néo-nazis, qui étaient autorisés aux États-Unis, mais interdits en France. Cette affaire avait abouti au blocage des sites concernés sur le territoire européen. La dimension stratégique du cyberespace apparaît également à la même période, avec la multiplication des cyberattaques visant directement ou indirectement des États (Estonie en 2007, Géorgie en 2008, Iran en 2010 et 2012, Ukraine en 2014, virus à diffusion mondiale WannaCry et Notpetya en 2017, etc.)

Sur le plan économique, la question de la souveraineté numérique était soulevée dès le début des années 2010. De fait, avec la numérisation de l'économie, la concentration des plateformes de commerces en ligne aux États-Unis ou en Chine créent des situations de dépendance pour le reste du monde, et menacent à court terme de faire disparaître une grande partie des emplois du secteur tertiaire. Par ailleurs, la multiplication des sites d'achat en ligne a rendu plus facile la vente de contrefaçon et les trafics de marchandises internationales si bien que des acteurs comme les douaniers ont dû également former des capacités de contrôle dans le cyberespace.

## 2.4 Un espace partagé entre de nombreux acteurs

Finalement, la dernière difficulté réside donc dans la multiplication des acteurs agissant dans l'espace numérique. En effet, si l'État reste le principal producteur de frontière dans le monde physique, celui-ci se voit concurrencé dans le cyberespace par un grand nombre d'acteurs privés dans l'espace numérique, parmi lesquels les grandes plateformes d'intermédiations (Google, Facebook, etc.), dont les règles contractuelles posent de nouveaux défis pour les législations nationales et internationales dans de nombreux domaines (respect de la vie privée, contrôle des contenus, etc.).

Pour toutes ces raisons, l'exercice de la souveraineté par les États dans l'espace numérique reste encore un champ d'expérimentation protéiforme, dans lequel chacun développe ses propres solutions, en fonction de ses objectifs et de ses moyens. La question des frontières est donc toujours en cours d'ajustement, et les solutions mises en place varient beaucoup en fonction des acteurs et des domaines concernés.

### CAS 17.1

**■ UNE NÉCESSAIRE TENSION ENTRE FRONTALIER ET TRANSFRONTALIER**

Les études de cas permettant d'analyser la frontiérisation en cours de l'espace numérique, sont innombrables. Il ne s'agit donc pas d'être exhaustif mais plutôt d'illustrer par deux exemples l'ambiguïté de la notion de frontière dans cet espace en réseau, qui est par nature transfrontalier.

■ LE *RUNET*

Promulguée le 1er mai 2019, la loi russe 90FZ, dite du *Runet*, est officiellement destinée à promouvoir la souveraineté numérique russe et à lutter contre les cyberattaques. Dans les faits, elle met en place une nouvelle architecture du réseau national en imposant le rapatriement des adresses IP des fournisseurs d'accès russes sur le territoire, et elle influe également sur l'acheminement des flux d'information puisque les fournisseurs d'accès doivent utiliser des systèmes de routages gérés par le gouvernement. Cet exemple montre l'importance du routage des données dans l'émergence progressive de frontières du cyberespace. Or, l'analyse géographique du routage peut être faite à deux niveaux : celui des infrastructures physiques, en étudiant les routes empruntées par les données, ou celui des protocoles et des algorithmes de routages. Suivant les infrastructures et les techniques déployées, le routage des données peut être indépendant ou non des territoires nationaux.

Ainsi, les câbles numériques sont aujourd'hui devenus d'importants enjeux géopolitiques. Outils d'influence ou de dépendance pour les États, ils peuvent permettre à certains de s'isoler du réseau mondial. Longtemps, la cartographie de ces câbles montrait la domination sans partage des États-Unis sur le réseau mondial. Mais la construction au cours des dernières décennies de nouveaux câbles change progressivement les rapports de force. Ainsi en est-il du câble terrestre Transit Europe-Asia, qui relie le Japon à l'Europe en passant par la Russie, ce qui donne aux Russes un ascendant politique et technique sur le transit des données dans la région. Les pays du Caucase et d'Asie centrale ont toutefois affirmé leur volonté de ne plus dépendre exclusivement du TEA pour leur accès à l'espace numérique mondial. En 2019, l'Azerbaïdjan, le Kazakhstan, et le Turkménistan, se sont entendus pour déposer deux câbles de fibre optique sous la Caspienne, en évitant le territoire russe. Ce projet de *TransCaspian Fiber Optic* devrait être terminé en 2022 et dessine potentiellement de nouvelles frontières pour cet espace numérique.

L'investissement sur les infrastructures du numérique rentre également dans cette logique de territorialisation. La Russie a ainsi alloué d'importants investissements depuis 2015 à la construction de méga-datacenters en Sibérie, ce qui lui permet de conserver sur le territoire national ses données, dont le traitement est une manne économique pour les acteurs privés russes, et d'étendre dans le même temps son influence continentale sur les pays environnants, en particulier vis-à-vis de la Chine et de l'Asie centrale. Ces investissements font suite à une loi de datalocalisation adoptée par la Douma en juillet 2014, et entrée en vigueur le 1er janvier 2016, qui oblige les entreprises du numérique, quelle que soit leur nationalité, à stocker sur le territoire russe toute donnée concernant les citoyens de la Fédération. Or, la Russie est loin d'être une exception et les lois de datalocalisation se sont multipliées dans le monde depuis les années 2010.

## ■ GAFAM ET BATX, LES NOUVELLES PUISSANCES MONDIALES

Néanmoins, la localisation des données sur un territoire ne garantit pour autant pas leur contrôle exclusif et souverain lorsqu'elles sont administrées par de puissantes plateformes d'intermédiation, à savoir des entreprises qui facilitent les communications et les transactions entre les utilisateurs d'Internet et qui, pour certaines, fournissent des services de gestion et stockage des données en ligne de type *cloud*. Ces géants du numérique, connus sous l'acronyme GAFAM[1] en occident ou BATX[2] en Asie, participent pleinement de la production de frontières dans le cyberespace, bien que leurs activités soient par nature transfrontalière.

Tout d'abord, ces entreprises dépendent de la juridiction de l'État dans lequel se trouve leur siège social et dont elles contribuent – parfois contraintes – à étendre l'exercice du droit dans le cyberespace. En 2018, le Cloud Act est ainsi venu trancher un long bras de fer entre Microsoft et le Département de la Justice américaine, l'autorisant à accéder légalement aux données de l'entreprise, quelle que soit la localisation physique de ses centres de données.

Inversement, le respect des lois des pays ou des entités régionales au sein desquels les plateformes opèrent fait l'objet de multiples conflits, qu'il s'agisse des lois sur le travail (Uber, Amazon), de la protection des données personnelles (RGPD), du contrôle des contenus (désinformation, propagande

1. Google, Amazon, Facebook, Apple, Microsoft.
2. Baidu, Alibaba, Tencent, Xiamo.

djihadiste, par exemple) ou encore du paiement des impôts. Les frontières juridiques ne se superposent pas à celles des États et sont fortement contestées en raison, d'une part, de l'inégale répartition de ces plateformes dans le monde – fortement concentrées dans la Silicon Valley californienne et en Chine – et, d'autre part, de l'ampleur des enjeux économiques, politiques et stratégiques. Outre leur effet disruptif sur les économies locales, ces plateformes collectent et contrôlent d'immenses volumes de données et captent la valeur de pans entiers de l'activité économique. Elles produisent des services qui deviennent aussi essentiels au fonctionnement des sociétés que l'eau et l'électricité et se substituent même à certains services publics. Elles rivalisent ainsi de puissance économique et politique avec les États.

Or, ces plateformes possèdent aussi leurs propres frontières voire leur propre constitution par leur charte des utilisateurs. En l'absence d'instruments efficaces de coopération internationale, elles se retrouvent parfois en position de trancher sur la suppression ou le maintien de contenus en ligne en fonction de leurs propres critères, ou sur l'accès par la justice d'un pays à des données d'enquête criminelle. Leurs frontières sont également marquées par un accès contrôlé des utilisateurs et la création d'un environnement propre qui vise à devenir une porte d'entrée privilégiée dans le cyberespace. Elles s'inscrivent aussi de plus en plus dans l'espace physique, alors que Google multiplie ses centres de données à travers le monde et tire désormais ses propres câbles sous-marins.

# Conclusion

Notre réflexion ici ne clôt pas ce sujet labile et insaisissable des frontières dans l'espace numérique car il y a de multiples façons de territorialiser le cyberespace, qui vont au-delà de la volonté étatique de recréer un territoire de souveraineté nationale numérique. D'autres acteurs agissent dans ce domaine – entreprises privées, plateformes d'intermédiations, acteurs malveillants, hackers, etc. – et viennent contribuer à la production de frontières et à ces dynamiques de territorialisation. En ce sens, il est donc nécessaire d'interroger la notion d'effet-frontière dans l'espace numérique, dans ces trois dimensions que sont le blocage des flux, l'interface et le territoire. De fait, l'espace numérique est construit de telle manière que les dispositifs de contrôle des flux ne sont jamais infaillibles du fait même de la connexion et du réseau. L'effet-frontière dans le numérique est donc toujours associé à une dimension transfrontalière qui lui est intrinsèque. Et la nature protéiforme du cyberespace suppose que, malgré le pouvoir normatif des États, différentes frontières continuent à subsister en fonction des acteurs et des domaines concernés, et que ces divers ensembles spatiaux se chevauchent sans coïncider, ce qui interroge de façon plus profonde la carte politique du monde et sa marqueterie territoriale d'États souverains.

# BIBLIOGRAPHIE

BEAUDE B., (2012), *Internet. Changer l'espace, changer la société*, Limoges, Éditions FYP.

CATTARUZZA A., (2019), *Géopolitique des données numériques. Pouvoir et conflits à l'heure du Big Data*, Paris, Le Cavalier Bleu.

DOUZET F., DESFORGES A., (2018), « Du cyberespace à la datasphère. Le nouveau front pionnier de la géographie », *Netcom*, 32-1/2, p. 87-108.

« Géopolitique de la datasphère », *Hérodote*, n° 177-178 (2020), Paris, La Découverte.

LIMONIER K., (2018), *Ru.net. Géopolitique du cyberespace russophone*, Paris, Éditions L'inventaire.

# CHAPITRE 18

# Le marketing territorial en contexte transfrontalier : finalités et ambivalences

**Nicolas GREINER, Frédérique MOREL-DORIDAT, Sabrina de PINDRAY d'AMBELLE**

SOMMAIRE



Les frontières et les espaces qu'elles traversent peuvent faire l'objet d'un marketing particulier, émanant d'acteurs divers en termes de compétences (étatiques, régionales…) et devant toujours jouer avec l'image très forte que véhicule la frontière. Ce marketing participe à un mode de représentation singulier qui tend à « vendre » un espace en dépit de l'hétérogénéité des territoires qui le composent, tant du point dr vue culturel, économique, linguistique ou identitaire.

Ce chapitre abordera les finalités et les intérêts sous-jacents à une telle démarche, en portant l'attention successivement sur l'échelle étatique, où s'opèrent des actions de diplomatie internationale et où peuvent être mises en avant des infrastructures à la portée symbolique forte comme les ponts ; sur l'échelle inter-régionale, en questionnant différentes motivations à la mise en place de ce marketing ; puis sur l'échelle régionale, avec la mise en place de discours promouvant une construction identitaire, dont le fondement sera questionné.

DÉFINITION

**Marketing territorial**

Le concept de marketing territorial est apparu au cours des années 1990 avant de s'imposer comme une pratique courante tant pour les politiques publiques que les acteurs privés. Il peut être utilisé à différentes échelles spatiales, depuis celle des États, des villes ou des régions. L'une de ses finalités est de promouvoir les territoires par la construction de représentations nouvelles qui viseront à renforcer leur attractivité à l'égard de populations et de capitaux, autour de «*projets phares*» (Andersson, 2014). Ces représentations nouvelles sont autant de constructions mentales que les stratégies de communication participeront à forger. Aussi, le marketing territorial peut-il se définir comme l'ensemble des «pratiques de communication territoriale qui consistent à s'appuyer sur des matières spatiales existantes ou en construction en vue de les promouvoir, de les faire exister, de les rendre attrayantes et d'inciter à les pratiquer, à y investir son temps, ses loisirs ou son capital» (Dumont, 1999, cité par Dumont et Devisme, 2006). Dès lors, il s'avère être un outil incontournable de la promotion, de la valorisation et du développement d'un territoire bien que ses méthodes et moyens divergent selon les besoins des acteurs et leur secteur d'activité.

De la valorisation d'un tourisme local au positionnement d'une ville dans un système mondialisé (Anholt, 2007), la diversité des thèmes amène à une approche très sectorielle du marketing territorial dont les réflexions scientifiques se renouvellent peu à peu. De là naît le concept novateur de *marque territoriale*, plus connu sous le nom de *branding territorial* (ou *place branding* en anglais). La «marque» cherche à faire appel aux sens, à la perception et la réputation d'un lieu (Michelet et Giraut, 2014) par la diffusion d'un récit spécifique, vecteurs d'adhésion et créateurs d'émotions auprès d'un public cible dont l'affect se mêlerait à une étiquette «certifiée» de la qualité d'un territoire (Hansen, 2010). Le marketing territorial, et plus globalement le *branding territorial*, deviennent ainsi un moyen d'initier et de soutenir des projets locaux censés rendre les territoires plus compétitifs et les repositionner dans une logique néo-libérale concurrentielle.



## 1 Le marketing territorial transfrontalier, un outil de la diplomatie internationale

Quelle que soit l'intensité des connexions locales transfrontalières, la frontière reste un instrument de gestion territoriale au service des États. Pour eux, la construction des espaces transfrontaliers passe par les pratiques et les discours. Pour valoriser le transfrontalier, le discours semble parfois prendre le pas sur les pratiques. Bien souvent, la prise en compte des infrastructures permettant de traverser la frontière fait l'objet de ce hiatus entre ce qui est fait et ce qui est dit.

En la matière, le pont symbolise la mise en contact physique de ce qui est séparé par une frontière, il est l'acte symbolique du «franchissement» d'une limite séparant deux rives. Dans le monde, de nombreux ponts traversent une frontière étatique et constituent à ce titre des marqueurs forts du degré de coopération et de l'intensité des échanges entre pays. À l'ouvrage d'art en tant que tel, un nom se surajoute pour donner du sens. Souvent employés, les termes d'« amitié » ou « fraternité » sont le révélateur des motivations politiques internationales qui les portent. C'est en particulier les cas des aménagements « symboliques » promouvant la paix tels que le « pont de l'Europe » reliant Strasbourg en France à Kehl en Allemagne, parfaite image de la réconciliation Franco-Allemande (*cf.* chap. 34).

La frontière franco-brésilienne en fournit un autre exemple pertinent. Périphérie longtemps ignorée par les politiques publiques des deux États, cette frontière devient un enjeu important de la diplomatie internationale dans les années 1980-1990 en raison de la progression de l'intégration économique et de l'augmentation de l'immigration brésilienne. Le besoin de contrôle des flux tant humains que monétaires a ouvert la voie au renouvellement du discours politique depuis les accords-cadres de 1996 en matière de coopération transfrontalière. En atteste la prise de parole du Président Chirac devant le Congrès de Brasília le 12 mars 1997 :

> La France partage avec votre grand pays sa plus longue frontière terrestre avec un pays étranger. Sachons, en voisins, développer ces territoires limitrophes, préserver leurs richesses, leurs traditions, travailler au bien-être de toutes celles et de tous ceux qui vivent dans la nature belle et difficile du bassin amazonien. Notre coopération doit favoriser le rapprochement de nos économies.

Ces mots trouvent une résonance particulière dans l'idée d'un aménagement pérenne qui enjambe le fleuve Oyapock et relierait les villes de Saint-Georges en Guyane française et de Oiapoque au Brésil. Ce projet d'aménagement particulièrement ambitieux relève aussi du symbole. En effet, au moment de son annonce officielle, la ville française n'était accessible que par les airs et la mer ; l'enclavement s'avérait encore plus notable pour la ville brésilienne adjacente. En outre, les différences d'aménagements routiers entre les deux pays étaient fortes. En 2011, lorsque les travaux du pont furent finalisés, les véhicules ne pouvaient circuler côté brésilien en l'absence de route, et les postes frontières français faisaient encore face à la forêt tropicale[1]. À ces considérations s'ajoutent des difficultés réglementaires notables : la réalisation d'un pont frontalier demande un contrôle renforcé des entrées et des sorties des personnes, des marchandises mais aussi des véhicules motorisés, dans un espace où l'obtention de visas est la norme. Il fallut finalement attendre mars 2017, soit vingt ans après l'annonce officielle de sa construction et six ans après l'achèvement de ses travaux, pour que le pont soit mis en service.

Cette situation s'appuyait notamment sur l'interdiction persistante de la circulation des camions sur le pont en l'absence d'accord internationaux pour les échanges de marchandises entre la France et le Brésil ce qui favorise les échanges économiques

1. Voir Knechtel A., (2014), « Le Far West de l'Europe, Un pont sur l'Oyapock », ZDF/ARTE, https://www.youtube.com/watch?v=vd2yUrTLxjE.

informels. De plus, les horaires d'ouverture très réduits du pont jusqu'en mars 2019 ne permettaient pas une circulation continue des flux humains. Aujourd'hui encore, les pirogues continuent de relier les deux rives. Ce que révèle l'épreuve des faits, c'est que les flux de personnes et de marchandises utilisant l'ouvrage d'art sont essentiellement de voisinage, contrairement à l'effet géopolitique continental annoncé (à la livraison de l'ouvrage d'art, 75 % des voyageurs étaient originaires des deux villes frontalières – Boudoux d'Hautefeuille, 2010). Malgré l'absence de besoin réel à l'échelle locale et régionale, cette infrastructure répondait à un besoin stratégique certes, mais dissymétrique : pour le gouvernement français, il était question de créer un partenariat commercial pour la vente de matériel militaire et un contrôle plus efficace de l'immigration à ses frontières, mais la priorité du Brésil était l'obtention de la suppression des visas et une meilleure intégration au marché économique européen.

Cet exemple révèle comment le marketing territorial peut se saisir d'une infrastructure, aussi peu fonctionnelle, soit-elle et la transformer en symbole qui nourrit une rhétorique à la source d'une communication active qui dépasse de loin la situation régionale frontalière qu'elle était censée stimuler, comme l'illustre la figure 18.1. Ici, l'ouvrage d'art est présenté comme un outil moteur du développement local et des relations économiques, que ce soit par son slogan « *L'avenir commence maintenant* » ou le défilé des camions qu'il met en scène (qui, comme nous l'avons vu, est loin de la réalité actuelle de l'usage du pont).

**Figure 18.1 – Communication brésilienne autour de la mise en service du pont sur l'Oyapock**

Source : S. Letniowska-Swiat, octobre 2011, http://geoconfluences.ens-lyon.fr/doc/typespace/frontier/FrontDoc6.htm.

## 2 Faire valoir une région transfrontalière imaginée : dans quel but ?

Le marketing transfrontalier n'est pas l'apanage des États bordiers d'une limite internationale. Il peut être produit par les acteurs infra-étatiques et révèle à ce titre la position politique que ces derniers occupent dans le devenir des espaces frontaliers (*cf.* chap. 25). Des exemples attestent de cette rhétorique dans des contextes variés : leur mobilisation permet de repérer des motifs qui caractérisent le marketing territorial transfrontalier.

L'un des premiers éléments récurrents dans la production discursive des territoires régionaux réside dans leur revendication d'une image construite autour de l'idée d'une centralité géographique renouvelée à leur avantage. Ainsi en est-il de l'espace du ZICOSUR ou Zone d'intégration du Centre Est de l'Amérique Latine qui regroupe des espaces peu denses et isolés des Andes, à travers sept pays limitrophes. L'objectif affiché par les régions et pays membres de cette alliance auto-proclamée est de surmonter les faiblesses communes par la mise en place de nouvelles infrastructures de communication, à l'instar de plusieurs corridors bi-océaniques, grâce à un discours commun sur leur centralité continentale qui retourne le stigmate de l'enclavement (Amilhat Szary, 2003).

De fait, les acteurs locaux et régionaux déploient fréquemment un *branding* particulier pour revendiquer cette position désormais centrale, qui passe, notamment en contexte européen, par l'ajout du préfixe « *euro* ». La première occurrence se rencontre dans l'Euregio fondée en 1958 et regroupant des communes de part et d'autre de la frontière germano-néerlandaise. L'Eurorégion Meuse-Rhin, instituée peu de temps après (1976) et qui se situe entre la Belgique (Liège et Hasselt), les Pays-Bas (Maastricht) et l'Allemagne (Aix-la-Chapelle) est un deuxième exemple. Le préfixe *euro-* est également utilisé pour qualifier des espaces infrarégionaux. Dans le sillage de la loi française du 27 janvier 2014 de modernisation de l'action publique territoriale et d'affirmation des métropoles (loi MAPAM), les agglomérations de Strasbourg et de Lille ont acquis respectivement la dénomination d'« Eurométropole de Strasbourg » et de « Métropole européenne de Lille », pour revendiquer un positionnement international et transfrontalier. Ces deux entités n'en ont pas moins une emprise spatiale strictement française, et n'ont pas de compétences sur les espaces frontaliers voisins. D'autres structures de coopération existent à cette fin, elles aussi régulièrement labellisées avec le préfixe *euro-*, comme le Groupement européen de coopération territorial (GECT) Eurodistrict Strasbourg-Ortenau et le GECT Eurométropole Lille-Courtrai-Tournai. Ce dernier se présente comme une Eurométropole franco-belge « *polycentrique, tri-culturelle et binationale* » ayant pour ambition de devenir un « *laboratoire* » et un « *territoire exemplaire de l'intégration européenne*[2] ». Une position « centrale » en Europe et le caractère multiculturel induit par la proximité d'une frontière sont des éléments rhétoriques fréquents

2. La Mission Opérationnelle Transfrontalière (MOT), www.espaces-transfrontaliers.org.

en contexte transfrontalier. Dans le cas de la métropole de Lille, la proximité de trois « cultures » (flamande, française et wallonne) est mise en avant et rappelle implicitement les valeurs du partage et de la tolérance d'une métropole « *ouverte sur le monde* ».

Dans l'Union européenne, le marketing régional transfrontalier peut également être motivé par une raison plus prosaïque : remplir les critères d'éligibilité aux fonds européens afin de maximiser les chances d'obtenir un financement pour des projets régionaux. Qu'il s'agisse des fonds alloués à la coopération transfrontalière, ou des fonds de la politique régionale, les critères d'éligibilité font souvent la part belle à la représentation affichée des partenariats transfrontaliers, et à la plus-value escomptée de leur réalisation prévue. Dès lors, les collectivités frontalières sont encouragées à communiquer sur leur européanité et leur aptitude à la coopération, parfois au-delà de leur engagement véritable en la matière.

## 3 Le marketing transfrontalier, un discours au fondement fragile

À des degrés divers, la rhétorique déployée dans le marketing territorial transfrontalier semble être en décalage vis-à-vis du vécu et des aspirations des populations. Attendu au vu de la nature discursive parfois très idéalisante du marketing, il n'en est pas moins le révélateur des impacts exercés par les frontières nationales sur les représentations territoriales.

Le marketing transfrontalier vise en effet à mettre en avant ou à construire l'image commune d'espaces contigus marqués par des cultures nationales différentes, dans laquelle les populations peuvent ne pas se retrouver. Cela est attesté notamment dans toutes les régions transfrontalières connaissant une institutionnalisation de leur espace qui peut ne pas concerner tous·tes les habitant·es. De part et d'autre de frontières séculaires, l'idée qu'une image commune puisse s'imposer en dépit des appartenances nationales préexistantes semble ambitieuse. La communication de la « Grande Région » est à cet égard révélatrice de ce décalage. Cet espace de coopération ancienne a certes connu d'intenses brassages de population et est marqué par des échanges quotidiens importants. L'image d'un passé commun est inscrite dès la déclaration commune du premier sommet de 1995 et fait état d'un « *héritage largement partagé* » remontant « *à plus d'un millénaire* ». La recherche d'un lien historique aussi lointain tient en fait d'une entreprise de valorisation de l'image de territoires périphériques, grandement péjorée par les crises industrielles des trois dernières décennies. Malgré tout, les différentes enquêtes menées auprès des populations démontrent que rares sont les habitants se reconnaissant dans le discours du « marketing grand régional » – et que leurs perceptions diffèrent suivant le pays d'origine. Ainsi, les Luxembourgeois partagent davantage les visions véhiculées par le marketing transfrontalier que les Lorrains, les Sarrois ou les Wallons (Wille *et al.*, 2015).

Il existe également de nombreux cas de disjonctions de représentations frontalières : soit un groupe situé d'un seul côté de la frontière communique et impose sa propre vision du transfrontalier, soit les visions portées par les différents groupes ne coïncident pas. C'est le cas lorsqu'une frontière sépare des groupes ayant une histoire commune mais ayant évolué différemment dans des contextes nationaux hétérogènes. Aux frontières de la France, citons notamment les différences fondamentales entre l'espace catalan en France et son puissant voisin espagnol, la Communauté autonome de Catalogne ; entre le pays basque en France et la Communauté autonome espagnole éponyme ; ou encore entre l'espace flamand de France et la région Flandre en Belgique (Hamez, 2004). Les intérêts des acteurs et la communication qu'ils entreprennent varient alors de chaque côté de la frontière.

Enfin, le décalage entre la rhétorique du marketing transfrontalier et les dynamiques territoriales peut aussi s'expliquer par le fait que les auteurs du marketing ont tendance à diffuser un discours que certains perçoivent comme élitiste, voire déconnecté des réalités du terrain. Les discours diffusés dans les processus de rapprochement transfrontalier peuvent être la traduction de l'éloignement entre un discours porté par des élites, et une population généralement non impliquée dans les relations de travail entre les deux pays (Amilhat Szary, 2007).

## Conclusion

Les actions de marketing territorial en contexte transfrontalier reflètent toujours un positionnement par rapport aux images fortes et contrastées que véhicule la frontière : positionnement symbolique de mise en relation, de continuité, d'ouverture. En cela, elles assurent un fort contraste avec les discours politiques nationalistes qui entourent l'érection de murs aux frontières dans de nombreuses parties du monde (*cf.* chap. 19 et 32). Ces actions peuvent être portées tant par les acteurs étatiques, les décideurs régionaux que par les groupes de pression issus de la société civile et/ou défendant des intérêts privés.

Leur analyse met en évidence de façon originale la question des compétences dans le domaine transfrontalier. Contrairement à un marketing plus classique qui se déroulerait dans un contexte infranational, par exemple autour d'une métropole ou d'une région dotée d'une agence de développement, ce marketing transfrontalier doit composer avec un assemblage d'entités aux sphères de compétence variées et indépendantes, où les intérêts nationaux ne sont jamais bien loin.

# BIBLIOGRAPHIE

AMILHAT SZARY A.-L., (2003), « L'intégration continentale aux marges du MERCOSUR : les échelles d'un processus transfrontalier et transandin/Continental integration in the peripheral areas of the MERCOSUR : the different scales of a cross-border and trans-Andean process », *Revue de Géographie Alpine*, vol. 91, n° 3, p. 47-56.

ANDERSSON I., (2014), « Placing place branding: an analysis of an emerging research field in human geography », *Geografisk Tidsskrift-Danish Journal of Geography*, vol. 114, n° 2, p. 143-155.

GRENAND F., (2012), « Enjeux de territoires sur une frontière méconnue. Entre la France et le Brésil : le fleuve Oyapock », *Confins*, [en ligne], n° 16, http://journals.openedition.org/confins/7961.

WILLE C., RECKINGER R., KMEC S., HESSE M., (2015), *Spaces and Identities in Border Regions: Politics – Media – Subjects*, Wetzlar, Transcript, coll. « Blacklist », p. 385.

CHAPITRE 19

# Nationalisme et populisme

**Luca MUSCARÀ**

SOMMAIRE



Selon O. Lattimore, « les frontières ont une origine sociale et non géographique » (Lattimore, 1956). De fait, le concept de « frontière » a plusieurs sens. Il recouvre tout autant l'idée de front pionnier (le *pioneer fringe* de Bowman) que celle de borne et de limite ; il est mobilisé soit de façon orientée vers l'intérieur, par exemple pour empêcher les citoyens de sortir ou de bouger (comme c'est le cas avec la Grande Muraille, suivant la lecture qu'en fait O. Lattimore), soit de façon orientée vers l'extérieur, quand il s'agit de protéger une communauté d'un péril venant d'ailleurs. Ce chapitre est dédié à l'emploi du terme de frontière dans la rhétorique nationaliste et souverainiste du récent mouvement plouto-populiste international, qui mobilise la frontière comme élément essentiel de protection vis-à-vis de supposés dangers externes.

## 1 Origines

### 1.1 L'idée nationale

On commencera par la clarification de certains concepts clés, notamment celui de « nationalisme ». Il s'agit en effet d'un concept du XIXe siècle dont la signification a changé selon les contextes historiques. Il tire son origine du vocable « nation », lequel dérive du latin *natus* (naître) – bien que, pour indiquer l'ascendance, les Latins utilisaient plutôt le terme *gens*. Au Moyen Âge, les *nationes* désignaient les corporations d'étudiants européens qui recevaient une éducation dans les universités[1].

Les révolutions puritaines et glorieuses de l'Angleterre du XVIIe siècle marquent l'avènement d'un nationalisme *civique*, alors que la classe marchande anglaise revendiquait son indépendance non vis-à-vis d'une domination étrangère, mais au titre de la liberté personnelle de l'autorité du gouvernement ou de l'Église. Ces idées s'épanouirent parmi les puritains de la Nouvelle Angleterre et en France (grâce à Voltaire et Rousseau) en prenant une forme universelle.

Les révolutions américaine et française substituèrent à la souveraineté absolue du roi celle du peuple, les citoyens pouvant désormais construire leur dignité dans l'union avec leur État-nation. Les guerres menées par Napoléon réveillèrent les nationalismes en Europe et ailleurs, principe qui allait devenir important pour joindre la revendication d'une liberté individuelle à un culte du pouvoir collectif.

Pendant le XIXe siècle, un nationalisme *romantique* s'est développé, en impliquant fortement la langue, la littérature, l'histoire et la géographie nationales. Il s'agit du volet politique du romantisme, lequel s'est répandu de l'Amérique latine à l'Europe. Les mouvements d'indépendance y puisèrent leur inspiration pour donner naissance à de nouveaux États indépendants, définis comme objets d'identification d'un peuple et de son destin.

## 1.2 Nationalisme, frontières naturelles : l'État cartographe

Ce nationalisme romantique cherchait à fonder son argumentation sur l'idée des frontières naturelles : la nature même, ou mieux la géographie physique, aurait ainsi fourni aux nations leurs bornes territoriales. Dans ce processus, la cartographie trigonométrique permise par les progrès scientifiques des XVIIe et XVIIIe siècles a joué un rôle essentiel : pendant le XIXe siècle elle produira la linéarisation progressive des frontières, la réalité du terrain obéissant progressivement à sa représentation cartographique.

Dans l'espace de moins d'un siècle la géographie européenne allait donc évoluer d'une conception holistique du vivant (défini comme partie prenante de la nature même) exprimée par la notion de *Lebenskraft* de Humboldt (force vitale), à celle du *Lebensraum* de Ratzel (espace vital), qui serait repris après la Première Guerre mondiale par Haushofer et la *Geopolitik* allemande.

1. À l'université de Bologne, au XIIe siècle, il n'y avait que deux nations : les *ultramontani* et les *citramontani* ; et à l'université de Paris les *nationes* étaient au nombre de quatre : français, normand, picards et anglais, bien que désignant des origines régionales plus vastes.

Cette imbrication entre la nation, l'État et sa cartographie, qui contribua pendant la période romantique à l'identification d'un peuple avec son territoire, allait devenir la base du principe de l'autodétermination nationale proposé par le président Wilson aux Traités de Versailles et de Sèvres (1919). Dans les faits, cette notion du « droit des peuples à disposer d'eux-mêmes » ne fut respectée que lorsqu'elle se conjuguait avec les desseins stratégiques des *Big Four* (les vainqueurs de la Grande Guerre), notamment concernant le « cordon sanitaire » entre Russie et Allemagne.

En effet, les dernières décennies du 19e avaient été témoin d'une compétition entre État-nations et nationalismes. Les économies nationales, pour se garantir l'accès à toujours plus de ressources (de façon à soutenir leurs industries), tentaient de tirer le maximum de leurs colonies. Mais dans la mesure où il n'y avait plus de territoire à coloniser, chaque nouvelle expansion ne pouvait se faire qu'aux dépens d'une autre puissance coloniale. Dans le contexte des rivalités interimpériales et du militarisme croissant, cette conjonction de facteurs conduisit aux deux Guerres mondiales, les affrontements y portant surtout sur des questions d'expansion territoriale nationale et de frontières.

## 1.3 Nationalisme ethnique, lutte contre l'oppression et réveil identitaire

Issu des dimensions civique et romantique originelles, un nationalisme *ethnique* prit donc forme avec les totalitarismes belliqueux de l'entre-deux-guerres et leurs racismes, précurseurs de l'holocauste juif. Cette nouvelle étape imposa au terme sa connotation négative qui demeura pendant la guerre froide, dans le contexte d'un ordre mondial bipolaire voyant deux idéologies universalistes s'opposer.

Pourtant, pour plusieurs ex-colonies devenues indépendantes au cours du XXe siècle, le nationalisme garda sa connotation positive d'autodétermination nationale : le produit d'une conscience de soi en réaction à une condition d'oppression, stimulant l'esprit de résistance.

Après la chute du mur de Berlin, plusieurs nationalismes *identitaires* se réveillèrent à l'intérieur de la Fédération des Républiques de l'ex-Union soviétique et dans son orbite (Hooson 1994), lesquels purent s'établir en tant qu'États indépendants. Dans ce contexte, l'émergence récente de nationalismes accompagnés d'une rhétorique populiste où la frontière figure en position prééminente, constitue un phénomène assez différent.

# 2 Le nationalisme comme stratégie du plouto-populisme contemporain

## 2.1 Le rejet de l'autre, point de ralliement des *left behind*

Dans les différentes parties du monde, une partie croissante de la population se perçoit comme laissée pour compte (*left behind*) par les crises économiques et financières, ainsi que par les politiques néolibérales d'austérité adoptées par leurs gouvernements. Cette perception est le creuset de discours populistes, même si les processus ayant conduit à la détérioration de leurs conditions économiques et sociales sont complexes. Les membres de l'*establishment* ayant conduit ces politiques et/ou bénéficié de ces crises sont dès lors considérés comme complices de ce dessein, et, en conséquence, perçus comme traîtres à la nation.

DÉFINITION

**Plouto-populisme**

Du grec ploutos : dieu de la richesse. Le plouto-populisme est un avatar du populisme identitaire jouant sur un glissement sémantique : il recompose la notion de « peuple » autour des classes populaires, définies comme le « vrai peuple » face à des riches dont les connexions internationales et globalisées (on parle aussi de leur cosmopolitisme) les excluraient de la nation. Les plouto-populistes combattent donc à la fois l'étranger et l'*establishment*, au nom des left *behind* nationaux (les laissés pour compte).

Ce malaise et cette rage ont été aggravés par la vague de flux migratoires directs vers l'Europe qui atteint son pic à l'été 2015 à cause de la guerre civile en Syrie et de la défaillance généralisée des réponses à cet exode, aux échelles européenne et nationale. Si les accords successifs signés par l'Union européenne avec la Turquie permirent de réduire ostensiblement ces mobilités à partir de 2016, cette crise géopolitique fut exploitée par des nouveaux leaders populistes. Prenant le contrôle des partis de droite, ils ont soufflé sur la flamme montante de la rage populaire en se présentant comme les défenseurs du « vrai peuple » vis-à-vis d'une « invasion » présumée dont la cause aurait été la trahison des partis traditionnels et leur complicité avec les « élites cosmopolites », définies comme soit globalisées, soit de gauche.

Le rôle joué par l'United Kingdom Independence Party (UKIP) dans le cas du Brexit illustre ce processus. La rhétorique développée évoquait l'identité avec une tonalité nationaliste-souverainiste, en créant l'illusion de restituer aux *left behind* une autonomie et en rejetant leurs problèmes sur un bouc émissaire. Dans ces discours, les migrants et les réfugiés furent donc unis aux élites cosmopolites de Bruxelles, déjà identifiées comme ayant causé la perte de statut des *left behind*. L'Europe apparaissait dès lors comme coupable à la fois d'une perte de souveraineté économique et politique britannique en faveur d'une UE présentée comme exclusivement au service des capitaux globaux d'une part, et comme favorable aux migrations du fait de son approche intégrative et multi-culturaliste d'autre part.

## 2.2 L'exploitation populiste des frontières

La rhétorique déployée dans la campagne présidentielle américaine de 2016 par Trump se caractérise par une dynamique semblable. Il fallait gagner les votes des *left behind* grâce à un nationalisme identitaire et à la diabolisation de l'autre (variable selon les occasions : le musulman, le Mexicain, le Chinois, etc.). Cela se traduisit par l'exploitation rhétorique des frontières, exprimée par métaphore du « mur » de 3 500 km avec le Mexique pour séparer nettement « nous » et « eux ». Cependant après les élections, la politique de Trump fut mise au service des plus riches, et notamment des lobbies, comme ceux du pétrole et du charbon, ou de l'armement.

Même si en France, Marine Le Pen perdit finalement les élections présidentielles de 2017, en Italie, le même discours fut adopté par Salvini en vue des élections de 2018 qui mena son parti au pouvoir. Dans la parenthèse qui le verra ministre de l'intérieur jusqu'à l'été 2019, il dicta une politique de clôture des ports aux navires qui transportaient des naufragés réfugiés, en violation du droit international. Dans ce cas, il s'agissait de mobiliser les électeurs au nom de la défense des frontières maritimes du pays, contre un bouc émissaire regroupant les réfugiés et l'Union européenne (condamnée pour ses faiblesses face aux égoïsmes nationaux dans la gestion de la question migratoire).

Ces initiatives plouto-populistes répliquées dans différents pays se font écho. Leur portée est internationale et mondiale, comme on a pu le voir avec l'élection de Bolsonaro au Brésil en 2019, et la création d'alliances avec d'autres leaders autoritaires déjà au pouvoir, de Poutine à Modi. Ils partagent l'usage d'un arsenal d'instruments numériques reposant sur la psychologie behavioriste, le *big data*, les techniques de *microtargeting* (à l'origine mis au point pour le marketing *online* des produits commerciaux) et les *fake news*. Le scandale de Cambridge Analytica a révélé l'importance du rôle joué par Steve Bannon, qui fut directement impliqué comme protagoniste dans les cas cités, pour identifier les électeurs les plus hésitants. L'appui de la psychologie behavioriste pour trouver les électeurs les plus facilement influençables et l'usage de « chambres d'écho » informatives pour modifier leur comportement électoral devait permettre la prise du pouvoir, tout en se cachant derrière des élections apparemment régulières. Le choix de ces électeurs s'est fait de façon habile suivant le découpage géographique des collèges électoraux – et l'usage de ces technologies a été sous-évalué par leurs adversaires de gauche, dans le cas du référendum sur le Brexit comme dans celui des élections américaines (Muscarà, 2020).

Même si le rôle de cet arsenal électoral est encore discuté, il sera utile d'analyser ici la stratégie discursive des plouto-populistes et leur habilité à répondre à la crise identitaire d'une partie de l'électorat par des arguments xénophobes, racistes, eurosceptiques, anti-globalistes et anti-cosmopolites, où les frontières et les murs jouent un rôle de premier plan.

# 3 Frontières et besoin de sécurité

## 3.1 Le concept d'iconographie de Jean Gottmann

Le géographe Jean Gottmann a proposé un cadre pour analyser l'émergence des notions modernes de territoire et de souveraineté. Selon lui, le cloisonnement politique de l'espace géographique est le produit de l'interaction oscillante entre deux tendances psychologiques contradictoires : l'une est orientée vers la recherche d'opportunités et l'autre nous pousse à la quête de sécurité. L'alternance de ces motivations pousse à ouvrir ou fermer les frontières à la circulation.

Dans ce cadre, le concept d'iconographie est défini comme le système de symboles dans lesquels une communauté se reconnaît (comprenant des éléments du passé commun de nature culturelle, religieuse, politique, etc.). L'iconographie joue un rôle pour limiter les contacts et la circulation. Une communauté qui serait l'objet d'un changement important, de provenance exogène, pourrait réagir pour son auto-défense en faisant appel à l'iconographie partagée par ses membres, de façon à s'opposer à la crise identitaire découlant de ces changements. Si le partage de ces symboles stimule le sens d'appartenance à une communauté, cette réaction d'auto-défense peut arriver à une intolérance extrême envers ceux qui se reconnaissent dans des symboles différents, allant jusqu'à la fermeture des frontières et/ou l'expulsion du territoire de la communauté de ceux qui sont perçus comme différents.

Il s'agit donc d'une action sur l'espace qui vise à transformer le temps, car la fermeture des frontières permet de ralentir le changement qui était perçu à l'origine de la crise même. Le territoire et ses frontières deviennent l'objet d'une projection identitaire par la communauté, comme si la nation, abstraitement imaginée comme ethniquement homogène, pouvait être identifiée avec son territoire national et donc ses frontières, en tant que bastion de la sécurité identitaire menacée.

La Révolution industrielle a également joué un rôle dans la constitution des frontières. Les États européens ont connu une explosion démographique, une accélération de l'urbanisation, le développement des réseaux ferroviaires et de la navigation à vapeur, le tout contribuant à une augmentation de la pression sur les territoires métropolitains (et leurs colonies), ainsi qu'une contraction de l'espace-temps. L'accélération temporelle, qui se poursuit jusqu'à aujourd'hui, a mis en compétition les États européens entre eux, et bientôt aussi avec les nouvelles puissances extra-européennes. Cela participe historiquement de l'affirmation de nationalismes, avec une association entre nation et territoire – simplification prenant la forme de polygones d'espace sur la carte politique du monde, enclos par des frontières, loin de la complexité et de la diversité humaine. Cette compétition entre les puissances industrielles coloniales produisit les deux guerres mondiales, où le territoire et les frontières jouèrent un rôle essentiel pour les identités nationales.

### 3.2 Des frontières pour « nous », contre « eux » ?

L'opposition « nous » contre « eux » a aussi une dimension psychologique. Le Groupe pour le progrès de la psychiatrie retrace son origine dans l'identification fusionnelle de l'enfant avec sa mère (*Rapport sur la psychologie de l'ethno-nationalisme*, GAP 1987). Il faut passer par les étapes successives du processus d'individualisation pour que l'enfant arrive à assumer sa propre identité, distincte de celle de la mère. Dans cette évolution, l'identification de l'enfant s'opère aussi avec des personnes familières, pour s'élargir jusqu'à l'identification de l'individu avec sa communauté nationale.

Cette distinction originelle entre familiers et étrangers est à la base de la future opposition avec l'autre-que-soi, défini comme étrange à cause de l'absence de familiarité. La frontière qui sépare « nous » et « eux » peut devenir plus ou moins marquée dans la mesure où elle permet de faire coïncider les identités en question avec leurs positions sur le territoire – entre un « intérieur » habité par le groupe de référence et un « extérieur » habité par les groupes étranges. Le fait qu'une nation puisse constituer un ensemble homogène est bien sûr un fait imaginaire, une abstraction. Il s'impose comme simplification cognitive, d'autant plus rassurante que la réalité est complexe. La rhétorique populiste du « nous contre eux » amène à une spatialisation sur le territoire national et à une diabolisation de l'étranger qui doit rester à l'extérieur des frontières. Les frontières deviennent soit un filtre des circulations, soit le symbole de l'identité nationale à protéger.

## 4 Plouto-populisme, pandémie et frontières

### 4.1 Populisme et fermeture des frontières

La pandémie de Sars-Cov2 a mis au premier plan les frontières et les questions d'échelles géographiques. L'existence même d'une pandémie est la preuve de la défaillance des systèmes sanitaires nationaux voire de l'OMS, qui n'a pas agi comme une véritable agence de coordination internationale. En 2019-2020, le virus est entré dans les circuits internationaux de la mobilité globale, et les fermetures de frontières nationales ont été tardives, partielles et non-synchronisées. L'État-nation a été réaffirmé au moins temporairement, à la fois dans les pays où les confinements ont été possibles, mais aussi de façon générale dans la mesure où la santé publique est largement organisée sur des bases nationales ou infranationales, et où seuls les États pouvaient assurer la mobilisation de l'armée et de la police nécessaire pour contrôler le territoire.

Dans ce contexte, une action rapide de fermeture des frontières aurait semblé logique, compte tenu de la rhétorique nationaliste et souverainiste des gouvernements populistes ou autoritaires. Au contraire, de la Grande Bretagne de Johnson aux États-Unis de Trump, du Brésil de Bolsonaro, à l'Inde de Modi et à la Russie de Poutine, les confinements n'ont été que partiels et tardifs, souvent accompagnés par des déclarations contradictoires – avec une conséquence tragique en termes de développement de l'épidémie.

Aux États-Unis notamment, la campagne présidentielle de Trump en 2020 a pris le pas sur la gestion de la pandémie. La rhétorique du « beau mur avec le Mexique » s'est avérée utile pour éviter le débat sur l'absence d'un confinement au niveau fédéral. Le gouvernement a en outre essayé de trouver de nouveaux boucs émissaires, en diabolisant tour à tour la Chine, l'OMS, mais aussi les gouverneurs démocrates des États de la fédération américaine.

Comme Cuomo, le gouverneur de l'État de New York, l'a montré pendant le pic de la crise sanitaire, il n'est pas possible de contrôler dix millions d'habitants avec la police ou l'armée. La seule façon de gouverner est de rechercher l'unité des efforts de la population entière contre la contagion, ce qui demande de créer une conscience générale du problème, d'adopter collectivement des mesures sanitaires, de dispenser une information scientifique continuellement mise au jour ainsi qu'une communication directe et transparente entre le gouvernement et la population. La Chine, pays qui jusqu'ici semble être celui qui a le mieux contrôlé la situation par ses mesures de confinement, montre aussi que le premier atout dans la lutte contre la pandémie est la cohésion sociale. Cela exige une confiance sociale qui semble bien loin de se pouvoir se réaliser ailleurs, à l'échelle nationale sinon mondiale.

La crise sanitaire montre l'intérêt de sortir des limites de l'échelle nationale et de ses frontières, pour aller vers l'échelle globale, avec une réorganisation de l'OMS à la hauteur des nouvelles nécessités, ou bien vers l'échelle locale, par la création de couloirs de mobilité entre villes et régions où la situation virale soit absente ou réduite.

Dans le contexte de crise sanitaire, les manipulations des identités nationales par les plouto-populistes et les politiques identitaires clivantes des leaders autoritaires comme Modi ou Erdogan travaillent dans le sens inverse de celui que la raison propose, en projetant des frontières entre « nous » et « eux ». L'agenda actuel impose en revanche de travailler à l'échelle mondiale ou à l'échelle locale, en respectant les différences identitaires, bien que ces dernières soient aujourd'hui manipulées par des intérêts économiques ploutocratiques en compétition entre eux.

Les nouvelles frontières (dans le sens de « fronts ») se situeraient moins à l'échelle des nations qu'à l'échelle urbaine et régionale. C'est un enjeu avant tout cognitif, demandant de ne plus imaginer l'humanité divisée et séparée par des frontières, ou indépendante de la nature et de l'environnement, mais en interdépendance et en interaction.

# BIBLIOGRAPHIE

AGNEW J. A., (2019), *Mapping Populism*, Lanham, MD, Rowman & Littlefield.

AMILHAT SZARY A.-L., (2020), *Géopolitique des frontières. Découper la terre, imposer une vision du monde,* Paris, Le Cavalier Bleu.

GOTTMANN J., (1973), *The significance of Territory*, Charlottesville, The University Press of Virginia.

LATTIMORE O., (1956), « The frontier in history », Prepared for the Tenth International Congress of the Historical Sciences, Rome, (Reprinted in O. Lattimore, *Studies in Frontier History*, Oxford, 1962).

MUSCARÀ L., (2020), « The Great Swindle of Nationalist Sovereigntism », *in* KOCH N. *et al.* (eds.), *Changing geographies of the state*, Cheltenham, Edward Elgar

CHAPITRE 20

# L'art aux frontières

**Anne-Laure AMILHAT SZARY**

SOMMAIRE



L'art occupe une place entière parmi les représentations sociales de la frontière dont l'exploration présente deux intérêts principaux pour le géographe. Le premier est que de nombreux·ses artistes se sont exprimés à propos de la frontière, au point que leurs œuvres finissent par constituer un corpus intéressant à analyser. Le second tient à notre définition de la frontière : dans la mesure où elle est construction imaginaire, représentation en actes, il est stimulant de chercher à la comprendre par l'intermédiaire des productions artistiques qui, justement, transforment cet imaginaire (*cf.* chap. 2). Autant d'arguments pour aller au-delà du poncif d'un « art sans frontières ».

Mais comment identifier ces œuvres, et de quel type d'art parle-t-on ? Ce chapitre se place dans une perspective esthétique qui travaille sur la base d'une conception très large de ce qu'est l'art, bien au-delà de l'idée traditionnelle de *l'œuvre*, pour appréhender tout ce qui est susceptible de mettre notre sensibilité en mouvement. Ce qu'il est désormais convenu d'appeler le *border art* est une formulation qui se traduit par « art de la frontière » ou « art à la frontière » et qui recouvre bien plus que de simples tableaux ou photos qui illustrent la frontière. Il s'agit d'expressions artistiques variées qui se construisent dans une inter-relation spécifique avec les espaces frontaliers, soit qu'elles les représentent effectivement dans une forme figurative, soit, plus souvent, qu'elles les questionnent par de l'art dit « conceptuel », soit encore qu'elles s'inscrivent délibérément dans le lieu de la limite internationale (se servant de l'espace politique comme support explicite).

Les arts visuels, très présents dans ce domaine (peinture, gravure, mais aussi art vidéo ou installations hybrides), ont longtemps figuré de façon exclusive dans les écrits sur le *border art*. La place de la performance, au sens artistique du terme, c'est-à-dire en termes d'action mise en œuvre par un corps en mouvement dans un but esthétique, y est essentielle également – même si le plus souvent on ne peut parler que de la trace filmée d'un moment éphémère. Enfin, de plus en plus, les arts vivants (théâtre, danse, cirque, etc.) se saisissent à leur tour, de manière verbale et non-verbale, de la problématique frontalière et élargissent la notion de *border art*.

C'est en tant que le *border art* transforme la conceptualisation de la frontière qu'il intéresse la géographie : il œuvre le lieu politique. Ce « n'est pas seulement un objet de représentation mais aussi un élément structurant d'un système complexe de production des représentations » (Cristofol, 2012) et, à ce titre, il aide aussi à comprendre l'évolution du statut de la représentation dans les méthodes d'analyse de cette discipline.

# 1 Localiser le *border art* : jeu avec la notion de centre – périphérie

## 1.1 L'art à la limite

En préambule, il est intéressant de se rappeler que des producteurs d'images ont accompagné la fabrique officielle des frontières. Le statut artistique de ces représentations (gravures, photographique) peut être discuté. Au moment de rejoindre les grandes expéditions de démarcation frontalière, notamment dans le domaine colonial, la commande était passée à des personnes de fournir une représentation graphique objective des lieux. Il n'en demeure pas moins qu'elles étaient recrutées sur la base de leurs qualités d'expression graphique ou photographique – méthodes dont on sait aujourd'hui qu'elles ne sont jamais neutres. Quand un David Taylor entreprend en 2006-2007 de photographier les monuments marquant la ligne États-Unis/Mexique sur son intégralité, il place explicitement son objectif dans la mémoire du regard de D.R. Payne, photographe officiel nommé par la Commission de démarcation à la fin du XIXe siècle : l'œuvre contemporaine met en relief la dimension artistique du premier corpus.

## 1.2 Des artistes avec un pied de chaque côté

Le *Border Art Workshop/Taller De Arte Fronterizo* né en 1984 entre San Diego et Tijuana marque la naissance officielle de la catégorie de *border art* que ce collectif revendique pour son caractère politique. Son acronyme BAW/TAF traduit le caractère transfrontalier et bilingue du groupe : ses artistes vivent à cheval sur la frontière et produisent sur ses deux côtés, participant fortement à l'expression de la dimension culturelle partagée entre les villes jumelles. Les membres de ce groupe revendiquent leur identité *chicanx*, c'est-à-dire une hybridité qui dépasse la frontière politique. Dans cette région en effet, la ligne s'est fixée tardivement (1848) et l'héritage autochtone, comme la construction coloniale, embrassent tout le territoire aujourd'hui divisé politiquement, mais intégré par des habitant·es qui vivent souvent des deux côtés en même temps. La production artistique du BAW/TAF va ainsi accompagner le développement de combats politiques à la frontière, pour les droits des travailleurs immigrés ou la reconnaissance culturelle des minorités puis contre le tournant sécuritaire affectant la région surtout depuis 2001. Posée sur la délimitation politique même, la porte de Richard Lou, *Border Door* (1988), doublement inutile car entourée par le vide et ouverte, questionne le sens même des frontières. Le dispositif s'accompagne d'une distribution des clés de cette porte aux habitants mexicains qui vivent à ses côtés : R. Lou tente ainsi de maintenir la possibilité de circulation dans ce qui lui apparaît comme une dystopie politique. Cette installation puise dans le quotidien des interactions frontalières pour en détourner l'imaginaire.

« Créé à la même période, le festival trisannuel InSITE témoigne dans ses premières éditions du dynamisme artistique régional, puis il se met à attirer des artistes étrangers, observateurs attentifs de la frontière. En 2001, avec *Picturing Paradise*, le Brésilien Valeska Soares pose des miroirs sur lesquels sont gravés des extraits de *Villes invisibles* d'Italo Calvino, dans le Parc de l'amitié de San Diego, lui-même traversé par le mur. La frontière-miroir qui cache l'autre devient un support pour s'interroger sur soi-même et sur la part d'altérité qui réside en chacun. » (Amilhat Szary, 2015)

### 1.3 Des œuvres qui déplacent les frontières

Guillermo Gómez-Peña, l'un des artistes les plus célèbres du BAW/TAF est pourtant l'un de ceux qui s'en séparent rapidement : dès les années 1990, il veut s'éloigner de cette région et des contradictions qui la traversent, entre espoirs d'ouverture portés par l'Accord de libre-échange nord-américain (ALÉNA) et menaces de fermeture contenus par l'opération Gatekeeper qui débute en même temps. Son corps constitue son principal outil de travail et il va porter l'art de la performance vers ses sommets. Comme pour la poétesse Gloria Anzaldúa, la frontière, c'est son corps : étant eux-mêmes la frontière, ils peuvent se détacher du lieu support. Dès 1991, Gómez-Peña dénonce le fait qu'« au lieu de transformer les marges en centre », l'art de la frontière « amenait le centre aux marges ».

## 2 Performer la frontière

Quand les artistes travaillent la limite internationale, ils contribuent non seulement à transformer les représentations que nous pouvons avoir des frontières mais, en modifiant nos imaginaires, ils les transforment effectivement.

DÉFINITION

**Performativité des frontières**

Le terme de performativité caractérise une des fonctions du langage qui est de réaliser ce qu'il énonce. La dimension performative est essentielle au fonctionnement des frontières dans la mesure où on définit ce type de limite comme une triangulation entre norme, représentation et pratique.

## 2.1 Rendre visible

« Parfois faire quelque chose de poétique peut devenir politique et parfois faire quelque chose de politique peut devenir poétique » (*Sometimes doing something poetic can become policial and sometimes doing something political can become poetic*) est le titre d'une œuvre de Francis Alÿs produite en 2005. L'artiste a marché le long de la ligne officielle d'armistice entre Israël et les territoires palestiniens, communément appelée « ligne verte », muni d'un pot de peinture – verte ! – troué dont il laissait s'échapper la matière, de façon à marquer au sol cette limite oubliée par l'expansion urbaine et politique israélienne. Il n'était pas seul mais accompagné d'un cameraman et d'une équipe lui fournissant les pots à mesure qu'il les vidait. Le passage de checkpoints ne leur a posé aucun souci, tant l'action entreprise était peu visible à qui en ignorait le sens. La vidéo, elle, a fait de nombreuses fois le tour du monde après sa première exposition au Musée d'Israël. Sa force est en effet d'ouvrir le questionnement à différents niveaux : sur le conflit tout d'abord, dont la vidéo dévoile l'invisibilisation dans le paysage urbain israélien ; sur la nature même de la frontière ensuite : comment un acte aussi bénin qu'un tracé linéaire peut-il revêtir une telle force politique ? Le nom de l'œuvre porte en soi toute la problématique du *border art*.

Dans la même optique, le collectif palestinien DAAR (Decolonizing Architecture Art Research) a travaillé à donner à voir l'espace recouvert par le tracé des limites entre les périmètres définis par les accords d'Oslo pour découper la Cisjordanie. Travaillant la question de l'échelle des cartes, le projet *The Lawless Line*[1] explore ainsi le terrain couvert par le trait de la ligne. Traduit sur le terrain, le trait sur le papier représente une largeur de plus de 5 mètres, soit un espace qui échappe possiblement aux normes. Les artistes en proposent une interprétation inédite visant à rendre le pouvoir aux habitant·es concerné·es.

Cette idée de « rendre visible » la dimension abstraite de la réalité frontalière peut s'affranchir du site même de la frontière. Les *land-artists* ont très tôt exploré cette possibilité de faire parler un lieu au travers d'une intervention esthétique qui charge l'espace d'un faisceau de significations renouvelées. Ainsi, le travail de Christo et Jeanne-Claude est traversé par la figure de la frontière, depuis les barrils de la rue Visconti (Paris, 6e arrondissement[2]). En 1961, l'intervention consiste à barrer une rue parisienne par des barils de pétrole vides : la référence au mur de Berlin qui vient de sortir de terre est évidente, le matériau, lui, pointe vers la globalisation de l'économie et la dépendance énergétique qui la structure. Éphémère, l'installation constitue bel et bien une métonymie précoce de ce que les frontières contemporaines sont en train de devenir.

...............

1. http://www.decolonizing.ps/site/battir-3/.
2. http://www.christojeanneclaude.net/projects/wall-of-oil-barrels---the-iron-curtain.

## 2.2 Donner corps

L'un des moyens de travailler sur la visibilité peut être le trompe-l'œil : la performance de l'artiste Maria Teresa Fernandez, *Borrando la Frontera (Erasing the Border* – 2011) vise à effacer la frontière en peignant la barrière frontalière à Tijuana avec un décor « naturel » qui redonne la capacité de voir le paysage dont la frontière prive l'observateur. Cependant toutes les photos montrent l'artiste, vêtue d'une robe chic sur son échelle, dont le corps tranche à dessein sur l'image, faisant apparaître au grand jour la dimension biopolitique de la fabrique frontalière (*cf.* chap. 21).

L'une des forces du *border art* est de pouvoir travailler la matérialité des limites internationales, laquelle est trop souvent oubliée. Il s'agit en quelque sorte de faire sortir les limites des cartes, en tant que cadre qui emprisonne nos représentations à leur égard (*cf.* chap. 15). L'un des instruments privilégiés dans cette entreprise est le corps de l'artiste dont la mise en jeu peut se révéler d'une grande puissance heuristique. Guillermo Gómez-Peña déjà cité, a basé son œuvre sur la mise en scène de son corps racialisé, questionnant toutes les dimensions de son identité américaine (origine autochtone assimilée à l'« autre côté mexicain », nationalité états-unienne) dont il explore l'hybridité. Quand l'artiste israélienne Sigalit Landau joue nue avec un cerceau en barbelés (*Barbed Hula*, 2001), elle veut signifier les blessures que les Israéliens s'imposent à eux-mêmes en discriminant ethniquement et territorialement les Palestiniens. L'exposition du corps de l'artiste peut avoir vocation à dénoncer et/ou à réparer, comme lorsque des femmes cousent des cartes pour rapiécer le territoire déchiré par la frontière (A. Littman en Israël, Susan Harbage Page aux États-Unis).

De plus en plus, les arts vivants se saisissent de la thématique des frontières pour travailler à leur façon leur corporéité : la performance *Chroniques à la frontière* montée en collaboration entre le circassien Vincent Berhault et l'anthropologue Cédric Parizot, où l'un jongle en disant les mots de l'autre, illustre aussi l'importance de la présence de la recherche dans la création artistique sur la frontière. Cette démarche est une expérimentation réalisée dans le cadre du collectif *antiAtlas des frontières*[3], fondé par C. Parizot, J. Cristofol et A.-L. Amilhat Szary pour développer une plateforme de renouvellement des représentations sur les frontières contemporaines.

Ces œuvres posent la question de leur documentation : certains artistes font du terrain à l'instar des chercheur·es, d'autres travaillent avec des scientifiques et des activistes, la fiction apparaît le meilleur recours pour d'autres encore. Il est parfois difficile de savoir où commence et où finit l'une de ces démarches, comme le suggère le titre de la pièce de C. Boskowicz *Le pire n'est pas (toujours) certain*[4], qui joue sur ces ambiguïtés.



...............

3. https://www.antiatlas.net/.
4. https://halshs.archives-ouvertes.fr/halshs-02414417/document.

## 2.3 Faire participer

L'une des ambiguïtés des interventions artistiques à la frontière est qu'elles mettent en avant un·e artiste dans son rôle de cristallisateur d'expériences et de représentations, au risque d'oublier les personnes vivant dans les zones concernées, habitant·es, ou voyageur·es exilé·es, pour s'adresser à un public culturel international. La question de la diffusion des œuvres (notamment via leur reproduction dans les institutions muséales ou sur le net) est donc au cœur du *border art*. L'émergence de lieux où l'art de la frontière se donne à voir, manifestations régulières (*cf.* la biennale *Arcipelago Mediterraneo* à Palerme) ou musées en témoigne. Face à cette tendance, certain·es artistes tentent de travailler dans une approche participative.

Cela peut consister à mobiliser le public pour une performance collective à teneur politique. Ainsi, à San Diego, les militants d'extrême droite avaient été invités à braquer les phares de leurs voitures vers la frontière mexicaine pour mettre en lumière le « problème de l'immigration » pour une opération *Light up the border.* À l'appel d'un collectif artistique, des personnes vinrent s'intercaler entre les voitures et la ligne frontalière avec des miroirs, pour renvoyer la question vers les yeux des automobilistes[5] !

Une des grandes questions posées par les performances artistiques sont les traces qu'elles laissent. Du travail de collecte de la mémoire mené par la communauté de la petite ville québécoise de Stanstead, traversée par la frontière avec les États-Unis (et limitrophe de Derby Line au Vermont) avec l'artiste Althea Thauberger, il ne reste aujourd'hui que des photos du jour où les personnes qui sont d'habitude « le public » sont montées sur scène, dans la salle d'opéra Haskell, célèbre pour être traversée au sol par le marquage de la ligne[6]. Dans la même veine, les ateliers mis en place pour partager les expériences de traversée de la frontière par les travailleurs zimbabwéens vers l'Afrique du Sud ont donné lieu à la réalisation d'un « docudrama », pièce documentaire intitulée *Border Farm* (2011[7]).

Cette implication des personnes peut aussi se faire à leur insu, pour témoigner de leur présence-absence. Des volontaires faisant face aux objets abandonnés par les personnes en migration sur les routes de leur exil proposent d'en faire des musées qui auraient aussi vocation de mémorial, comme Porto M, à Lampedusa[8]. Les artistes peuvent ainsi se saisir des traces involontaires laissées sur la toile électronique : « cette frontière des frontières » que constitue la dimension électronique du contrôle se répercute alors dans les œuvres créées. Celles-ci se réclament d'un mouvement de contre-surveillance ou de géographie tactique. *Texas Border* (2010), de Joana Moll et d'Héliodoro Santos Sanchez est une installation produite à partir des images retransmises en live par des caméras de surveillance et mises à la disposition des citoyens

...............

5. https://www.humanite.fr/node/211066.
6. http://genevievechevalier.ca/project/stanstead-ou-comment-traverser-la-frontiere-volet-ii/.
7. https://thenjiwenkosi.com/border-farm.
8. https://www.facebook.com/collettivoAskavusa/.

américains. Ceux-ci peuvent alors, anonymement, signaler toutes tentatives d'intrusion dans le territoire américain.

Dans de rares cas, les interventions ont un but effectif d'appui aux personnes concernées. On pense aussi à l'application *Transborder Immigrant Tool* (2009) conçue par Micha Cárdenas comme une perturbation artistique de la surveillance à la frontière : il s'agissait de distribuer aux candidats à la traversée du Mexique vers les États-Unis des petits téléphones intégrant la localisation de points d'eau dans le désert.

## Conclusion : « artivisme » ou intégration au marché de l'art ?

Les processus de création artistique dans et à propos de lieux définis par leur nature politique constituent-ils pour autant un « art politique », marqué par l'engagement militant de ses auteur·es ? Le rapide panorama que je viens de déployer illustre une multitude de productions que l'on a du mal à faire rentrer dans une catégorie simple, du fait de leur diversité certes, mais pas uniquement. Si certains gestes esthétiques revêtent effectivement une puissance politique, c'est loin d'être le cas de tous. Quand, le premier, Gordon Matta Clark intervient artistiquement sur le mur de Berlin (*Berlin Wall graffiti*, 1976) il prend un risque vis-à-vis des forces de police, même du côté ouest de la barrière. Dix ans plus tard, les œuvres de Thierry Noir, puis de Keith Haring, restent d'avant-garde quant à leur vigueur esthétique, mais ce qu'elles gagnent en puissance médiatique, elles l'ont sans doute perdu en force politique ! Celles et ceux qui pratiquent le *border art* sont loin d'être tous des « artivistes » (néologisme angliciste issu de la contraction des termes *artiste* et *activisme*). Dans certains lieux de conflit ouvert, l'art n'est pas ou plus possible : sur la barrière israélo-palestinienne, il est désormais soumis au boycott par les Palestiniens des artistes israéliens, et le projet *Liminal Spaces* (2006-2009) est le dernier à avoir été partagé de part et d'autre de ce mur.

Les murs en particulier, se révèlent des attracteurs artistiques puissants, et leur multiplication [*cf.* chap. 32] s'accompagne d'une diffusion planétaire du *border art*. Dans un premier temps, on peut penser que les interventions artistiques en ces lieux tentent de transformer les représentations dominantes des leaders qui construisent les barrières aux frontières (Amilhat Szary, 2012). Depuis mes premiers travaux sur ce thème, j'ai fait l'hypothèse que cette multiplication des projets artistiques était aussi une manifestation qui accompagnait la globalisation du traitement des frontières dans le monde. Pour un·e artiste, intervenir sur une frontière, c'est avoir la possibilité d'être vu et compris sur toutes les autres frontières du monde et d'offrir ainsi une caisse de résonance puissante à son travail. Qui plus est quand l'œuvre concerne l'une des « hyper-frontières » du monde contemporain, à savoir les plus médiatisées.

Cette illustration du statut complexe du *border art* apparaît au travers des deux tweets ci-dessous, qui sont des photos commentées. Les deux images se ressemblent étonnamment, même si l'original de celle de gauche est en couleur alors que celle de droite est en noir et blanc, pour rehausser sa dimension esthétique. Toutes deux font écho à cette image de l'enfant mort sur une plage pendant l'exil syrien en 2015 [*cf.* chap. 21) : la première est une « flash-mob », action collective initiée par des anonymes, vêtus comme Alan Kurdi, rassemblés sur une plage marocaine en sa mémoire ; la seconde est un cliché d'une performance de l'artiste chinois de renommée mondiale, Ai Wei-Wei. Ce qui est dénoncé d'un côté comme une faute de mauvais goût absolu par un quotidien français progressiste est salué de l'autre pour sa puissance esthétique. Pourtant, hors du contexte, comment trancher quant à la force artistique et/ou politique de chacune ?

**Figure 20.1 – Deux performances comparables très diversement appréciées (2015-2016)**

Source : Twitter.

# BIBLIOGRAPHIE

AMILHAT SZARY A.-L., (2012), « Que montrent les murs ? Des frontières contemporaines de plus en plus visibles », *Études Internationales*, vol. XLIII, n° 1, p. 67-87.

AMILHAT SZARY A.-L. (2015), « Le BORDER ART fait le mur », *De ligne en ligne* (revue de la BPI du Centre Pompidou, Paris), n° 18, p. 5-7, http://www.bpi.fr/files/live/sites/SiteInstitutionnel/files/PDF/La%20bibliotheque/Publications%20et%20supports%20de%20communication/deligneenligne18ok.pdf.

CRISTOFOL J., (2012), « L'art aux frontières », texte présenté au 12e colloque BRIT (Borders Régions In Transition), novembre 2012, Japon, Fukuoka, http://www.antiatlas.net/jean-cristofol-lart-aux-frontieres/.

PARIZOT C., AMILHAT SZARY A.-L., POPESCU G., ARVERS I., CANTENS Th., CRISTOFOL J., MAI N., MOLL J., VION A., (2014), « The antiAtlas of Borders, A Manifesto », *Journal of Borderlands Studies*, vol. 29, n° 4, p. 503-512, https://doi.org/10.1080/08865655.2014.983302.

SHEREN I, (2015), *Portable Borders: Performance Art and Politics on the U.S. Frontera since 1984*, Austin, University of Texas Press.

## ENTRETIEN

**Avec Catherine Boskowitz – dramaturge et metteure en scène, Compagnie ABC, le 20 octobre 2020**

**1.** Quand vous pensez aux frontières, quelle est la première image qui vous vient à l'esprit?

Si le mot «frontière» est prononcé par moi ou par d'autres devant moi, cela ne rate pas, je visualise immédiatement la frontière entre la Syrie et le Liban en 2003 – côté Syrie –; la couleur sable des édifices militarisés de différentes tailles, fondus dans le relief du paysage et des roches. Et puis, très distinctement je distingue la file des taxis collectifs garés à l'écart. Je me souviens précisément de la marche obligée rapide pour atteindre le bâtiment de contrôle des papiers, l'entrée sale et, à l'intérieur, les différentes files qui mènent aux guichets, séparées chacune par du ruban bleu ou gris. Je me souviens aussi de quelques bruits de voix très distinctes qui s'élèvent dans un étrange silence général. Je revois les militaires derrière les bureaux vitrés qui se saisissent des passeports, les vérifient longuement avant de les constituer en petits tas et d'en choisir certains – pourquoi ceux-là plutôt que d'autres? – qu'ils portent à leurs supérieurs gradés tankés dans une arrière-salle dont on ne distingue qu'un battant opaque. Je me souviens du temps que dure la procédure. Long. Et de mon soulagement lorsque m'est retourné mon propre passeport.

Depuis, j'ai traversé une dizaine de fois cette frontière (Syrie/Liban) dans un sens ou un autre, toujours en taxi collectif. Durant ces passages de frontière, j'ai vu certaines personnes s'y faire arrêter ou être refoulées.

**2.** De quel point de vue et/ou quelle position professionnelle parlez-vous des frontières?

Souvent je raconte à des amis ou à des collègues de travail à quelles occasions j'ai passé certaines frontières et pourquoi: dans ma jeunesse, j'ai beaucoup circulé en Europe du Sud (Italie, Yougoslavie, Grèce, Espagne) et en Europe centrale (Tchécoslovaquie, Allemagne et Autriche).

Depuis 1989, je voyage très régulièrement au Moyen-Orient (Israël/Palestine/Jordanie/Syrie/Liban), sur le continent africain (différents pays d'Afrique centrale et d'Afrique de l'Ouest), et plus récemment dans les Caraïbes (en Haïti) et sur le continent centre et sud-américain (Nicaragua et Colombie). La plupart de ces voyages sont professionnels. Je pars souvent plusieurs semaines travailler sur des projets de spectacles vivants avec des artistes habitants de ces pays.

Dernièrement, en 2016, j'ai traversé les pays des Balkans: Slovénie, Croatie, Bosnie, Serbie, Kosovo, Macédoine en bus aller et retour, pour séjourner plusieurs semaines en Grèce à l'accueil des réfugiés du Moyen-Orient. J'ai raconté cette histoire dans une pièce de théâtre.

D'autre part et plus particulièrement depuis une vingtaine d'années, j'entreprends avec ma compagnie de théâtre, nombre de démarches pour que certains collègues artistes étrangers (notamment natifs des pays du Sud) obtiennent des visas pour se rendre en France soit pour y travailler, soit pour rendre visite à leurs familles. Ces demandes de visas – pour eux et via ma compagnie qui se porte garante d'eux et, le cas échéant, de leurs contrats de travail en France – deviennent de plus difficiles et leurs résultats aléatoires.

Enfin, depuis une dizaine d'années, j'essaie dans la mesure du possible d'aider et d'accompagner des personnes réfugiées (dits «migrants») à obtenir des documents de relocalisation et de résidence en France, en passant par les organismes adéquats. Ces démarches sont kafkaïennes.

**3.** Quelles sont les évolutions majeures des frontières que vous avez connues ?
J'étais en novembre 1989 à Berlin pendant la chute du mur. J'ai vu s'ouvrir la frontière entre l'Est et l'Ouest et pendant quinze jours, passer chaque matin les Allemands de l'Est vers l'Ouest (notamment à Checkpoint Charlie).
Je me souviens précisément aussi du bruit incessant des petits pics et marteaux qui creusaient et démolissaient par tout petits morceaux, le mur de Berlin-Ouest pendant des jours et des jours.
Plusieurs fois entre Israël et Palestine, j'ai vu les checkpoints changer de place, suivant les accords en cours.
J'étais en France pendant la guerre de Yougoslavie et son démantèlement.
Pareillement pendant la séparation de la Tchéquie et de la Slovaquie.

**4.** Quelles émotions ressentez-vous face aux frontières/une frontière en particulier ?
Souvent de l'appréhension. Et parfois une très grande colère.
Le poste frontière d'Erez entre Israël et la bande de Gaza est un poste impressionnant.
Je l'ai passé la première fois en 1996.
Aujourd'hui, le MUR de séparation israélienne, dite « clôture de sécurité » située sur la ligne verte, est pour moi, la représentation la plus contemporaine d'une frontière aveugle.
Je l'ai longé sur une bonne partie de sa longueur en 2018, côté israélien et côté palestinien.

**5.** Pouvez-vous citer un film, un roman, une pièce de théâtre, une chanson ou autre musique qui évoque la frontière pour vous, et nous en dire quelques mots ?
*Welcome in Vienna* est une trilogie d'Axel Corti, trois films sortis de 1982 à 1986 :

- *Dieu ne croit plus en nous* : Vienne 1938. Après la Nuit de Cristal, un adolescent juif et des amis fuient l'Autriche. Après plusieurs péripéties et arrestations à travers l'Europe, ils tentent de rejoindre Marseille pour partir aux États-Unis.
- *Santa Fe* : New York 1940. Parti persécuté en Autriche comme juif, stigmatisé immigré à New York, Freddi Wolff devient, lors de l'entrée en guerre des États-Unis, « l'ennemi allemand ». Il décide de s'engager pour regagner l'Europe et combattre le nazisme.
- *Welcome in Vienna* : Vienne 1944. De retour à Vienne en soldat américain, Freddy Wolff découvre les horreurs nazies. Mais il découvre également que l'antisémitisme règne aussi dans les rangs américains…

Cette trilogie d'Axel Corti est pour moi un film éblouissant par son intelligence car s'il relate une période précise de l'histoire du XXe siècle (la fuite des juifs et des apatrides à travers l'Europe nazie – jusqu'au continent américain, puis leurs retours dans leurs pays d'origines), il est toujours d'une actualité brûlante sur ce qui rend les frontières si peu protectrices, si peu fiables, quel que soit notre effort à les franchir notamment lorsque nous sommes en danger dans notre propre pays et que le monde entier est en chaos politique.

**6.** En quoi avez-vous fait bouger les frontières ?
J'ai épousé mon mari. Congolais, réfugié de la guerre du Congo de 1997, il a pu accéder à la nationalité française suite à notre mariage. Il a donc aujourd'hui les deux nationalités.

**7.** Voulez-vous ajouter quelque chose ?
Je peins aussi, et les dessins ci-dessous sont inspirés de mon voyage en Grèce et dans les Balkans au moment de la crise syrienne de 2015. Ils expriment ma vision de la traversée des frontières que j'ai également traduite en mots dans la pièce *Le pire n'est pas (toujours) certain* écrite en 2018 et montée en 2019 au festival des Zébrures d'automne à Limoges et à la MC93 en région parisienne.

# PARTIE 3
# ACTEURS ET PRATIQUES

## SOMMAIRE

CHAPITRE 21

# Naître et mourir à la frontière : de la biopolitique au *care*

**Anne-Laure AMILHAT SZARY**

SOMMAIRE



Il peut paraître absurde d'imaginer que la frontière puisse être le lieu précis d'un événement aussi fondamental que la naissance ou le décès quand la limite est perçue comme une ligne. Et pourtant… C'est l'argument d'une série télévisée diffusée en 2011 et qui a connu deux remakes en 2013 (*Le pont/The Bridge*) : un corps est retrouvé sur un pont, minutieusement positionné sur la frontière, mais la police qui arrive sur la scène du crime découvre rapidement qu'il s'agit en fait des demi-cadavres raboutés de deux femmes aux statuts (nationalité, position sociale, couleur de peau, etc.) que tout semble opposer.

Pourtant, la réalité rejoint de plus en plus souvent la fiction : à mesure que les frontières s'épaississent, la possibilité de franchir un des seuils de l'existence humaine sur le lieu de la séparation politique se multiplie. La probabilité est augmentée par les transformations actuelles des frontières : d'une part, leur sécurisation croissante rend les traversées précaires de plus en plus dangereuses, voire létales ; d'autre part, l'organisation des conditions de vie transfrontalières rend possible le recours à des infrastructures sociales et sanitaires de l'autre côté de la ligne, qu'il s'agisse d'accoucher ou de trouver un croque-mort.

Dans les médias pourtant, les corps à la frontière sont plus souvent des *corpses* que des *bodies* (l'anglais distingue par deux mots les corps morts et vivants), dont les images circulent et choquent. On pense à la photo de Aylan Kurdi (prise par Nilüfer

Demir le 2 septembre 2015) dont la mort sur une plage turque a fortement impacté la crise des politiques migratoires européennes en contribuant à ouvrir les frontières de l'Allemagne.

Ce chapitre fait le point sur la relation entre pouvoir et contrôle des vies humaines, via notamment la notion foucaldienne de biopolitique.

# 1 De la biopolitique à la nécropolitique : frontière et politique des corps

La politique n'est pas affaire abstraite : les institutions et les lois se construisent dans un rapport à la dimension corporelle des individus. La notion juridique d'*Habeas corpus* (obligation d'être présent pour être jugé), qui existe depuis l'Antiquité, est mieux connue depuis 1679 comme une loi constitutionnelle anglaise, considérée comme l'un des fondements de la démocratie. Elle stipule le fait que l'on ne peut pas faire usage du corps de l'autre sans un cadre régulateur, et notamment le fait que personne ne peut être emprisonné sans jugement. Du moins aucun citoyen, car l'Antiquité classique construit dans le même temps la possibilité d'engager la vie d'un esclave, de le tuer, sans être jugé.

## DÉFINITION

**Biopolitique**

Dans les années 1980, le philosophe Michel Foucault fut l'un des premiers à retravailler le rapport entre corps et politique à partir de recherches sur la gestion des grandes épidémies comme la peste, le tri et la mise à l'écart des corps vivants face au danger de mort. Il formule ainsi l'idée de « biopolitique », c'est-à-dire d'un pouvoir qui s'exerce sur les corps plutôt que sur les territoires. Dans ce contexte, le déploiement politique dans l'espace est rendu possible par le contrôle de la circulation des corps (qui passe par l'enfermement dans des hôpitaux, asiles ou prisons).

Mais les travaux de M. Foucault sont mobilisés de façon très importante par les chercheur·e·s en *border studies*, surtout depuis le tournant sécuritaire des frontières contemporaines et la recrudescence de techniques biométriques dans la surveillance des frontières et des mobilités.

Les principales critiques adressées à l'analyse biopolitique de Foucault reposent sur le fait qu'il n'opère pas de distinction entre les personnes concernées par le biopouvoir, donnant une valeur universelle aux notions de vie et de mort. Le philosophe Giorgio Agamben a, lui, construit son œuvre sur l'inégalité des existences. Il part du fait que le grec utilise deux termes pour signifier la vie : *zoē*, ou la vie biologique, autrement qualifiée de « vie nue » ; *bios* ou la vie politique. Pour lui, la biopolitique se produit quand le calcul du pouvoir joue sur cette distinction et prive certaines personnes de leurs *bios*. Son travail sur le camp (de concentration notamment) illustre cette privation de vie, fondatrice d'une inégalité fondamentale au sein d'un système démocratique qui non seulement tolère, mais fonctionne grâce aux exceptions qu'il met en place. Ces idées sont souvent au cœur de l'analyse sur les frontières et les mobilités humaines.

Elles font cependant elles-mêmes l'objet de plusieurs types de remises en cause, notamment parce qu'Agamben ne réfléchit pas aux facteurs justificatifs de la privation des droits et de l'exclusion de certains individus du corps politique, notamment la race, la classe, la religion. L'analyse des conditions de soustraction du corps politique fait l'objet de nouvelles recherches de la part d'auteur·e·s travaillant dans une perspective intersectionnelle (*cf.* chap. 6).

Dans la mesure où le contrôle ultime de la vie réside dans le pouvoir de donner la mort (biologique, sociale ou civile), la politique des corps met la violence au centre des relations humaines. Achille Mbembe propose ainsi le concept de « nécropolitique » (2020). Pensant à partir des conditions de l'esclavage, de l'apartheid et de la colonisation, il fait sortir la biopolitique des conditions d'exception où la cantonnait Agamben pour démontrer à quel point elle est fondatrice du fonctionnement de nos sociétés. Les rapports de pouvoir qui s'expriment aux frontières apparaissent dès lors comme l'illustration explicite de ces modalités de contrôle. La menace de mort violente qui pèse sur certaines vies en définit donc la précarité et s'inscrit en faux contre l'idéal d'universalité des droits humains qui devraient protéger toute vie.

## 2 Létalité des frontières contemporaines

Depuis les années 2000, la traversée des frontières s'avère de plus en plus dangereuse et fait l'objet d'une comptabilité macabre hautement politisée, que la carte produite pour la première fois en 2004 dans le *Monde Diplomatique* par Olivier Clochard et Philippe Rekacewicz – et régulièrement actualisée depuis – a rendue visible au grand public. Intitulée *Des morts par milliers aux portes de l'Europe*, elle représente la croissance du danger de traversée de la Méditerranée depuis 1993, date à laquelle l'ONG *United for Intercultural Action* commence à compiler ces statistiques (*cf.* carte 26.1).

En fait, dans un article consacré à la dimension politique de ces statistiques, Charles Heller et Antoine Pécoud rappellent que la mort pendant le voyage de franchissement d'une limite géopolitique est très ancienne, comme en témoignent les victimes de la traite transatlantique. Les personnes entreprenant ce voyage de façon clandestine sont les plus exposées, et le risque augmente en proportion de l'intensité de la surveillance des frontières, plaçant la frontière entre Mexique et USA, les mers au large de l'Australie et le bassin Caraïbe au premier rang de ces « zones de friction », malgré tout loin derrière la région euroméditerranéenne qui est aujourd'hui la plus meurtrière (Heller et Pécoud, 2017).

Foucault a montré à quel point la statistique et le décompte d'une population font partie des instruments de « gouvernementalité » pour les pouvoirs en place. Le comptage des morts revêt donc une importance stratégique. En rendant visible un processus autrement passé sous silence, la mise en évidence du danger des politiques de contrôle migratoire par cette comptabilité mortuaire prend le statut d'une véritable contre-politique de résistance aux frontières.

Il importe donc de savoir qui produit les chiffres des morts aux frontières : les ONG (*United*, déjà citée, *Fortress Europe*, *No-More-Deaths/No-màs-muertos* sur la frontière USA/Mexique), l'université (projet *Border Deaths* de l'université d'Amsterdam, *cf.* Cuttitta et Last, 2019), les journalistes (*Migrant Files*) ou les institutions (*Missing Migrant Project* lancé en 2012 par l'Organisation Internationale pour les Migrations – OIM). Les critères ne sont pas les mêmes : les ONG dont *United* recensent toutes les causes de décès des personnes ayant tenté d'accéder à l'Europe fortifiée (décès pendant la traversée de la frontière, mais aussi en rétention administrative avant l'expulsion, du fait de violences policières ou de suicides, ou simplement de l'absence du recours à des soins médicaux), alors que l'OIM travaille seulement sur les chiffres des décès constatés pendant les traversées. Le projet *Border Deaths* a lui travaillé à partir d'un inventaire des registres mortuaires dans les communes du pourtour méditerranéen : ironiquement, les personnes qui s'étaient vues dénier l'accès à la citoyenneté trouvaient dans la mort une existence juridique en Europe.

L'utilisation que ces acteurs font des chiffres est diamétralement opposée : pour les activistes, il s'agit d'informer et d'infléchir les politiques de fermeture des frontières. En témoigne la performance organisée par le *Collectif pour une autre politique migratoire* qui a imprimé et déroulé la liste des morts aux frontières devant le Parlement européen le 28 avril 2015. Pour les États et l'OIM, il s'agit de justifier l'intervention humanitaire (opération *Mare Nostrum* lancée par l'Italie en 2013-2014) ou, paradoxalement, de renforcer le contrôle au nom de la « protection des migrants ».

La question des chiffres pose problème de bien des manières. D'abord ceux qui paraissaient monstrueux finissent par se banaliser : les 3 188 morts cumulés entre 1990 et 2013 en Méditerranée y sont devenus annuellement récurrents depuis, avec des pics à plus de 5 000 morts certaines années, pour un total de 40 555 personnes mortes aux frontières de l'Europe à la date de la rédaction de ce texte (chiffres *United*). Ensuite parce que « [beaucoup d'entre [c]eux [qui] voyagent clandestinement, meurent tout aussi clandestinement » : les chiffres dont nous disposons sont certainement très sous-estimés » (Heller et Pécoud, *ibid.*).

Il n'en reste pas moins que ces statistiques mettent en lumière la létalité des frontières contemporaines. Et derrière ce danger de mort, une violence accrue dans tout l'espace-temps distendu de la traversée. Les risques encourus sont asymétriques : le genre, la race, la classe augmentent considérablement le péril.

### ENCADRÉ 21.1

#### Profilage racial et danger de mort aux États-Unis

La réflexion sur les morts aux frontières doit être élargie par une lecture de la racialisation des corps qui vivent à la frontière. On s'aperçoit que, dans ces espaces, des personnes sont tuées par peur de la frontière. Une autrice qui travaille sur la frontière États-Unis/Mexique rappelle ainsi le décès, à Nogales, Sonora, de R. Barrón Torres, 17 ans en 2011, et de J. A. Elena Rodríguez, 16 ans, en 2013. Ils ont été tués par balles au Mexique – l'un d'eux devant chez lui – par des agents situés du côté américain de la frontière qui se sont sentis menacés (invoquant pour leur défense le trafic de drogue et des jets de pierres contre eux) sans avoir pu jamais prouver ce danger.

Mais « du point de vue du regard blanc, ils étaient dangereux et parce que la visibilité de leur corps suscitait des craintes racistes, [...] aux yeux de la patrouille frontalière américaine ils sont devenus des immigrants illégaux, tentant de prendre d'assaut la frontière américaine, qui devaient être arrêtés avec force. (Ils) représentent une telle menace pour le corps blanc et pour les États-Unis en tant que nation qu'ils doivent être abattus » (Whitley 2015, p. 149). La loi SB 1070 passée dans l'État d'Arizona (2010) a légalisé ce type de pratiques, permettant aux forces de l'ordre d'arrêter celles et ceux qui ont l'« air illégal » (ce qui revient à un profilage racial !) en fonction de ce que la loi qualifie de « soupçon raisonnable » (*reasonable suspicion*). Elles, soumettent les habitant·es racialisé·es à une vie violente et dangereuse, toujours sommé·es de prouver leur appartenance à la nation qui est pourtant la leur : « Que les corps soient lus comme une preuve de l'appartenance, ou bien comme raison de son questionnement, est très évident dans les pratiques des patrouilles frontalières américaines (*ibid.*, p. 126).

## 3 Naître aux frontières : soin et investissement sur l'avenir

Le traitement des corps aux frontières est révélateur de choix très profonds que les sociétés opèrent, marqués plus qu'on n'a coutume de l'imaginer par le cadre national. Il en est ainsi de l'accompagnement rituel des seuils de l'existence, les moments de naissance et de mort. Une enquête menée sur les frontières septentrionales de la France montre que certaines personnes n'hésitent pas à traverser la frontière, malgré la complexité administrative encourue, pour avoir accès à un service d'accompagnement en rupture avec les représentations dominantes dans leur propre pays : se faire incinérer en France pour un·e Allemand·e, donner la vie dans une Maison de naissance belge ou allemande plutôt qu'à l'hôpital pour une Française[1], mais aussi contourner

1. Voir la série de documentaires *Des Vies Sur La Frontière*, (Bastian C., Feltin M., Bernardeau S., 2010), 8 épisodes, https://www.filmsdocumentaires.com/films.

l'interdit et aller avorter dans le pays voisin (en Uruguay pour les Argentines) ou choisir l'euthanasie légale (en Suisse notamment pour les Français).

Les conséquences de ces gestes posent des problématiques humaines et juridiques : il faut justifier en retour du passage de la frontière d'un cercueil ou d'un être humain nouveau-né qui a besoin d'une identité. La question de la Gestation Pour Autrui (GPA) est révélatrice de l'exercice de cette biopolitique, au travers d'une pratique où la vie est à la fois donnée et vendue. Dans la mesure où celle-ci est interdite dans certains pays et autorisée dans d'autres, elle occasionne un tourisme de santé dépendant du statut des frontières. La crise de la Covid-19 a mis en évidence ces difficultés, comme l'illustre le cas d'une famille française dans l'impossibilité de se rendre en Ukraine pour rencontrer leur enfant et la mère qui l'avait mis au monde du fait de la fermeture des frontières[2].

Le choix de traverser la frontière pour accoucher apparaît comme un cas très particulier du rapport des corps aux limites internationales : il révèle les technologies de pouvoir à l'œuvre et les manières dont les normes sont incorporées et/ou détournées. Des femmes choisissent en effet de franchir la ligne, même dans des conditions dangereuses, pour que leur enfant naisse sur une terre où le droit du sol lui donnera accès à un avenir meilleur. À la frontière États-Unis/Mexique, cette pratique ancienne est en déclin du fait des difficultés de traversée, mais surtout de la restriction croissante du droit du sol (*cf.* chap. 2) ; les habitant·es y vivent avec un pied de chaque côté, et nombreux sont celles·eux qui disposent des papiers (sinon de nationalité, au moins de résidence) permettant l'accès aux soins des deux côtés.

Cette décision peut aussi être prise quand le différentiel dans l'accès aux soins est tel que la qualité de l'environnement médicalisé au moment de l'accouchement justifie la prise de risque dans la traversée et le fait d'enfanter seule, loin de sa famille. C'est le cas aux frontières ultramarines de la France (Brésil/Guyane, Comores/Mayotte) où, d'ailleurs, les deux facteurs peuvent se conjuguer. À ce titre, l'hôpital français de Saint-Martin, sur l'île caraïbe partagée entre les Pays-Bas et la France, est considéré dans une situation de crise, malgré sa localisation sur une frontière intra-européenne. Et l'hôpital de Mayotte est toujours présenté comme le cas paradigmatique du dysfonctionnement des frontières externes de l'Union européenne, du point de vue français.

Dans certains cas, des aménagements concertés peuvent être mis en œuvre pour pallier ce déficit de soin. Dans les pays riches, le constat de cette carence reste passible de poursuites : à leur arrivée en Europe, de nombreuses femmes illégalisées sont malmenées bien qu'enceintes. Dans un cas où une femme syrienne a fait une fausse couche lors d'une reconduite à la frontière depuis la Suisse vers l'Italie, un garde-frontière suisse a été reconnu coupable en décembre 2017 de « lésions corporelles par négligence, de tentative d'interruption de grossesse et de violations répétées des prescriptions de service »

...............

2. https://www.leparisien.fr/societe/malgre-le-confinement-sophie-a-pu-voir-son-bebe-ne-d-une-gpa-en-ukraine-11-06-2020-8333610.php.

(six mois de prison avec sursis) pour lui avoir refusé une aide médicale[3]. En cas de crise, on tente de faire au mieux : naître dans un camp de réfugiés illustre cette accumulation d'obstacles pour la femme et l'enfant qui voit le jour.

## ENCADRÉ 21.2

### Naître à la frontière syrienne

À 10 kilomètres de la frontière syrienne, à Zaatari, deuxième plus grand camp de réfugiés au monde qui accueille en Jordanie les réfugiés syriens, l'ONG Gynécologie sans Frontières avait installé en 2012 une maternité au sein du camp militaire français construit dans son enceinte. Elle y reçoit la majorité des accouchements du camp. « Les accouchées à risques – césarienne, prématuré ou nécessitant une réanimation – sont transférées à Mafraq, la ville la plus proche dont l'hôpital est pourtant saturé, ou en face, dans l'hôpital militaire marocain qui dispose d'un bloc opératoire[4]. » Pourtant, certaines femmes tenteront de rentrer chez elles pour vivre ce moment crucial entourées de leur environnement familier : pour elles la notion d'« environnement humain propice » amène à minimiser les dangers géopolitiques pour valoriser l'accompagnement humain.

Cet accompagnement du soin peut faire l'objet de politiques publiques : l'hôpital transfrontalier européen de Cerdagne est souvent mobilisé en vertu de son exemplarité. À la frontière entre la France et l'Espagne, dans des zones rurales de faible densité, l'accès aux soins était problématique dans les deux pays. La décision a donc été prise de construire une infrastructure nouvelle pour pallier les soins d'urgence et d'obstétrique, mais aussi pour doter le territoire d'équipements technologiques comme un IRM et un scanner. Sa gestion est rendue possible par l'existence d'un instrument juridique *ad hoc*, le Groupement européen de coopération territoriale (GECT). Celui-ci est exceptionnellement prévu pour être prorogé automatiquement au bout de ses dix premières années contractuelles, si aucun État participant ne s'y oppose. L'initiative, « emblématique de la coopération transfrontalière, [...] a reçu le prix Building Europe Across Borders, accordé par le Comité européen des Régions[5] ». La collaboration sanitaire au travers des frontières n'est pas toujours aussi paisible, comme en témoignent les difficultés récurrentes d'accès aux hôpitaux israéliens par les Palestinien·nes, notamment au moment des accouchements.

...............

3. Source : agence suisse ATS relayée par FranceTVinfo https://www.francetvinfo.fr/monde/europe/migrants/suisse-un-garde-frontiere-declare-coupable-de-la-mort-d-un-bebe-a-naitre-syrien_2503431.html. La meilleure source pour ce cas, c'est l'enquête de la RTS « Terminus Brig » (https://www.rts.ch/play/tv/les-coulisses-de-levenement/video/terminus-brig?id=6856237&station=a9e7621504c6959e35c3ecbe7f6bed0446cdf8da) et https://seenthis.net/messages/391041.

4. https://www.lepoint.fr/monde/syrie-naitre-dans-la-fournaise-de-zaatari-02-09-2013-1720278_24.php#.

5. http://www.espaces-transfrontaliers.org/ressources/projets/projects/project/show/hopital-transfrontalier-de-cerdagne/.

# Conclusion

Les frontières mettent en évidence la fragilité des corps. Lieu de contrôle des personnes, elles exacerbent les inégalités et la violence d'une part, permettent de contourner certaines normes d'autre part. Les moments essentiels de nos existences que sont la naissance et la mort illustrent mieux que tout les inégalités que les limites internationales travaillent. Certains corps apparaissent comme « jetables » : *Performing the Border*, essai vidéo de l'artiste Ursula Biemann tourné à la frontière USA/Mexique (1999) évoque les « *disposable bodies* » (ou corps jetables) des femmes travaillant dans les *maquiladoras* où les salaires sont si bas qu'elles ont aussi recours à la prostitution, ce sont ces deux activités qui broient leurs corps vivants tout en les soumettant au danger des féminicides. Les dangers encourus par l'élargissement de l'espace-temps de la traversée des frontières incluent bien souvent le viol (pour la quasi-totalité des femmes) et la torture (dans les camps libyens notamment) que ce chapitre ne couvre pas. On pourrait aussi évoquer le non-accès au soin des migrant·es illégalis·és. Tous ces phénomènes constituent des manifestations essentielles de cette politique de soumission que les frontières contemporaines imposent.

## BIBLIOGRAPHIE

CUTTITA P., LAST T. (dir.), (2019), *Border Deaths: Causes, Dynamics and Consequences of Migration-Related Mortality*, Amsterdam, Amsterdam University Press.

HELLER C., PÉCOUD A., (2017), « Compter les morts aux frontières : des contre-statistiques de la société civile à la récupération (inter)gouvernementale », *Revue européenne des migrations internationales*, vol. 33, n° 2 et 3, p. 63-90, https://doi.org/10.4000/remi.8732.

KOBELINSKY C., LE COURANT S., collectif BABELS (dir.), (2017), *La mort aux frontières de l'Europe : retrouver, identifier, commémorer*, Neuvy-en-Champagne, Le passager clandestin, coll. « Bibliothèque des frontières ».

MBEMBE A., (2020), *Brutalisme*, Paris, La Découverte.

WHITLEY, L. M. (2015), *More than a Line: Borders as Embodied States*, thèse de doctorat, London: Goldsmiths, University of London (Centre for Cultural Studies), https://research.gold.ac.uk/12314/1/CUL_thesis_WhitleyL_2015.pdf.

CHAPITRE 22

# Vivre à *la* frontière

**Gianlluca SIMI**

SOMMAIRE



La frontière véhicule souvent l'imaginaire d'une région peu peuplée, abandonnée et reléguée à une distance incommensurable des centres de la vie nationale. Contrairement à cette idée reçue, le propos sera ici de montrer qu'elle est le théâtre de la vie quotidienne de communautés entières, dont l'identité se construit à travers cette position limitrophe et presque transcendantale par rapport à la logique contraignante des États-nations. Pour comprendre la vie à la frontière, il faut se référer aux relations sociales qui se tissent entre les gens qui habitent ces régions. Il faut considérer les frontières comme un espace vécu. Celui-ci constitue un système transfrontalier, caractérisé par l'ambiguïté, inséparable de la vie à la frontière, et qui ne se conçoit qu'à partir de sa localisation interstitielle.

## 1 Vivre *à la* frontière, qu'est-ce que cela veut dire?

Étudier la vie à la frontière amène rapidement à un premier constat essentiel : il ne s'agit pas d'une vie au bord de l'abîme. Être proche de la frontière – et, donc, proche aussi de cet autre que dessinent les lignes sur la carte – ne signifie pas qu'on vit *à la fin* de quelque chose. Prétendre le contraire reviendrait à affirmer que nos vies se résument à l'appartenance à notre pays et qu'elles suivent aveuglément l'extension du territoire national, comme si notre identité et notre vie sociale en dépendaient entièrement. La vie à proximité de la ligne internationale révèle un paradoxe contemporain : nous sommes immergés au quotidien dans des produits et des symboles venus des quatre coins de la planète, mais nous ne pouvons pas concevoir notre vie de manière complètement déracinée et déterritorialisée. En fait, nous pourrions même affirmer que, en dépit des messages martelés par la publicité contemporaine, personne ne vit effectivement dans un espace global. Je veux dire qu'il n'y a pas d'espace tangiblement global – nos vies sont toujours *locales* quelque part.

La vie frontalière – c'est-à-dire celle de communautés, groupes et individus établis dans les régions proches des limites politiques de leurs pays – revêt dans ce cadre une perspective différente des modes d'existence qui se déroulent à l'intérieur des territoires nationaux. « Vivre au bord » impose en effet de faire l'expérience de cette contradiction des échelles inhérentes à la mondialisation. On y constate que la ligne conventionnelle n'est pas la fin de tout puisque la proximité rend impossible de douter d'une vie au-delà de la frontière. Et ce n'est pas tout : cette vie qui se trouve de l'autre côté n'est pas elle-même étanche, isolée : de multiples manières, elle fait partie de « mon quotidien à moi », de ce côté-ci. En d'autres termes, il ne s'agit pas d'une vie imaginée à travers les lunettes proposées par des systèmes éducatifs et médiatiques calqués sur l'échelle nationale, mais d'une existence visible, plus ou moins sensible, qui nous est offerte de part et d'autre de la ligne de partage.

La deuxième leçon que nous donne la vie à la frontière est qu'il n'y a pas d'expérience universelle d'un tel quotidien. Chaque réalité y sera, jusqu'à un certain point, singulière, en fonction de l'arrangement spécifique de plusieurs facteurs qui la déterminent, parmi lesquels on pourrait citer, par exemple :

- les relations diplomatiques entre les pays qui se rencontrent aux frontières ;
- les différences économiques entre ces pays et les conséquences induites par ce différentiel, notamment les flux transfrontaliers de biens et de travail ;
- la perception même des différences culturelles potentielles et la valeur qui peut être attribuée à cette perception, dans les relations entre les gens, des deux côtés de la frontière.

Bien que courte, cette liste nous invite déjà à comprendre que la vie à la frontière peut s'organiser de nombreuses manières, notamment en fonction de la porosité de la limite – c'est-à-dire, son degré d'ouverture ou de permissivité. On peut évoquer à ce titre des frontières plutôt ouvertes, comme celles entre les pays de l'Union Européenne ou entre ceux du Mercosur, par exemple, que les individus et les marchandises sont plus ou moins libres de traverser. Mais on peut également envisager dans cette perspective les frontières opaques, comme certains points de la limite entre le Mexique et les États-Unis ou entre l'Inde et le Pakistan, où tout mouvement est interprété comme une menace potentielle pour l'intégrité du voisin le plus puissant.

## 2 Le double aspect de la vie *à la* frontière

Ce que toutes les différentes expériences de la vie à la frontière ont en commun, c'est de constituer le cadre de l'existence quotidienne de communautés humaines – notre propos concerne les frontières où résident de telles communautés, et non les frontières situées dans les espaces désertiques. Parler de vie *à la* frontière, c'est alors aborder plusieurs éléments : la vie quotidienne d'une part et la frontière de l'autre, mais surtout les manières dont leur combinaison offre une perspective radicalement différente. Il ne s'agit plus ici de comprendre la frontière en tant qu'espace de menace, de transgression, d'illégalité. La troisième leçon tirée de l'analyse de la vie à la frontière est donc que la compréhension de régions limitrophes et habitées permet d'y appréhender les relations sociales transfrontalières dans toute leur ambiguïté.

Les relations sociales ne sont bien sûr pas exclusives des régions de frontière, mais il faut souligner qu'elles y deviennent encore plus complexes : dans l'espace limitrophe, les relations établies des deux côtés de la ligne se transforment dans un processus dynamique qui ne peut être saisi séparément par un côté ou l'autre. Le rôle de l'État-nation y est compliqué : on ne peut pas lui présupposer une primauté sur les autres agents impliqués, on ne peut pas non plus en faire abstraction. Il est donc impossible de comprendre ces relations sociales transfrontalières seulement à partir d'une perspective nationale.

## ENCADRÉ 22.1

### La coiffeuse « Lost in Translation »

La première fois que je me suis fait couper les cheveux dans les villes jumelles de Chuí (Brésil) et Chuy (Uruguay), où j'ai effectué le travail de terrain de ma thèse, je suis allé dans un établissement du côté brésilien. Là, j'ai rencontré la coiffeuse, qui me parlait en portugais puisque, moi, j'étais arrivé en lui parlant dans la même langue. Elle parlait avec quelques difficultés et un accent très différent, même en prenant en compte la diversité des façons de parler des lusophones natifs de cette région du Brésil. Pendant que nous bavardions, elle m'a dit qu'elle était en effet brésilienne et que la grande partie de sa propre famille était brésilienne, mais qu'elle se sentait plus à l'aise quand elle parlait l'espagnol. On peut là s'interroger : comment se peut-il qu'une personne qui se présente comme brésilienne puisse *ne pas* se sentir plus à l'aise dans la langue officielle de son propre pays ? Il s'avère que la réponse à cette question n'avait rien à voir avec la nationalité de ma coiffeuse, comme j'aurais pu le soupçonner au début, mais, en fait, avec son expérience scolaire. Selon ses propres mots, elle se sentait plus sûre d'elle et de sa capacité à communiquer efficacement dans la langue dans laquelle elle avait été instruite, pour la plus grande part, sinon la totalité de sa vie. Le point de référence pour se sentir le plus à l'aise, en matière communication, serait donc une question d'éducation et non de nationalité ? Dans ce cas-là, ma coiffeuse se disait elle-même brésilienne alors que l'espagnol était sa langue d'élection. Plus tard, quand j'ai analysé les données rendues par quelque 400 enquêtes avec des résidents locaux de l'agglomération binationale (Brésil/Uruguay) de Chuí/Chuy, il est devenu évident que, d'un point de vue statistique également, il serait difficile de dessiner un modèle causal entre la langue que les gens préfèrent dans leur quotidien et leur nationalité.

Dispersées partout dans le monde, il existe donc de nombreuses communautés qui se constituent le long des frontières internationales et dont la singularité est liée, selon Dorfman (2013), à cette « condition frontalière ». Elle est caractérisée par la présence de réseaux d'échange et de commerce, de réseaux de contacts personnels, de relations affectives, le partage formel et informel d'infrastructures comme l'électricité et l'assainissement, d'arbres généalogiques, ainsi que de nombreux autres éléments communs aux communautés qui se trouvent dans les deux côtés de la frontière en même temps et, surtout, qui se retrouvent *à travers* cette ligne.

## DÉFINITION

**La condition frontalière**

Selon Dorfman (2013, p. 106), la condition frontalière concerne la manière dont les habitants des régions frontalières transforment les limitations de la ligne de partage en opportunités. Ce sont des actions tactiques et créatives dans le quotidien, qui soulignent l'agencéité que les gens ont de s'approprier l'espace, en le rendant utile pour leurs propres nécessités et désirs, au sein d'une zone limitrophe entre des pays différents qu'ils transforment en retour.

Dans ces communautés frontalières, on ne peut pas comprendre les relations sociales locales seulement du point de vue de la position géographique des personnes. Cela ne veut pas dire que les pays impliqués ne sont pas importants, mais qu'ils ne suffisent pas à déterminer les conditions d'existence à la frontière. Si on ne peut pas *ne pas* parler des pays quand on parle de la vie à la frontière, on ne peut pas en parler depuis *un seul* pays non plus, car, dans ces communautés, aucun phénomène n'est limité à un pays spécifique.

Ce qui se passe d'un côté de la frontière aura forcément de l'impact sur l'autre côté, dans ce qui caractérise un système dynamique d'influences mutuelles (Grimson, 2002) par rapport à l'infrastructure urbaine, à l'économie, à la santé et la sécurité publique, au langage populaire, à la politique – parmi tant d'autres. Considérons, par exemple, les situations suivantes, très communes dans les régions de frontière en ce qui concerne les dynamiques économiques :

- Au Danemark, il y a souvent des débats concernant les impôts sur les produits alcooliques comme la bière, parce que les Danois peuvent y échapper facilement grâce à des petits voyages de *shopping* vers l'Allemagne, où les impôts, l'alcool sont généralement plus bas ;
- Chaque côté de la frontière San Diego-Tijuana, entre les États-Unis et le Mexique, est perçu comme ayant des fonctions différentes : le Mexique est vu en tant que source de main-d'œuvre bon marché, un espace de divertissement presque hors-la-loi pour les États-uniens, mais aussi une région de soins médicaux bon marché (dentaires et optiques notamment) tandis que les États-Unis sont perçus comme un lieu de consommation de marques globales (*cf.* les centres commerciaux ou *malls*

destinés aux classes moyennes mexicaines de l'autre côté de la ligne), comme espace offrant une meilleure éducation, ainsi que de meilleurs salaires, mais pas accessible à tout le monde;

- Au Brésil, les classes moyennes regardent l'Uruguay comme la porte vers un mode de vie occidental, lié à la consommation des produits globalisés que recherchent les classes moyennes. Les boutiques hors taxes construites le long de la frontière entre l'Uruguay et le Brésil – et aussi à la frontière entre le Paraguay et le Brésil –, les *shopping tourists,* donnent accès aux articles de luxe, comme les vêtements et les parfums de marque, à des prix très inférieurs à ceux de leur pays d'origine, où les taxes sont bien plus hautes sur de tels produits. Les Uruguayens, eux, fréquentent les supermarchés brésiliens pour profiter d'une gamme de produits industrialisés de consommation quotidienne moins chers, comme le dentifrice, les boissons gazeuses et même la *yerba mate*.

De cette façon, dès qu'on l'identifie, la condition interstitielle des relations sociales des communautés frontalières se révèle dans sa puissance, même si chaque réalité garde son degré de singularité. Elle fait apparaître l'impossibilité de considérer les communautés comme localisées *dans* un pays. Vivre à la frontière signifie donc vivre *entre* des pays. Cette ambiguïté impose des défis, à la fois pratiques et intellectuels car elle nous pousse à reconfigurer, voire à surmonter nombre de nos paradigmes pour comprendre le monde et la manière dont nous nous y trouvons (Acosta, 2013).

Si on parle d'une communauté transfrontalière totalement ouverte – comme c'est le cas, par exemple, des villes jumelles de Chuí (Brésil) et Chuy (Uruguay), évoquées ci-avant: où est la limite physique de l'applicabilité des lois passées dans chaque pays? Voyons des exemples de petits dilemmes auxquels les gens font face au quotidien:

- Le cannabis a été légalisé en Uruguay, mais il reste illégal au Brésil – quel est donc le point exact à partir duquel son usage en public ne serait ou ne serait plus susceptible de donner lieu à une action policière? Dans le même ordre d'idée, jusqu'à quel point spécifique chaque force de l'ordre peut-elle agir sans envahir techniquement le territoire du pays voisin?
- Si les boutiques hors taxes de l'Uruguay permettent aux citoyens étrangers de faire leurs achats sans effectivement payer de taxes, qu'en est-il des individus qui ont la double citoyenneté: leur suffit-il de choisir la bonne carte d'identité à la caisse pour en profiter?
- Comme me l'a confié la maire de la ville de Chuy (Uruguay), Mary Urse, en 2016, à propos du fait que les véhicules officiels de chaque pays ne peuvent pas vraiment traverser la frontière: «Il n'y a pas de pompiers à Chuí [Brésil], mais nous en avons ici. Et s'il y avait un incendie du côté brésilien? Qu'est-ce que je dois faire: laisser mon voisin brûler?»

Les cartes mentales ci-après correspondent à des dessins réalisés par les interviewés, sur papier libre, pour montrer leur espace de vie tel qu'ils se le représentent.

**Cartes 22.1 – Cartes mentales d'habitant·e·s de l'agglomération binationale de Chuí (Brésil)/Chuy (Uruguay)**

Source : G. Simi (2018), Between the line. The semiotics of everdaylife in the Brazil/Uruguay border lands. Thèse de doctorat de l'université de Nottingham.

# 3 La vie *à la* frontière en tant que système dynamique

La condition interstitielle de la vie à la frontière se caractérise par une ambiguïté immanente, qui remet en cause nos paradigmes légaux, économiques, politiques et même culturels. Elle met également en évidence la façon dont ces derniers sont habituellement formatés par le modèle nationalisant de l'État-nation, qui ne permet que deux positions : des questions internes et des questions externes.

La vie à la frontière n'obéit pas à une telle division : on ne peut pas y tracer de limite claire entre ce qui concerne seulement un pays ou l'autre. L'espace physique y est partagé, qu'il s'agisse de frontières ouvertes ou de frontières fermées car notre horizon immédiat de socialisation – c'est-à-dire, l'espace qu'on voit, sent et utilise dans notre quotidien, y est contigu et partagé (Heller, 1984), indépendamment de ce qu'une entité géopolitique peut avoir établi de manière antagonique.

De nos jours, par ailleurs, ce scénario se complique encore plus du fait que l'espace physique – celui que l'on peut voir et sentir – ne correspond plus à l'espace vécu, que les êtres humains se construisent à travers les réseaux numériques qui nous connectent entre des endroits distants l'un de l'autre. Dans les communautés bordières des limites internationales, on se trouve donc face à un système constant de changements d'échelle : le global, le national, le régional et le local se confondent d'une manière si intense et chaotique qu'aucun paradigme zonal ne pourra cerner leurs réalités (Amilhat-Szary, 2015).

Enfin, on peut conclure que, quatrième – et dernière – leçon à propos de la vie *à la* frontière, celle-ci peut être bien mieux comprise à partir d'une approche mobile de la dynamique des fluides (Nail, 2016). Pour la saisir, il faut transformer l'approche géographique. On ne devrait pas seulement parler d'une cartographie des positions, mais plutôt d'une cartographie du mouvement – hybride, continu, dynamique. L'expérience de la vie à la frontière nous invite essentiellement à nous libérer de l'angoisse de la représentation parfaite, exacte, minutieuse comme dans la nouvelle *De la rigueur de la science*, de Jorge Luis Borges (1998). Vivre *à la* frontière nous révèle que nous sommes toutes et tous au bord les uns des autres, connectés de manière plus ou moins directe, plus ou moins intense. Vivre *à la* frontière, c'est donc percevoir que nous ne sommes jamais complètement immobiles, mais, plutôt, que nous sommes toujours dans un voyage qui n'a ni commencement ni fin – seulement un mi-chemin.

## BIBLIOGRAPHIE

ACOSTA, W. S., (2013), « Descolonizando el saber en torno a las fronteras y a lo territorial: la necesidad de nuevas categorías en ciencias sociales ante la emergencia de lo transnacional », *REALIS*, vol. 3, nº 2, p.86-97.

DORFMAN A., (2013), « A condição fronteiriça diante da securitização das fronteiras do Brasil » *in* NASCIMENTO,) D. M., PORTO J. L. R. *Fronteiras em perspectiva comparada e temas de defesa e segurança da Amazônia*, Belém, NAEA, p. 97-124.

GRIMSON A., (2012), « Nations, nationalism and "borderization" in the Southern Cone » *in* WILSON T. M., DONNAN H. (dir.), *A Companion to Border Studies*, Hoboken, Wiley-Blackwell, p. 194-213.

HELLER A, (1984), *Everyday Life*, Londres, Routledge.

NAIL T., (2016), *Theory of the Border*, New York, Oxford University Press.

## ENTRETIEN

**Avec Marie-Josée Vidal – coordinatrice générale du Département de l'aménagement du territoire du ministère de l'Énergie et de l'Aménagement du territoire, Luxembourg – le 3 août 2020**

**1.** Quand vous pensez aux frontières, quelle est la première image qui vous vient à l'esprit?
Au fil du temps, l'image que je peux avoir de la frontière a fortement évolué: d'une frontière avec des postes de contrôle et leurs douaniers parfois avec des bergers allemands en laisse, à la frontière actuelle, ouverte presque invisible si ce n'est les panneaux de signalisation qui indiquent notre entrée sur un autre territoire, un autre pays, une autre culture. Mais la frontière évoque pour moi plus de souvenirs que d'images concrètes: des promenades en famille ou avec des amies dans les villes frontalières, des études supérieures à Metz. En tant que résidente du Grand-Duché de Luxembourg, un petit pays de 2,586 $km^2$ entouré de trois pays – l'Allemagne, la Belgique et la France – aller se promener à Metz, à Trèves ou à Arlon le week-end, acheter du pain à Audun ou visiter des amis à Villerupt est quelque chose d'évident: traverser la frontière a toujours été et demeure naturel. La frontière fait ainsi partie de mon quotidien et de mon vécu.

**2.** De quel point de vue et/ou quelle position professionnelle parlez-vous des frontières?
Mon point de vue est principalement lié à ma fonction professionnelle en tant que coordinatrice générale du Département de l'aménagement du territoire du Ministère de l'Énergie et de l'Aménagement du territoire. Ma première expérience professionnelle m'a d'emblée permis de me familiariser avec les enjeux de la coopération transfrontalière et notamment des questions liées à l'aménagement du territoire transfrontalier puisque j'ai travaillé dans l'équipe en charge de la coordination de la présidence luxembourgeoise du 11e Sommet de la Grande Région (2008-2009).

**3.** Quelles sont les évolutions majeures des frontières que vous avez connues?
Une évolution majeure a sans doute été l'introduction d'une monnaie unique en 2002. L'euro a véritablement changé notre quotidien, en particulier pour les résidents luxembourgeois qui se déplacent régulièrement dans les villes et communes frontalières voisines. Je me rappelle encore l'époque où nous avions à la maison le franc français ou le deutsche Mark pour le cas où, mais aussi des pesetas espagnoles et des escudos portugais pour nos voyages en voiture au Portugal.
Un autre fait que j'ai connu concerne le démantèlement progressif des postes de frontières avec le Luxembourg et la disparition des contrôles à ces endroits. Ce n'est en effet qu'en 2014, soit 29 ans après la signature de l'accord de Schengen, que le poste de frontière de Zoufftgen à la frontière franco-luxembourgeoise sur l'A31 a été démoli, marquant ainsi de façon visible l'ouverture des frontières. Aujourd'hui, quand on traverse les différentes frontières du Luxembourg, il n'y a plus de douanes aux postes de frontière qui contrôlent les passages et on s'aperçoit à peine où commence un pays et où finit l'autre.
Au niveau de la coopération institutionnelle, j'ai vu les mentalités et les positions évoluer de façon positive. Il y a quelques années les partenaires se mettaient autour de table pour « savoir et contrôler » ce que faisait le voisin, aujourd'hui les différents acteurs perçoivent l'opportunité de coopérer et de tendre vers un développement complémentaire au profit des populations qui vivent à proximité des frontières et qui les traversent pour des raisons professionnelles et privées.

**4.** Quelles émotions ressentez-vous face aux frontières/une frontière en particulier ?
Si de par mon parcours professionnel j'ai dès le début baigné dans les enjeux et les méandres de la coopération transfrontalière, de par mon origine, fille de parents portugais immigrés au Luxembourg dès les années 1960, la frontière évoque chez moi des sentiments particuliers et divers.
Enfant, pendant les vacances d'été nous voyagions chaque année au Portugal en voiture avec mes parents. 2 100 km, 3 frontières, trois monnaies nationales et surtout des postes de contrôle avec des douaniers qui contrôlent et qui fouillent les voitures ; tels sont les principaux souvenirs que je garde de ces longs voyages. À chaque passage de frontière, je sentais une peur au ventre, sans doute liée en partie aux histoires racontées par mes grands-parents qui pour venir au Luxembourg avaient fui, un peu en cachette, un régime autoritaire gouverné par António Salazar.
Ce sentiment à fort heureusement évolué avec l'ouverture progressive des frontières et surtout grâce à mon parcours professionnel au cours duquel j'ai découvert la frontière d'un autre point de vue. Une frontière représente pour moi aujourd'hui l'opportunité de coopérer, de s'enrichir d'une autre langue et d'une autre culture, au sens large du terme. Grâce à la proximité du Luxembourg avec trois pays distincts, il est aisé de visiter, de se former et de s'inspirer des régions frontalières.

**5.** Pouvez-vous citer un film, un roman, une pièce de théâtre, une chanson ou autre musique qui évoque la frontière pour vous, et nous en dire quelques mots ?
La chanson capverdienne *Sodade* écrite en 1950 par Armando Zeferino Soares et popularisée par Cesária Évora sur son Album Perfumado en 1992 évoque la nostalgie des capverdiens émigrants :

> « Sodade, sodade
> Sodade dessa minha terra, São Nicolau
> Sodade, sodade
> Sodade dessa minha terra, São Nicolau. »

Ce terme spécifique, que je connais en particulier du portugais « saudade », évoque auprès de la communauté portugaise un sentiment particulier lié à la migration de la population lusophone pendant le régime autoritaire d'António Salazar. La chanson ne fait pas directement référence à la frontière, mais décrit la nostalgie liée au fait de quitter un pays, une famille, des amis pour reconstruire sa vie dans un autre pays.
Chaque pays, à travers ses frontières, « impose » ou « délimite » une culture, une langue, des lois et règlements propres, mais aussi un espace de vie. Ainsi, une frontière, même si parfois invisible, nous impose une barrière sentimentale, parfois même intellectuelle. Ainsi, un nouveau pays, avec une nouvelle frontière, nous éloigne de nos origines, de nos habitudes et surtout de nos racines et traditions.
On dit souvent que le terme « saudade » ne peut être traduit dans une autre langue, car ce qui se cache derrière va bien plus loin que la simple nostalgie. Il s'agit d'un manque, d'un trou laissé à l'intérieur de son cœur par l'absence d'un pays ou seulement d'un lieu bien réel qui est délimité par une frontière concrète.

**6.** En quoi avez-vous fait bouger les frontières ?
Mon expérience professionnelle m'a montré que la coopération transfrontalière était portée par des personnes et des personnages engagés et motivés. Personnellement, je crois en l'Europe, en

l'idée d'une meilleure intégration et d'une plus grande solidarité, mais surtout dans la nécessité de poursuivre et de renforcer la coopération transfrontalière en estompant les obstacles qui découlent de la présence des frontières.

Je m'engage ainsi d'un point de vue professionnel à travers différents travaux menés par le Département de l'aménagement du territoire :

- Projet Interreg VA Schéma de développement territorial de la Grande Région (SDTGR) : le projet SDTGR doit permettre d'aboutir à un Schéma de Développement Territorial partagé par l'ensemble des acteurs de la Grande Région afin de stimuler l'innovation au sein de la Grande Région à travers notamment l'identification des enjeux et des opportunités qui découlent des dynamiques de développement socio-économiques en cours et de la définition d'une stratégie intégrée polycentrique et transfrontalière qui doit accroître l'attractivité et la compétitivité de la Grande Région.
- GECT Alzette Belval : mis en place en 2008 le GECT AB a pour objectif principal de contribuer à l'émergence d'une agglomération transfrontalière franco-luxembourgeoise.
- Vallée de l'Alzette : le concept commun de développement et de planification territoriale autour de la vallée de la Moselle met l'accent sur les aspects liés au développement socio-économique et au développement de l'habitat afin de promouvoir un développement intégratif et durable de l'espace frontalier mosellan.
- Système d'information géographique de la Grande Région (SIGGR) : depuis 2009, le SIGGR a pour objectif la mise à disposition, pour l'ensemble de la Grande Région, de données géographiques transfrontalières, harmonisées et donc comparables. Il doit permettre d'assurer une meilleure visibilité de la Grande Région et de ses projets à travers la mise en ligne des cartes thématiques pour le grand public via le géoportail www.sig-gr.eu du SIG-GR et de rassembler et d'harmoniser les données existantes, mais surtout de développer des indicateurs territoriaux au niveau grand-régional et de guider ainsi les acteurs dans leurs prises de décision.

Ces projets – pour lesquels je m'investis beaucoup et auxquels je crois – ne permettront sans doute pas de révolutionner la coopération transfrontalière ni d'ailleurs de faire bouger les frontières, mais ils pourront, je l'espère, faire bouger les mentalités au profit d'une plus grande perméabilité des frontières dans cette période si particulière que nous vivons.

La pandémie sanitaire autour de la Covid-19 montre bien que les crises, qu'elles soient sanitaires ou autres, ne connaissent pas de frontières et qu'elles ne se laissent guère perturber par ces dernières. Ainsi, il est essentiel de coopérer pour trouver ensemble des réponses aux défis de notre société au lieu de se renfermer sur soi et de faire un retour en arrière.

# CHAPITRE 23

# Commercer à la frontière

**Colette RENARD-GRANDMONTAGNE, Mathias BOQUET, Nicolas DORKEL**

SOMMAIRE



Le 3 juin 2020, après plus de deux mois de fermeture pour cause de pandémie de la Covid-19, l'Italie réouvre ses frontières aux ressortissants européens ; les clients français, probablement originaires de Menton, des Alpes maritimes affluent à Vintimille, à la dyade franco-italienne pour reconstituer leurs stocks de cigarettes et déambuler dès le vendredi dans le marché, au grand soulagement des marchands ambulants. Cette actualité à la une des quotidiens est révélatrice de deux habitudes dont profitent les Européens, celle de se déplacer sans entrave d'un pays à un autre pays voisin, à l'intérieur de l'espace Schengen et celle de passer fréquemment une frontière proche pour, entre autres, s'approvisionner ou « magasiner » de l'autre côté.

Commercer est une activité transactionnelle entre un vendeur et un acheteur qui s'articule autour de la différence, du désir, de la distance (Beaujeu-Garnier et Delobez, 1977) auxquels il est possible d'ajouter, dans les espaces frontaliers, discontinuité, dépaysement et défiance (Renard-Grandmontagne et Lebrun, 2014). L'utilisation du verbe commercer, et non du substantif « commerce », met en lumière les acteurs qu'ils soient commerçants ou bien consommateurs, appelés, en 2011, par Nathalie Lemarchand « consom'acteurs ». Dès lors, les pratiques d'achat doivent être interrogées au même titre que les pratiques de vente ou les stratégies d'implantation de points de vente.

L'intitulé « Commercer à la frontière » inscrit le sujet dans une catégorie d'espaces, non pas sur la ligne, limite matérialisée ou non de souveraineté d'un État mais dans la proximité d'une frontière, c'est-à-dire dans un espace frontalier. Les espaces frontaliers, espaces intérieurs dans lesquels existent des effets-frontières intenses sont doubles, de part et d'autre d'une dyade, voire triples autour de points particuliers tel le point triple au contact de l'Argentine, du Brésil et du Paraguay qui est au cœur du thriller de Sebastian Rotella, *Triple crossing*.

En quoi dans un contexte dominant de mondialisation, les frontières sont-elles encore des obstacles aux échanges commerciaux transfrontaliers mais aussi des sources d'opportunité pour les différentes catégories d'acteurs ? Même contrôlée, une frontière peut être transgressée et l'objet d'arrangements. Le développement des zones de libre-échange, de marchés communs et d'unions douanières a ouvert de nouvelles possibilités aux acteurs du commerce frontalier, en particulier aux consommateurs. De ce fait, les espaces frontaliers deviennent des territoires expérimentaux et privilégiés des acteurs dans leurs stratégies de développement à l'international.

DÉFINITION

**Commerce frontalier et commerce international**

Il faut distinguer commerce frontalier et commerce international. Dans les échanges commerciaux internationaux ou transnationaux, les biens, les marchandises franchissent certes une ou des frontières – via des entreprises d'import-export ou dans le cadre des circulations intragroupes – pour être revendus à des clients mais ceux-ci sont dispersés dans un territoire national. Le commerce international est un commerce de gros, encadré par des accords de libre-échange, mobilisant une chaîne d'opérateurs économiques et se déployant sur de grandes distances. Le commerce frontalier est avant tout un commerce de détail, un commerce de proximité, qui s'inscrit dans un contexte spatial spécifique, celui de deux ou trois territoires nationaux voisins. La frontière introduit alors de « la distance dans la proximité » (Arbaret-Schulz, 2002).



# 1 La frontière, un obstacle… franchi par un petit nombre d'acteurs expérimentés

Des multiples fonctions d'une frontière, la fonction régulatrice des échanges de marchandises est l'une des plus anciennes. Le commerce transfrontalier peut être entravé par la difficulté, voire l'interdiction, pour les biens de consommation et/ou les personnes de franchir une dyade mais aussi par une discontinuité juridique entre deux États voisins : l'un autorisant la commercialisation d'un produit alors que l'autre l'interdit. C'est ainsi que le Bénin autorise l'approvisionnement en fripes alors que son voisin le Nigeria l'interdit (Choplin et Pliez, 2018). Ces barrières sont parfois à l'origine de transgressions.

## 1.1 Permanence et renouvellement de la fonction régulatrice des frontières

En France, cette fonction est assurée par la Douane dont l'histoire est intimement liée à la constitution progressive de l'État. La Régie nationale des douanes est née en 1791 de la nationalisation de la Ferme Générale. Très active en période de protectionnisme et de prohibition, elle permet aux gouvernements d'assurer, en temps de paix, la sécurité des citoyens, de protéger l'économie nationale et également de disposer de ressources financières pour son fonctionnement par l'instauration de taxes douanières. Administration de contrôle des marchandises et des frontières, la Douane a dû intégrer, en 1993, la suppression des frontières intérieures entre les 12 États membres de l'Union européenne et la mise en place d'un marché intérieur de près de 350 millions de consommateurs. L'Union européenne compte désormais 27 États et près de 450 millions de personnes.

Concrètement pour la Douane et pour les consommateurs, cela a signifié la suppression des barrières physiques (postes douaniers) et des formalités douanières (droits de douane et contrôle systématique des restrictions quantitatives aux échanges) sur les marchandises circulant au sein de cet espace unique. De ce fait, les effectifs de la Direction Générale des Douanes et Droits Indirects (DGDDI) rattachée au ministère de l'Action et des Comptes publics ont diminué d'environ un quart passant de 22 000, en 1980, à 16 500 fonctionnaires (DGDDI, 2019) qui, de plus, ont été redéployés sur le territoire national, en particulier sur les frontières maritimes et aériennes (aéroports). La mission de lutte contre la fraude et les grands trafics internationaux est une de ses missions principales comme pour de nombreuses autres administrations douanières, membres de l'OMD, Organisation Mondiale des Douanes qui regroupe 183 administrations dans le monde. Depuis 2012, l'OMD publie un rapport annuel sur les trafics illicites dans le monde, consultable sur le site de l'organisation.

## 1.2 Contrebande et trafics illicites : de vieilles formes de transgression de la frontière

Les termes contrebande et trafic illicite sont deux expressions qui désignent une même action, celle de faire entrer et de vendre de façon illégale des marchandises, des biens culturels ou naturels sur un territoire national mais aussi de priver un État d'une partie de ses ressources financières (taxes) (Lebrun, 2017). Toutefois, ces mots se différencient par l'époque et par les échelles spatiales dans lesquelles les actions se déroulent. La figure la plus ancienne est sans aucun doute celle du contrebandier, fréquente dans la littérature du XIXe et début du XXe siècle. Des écrivains tels que Pierre Loti dans *Ramuntcho*, en 1897 ou Maxence Van Der Meersch dans *La maison dans la dune*, en 1932, évoquent amplement des trafics clandestins qui transgressaient les frontières bien avant que des géographes ne s'y intéressent. Dans ces romans, la contrebande se déroule dans deux confins : d'une part, le pays basque divisé par la Bidassoa, d'autre part, le plat pays des

Flandres. Si les produits introduits illégalement diffèrent: ballots de soie et de velours en Espagne, tabac belge au nord, de nombreuses similitudes peuvent être relevées.

La contrebande est une affaire de «fraudeur», «maître-fraudeur», «revendeur en détail», «chien passeur», «contrebandier» et de «receleur». Ces initiés locaux sont de très bons connaisseurs de l'espace local (chemins, pistes, etc.) qui opèrent sur de courtes distances, effectuent des allers-retours fréquents de part et d'autre de la frontière très surveillée par les «noirs», «gabelous», «douaniers» ou «carabiniers espagnols» qu'ils connaissent bien mais dont il faut déjouer la vigilance. Le temps de la contrebande comprend deux phases: celle du franchissement de la frontière, très souvent de noire nuit, quand la «lune est couchée» ou le brouillard épais, et celle de la revente. La livraison à pied ou à vélo est tout aussi dangereuse que la traversée des dyades. Malgré une prise de risque importante en raison des peines encourues, les gains comparativement substantiels par rapport aux salaires de l'époque font néanmoins de nombreux contrebandiers des gagne-petit.

Aujourd'hui, le terme de contrebande est encore employé par O. Pliez dans l'excellente étude de cas sur Salloum, bourgade égyptienne proche de la côte méditerranéenne, seul point de passage frontalier ouvert entre l'Égypte et la Libye. Les conteneurs de jeans chinois et de petits appareils électroniques hors quota arrivent dans les ports libyens (Tripoli, Benghazi). Dès l'aube, des porteurs qui se nomment eux-mêmes contrebandiers, entrent en Libye pour décharger la marchandise, lui faire traverser à pied la frontière en contournant les postes et l'acheminer par taxi jusqu'aux entrepôts de Salloum, à 12 km au sud. Des transitaires récupèrent ensuite les produits et les transportent par camions vers des grossistes d'Alexandrie et du Caire qui les écoulent enfin sur le marché égyptien. Pour les habitants de la localité, la contrebande et le transit représentent une manne palliant le déficit d'investissements des pouvoirs publics. Le mot est aussi utilisé par J. Thorez, en 2008, pour désigner le commerce à la valise dans les États d'Asie centrale post-soviétique ou le trafic d'essence entre des pays, tels que le Turkménistan et l'Ouzbékistan.

## ENCADRÉ 23.1

### Le commerce à la valise en Asie centrale

«L'essence importée du Turkménistan par les navetteurs ouzbékistanais peut par exemple être vendue depuis des voitures stationnées à un emplacement déterminé tandis que, dans les villages, des détaillants occasionnels placent l'essence sur des présentoirs situés devant les maisons où peuvent également être proposés des bocaux de fruits et de légumes à la belle saison. Ce commerce de l'essence peut enfin s'appuyer sur une forme de stockage plus élaborée impliquant un trafic à grande échelle et être réalisé à partir de réservoirs souterrains et «clandestins» installés dans la cour des maisons.» (J. Thorez, 2008)

Mais souvent le terme de contrebandiers a cédé la place à celui de « trafiquants » qu'ils soient petits ou liés à des réseaux régionaux voire mondiaux du crime organisé, opérant à des échelles bien supérieures. Le trafic de stupéfiants ou de produits de contrefaçon est un commerce transnational de produits illicites que les douanes essaient de contrôler.

Ces évocations passées et actuelles de contrebandiers indiquent que transgresser une frontière, est un arrangement avec celle-ci. Ce sont des actes juridiquement condamnables mais dont passeurs et clients tirent localement profit. Quand les frontières sont plus ouvertes, les acteurs concernés par les échanges transfrontaliers sont plus diversifiés et probablement plus nombreux.

## 2 La frontière ouverte, une ou des discontinuités à exploiter

Même ouverte, une frontière reste une limite de souveraineté et, de ce fait, est une discontinuité multiple pouvant être exploitée par les différents acteurs du commerce. Pour un même État, les discontinuités peuvent être spatialement différenciées en fonction des États voisins. Chaque dyade génère ses propres discontinuités qui constituent des opportunités et des ressources tant pour les clients que pour les commerçants.

### 2.1 Les discontinuités, créatrices de différences de prix et d'attractivité commerciale

Dans des sociétés occidentales où le développement de la consommation de masse a été stimulé depuis plus d'un demi-siècle par la recherche de prix bas, les différences de prix présentes entre deux ou trois pays limitrophes peuvent être une aubaine pour des consommateurs souvent à l'affût de « bons plans[1] ». L'intérêt des produits étrangers voisins peut être dû à une disparité monétaire qui favorisera les flux de clients du pays à fort taux de change vers celui ou ceux à plus faible parité monétaire. Les flux seront alors dissymétriques.

Même dans le cas d'union monétaire (par exemple la zone euro), d'autres discontinuités influent sur la structure des prix les rendant plus ou moins attractifs. Parmi les taxes, la TVA contribue à une différenciation importante des prix entre pays. La Taxe sur la Valeur Ajoutée fut instaurée, en France en 1954 et fut généralisée dans l'Europe des Six en 1967. Le système de la TVA s'est progressivement généralisé dans le monde (153 États sur 183 en 2014), il est obligatoire au sein de l'Union européenne, mais à des taux variables pour une même catégorie de produits. La figure suivante indique, à titre d'exemple, l'écart substantiel entre les taux imposés par les États sur les chaussures et produits en cuir. La TVA varie de 6 % (Belgique) à 27 % (Hongrie).

1. Exemple de site en ligne : le Frontalier Malin, http://frontalier-malin.fr/.

Les droits d'accises (taxes indirectes sur la vente ou l'utilisation de certains produits : tabac, alcool, énergie) ont été instaurés dans l'Union européenne à partir de 1993 pour faciliter les échanges transfrontaliers de certains produits et prévenir les distorsions de concurrence. Le différentiel de prix sur les carburants est à l'origine « d'un tourisme [transfrontalier] de la pompe » au Luxembourg (Ullrich, 2009). La carte publiée dans l'*Atlas de la Grande Région* est spectaculaire[2]. Les stations-essences alignées les unes à côté des autres le long des routes entrant ou sortant des pays limitrophes ourlent les frontières du Grand-Duché et ont provoqué un véritable désert de pompes à essence chez ses voisins. À titre anecdotique, la plus grande station-service luxembourgeoise contiguë à la frontière française (600 m à peine) compte 29 pompes alors que les quatre autres stations de la ville [Dudelange] sont dotées chacune de 6 à 8 pompes. Les discontinuités peuvent localement déstructurer l'équipement commercial.

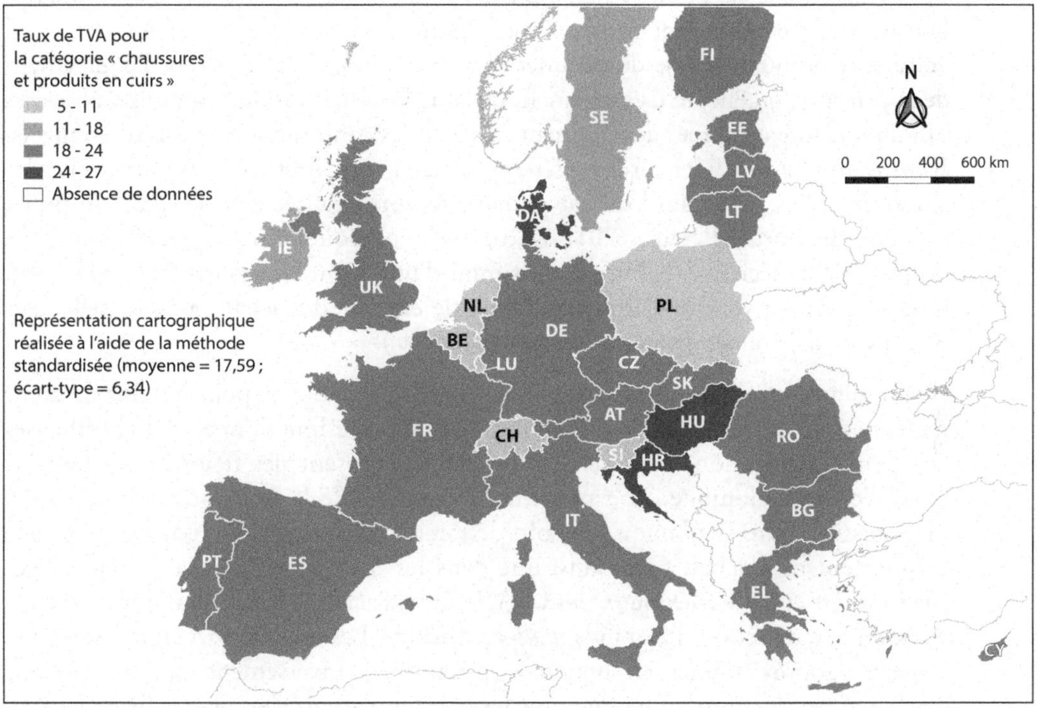


**Carte 23.1 – Les frontières : des limites de souveraineté fiscale**

Source : Commission européenne, *VAT rates applied in the Member States of the European Union* (1er janvier 2020).
Conception et réalisation : N. Dorkel, M. Boquet et C. Renard-Grandmontagne.



2. Voir *Atlas de la Grande Région*, http://gr-atlas.uni.lu/index.php/fr/articles.

## 2.2 « C'est toujours moins cher de l'autre côté de la frontière[3] » : pratiques d'achat outre-frontière

La comparaison des prix de part et d'autre d'une dyade perméable, dans un contexte d'union monétaire qui plus est, exacerbe la concurrence entre distributeurs, occasionne l'achat de produits ciblés (Renard-Grandmontagne, 2013) et engendre une évasion commerciale rarement équilibrée entre les États. Toutefois ces échanges transfrontaliers sont limités spatialement. En Afrique de l'Ouest, Désiré Nassa a montré comment le marché ivoirien de Sokoro, situé à un kilomètre des frontières malienne et guinéenne, accueille des vendeurs des trois États et draine une clientèle aussi originaire des trois pays qui parcourt parfois des distances de 30 à 50 km pour effectuer des transactions. En Europe de l'Ouest, pour spatialiser une dyade sous l'angle du commerce, les isochrones retenus sont de 20, 30 ou exceptionnellement 45 minutes de trajet en voiture, selon qu'il s'agisse de commerces alimentaires, de commerces d'équipement de la personne ou encore d'équipement de la maison. Les produits soumis aux accises ont un fort impact sur les déplacements d'achat des consommateurs voisins étrangers. Ils peuvent même influer sur la représentation de la proximité d'une frontière chez les consommateurs. C'est ainsi qu'une enquête récente, réalisée dans le cadre du projet de recherche Border Retail 2 (2019-2020) sur les pratiques d'achat, a révélé que 10 % de Nancéiens déclarent habiter à proximité d'une frontière pourtant distante d'au moins 90 km en voiture. Parmi eux, la moitié effectue des achats occasionnellement ou souvent à l'étranger (notamment pour du tabac).

Néanmoins si le prix de vente peut être un motif d'achat décisif pour certains consommateurs, il n'est pas le seul. À ces motivations d'ordre fonctionnel, des chercheuses en sciences de gestion, N. Fleck et H. Yildiz proposent des freins et des motivations d'ordre hédonique ou expérientiel (recherche de la nouveauté par exemple) mais aussi d'ordre symbolique (besoin de rareté, de distinctivité) pour expliquer le comportement d'achat. C'est ainsi que dans les *twin cities* Tijuana et San Diego, à la frontière entre le Mexique et les USA, les flux d'acheteurs sont plus importants, le week-end en direction des grands *malls* américains. Les classes moyennes mexicaines veulent s'approvisionner en marques américaines. Inversement, ces motivations d'achat aident à comprendre que tous les consommateurs des espaces frontaliers ne sont pas des *cross border consumers* (Boquet *et al.*, 2018). Certains restent des « acheteurs nationaux ».

Si les distributeurs sont mis en concurrence de part et d'autre d'une dyade par des consommateurs pour qui l'espace transfrontalier est fluide, une seconde compétition existe, celle entre les territoires frontaliers pour l'implantation de grandes surfaces spécialisées appartenant à des réseaux mondialisés (Nike, Ikea, par exemple). Ces firmes

3. Barth I., Bertrand H., 2011.

transnationales exploitent les différences des règlements nationaux d'urbanisme commercial en choisissant le territoire où la législation est la moins contraignante et où la procédure d'autorisation est la plus rapide (Renard-Grandmontagne, 2013).

La frontière n'est pas seulement une opportunité pour des consommateurs. Elle peut l'être aussi pour les acteurs des réseaux d'enseignes.

# 3 La frontière dans les stratégies d'implantation des acteurs de la grande distribution

L'objectif de tout commerçant est le maintien de son chiffre d'affaires si ce n'est son augmentation en attirant de nouveaux clients, en augmentant sa part de marché et sa zone de chalandise. Dans le cadre d'espaces frontaliers, la nouvelle cible pour un distributeur est la capture d'une partie de la clientèle étrangère résidant de l'autre côté de la frontière. Pour ce faire, deux stratégies d'implantation sont identifiées.

## 3.1 Se rapprocher de la frontière sans la franchir

La première est celle d'ouverture de magasins au plus près de la dyade, à quelques centaines de mètres, tout en restant en deçà de la frontière c'est-à-dire sans la franchir, sous peine de perdre les avantages comparatifs qui rendent l'enseigne attractive (Renard-Grandmontagne et Dorkel, 2018). Dans cette stratégie, c'est le client qui traverse la frontière. Cette stratégie est celle choisie par le distributeur allemand DM (Drogerie Markt) dont les moyennes surfaces spécialisées dans la vente de produits d'hygiène et d'entretien bordent, progressivement depuis une vingtaine d'années, les frontières tant françaises, luxembourgeoises que belges et néerlandaises en jouant, entre autres, sur un différentiel de prix substantiel.

## 3.2 Tester un nouveau marché en s'implantant de l'autre côté de la frontière

La seconde stratégie est celle du franchissement de la frontière par l'acteur économique. Dans cet autre contexte, les espaces frontaliers constituent des territoires-tests qui permettent au distributeur, dans un premier temps, d'adapter son offre à une clientèle culturellement différente, de se confronter et de s'adapter à de nouvelles réglementations d'urbanisme commercial, tout en minimisant ses coûts puisque les nouveaux points de vente s'appuient sur la chaîne logistique du pays voisin. Les espaces frontaliers constituent de ce fait un front pionnier dans une perspective de pénétration en tache d'huile (Soumagne, 2000) d'un nouveau marché étranger. Les *hard-discounters* allemands Norma, Lidl et Aldi illustrent tout à fait cette stratégie[4] dans leurs conquêtes du marché français.

Il n'est pas rare que les distributeurs aient recours aux deux stratégies en fonction des dyades. Alors que DM reste à l'abri des frontières allemandes à l'ouest, il est massivement implanté dans de nombreux pays d'Europe centrale et a amorcé une pénétration en Italie depuis 2017, à partir du Sud Tyrol. De la même manière, Auchan a ouvert des hypermarchés au Luxembourg alors qu'il reste totalement absent du territoire belge.

Ces deux grands types de stratégie font des espaces frontaliers des territoires spécifiques voire stratégiques.

# Conclusion

Au sein de l'Union européenne, pour les consommateurs qui choisissent d'acheter de l'autre côté de la frontière, l'espace de consommation est lisse et sans entrave. Par leurs pratiques d'achat, ils participent à la formation d'un réel espace transfrontalier qui intègre les espaces frontaliers doubles d'origine. Néanmoins, leurs pratiques sont nées des différences qui existent de part et d'autre et qui se maintiennent parce que les frontières légales subsistent. Pour les acteurs du commerce intégré, la frontière conserve toute sa fonction de limite territoriale légale. Elle est à la fois contrainte en termes de marginalité au sein d'un réseau national, opportunité en termes d'attraction d'une clientèle rodée à circuler de façon fluide entre les pays en fonction de l'emploi, des loisirs, des produits recherchés et de leurs différentiels de prix et front pionnier en termes d'expansion territoriale. Dans d'autres contextes géographiques, le franchissement des frontières est plus difficile, plus risqué et n'est le fait que d'un petit nombre d'initiés (passeurs, commerçants à la valise). Le passage frontalier n'est qu'un maillon sur une route commerçante transnationale telle que celle qui unit la Chine et le monde arabe. Dans ces nombreux cas, la frontière est une ressource.

4. Une batterie de cartes des implantations des distributeurs Lidl et Aldi sont consultables dans l'étude de l'Insee de mars 2015 https://www.insee.fr/fr/statistiques/1381133.

# BIBLIOGRAPHIE

CHOPLIN A., PLIEZ O., (2018), *La mondialisation des pauvres. Loin de Wall Street et de Davos*, Éditions du Seuil, coll. « La République des idées », p. 113.

NASSA D., (2005), *Commerce transfrontalier et structuration de l'espace au nord de la Côte d'Ivoire*, thèse, université de Bordeaux 3, p. 335.

RENARD-GRANDMONTAGNE C., (2013), « Conquérir de nouveaux marchés et "assumer l'opportunisme" dans les espaces transfrontaliers de la Lorraine », *in* LEBRUN N., *Commerce et discontinuités*, Artois Presses Université, p. 39-55.

RENARD-GRANDMONTAGNE C., LEBRUN N., (2014), « Commerce et frontières. Discontinuité et échange transnational », *in* GASNIER A., LEMARCHAND N. (dir.), *Le commerce dans tous ses états. Espaces marchands et enjeux de société*, Presses Universitaires de Rennes, p. 105-115.

THOREZ J., (2008), « Bazars et routes commerciales en Asie centrale – Transformation post-soviétique et "mondialisation par le bas" », *Revue européenne des migrations internationales* [en ligne], vol. 24, n° 3, mis en ligne le 01 décembre 2011, URL : http://journals.openedition.org/remi/4844, DOI : 10.4000/remi.4844.

## ENTRETIEN

**Avec Nadège Risse, présidente de Joints Vulcanisation Caoutchouc, Peltre (Metz Métropole) – le 11 août 2020**

**1.** Quand vous pensez aux frontières, quelle est la première image qui vous vient à l'esprit?
La première image qui me vient à l'esprit est le logo de l'Union européenne. Forcément, cette image est impulsée par la situation de notre région, riche de «frontières», le passage d'un pays à l'autre se fait naturellement avec le plus grand respect de nos voisins.
Si je prends un peu de recul, l'image qui me vient est plutôt la barrière qui signifie la différence. Elle permet de se repérer dans le monde et de définir la grandeur des pays. Il est évident que ce symbole traduit plutôt l'ensemble des règles et l'immense diversité.

**2.** De quel point de vue et/ou quelle position professionnelle parlez-vous des frontières?
En ma qualité de présidente de société dont l'activité est liée à l'industrie, les frontières marquent encore beaucoup les différences de normalisation dans la fabrication des matières premières. Les échanges de marchandises sont toutefois plus aisés entre les pays et pourtant les règles sont encore bien disparates. Le droit du travail est également bien différent et peut amener à des concurrences importantes entre les pays.

**3.** Quelles sont les évolutions majeures des frontières que vous avez connues?
- Les facilités de communication (numérisation)
- L'acheminement plus contrôlé des biens
- L'euro, la monnaie unique de l'union économique et monétaire

**4.** Quelles émotions ressentez-vous face aux frontières/une frontière en particulier?
L'espoir et la confiance. Ce sont les deux émotions qui me viennent lorsque je pense à la frontière italienne. L'espoir de partager avec un autre pays des idées différentes, d'avancer avec eux dans les domaines industriel et pharmaceutique. La confiance de par sa géographie, sa culture et son histoire.

**5.** Pouvez-vous citer un film, un roman, une pièce de théâtre, une chanson ou autre musique qui évoque la frontière pour vous, et nous en dire quelques mots?
*Jamais sans ma fille* (Betty Mahmoody, 1987). Ce livre évoque la frontière dans tous les sens du terme. Les coutumes, le mode de vie et les traditions de certaines cultures ne doivent pas être négligés.
Cette référence me tient à cœur pour bien comprendre qu'un monde sans frontières ne serait pas vivable. Les frontières séparent et relient, elles distinguent parfaitement les ordres juridiques, les systèmes politiques et bien entendu les histoires de chaque pays. Nous constatons que les frontières doivent permettre les contrôles tout en renforçant la mondialisation économique et financière, et tout en permettant à chaque pays de maîtriser ses liaisons.

**6.** En quoi avez-vous fait bouger les frontières?
Dans mes échanges avec nos fournisseurs et nos clients, j'ai beaucoup fait bouger les frontières. En effet, j'ai réussi à faire tomber la frontière de la langue. Ce point était très pénalisant.

Je me suis aperçue que le mot « frontière » existe dans notre tête et dans notre cœur. Cette évolution a influencé des projets et permis des avancées dynamiques au sein de notre entreprise.

**7.** Voulez-vous ajouter quelque chose ?
Dans ce sujet « frontière », ce qui est important est que « la liberté de chacun s'arrête où commence celle des autres ».
Nous devons maintenir les valeurs fondamentales et universelles du respect et de la tolérance.
Il est important de favoriser le dynamisme des frontières tout en guidant les choix et les comportements pour préserver les avantages de chaque histoire.

CHAPITRE 24

# Navetter à la frontière

**Philippe GERBER**

SOMMAIRE



La frontière étatique est souvent associée à une fonction de frein, ou à tout le moins de régulation, au développement des interactions entre les États. Cette barrière peut néanmoins devenir source d'émancipation et de ressources, notamment à travers le travail frontalier.

Les enjeux sont ici de décrire les caractéristiques du travail frontalier, ses formes suivant les principaux pôles économiques, la variété de ses formes d'interactions, les différentiels territoriaux ou économiques qu'il suppose de part et d'autre des frontières, les effectifs qu'il recouvre. Nous verrons qu'un panorama mondial comparable est difficile à établir. C'est pourquoi ce chapitre est orienté selon des échelles emboîtées. La première section s'attarde sur des questions terminologiques liées au sujet d'étude pour ensuite aborder les principales zones frontalières marquant l'espace économique global. La deuxième section se concentre sur les frontaliers d'Europe. Enfin, la troisième aborde le travail frontalier luxembourgeois, emblématique de différentiels territoriaux qui alimentent cette main-d'œuvre particulière.

## 1 Navettes et globalisation

### 1.1 Précisions terminologiques

Au départ, le terme de navette relève d'une forme de petite barque, dérivée du latin *navis* (navire), où par métonymie il était possible d'embarquer et de débarquer quelque chose ou quelqu'un. Dès le XVIe siècle, la navette, instrument mobile, servait à porter et à faire courir le fil de soie entre les fils de la chaîne à tisser. Par analogie, la navette devient plus tard le véhicule facilitant la mobilité de ces allers-retours nombreux en reliant deux points plus ou moins proches, que ce soit deux points de la machine à tisser ou deux lieux situés de part et d'autre d'une frontière. Ces précisions supposent tant une relation entre deux positions distinctes dans l'espace qu'une délimitation temporelle.

Lorsqu'il s'agit de deux lieux séparés par une frontière, parcourus par des liens domicile-travail, ils témoignent alors d'une activité économique transfrontalière : l'emploi exercé exige une présence soutenue sur le lieu de travail, selon un rythme journalier et régulier. Nous parlerons donc de navettes transfrontalières, supposant un mouvement réversible de déplacements effectués entre le domicile, situé dans un pays d'origine, et le lieu de travail, situé dans un pays contigu de destination. Cette délimitation spatiotemporelle permet de distinguer ces navettes (en anglais, le terme équivalent de *commuter* se rapporte explicitement aux déplacements domicile-travail) de la migration internationale de la main-d'œuvre. Entrée en vigueur en 2003, la Convention Internationale de l'ONU sur la protection des droits des travailleurs migrants et des membres de leur famille distingue d'ailleurs en ce sens le travailleur migrant du navetteur frontalier.

Cette distinction formelle restrictive laisse peu de place à la mesure des navettes frontalières informelles qui pourtant, dans certaines régions, peuvent largement dépasser la part du travail frontalier formel. En prenant appui sur les données mesurées à l'aide d'outils administratifs, ce chapitre se concentrera sur ce type de navette formelle transfrontalière.

## 1.2 Visions globales des navettes

Outre-Atlantique, les navettes transfrontalières se développent au XIXe siècle avec l'appel de travailleurs mexicains pour la construction de différentes villes états-uniennes à la frontière mexicaine. Ce phénomène se renforce du fait de la Loi fédérale d'immigration *Johnson-Reed* de 1924 destinée à limiter l'immigration et à modifier le statut des employés étrangers. 52 551 frontaliers mexicains disposent d'une *Green Card commuter* en 1933 et traversent au moins deux fois par semaine la frontière. En 1967, ils sont 40 176 d'origine mexicaine, 49 770 deux ans plus tard. Doivent s'ajouter à ces flux environ 20 000 frontaliers d'origine états-unienne, portant le total de ces déplacements à 70 000 en 1969. Malgré le développement de certaines aires métropolitaines remarquables entre États-Unis et Mexique, et facilitée par le *North American Free Trade Agreement* (NAFTA/ALENA) de 1994, les États-Unis privilégient entre temps l'immigration contrôlée : avec un pic de 87 345 frontaliers d'origine mexicaine en 1990, ce chiffre a baissé depuis le 11-Septembre et atteint 52 760 en 2015 (Orraca Romano, 2019).

En Asie du Sud-Est, nombre de zones transfrontalières connaissent également un important travail frontalier. La plus importante concerne la ligne maritime entre la Malaisie et Singapour. Le point-frontière emblématique est la Chaussée *Johor Barhu*, reliant Pulau Ujong (Singapour) à la péninsule malaise, ouverte dès 1923 par lien ferroviaire. Aujourd'hui, cette chaussée engendre des problèmes environnementaux et des questions liées aux infrastructures de transport elles-mêmes, devant accuser la charge d'un trafic de plus en plus important entre les deux régions, au bénéfice de Singapour. En 2015, selon les données d'immigration de la Malaisie, plus de 250 000 navetteurs frontaliers empruntent quotidiennement la chaussée *Johor Barhu*, où 58 % d'entre eux la traversent en moto et 36 % en voiture. Des pourparlers sont en cours afin de construire de nouvelles infrastructures, notamment un métro et une ligne à grande vitesse reliant les deux capitales.

Certaines autres zones transfrontalières sont plus récentes, comme le premier point-frontière de Entikong ouvert en 1989 entre la Malaisie et l'Indonésie : plus de 1 000 frontaliers y passent tous les jours. La zone entre Hong Kong et Shenzhen reste-t-elle encore d'actualité ? Un frontalier habitant la Chine intérieure et travaillant à Hong Kong avant la rétrocession de ce territoire britannique en 1998 est-il toujours considéré comme frontalier en 2020, alors que le système capitaliste du Royaume-Uni est censé être maintenu jusqu'en 2047 ? Les autorités chinoises évoquent bien en 2017 que les résidents de Hong Kong vivant sur le continent asiatique effectuent en moyenne 116 600 voyages « à travers la frontière » chaque jour.

Il serait également bon d'évoquer le travail frontalier en Afrique qui se développe au sein de processus d'intégration continentale et de résolution pacifique des différends transfrontaliers. Ce développement de la main-d'œuvre étant toutefois essentiellement informel, il est difficilement mesurable.

Au regard de ces quelques chiffres, force est de constater qu'en l'absence de données mondiales comparables, du fait de contextes économiques et législatifs différents (définition de la navette quotidienne/hebdomadaire, confusion entre migrants et frontaliers...), les statistiques sont difficiles à comparer dans le temps et dans l'espace. Il en est toutefois autrement à l'échelle européenne où le travail frontalier est à la fois développé et bien documenté, l'Union européenne connaissant des changements au niveau de ses frontières qui jouent parfois un rôle de stimulateur.

## 2 Quels navetteurs dans quel contexte européen ?

L'ampleur du travail frontalier en Europe n'est pas récente : durant la Révolution industrielle, nombre de résidents belges se dirigeaient vers la France pour aller travailler, et ce jusqu'à plus de 100 000 navettes quotidiennes quelques décennies plus tard. Les accords de Schengen et le marché unique européen ont favorisé son développement : alors qu'environ 390 000 frontaliers sont comptabilisés au début des années 1990, leur augmentation reste néanmoins relativement lente jusqu'au début des années 2000, avec 490 000 frontaliers. L'accélération est patente à partir de ce moment, qui rend notamment compte de l'élargissement conséquent de l'Union européenne : de 800 000 frontaliers en 2006, on passe, selon les sources, à 1,7 million en 2015, soit l'équivalent de près de 1 % de la main-d'œuvre de l'Europe des 28. Après un descriptif des logiques légales qui sous-tendent le travail frontalier européen, seront exposés les flux frontaliers principaux et leurs caractéristiques.

## 2.1 Légalité du marché européen

La définition d'un frontalier européen repose sur une réglementation communautaire de 1971, mise à jour par le règlement n° 883/2004 CE entré en vigueur au 1er mai 2010, concernant la coordination des régimes de sécurité sociale en vue de la libre circulation des travailleurs au sein de l'Union européenne. Deux critères sous-tendent ce règlement. Le premier est d'ordre géopolitique, en stipulant que tout frontalier a son espace de résidence et son lieu de travail dans deux pays membres européens distincts. Le second est d'ordre fonctionnel : tout frontalier retourne en principe chaque jour ou au moins une fois par semaine à son domicile. Le règlement précise également les droits et devoirs du frontalier concernant les prestations familiales et autres branches de sécurité sociale (maladie, accident du travail…), dans un sens qui doit être le plus favorable entre les deux pays concernés.

Cette vision communautaire se heurte toutefois aux nombreuses conventions bilatérales étatiques, plus restrictives. Sans les citer toutes, prenons par exemple le cas du chômage : le frontalier en rupture complète de travail bénéficiera des indemnités de chômage selon le pays de résidence, posant souvent des problèmes de calcul, les cotisations sociales ayant été versées durant l'emploi au pays de travail. Des problèmes de coordination se posent également pour le calcul de l'assurance vieillesse, car le simple critère des conditions d'ancienneté n'est pas le même selon les pays. Enfin, au niveau fiscal, où le revenu doit-il être imposé, dans le pays de résidence, de travail, les deux ? Comment doit-il être redistribué au sein de ces régions transfrontalières européennes ? Pour le moment, aucune réglementation européenne uniforme n'existe, faute de compétence communautaire précise et de souveraineté des États membres en matière d'imposition, mis à part celle du modèle de convention de l'OCDE qui prévoit l'imposition des frontaliers dans l'État d'exercice de l'activité des rémunérations.

Ce tour d'horizon légal témoigne donc d'une juxtaposition de spécificités bilatérales et transfrontalières où, malgré la présence de l'Union européenne et sa volonté de convergence législative en tant que facilitateur des déplacements frontaliers, les systèmes institutionnels nationaux gardent un fort pouvoir et peuvent freiner le développement de ces navettes.

## 2.2 Navettes européennes : profils, freins et leviers

Plus grand bénéficiaire de frontaliers en Europe, la Suisse dispose d'un total de 372 000 frontaliers en 2015, ils représentent 8 % de la main-d'œuvre nationale. Ils proviennent soit d'Italie, avec 23 % des frontaliers, soit d'Allemagne (21 %), soit d'Autriche (3 %), la majorité étant domiciliée en France (52 %). Selon des chiffres comparables à l'échelle européenne, la France comprend plus de 1,5 % de frontaliers au sein de sa main-d'œuvre, pour un total de 438 000 frontaliers, formant ainsi environ un tiers de l'ensemble de la main-d'œuvre frontalière européenne (Fries-Tersch *et al.*, 2017).

Outre la Suisse, les dix autres régions métropolitaines concentrant 90 % des flux frontaliers européens se répartissent essentiellement dans les secteurs ouest de l'Europe (Cavallaro *et al.*, 2019). Il s'agit du Luxembourg, des aires de Lille-Courtrai à cheval entre la France et la Belgique, la conurbation entre Aix-la-Chapelle (Allemagne), Liège (Belgique) et Maastricht (Pays-Bas), la Région Grand Est et sa partie allemande contigüe, le versant irlandais du Nord, la frontière danoise et suédoise, et enfin les quatre versants liant une partie de l'Europe de l'Ouest et de l'Est, à savoir l'Autriche, la façade estonienne et finlandaise, les frontières entre Pologne-Allemagne et Tchéquie-Allemagne.

Les différentiels économiques jouent un rôle prépondérant dans l'attraction de frontaliers. Ainsi, en regardant la Suisse et le Luxembourg, leur indicateur de PIB/hab. est le plus haut en Europe et jusqu'à 3,4 fois plus élevé que leurs régions voisines frontalières. La situation économique est différente entre la Belgique, les Pays-Bas et la France dans le sens où les richesses économiques sont relativement équivalentes, entraînant des flux frontaliers multidirectionnels liés davantage à des opportunités et à une compétition sur le marché de l'emploi. Quant aux relations transfrontalières entre l'Est et l'Ouest européen, les dissymétries économiques perdurent. En guise d'illustration, pour les régions tchèque et germanique contiguës, la moyenne du PIB *per capita* est de 20 450 euros pour la région d'origine des flux, elle est de 32 967 euros pour la région de destination. D'autres indicateurs macroéconomiques peuvent encore témoigner de disparités régionales : exclusion sociale et pauvreté plus fortes au sein des régions d'origine, taux d'activité et d'emploi plus élevés au sein des régions frontalières de destination.

Les inégalités salariales favorisent également les navettes transfrontalières. Un simple exemple : le salaire minimum en France est de 1 521 euros par mois (juillet 2019), il est de 2 071 euros au Luxembourg. Cette disparité rejoint la théorie *push and pull*, où la migration de la main-d'œuvre sera principalement motivée par des facteurs économiques : la main-d'œuvre passe d'une région à bas salaires avec de faibles opportunités d'emploi à une région à hauts salaires. L'ampleur de ces flux dépendra ensuite du coût du déplacement, de la distance parcourue et d'autres facteurs non économiques, comme la langue, la transférabilité des compétences et l'existence de réseaux sociaux qui contribueront à réduire les risques de mobilité (Pires *et al.*, 2018).

En cultivant les différentiels évoqués, les régions européennes bénéficiaires évitent de supporter les coûts de reproduction sociale, ajustent la main-d'œuvre frontalière sans en assumer directement les coûts (chômage pris en charge par la région d'origine), voire externalisent la demande de logements en simplifiant l'installation de résidents de pays bénéficiaires (luxembourgeois ou suisses notamment) vers des régions limitrophes.

Il existe cependant certains accords de coopération transfrontalière permettant parfois un certain partage des charges économique et fiscale, à travers de programmes européens tels Interreg. Cela permet des améliorations des infrastructures des transports en commun entre régions d'origine et de destination, notamment en matière d'interopérabilité ou d'offres de transport accrues. Cela cultive également les facteurs de complémentarité entre régions frontalières. À ce titre, le Luxembourg est un cas d'étude emblématique.

# 3 Un focus : les navetteurs frontaliers travaillant au Luxembourg

Le Grand-Duché de Luxembourg est le pays de l'Union européenne accueillant le plus de frontaliers. Cette situation inédite est relativement récente : en 1961, seuls 3700 résidents des trois pays limitrophes travaillaient au Luxembourg, soit 3 % de la main-d'œuvre ; aujourd'hui, ils sont plus de 200 000 et en représentent 45 %.

## 3.1 Une segmentation de l'emploi

Les besoins en sidérurgie sont forts avant le premier choc pétrolier et les frontaliers représentent alors 11 % de la main-d'œuvre dans ce secteur, contre un peu plus de 3 % tous secteurs confondus. À ce moment, les résidents de Belgique sont majoritaires et représentent la moitié des 11 400 frontaliers ; les frontaliers résidant en France sont 39 %, les frontaliers d'Allemagne 11 %. Depuis les années 1990, la France représente le pays d'origine de la majorité des flux frontaliers vers le Luxembourg.

Avec des augmentations constantes de la part relative des frontaliers dans l'emploi intérieur, la part des travailleurs de nationalité luxembourgeoise recule de 79 à 29 %, les immigrés au Luxembourg passant de 18 à 27 % entre les années 1960 et 2010. Ce phénomène s'explique pour partie par la reconversion du Luxembourg vers le secteur bancaire. Au départ plutôt ouvrière, la population frontalière devient quant à elle plus qualifiée, avec un niveau d'études post-secondaire devenant majoritaire fin 2010.

La concurrence entre les marchés de l'emploi devenant plus forte, les résidents de nationalité luxembourgeoise se replient sur des secteurs d'emploi plus sûrs, notamment le secteur public. Ils concentrent plus de 85 % de la main-d'œuvre de l'administration publique alors qu'ils sont à peine 20 % dans les industries manufacturières, les frontaliers y représentant plus de 60 %. Ces derniers se regroupent également dans les services aux entreprises ou encore le commerce et la construction. Ces profils peuvent être différents en fonction du pays de résidence des frontaliers. Les frontaliers de France sont davantage tournés vers les industries ou le commerce, tandis que les Belges sont surreprésentés dans la finance, les Allemands dans la construction ou le domaine public. Pour ce dernier secteur, il s'agit essentiellement de Luxembourgeois résidant en Allemagne, ce qui témoigne d'une périurbanisation transfrontalière dans la mesure où les logements sont bien plus onéreux au Grand-Duché – le marché immobilier marque lui aussi un différentiel à travers les frontières.

## 3.2 De longues navettes domicile-travail

Les frontaliers vont essentiellement travailler dans la capitale et la région du sud Luxembourg, si bien que la répartition résidentielle de cette population est davantage tournée vers les frontières méridionales du Luxembourg (*cf.* carte suivante).

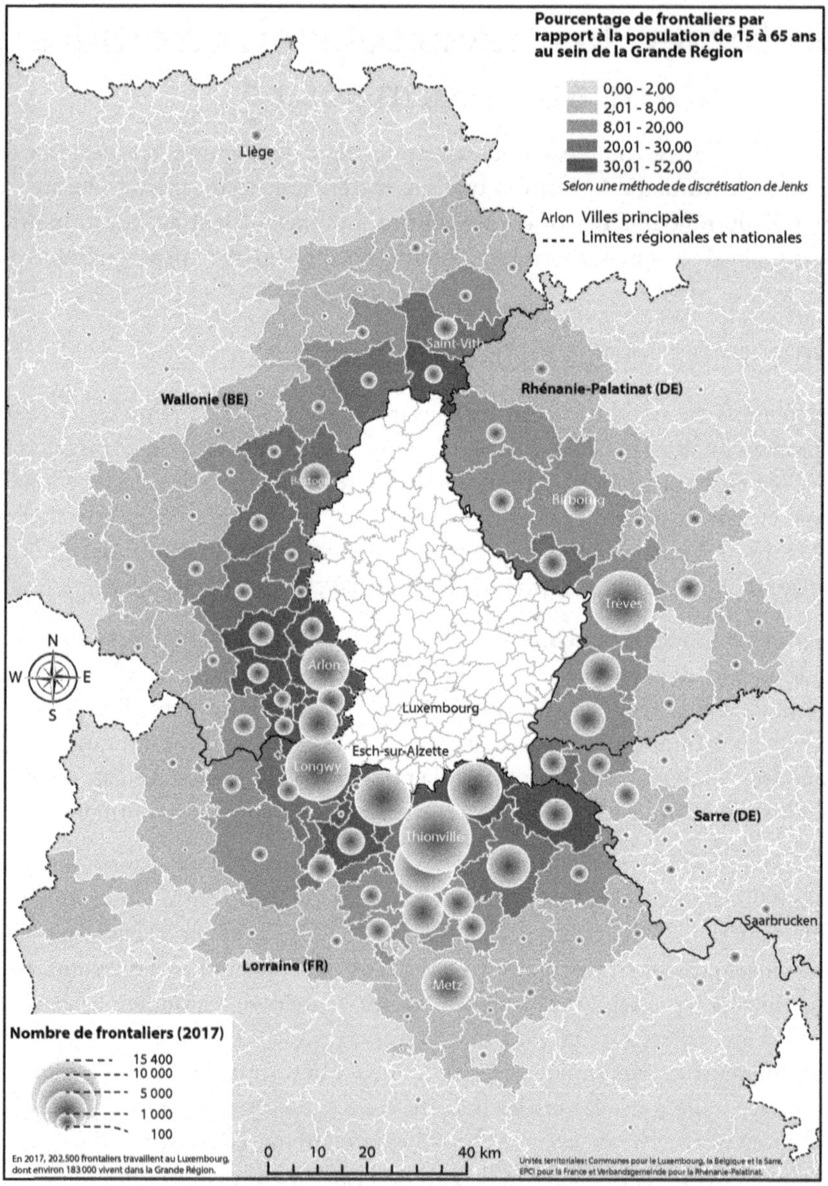


**Carte 24.1 – Répartition résidentielle des frontaliers du Luxembourg en 2017**

Sources: MDDI 2017, IWEPS 2018, Insee 2015, Regionaldatenbank Deutschland 2017.

Réalisation: B. Darud et K. Skoczylas, LISER 2020.

Nombre de communes contiguës aux frontières sud connaissent un pourcentage élevé de frontaliers, avec plus de la moitié de la population active pour l'agglomération de Longwy en Lorraine, mais aussi du côté wallon, à Arlon et ses environs. Cette première concentration fait tout de même place, quelques kilomètres plus loin à un étalement plus diffus, en dépassant le sud de Metz en France, pénétrant la Sarre et la Rhénanie-Palatinat en Allemagne, atteignant Liège en Belgique. Cet éloignement est en partie dû à un marché immobilier tendu, notamment dans le segment de la propriété, phénomène de tension qui se retrouve d'ailleurs dans d'autres zones transfrontalières. Ces frontaliers, souhaitant au même titre que les Luxembourgeois devenir propriétaires (75 % des ménages), présentent des taux de propriété plus élevés que la moyenne de leur pays de résidence respectif (Claveres *et al.*, 2020). Les ménages frontaliers vont ainsi chercher des opportunités immobilières généralement moins coûteuses au fur et à mesure de l'éloignement de la frontière.

Il en résulte des déplacements longs et souvent éprouvants. D'un côté, en raison de la configuration spatiale des origines et des destinations, seuls quelques rares frontaliers peuvent utiliser les modes actifs (marche à pied, vélo) pour se rendre à leur lieu de travail. De l'autre, selon les derniers chiffres établis en 2018, les frontaliers sont environ 85 % à partir du domicile en voiture. Ces chiffres diffèrent d'un pays à l'autre. Les frontaliers français, du fait d'un développement conséquent des infrastructures de transport public, sont environ 20 % à prendre le bus ou le train, ils sont 11 % en Belgique et 8 % en Allemagne. Cette part modale n'a pas fondamentalement évolué depuis le début des années 2010. La durée du déplacement est quant à elle relativement élevée, avec pour un aller simple une moyenne de 55 minutes pour la partie française, 51 minutes pour la belge et 45 minutes pour la partie allemande, dépassant les moyennes nationales. Cette durée varie selon les moyens de transport utilisés, avec environ 73 minutes de déplacement en transport en commun contre moins de 50 minutes en véhicule privé.

Les caractéristiques de ces navettes questionnent la durabilité et la gestion du système de mobilité. Le programme européen Interreg finance un projet unique de recherche-action appelé Mmust (www.mmust.eu), lancé en 2018, afin d'élaborer un outil d'aide à la décision et à l'évaluation des politiques de transport en faveur d'une mobilité durable transfrontalière. Cet outil de concertation et de coopération permet d'acquérir des compétences communes défiant les visions nationales et des outils de planification partagés afin de susciter un aménagement durable et concerté entre acteurs de part et d'autre des frontières.

# Conclusion

Le développement du travail frontalier repose principalement sur des différentiels socioéconomiques et des contraintes légales, quels que soit l'espace et l'époque, tout en sachant que chaque région transfrontalière dispose de sa propre spécificité. Au gré de l'évolution des nations et des cycles économiques, la main-d'œuvre a dû s'adapter pour répondre aux besoins grâce à de nombreux échanges, y compris les navettes frontalières. Même si ces flux sont majoritairement asymétriques, allant de régions modestes vers des régions plus prospères, nombre de navettes témoignent également d'une recherche d'opportunités sur le marché du travail ou sur le marché de l'immobilier. Par exemple, devenir frontalier de son propre pays en habitant un pays étranger tout en continuant à exercer son emploi dans son pays d'origine devient une situation révélatrice de ce genre d'opportunité (les cas de Luxembourgeois ou de Suisses travaillant dans leur pays d'origine tout en vivant en France ou en Allemagne sont de plus en plus nombreux). Cela suppose par ailleurs différents types de complémentarité entre régions frontalières, notamment sociodémographiques (régions vieillissantes *versus* espaces plutôt jeunes, etc.) ou socioéconomiques (bonnes opportunités d'emplois *versus* fort taux de chômage...).

À l'aune de ce chapitre, ces navettes se révèlent comme un facteur et un levier d'intégration fonctionnelle, notamment au sein de l'Union européenne où ce phénomène est favorisé : les instruments politiques facilitent la coopération, avec des programmes ciblés. Les frontières y deviennent plus poreuses, malgré un marché du travail européen relativement complexe et disparate en termes de politiques sociales, salariales ou fiscales. Ces échanges permettent également de favoriser les rapports de confiance, nécessaires pour dessiner des territoires de relations sociales et d'appropriation dépassant les frontières.

# BIBLIOGRAPHIE

CAVALLARO F., DIANIN A., (2019), « Cross-border commuting in Central Europe: features, trends and policies », *Transport Policy*, vol. 78, p. 86-104, https://doi.org/10.1016/j.tranpol.2019.04.008.

CLAVERES G., MATHÄ T Y., PULINA G., STRÁSKÝ J., WOLOSZKO N., ZIEGELMEYER M., (2020), « Housing and inequality : The case of Luxembourg and its cross-border workers », *Economics Department Working Papers*, n° 1608, https://doi.org/10.1787/666babc1-en.

FRIES-TERSCH E., BRADLEY H., TUGRAN T., (2017), « 2016 Annual Report on intra-EU Labour Mobility », http://ec.europa.eu/social/main.jsp?catId=738&langId=en&pubId=7981&type=2&furtherPubs=yes.

ORRACA ROMANO P. P., (2019), « Cross-Border Earnings of Mexican Workers Across the U.S.-Mexico Border », *Journal of Borderlands Studies*, vol. 34, n° 3, p. 451-69. https://doi.org/10.1080/08865655.2017.1294025.

PIRES I., NUNES F., (2018), « Labour mobility in the Euroregion Galicia – Norte de Portugal: constraints faced by cross-border commuters », *European Planning Studies*, vol. 26, n° 2, p. 376-95, https://doi.org/10.1080/09654313.2017.1404968.

CHAPITRE 25

# Coopérer à la frontière : formes et paradoxes

Thomas PERRIN et Grégory HAMEZ

SOMMAIRE



Coopérer entre les territoires est complexe et fait l'objet de recherches encore limitées pour tenter de formaliser ce qui fait relation d'une part, ce qui permet de la formaliser d'autre part[1].

Les relations qui se jouent à travers les frontières nationales ne se limitent pas à des liens entre les États. Les acteurs implantés localement de part et d'autre d'une frontière, qu'il s'agisse d'acteurs issus du monde économique, de la société civile ou des collectivités territoriales, peuvent entreprendre des actions particulières de coopération. Cette coopération transfrontalière est territorialisée tout en présentant généralement la singularité d'être « hors-norme » dans la mesure où elle s'établit au point de jonction entre des systèmes législatifs, juridiques, organisationnels, culturels différents. Une définition de la coopération transfrontalière sera d'abord proposée, avant d'aborder les acteurs de cette coopération, puis d'en souligner plusieurs défis et paradoxes.

## 1 Coopérer localement à travers une frontière nationale

Au sens le plus large, la « coopération transfrontalière » renvoie à toute action conjointe et concertée menée entre des acteurs locaux situés de part et d'autre d'une frontière nationale, et aux résultats de cette action. Par exemple, deux agriculteurs séparés par une frontière peuvent coopérer, l'un laissant un droit de passage à l'autre en échange

1. Bussi M., (2009), *Un monde en recomposition : géographie des coopérations territoriales*, Mont-Saint-Aignan, Publications des universités de Rouen et du Havre.

d'avantages en nature. Ce type de coopération comprend des échanges licites ou non, formels ou informels.

Quel que soit l'objet de cette coopération, le fait qu'elle s'exerce à travers une frontière la rend « exceptionnelle » à plusieurs titres :

- dans la mesure où les cadres de l'organisation sociale sont la plupart du temps propres à chaque État, le fait que des individus ou des groupes coopèrent à travers la frontière les amène à concevoir de nouveaux modèles de mise en relation. Les langues et les cultures peuvent différer, le temps social également.
- le cadre institutionnel n'est pas le même, les acteurs doivent donc fréquemment « bricoler » pour concevoir un mode de coopération *ad hoc*. À titre d'exemple, les chambres de commerce et d'industrie n'ont pas le même statut ni les mêmes prérogatives suivant les pays : en France ce sont des organismes consulaires auxquels toutes les entreprises sont obligées d'adhérer, alors qu'en Belgique ou en Suisse ce sont des associations pour lesquelles l'adhésion est facultative. Il faut connaître ces différences qui contraignent le champ des possibles dans les actions de coopération.
- la frontière conserve toujours son rôle d'instrument de contrôle au service de l'État, pour la circulation des biens et des personnes, ce qui peut également contraindre la coopération. Même dans le cas de l'Union européenne où la libre-circulation est instituée, certains biens sont autorisés dans certains pays et pas dans d'autres, et les règles fiscales diffèrent. Les frontières demeurent toujours les lieux d'un contrôle étatique particulier.

Dans le même temps, l'intérêt à coopérer peut se trouver exacerbé du fait même de la présence de la frontière qui apparaît dès lors comme une ressource territoriale. Les différences fiscales rendent certains produits ou services plus intéressants d'un côté de la frontière que de l'autre, les différences culturelles peuvent donner une impression d'exotisme à l'autre côté, et la coopération peut naître d'une volonté d'exploiter ces différences.

Pour illustrer le niveau de complexité dans lequel s'inscrit la coopération transfrontalière, il est utile de se référer au modèle théorique proposé par Emmanuel Brunet-Jailly (*cf.* la présentation de ce modèle dans le chap. 5 ; Brunet-Jailly, 2005). Cette coopération s'inscrit (1) dans un contexte économique particulier fait de relations commerciales en prise aux forces du marché, (2) dans le cadre d'une gouvernance multiniveaux du local au national, (3) dans un contexte culturel, social et linguistique, et enfin (4) dans un milieu politique local et citoyen fait d'interrelations entre organisations de différente nature. Ces éléments sont inter-reliés, ils caractérisent chaque région transfrontalière dans son unicité et conditionnent le type de coopération qui pourra émerger.

Dans le cadre communautaire européen, la coopération transfrontalière a pris un sens plus précis et restrictif. Le terme a été introduit pour la première fois en 1980, dans la Convention-cadre du Conseil de l'Europe pour la coopération transfrontalière des collectivités ou autorités territoriales, appelée également Convention de Madrid. La coopération transfrontalière est définie comme « toute concertation visant à renforcer et à développer les rapports de voisinage entre collectivités ou autorités territoriales relevant de deux ou plusieurs Parties contractantes, ainsi que la conclusion des accords et des arrangements utiles à cette fin ». Ces collectivités ou autorités territoriales peuvent être des organismes publics ou privés, et la véritable innovation est ici d'encourager la coopération entre des collectivités locales séparées par la frontière.

De surcroît, cette coopération est incitée financièrement à travers la mise en place dès 1989 des programmes Interreg – acronyme devenu symbolique de cette coopération. Interreg finance la moitié du coût de projets de coopération, entendus comme des projets réunissant des acteurs de chaque côté de la frontière, et dont les retombées sont transfrontalières. Ces projets peuvent recouvrir une multiplicité de domaines comme le développement économique, l'aménagement du territoire, le tourisme et les loisirs, la formation, les transports, la protection de l'environnement. Pour la période 2014-2020 on dénombre 60 programmes Interreg transfrontaliers, répartis sur 38 frontières internes de l'Union européennes. Il existe aussi une trentaine de programmes pour les zones frontalières avec des pays non membres de l'Union européenne. Les régions frontalières terrestres intérieures de l'Union européenne, définies selon la nomenclature spatiale européenne NUTS 3 (qui correspond à la maille départementale en France) couvrent 40 % de son territoire et représentent près de 30 % de sa population. L'Union européenne se caractérise donc par une stratégie en faveur de la coopération transfrontalière, et par des instruments financiers à cet effet, ce qui constitue une exception à l'échelle mondiale.

# 2 Des coopérations d'initiative privée ou publique

Deux modèles de coopération transfrontalière sont identifiables sur le globe, suivant qu'ils ressortent d'initiatives privées ou publiques.

## 2.1 Une coopération d'initiative privée

Ce sont les initiatives privées qui dominent de façon générale, à travers les frontières nationales dans le monde.

En Asie du sud-est, des aires de coopération transfrontalière ont émergé, dont la plus ancienne est l'aire dénommée « triangle de croissance » entre Indonésie – Malaisie – Singapour, qui regroupe, autour de la cité-État de Singapour, l'État malais de Johor au nord et la province indonésienne des îles Riau au sud (Fau, 2019). Il s'agit d'un modèle d'intégration économique où la métropole de Singapour intègre son arrière-pays. Les acteurs principaux sont les acteurs économiques (entrepreneurs et leurs associations), en tandem avec les acteurs nationaux (gouvernementaux), tous poursuivant un objectif de croissance économique.

En Amérique du Nord, aux frontières des États-Unis avec le Canada comme avec le Mexique, la grande majorité des coopérations ont été initiées par les acteurs économiques (Brunet-Jailly 2014). Entre États-Unis et Canada, elles peuvent être structurées sur un secteur industriel spécifique, comme le secteur de l'automobile autour des Grands Lacs (*cf.* encadré 25.1). Elles peuvent être aussi plus globales : sur la façade Pacifique de la frontière Canada/États-Unis, une région transfrontalière a émergé, dénommée *Cascadia* (construite autour de relations économiques fortes dans les secteurs de l'agriculture, de l'énergie et du tourisme). Ce sont les acteurs privés qui ont incité à la mise en place d'une structure de coopération dans les années 1990, le Pacific Northwest Economic Region (PNWER), qui regroupe des représentants du monde des affaires et des représentants politiques régionaux et locaux, dans l'objectif est de faciliter le commerce transfrontalier.

## ENCADRÉ 25.1

### Le secteur de l'automobile, moteur de la coopération entre États-Unis et Canada dans les Grands Lacs

Entre l'État états-unien du Michigan et la province canadienne de l'Ontario, le tissu industriel est dense et intégré autour des grands constructeurs de l'automobile que sont Ford, Fiat-Chrysler et General Motors, et de leurs sous-traitants situés des deux côtés de la frontière. Les échanges transfrontaliers de marchandises sont conséquents dans le cadre de chaînes logistiques complexes. D'un point de vue historique, cette intégration date de l'émergence de l'industrie automobile de masse, au tout début du XX^e^ siècle et est directement liée à la fonction fiscale de la frontière. En effet, c'est à Detroit qu'Henry Ford lance en 1902 ses premières usines de construction de masse. Mais le Canada avait instauré des droits de douane importants sur les automobiles, ce qui limitait fortement l'accès des pionniers états-uniens de l'automobile au marché canadien – et au-delà du marché canadien, c'est le marché de l'ensemble des pays du Commonwealth qui était visé. Ford, Chrysler et GM ont alors développé des usines automobiles du côté canadien de la frontière, avec un succès non démenti pendant plus d'un siècle. Les droits de douane ont été supprimés au cours de la seconde moitié du XXe siècle (Pacte de l'automobile entre Canada et États-Unis dans les années 1960, et ALENA dans les années 1990[2]), mais la forte intégration économique entre les deux côtés de la frontière dans le secteur des Grands Lacs perdure, et s'étend à d'autres secteurs économiques comme l'aviation.

2. L'ALENA est l'Accord de libre-échange nord-américain, conclu entre États-Unis, Canada et Mexique, NAFTA en anglais *North American Free Trade Agreement*. Ratifié en 1994, il vise à éliminer les barrières commerciales entre les trois pays, et a eu pour effet d'augmenter les échanges de biens. Suite à l'arrivée de Donald Trump au pouvoir en 2017, il a été renégocié et est remplacé depuis le 1er juillet 2020 par un nouvel Accord, intitulé différemment dans chacun des trois pays : aux États-Unis c'est l'USMCA (United States-Canada-Mexico Agreement), au Canada c'est le CUSMA (Canada-United States Mexico Agreement) également dénommé ACEUM en français (Accord Canada États-Unis Mexique), au Mexique c'est le T-MEC (Tratado entre México, Estados Unidos y Canada).

Autre exemple, les chambres de commerce et d'industrie et les groupements d'entrepreneurs sont les moteurs de la coopération économique à la frontière entre Mexique et États-Unis, notamment depuis le développement des *maquiladoras* dans les années 1960.

DÉFINITION

**Maquiladora**

Les maquiladoras sont des usines de montage mises en place du côté mexicain de la frontière états-unienne, bénéficiant d'une exonération des droits de douane : à partir de composants importés, elles assemblent les produits et les ré-exportent (*cf.* chap. 36). Le gain économique est lié à la fois à la franchise douanière, et au coût faible de la main-d'œuvre.

## 2.2 Une coopération d'initiative publique

Les acteurs publics occupent une place particulière dans la coopération transfrontalière, notamment en Europe où la convention de Madrid fournit un cadre pour leur action. Il s'agit des acteurs de l'éducation (école, collèges, lycées), de l'enseignement supérieur et de la recherche (notamment les universités, *cf.* encadré 25.2), de la santé (hôpitaux, maisons de santé, EHPAD, sécurité civile), de l'emploi, de la culture.

### ENCADRÉ 25.2

#### Les universités, acteurs de la coopération transfrontalière

Plusieurs réseaux transfrontaliers d'universités ont émergé dans l'Union européenne. Regroupant des universités proches spatialement mais séparées par une frontière, ils visent à favoriser la mobilité des étudiants, des enseignants et des chercheurs entre les campus. Cette mobilité est grandement facilitée par le processus de Bologne initié en 1997, c'est-à-dire l'harmonisation entre les systèmes nationaux d'enseignement supérieur, qui permet une reconnaissance mutuelle des diplômes et des cursus.

Ces réseaux ont une portée et un niveau d'intégration variables (Giban et Mary, 2018). Certains sont orientés sur un domaine de coopération principal, comme le « Campus do mar » qui regroupe des universités et centres de recherche du nord-ouest de l'Espagne et du nord du Portugal, sur le domaine de la mer et des ressources halieutiques. D'autres visent un degré d'intégration plus poussé, comme le campus EUCOR (5 universités entre France, Allemagne et Suisse), mis en place dès 1989, ou l'Université de la Grande Région (6 universités entre France, Allemagne, Belgique et Luxembourg) fondée en 2008.

Cette dernière a le statut d'association de droit luxembourgeois, tandis qu'EUCOR a celui de GECT – groupement européen de coopération territoriale. Dans les deux cas, les groupements sont régis par des structures de gouvernance réunissant les pouvoirs centraux des universités membres, et un budget propre permet de développer les coopérations.

À titre d'exemple, un diplôme particulièrement intégré a été créé dans l'Université de la Grande Région en 2017, le Master en *Border Studies*. La maquette d'enseignement est commune entre les quatre universités de Lorraine, du Luxembourg, de la Sarre et de Kaiserslautern, et les étudiants traversent de façon hebdomadaire les frontières pour suivre leurs cours, justement, sur les transformations frontalières (en 1re année, les cours ont lieu en début de semaine à Metz, en fin de semaine à Belval au Luxembourg, tandis que la 2e année se déroule en Allemagne).

Un des éléments les plus singuliers de la coopération transfrontalière dans l'Union européenne tient à l'implication forte des collectivités territoriales. Alors que dans d'autres parties du monde les initiatives sont généralement top-down, issues d'acteurs économiques globaux ou de décideurs nationaux, les instances politiques locales dans l'Union européenne peuvent prendre l'initiative d'un rapprochement transfrontalier, et développer de véritables stratégies tenant de la paradiplomatie.

## DÉFINITION

**Paradiplomatie**

La paradiplomatie caractérise l'action internationale menée par des acteurs sub-étatiques. Le concept a été créé dans les années 1980 par le politologue canadien Panayotis Soldatos, et se limite alors à l'action des acteurs sub-étatiques des États fédéraux – notamment les États-Unis, le Canada, l'Allemagne, l'Espagne ou la Belgique (Soldatos 1990). Son usage est aujourd'hui plus large, et peut être étendu par exemple aux métropoles et régions françaises dont l'action internationale s'est considérablement étendue depuis les lois de décentralisation (Pasquier, 2012).

À titre d'exemple, la région espagnole de Catalogne a développé une politique particulière envers le département des Pyrénées Orientales, notamment par la mise en place d'une Maison de la Généralité (*Casa de la Generalitat*) à Perpignan en 2003. Son rôle est de renforcer les interconnaissances et les relations entre la Catalogne et les Pyrénées Occidentales, à travers notamment la langue et la culture catalane (Gomez, 2019). Les enjeux et les objectifs politiques diffèrent en large partie entre la Catalogne espagnole, région disposant d'une forte autonomie et d'une politique identitaire reposant notamment sur la langue et la culture, et l'espace catalan français au sein duquel revendications politiques pour l'identité catalane sont largement moins présentes. Au-delà des enjeux culturels et identitaires parfois partagés, la coopération transfrontalière se fait au risque de malentendus et d'incompréhension.

Autre exemple, le Land allemand de Sarre a mis en place en 2014 une Stratégie-France (*Frankreich Strategie*), visant à rendre toute la population sarroise bilingue (parlant français en plus de l'allemand) à l'horizon de 30 ans. De fait, ce Land, relativement petit et vieillissant en comparaison avec les autres Länder allemands, mise beaucoup sur les relations privilégiées avec la France voisine pour son développement à venir. Dans l'expression de cette paradiplomatie, un écart ressort entre l'envergure de cette politique issue d'un Land d'Allemagne, pays fédéral, et disposant de ce fait de compétences ministérielles, vis-à-vis de la région française du Grand Est, dont le niveau de compétences reste moindre même avec les récentes lois de décentralisation.

## 3 Quelques défis et enjeux

Quelle que soit la région du monde où elle prend place, la coopération transfrontalière comprend l'idée forte de « dépasser les frontières », et ses promoteurs ont souvent l'impression d'être des pionniers. Quand 16 universités du nord du Pérou et du sud de l'Équateur mettent en place l'alliance « Asociación de Universidades del Sur del Ecuador y Norte del Perú » à travers la frontière d'Amérique latine qui a longtemps été la plus contestée, quand un groupe d'entrepreneurs de Singapour, d'Indonésie et de Malaisie initient une stratégie de développement, ou quand Français et Espagnols mettent en place l'hôpital transfrontalier de Puigcerda, les réalisations ont en commun de sortir de cadres strictement nationaux et de répondre à des besoins qui s'expriment à une autre échelle.

Cependant, la coopération transfrontalière présente plusieurs défis. Premier défi, les frontières étatiques restent les mailles dominantes de l'espace, même dans le contexte européen où ce sont les États-membres seuls qui décident du budget communautaire. Cela a été rappelé lors de la crise sanitaire du coronavirus, avec des décisions de fermeture de frontières et d'ostracisation des passagers provenant de certains pays ou régions, prises unilatéralement.

Deuxième défi, la coopération est toujours un combat, dans la mesure où l'ensemble des rouages administratifs et légaux restent distincts entre les États en présence – certes de façon moindre dans l'Union européenne que dans le reste du monde, dans la mesure où les lois nationales doivent s'y adapter aux directives communautaires.

Troisième défi, dans le contexte européen : nombre de citoyens ont cognitivement intégré l'ouverture des frontières, ne serait-ce qu'au sein de l'espace Schengen, et ont des pratiques et habitudes quasi-systématiques du transfrontalier, dont le volume des flux pendulaires transfrontaliers est un des indicateurs (*cf.* chap. 24). Mais ce vécu du transfrontalier peut être en décalage avec la coopération, qui obéit à d'autres logiques selon les intérêts propres des acteurs qui s'y lancent. L'adhésion citoyenne à la coopération transfrontalière est un défi de taille, sachant que les structures (eurorégionales ou autres) sont dénuées de légitimité démocratique et restent souvent, avant tout, des arènes d'expression d'intérêts corporatistes. Par bien des aspects le système des programmes et appels à projets Interreg a produit une dynamique d'auto-légitimation, servie par des administrateurs et fonctionnaires par exemple dans les services « Europe » des collectivités. Or, les intérêts de ces promoteurs de la coopération sont parfois en déconnexion avec les aspirations des citoyens, pour lesquels la coopération n'est pas nécessairement toujours une fin en soi, quelles que soient les frontières.

Le rapport à la frontière et aux espaces transfrontaliers s'opère aussi dans le domaine du symbolique et de la culture, en lien avec la géohistoire du continent européen. Nombreuses sont les autorités qui se sont investies dans la coopération transfrontalière pour renforcer des liens culturels ou identitaires que les frontières étatiques avaient mitigés : région transfrontalière germanophone du Sud-Tyrol entre Italie et Autriche, espace du Rhin supérieur, villes transfrontalières entre Pologne et Allemagne, région du Banat entre Hongrie, Roumanie et Serbie, ou espace catalan entre la France et l'Espagne, évoqué ci-dessus, pour ne citer que quelques exemples. En ce sens, les objectifs de la coopération transfrontalière peuvent faire évoluer les représentations méta-géographiques et la façon dont on conçoit et dont on se représente les États, les territorialités, la citoyenneté et l'identité. Ce processus n'est pas exempt de tensions tant les constructions étatiques-nationales restent ancrées, sur le plan social autant que politique. Là encore, les références eurorégionales, voire européennes, n'ont pas vocation à se substituer aux autres échelons de références, mais plutôt à les compléter.

L'évolution de la construction européenne dans un contexte post-Brexit, avec le lancement de nouveaux programmes selon le budget 2021-2027, et la révision de l'agenda territorial de l'Union européenne, seront des variables déterminantes pour le devenir de la coopération transfrontalière européenne. Entre irréversibilité et instabilité, le dépassement des frontières au sein de l'Union européenne reste une question ouverte.

# Conclusion

La coopération transfrontalière prend des formes variées suivant les parties du monde, portée par des acteurs de différents types, et poursuivant des objectifs allant de l'exploitation des différences fiscales et socio-économiques liées à la frontière jusqu'à la mise en place de stratégies communes de développement économique ou de protection de l'environnement. L'Union européenne est la région du monde où cette coopération est la plus ambitieuse et aboutie, qui plus est soutenue par des instruments financiers. Même dans ce cas, l'hétérogénéité des structures institutionnelles, sociétales et culturelles entre les États reste un défi à la mise en place de coopérations.

# BIBLIOGRAPHIE

AMILHAT SZARY A.-L., FOURNY M.-C. (dir.), (2006*), Après les frontières, avec la frontière. Nouvelles dynamiques transfrontalières en Europe*, La Tour d'Aigues, Éditions de l'Aube.

BRUNET-JAILLY E, (2014), « A review of cross-border cooperation in North America », *in* CASTRO L. D., PIRES I. M., *Cross-Border Cooperation Structures in Europe. Learning from the Past, Looking to the Future*, Bruxelles, Peter Lang.

GOMEZ J., (2019), « L'activité paradiplomatique de la Catalogne », *Sud-Ouest européen*, 48, p. 115-128.

PERRIN T., (2018), « La coopération des collectivités territoriales françaises en Europe », *Pour Mémoire*, n° 19-hiver 2018, p. 10-21.

WASSENBERG B. (dir.), (2010 et 2014), *Vivre et penser la coopération transfrontalière*, vol. 1 : *Les régions frontalières françaises*, vol. 6 [avec BECK J.] : *Vers la cohésion territoriale ?* Stuttgart, Steiner Verlag.

## ENTRETIEN

**Avec Martin Guillermo-Ramírez, secrétaire général de l'Association des régions frontalières européennes (ARFE) – le 13 août 2020 (traduction de l'anglais par Félix de Montety)**

**1.** Lorsque vous pensez aux frontières, quelle est la première image qui vous vient à l'esprit?

Il m'est difficile de penser à une frontière en particulier, car je dois en considérer plusieurs chaque jour, mais certains cas emblématiques me viennent à l'esprit: la chute du mur de Berlin il y a quarante ans, qui a supprimé l'une des frontières les plus célèbres de l'histoire; l'accord du Vendredi saint en 1998, qui a mis fin à un conflit long et sanglant en Irlande. Alors que le fantôme d'une renaissance de la frontière irlandaise plane actuellement sur Brexit, je pense aussi à de nombreuses frontières au sein de Schengen qui avaient presque disparu jusqu'à l'arrivée de Covid-19 en Europe, et aux frontières qui attendent toujours une approche plus rationnelle, notamment à l'égard des migrants, des réfugiés et des demandeurs d'asile.

**2.** De quel point de vue et/ou de quelle position professionnelle parlez-vous des frontières?

Je suis secrétaire général de l'Association des régions frontalières européennes (ARFE-AGEG) depuis 2006, et auparavant, j'ai représenté la région espagnole d'Estrémadure au sein de l'ARFE depuis 1996. J'ai également travaillé pendant plus de dix ans pour le gouvernement régional d'Estrémadure en Espagne, à la frontière du Portugal, et j'ai été témoin d'un développement extraordinaire des relations entre les deux pays ibériques après leur adhésion à l'Union européenne en 1986, et surtout depuis les années 1990 grâce à Interreg et à de nombreuses autres initiatives communautaires et bilatérales. Cela a conduit à une coopération transfrontalière solide et à un nombre croissant de liens entre des populations de part et d'autre de frontières.

**3.** Quels sont les principaux changements frontaliers dont vous avez été témoin et que vous avez vécus?

J'ai toujours travaillé dans le domaine de la coopération européenne et internationale pour diverses organisations depuis la fin des années 1980, et j'ai eu le privilège de participer à des actions liées au renforcement des liens entre les jeunes et les organisations en Europe occidentale et orientale pendant les années 1980, dans le cadre de l'Ostpolitik, pendant et après les révolutions de 1989 en Europe centrale et orientale. J'ai pu voir le dégel et la suppression rapide du rideau de fer, et la vitesse des processus de coopération transfrontalière, tous ces espoirs transfrontaliers entre ces nouveaux pays, qui étaient encore en construction!

**4.** Quelles émotions ressentez-vous à propos des frontières en général/d'une frontière en particulier?

Dans notre association, nous ressentons les frontières en Europe en particulier comme les « cicatrices de l'histoire », à la suite de Robert Schuman, Alfred Mozer et Karl Ahrens. Ils avaient probablement voulu résumer, par cette définition, leur conviction que la guérison des blessures européennes après une longue série de conflits dévastateurs était le premier élément de construction d'une Europe unie fondée sur la démocratie, la citoyenneté et la confiance mutuelle. Notre objectif n'est pas d'abolir les frontières, mais de renforcer les fondations de l'Union européenne afin de ne pas revenir à une situation de haine, d'ambitions nationales et de conflits aux frontières de l'Europe.

**5.** Pouvez-vous citer un film, un roman, une pièce de théâtre, une chanson ou autre musique qui évoque pour vous la frontière, et nous en dire quelques mots?
Avec l'ARFE, nous avons lancé il y a quelque temps une sorte de collection d'« œuvres d'art frontalières ». Cependant, le nombre d'objets enregistrés n'a pas encore atteint un seuil critique, et nous aurions besoin d'une approche plus scientifique. C'est pourquoi nous accueillons très favorablement vos initiatives, qui sont assez « extradisciplinaires », mais très intéressantes pour mieux comprendre l'imaginaire de la frontière. Quoi qu'il en soit, j'aimerais partager avec vous certaines de nos « découvertes » sur la musique, le cinéma, l'architecture, la sculpture et les installations, le théâtre et les autres arts du spectacle, la photographie et l'image numérique, le roman graphique, les jeux vidéo, la publicité et les médias sociaux[3]. Vous pouvez vous référer à l'annexe de cette interview sur « La frontière dans les arts ».

**6.** Avez-vous fait bouger les frontières?
Eh bien, c'est une grande question. Je me suis efforcé personnellement, mais surtout en compagnie de beaucoup d'autres, de faire disparaître tout type de frontières, de barrières et d'obstacles à la coopération dans de nombreux domaines, y compris mentaux car ils sont très fréquents dans les environnements transfrontaliers. Les préjugés, les stéréotypes et les lieux communs continuent d'affecter les relations entre les communautés en Europe, et même au sein des communautés, si l'on considère le cas des migrants et des réfugiés, des libertés sexuelles, entre autres. La montée des nationalismes n'aide pas non plus.
Au cours des trente dernières années, j'ai eu l'occasion avec mes collègues de militer pour la démocratie sur différents continents, y compris en Europe, pour une pleine participation de tous les citoyens à la société, pour le respect des droits de l'homme et, ces dernières années, pour une Union européenne où les territoires comptent, en promouvant une «approche fondée sur le lieu», selon la définition très appropriée du professeur Fabrizio Barca.
D'autre part, l'association que j'ai le plaisir de diriger va bientôt célébrer cinquante ans de promotion continue de la compréhension mutuelle, de la coopération et de l'intégration autour des frontières européennes. Il y a quelques mois, nous en préparions le jubilé en nous inquiétant simplement de la réduction des fonds disponibles pour les programmes de coopération transfrontalière au cours de la prochaine période de programmation 2021-2027, mais pas du *statu quo* aux frontières intérieures européennes. Nous avions l'impression que les régions frontalières européennes, les institutions européennes et les États membres avaient réellement déplacé les frontières au sein de l'Union européenne: Schengen, le marché unique, Interreg, le GECT, l'examen de la politique transfrontalière de la DG Regio de la Commission pour la période 2015-2017 et sa communication de septembre 2017, le Border Focal Point pour les questions frontalières et la poursuite de l'intégration d'une perspective transfrontalière dans le travail des autres DG (santé, transport, emploi).
Pour autant, la Covid-19 et les principales décisions discutées par l'Union européenne ces derniers mois ont montré la faiblesse de ces réalisations et le peu de sensibilisation du grand public et des principaux décideurs à l'extension actuelle de la construction européenne, malgré toutes les difficultés rencontrées dans de nombreux points chauds aux frontières de notre continent.

3. Cette annexe est intégrée aux documents complémentaires figurant sur le site de l'éditeur.

CHAPITRE 26

# Migrer au travers des frontières

**Cristina del BIAGGIO et Camille NOÜS**

SOMMAIRE



La question de la migration et des frontières sera ici abordée dans le contexte européen. L'objectif est de montrer les mécanismes de contrôle des frontières qui conditionnent la mobilité des individus « indésirables », et leurs conséquences, notamment pour celleux qui, illégalisé·es, continuent d'essayer de les contourner.

## 1 Continuum de mobilité : des hyper-mobiles aux immobiles

On peut placer la population mondiale sur un *continuum* caractérisé par deux pôles : les « hyper-mobiles » d'un côté et de l'autre les « immobiles », ou, mieux, les « immobilisé·es » – car placé·es en condition d'immobilité. L'hyper-mobile est l'homme d'affaires qui parcourt la planète en jet privé, ou la touriste qui passe quelques semaines chaque année dans un pays « exotique ». Pour elles·eux, le franchissement des frontières ne représente qu'une halte minime dans l'itinéraire qui les amène à destination. Les dispositifs technologiques des frontières dites « intelligentes » sont conçus pour permettre à ces « voyageurs sans risque » de glisser à travers les frontières.

Les « immobilisé·es » sont ces réfugié·es et déplacé·es internes, souvent bloqué·es dans des camps – 80 % des réfugié·es dans le monde sont accueilli·es dans des pays avoisinant leurs pays d'origine[1], bien au-delà de la frontière de l'Espace Schengen. Si il·elle décide de quitter sa région, il·elle sera détecté·e comme un « voyageur à risque » et bloqué·e par ces mêmes dispositifs technologiques. Quels sont les mécanismes par lesquels une majorité de la population mondiale est assignée à l'immobilité ? Ils sont présentés ci-après, ainsi que leurs conséquences.

## 2 Du monde d'hier au monde d'aujourd'hui

La planète n'a pas toujours été ainsi cloisonnée. Le monde de l'avant Seconde Guerre mondiale ressemblait plutôt à celui décrit par Stefan Zweig dans *Le monde d'hier, souvenirs d'un Européen* (1942) : « Avant 1914, la terre avait appartenu à tous les hommes. [...] Il n'y avait point de permissions, point d'autorisations, et je m'amuse toujours de l'étonnement des jeunes, quand je leur raconte qu'avant 1914 je voyageais en Inde et en Amérique sans posséder de passeport, sans même en avoir jamais vu un. »

C'est le monde de la bourgeoisie de cette époque, celle qui avait les moyens d'arpenter la planète, et qui semble aujourd'hui révolu. Les illusions d'un monde « libre », sans obstacles, se sont effondrées avec le mur de Berlin. À partir des années 1980, soit depuis que les pays occidentaux ont généralisé l'exigence de visas et de permis pour se rendre et s'installer sur leur sol, le monde de Zweig n'est plus la réalité pour une grande partie de la population mondiale, celles et ceux qui sont qualifié·es d'« indésirables » (Blanchard, 2013).

Ainsi, la fermeture des frontières est un processus relativement récent, mais conçu comme irréversible. On le questionne peu : c'est ce à quoi je vais m'employer.

La Seconde Guerre mondiale est un moment-clé dans la définition des conditions de circulation dans le monde contemporain. Lorsqu'elle se termine, il s'agit d'éviter une nouvelle tragédie de personnes errant sur le sol européen, en quête de protection et sans la trouver. Aussi les États, au sein d'instances supranationales, ont imaginé des instruments de protection, dont la Déclaration universelle des droits de l'homme (DUDH) est la première émanation en 1948. L'article 14 stipule que « devant la persécution, toute personne a le droit de chercher asile et de bénéficier de l'asile *en d'autres pays* », faisant émerger le lien entre la possibilité de trouver refuge et la nécessité du passage frontalier. Significativement, parce que placé avant l'article 14, l'article 13 porte sur la liberté de circulation.

Néanmoins, en ce qui concerne la protection réelle des individus, la DUDH, non-contraignante, est en défaut : si elle prévoit que les personnes puissent sortir de leur pays pour chercher protection, elle n'en prévoit pas le pendant logique, le droit

...............

1. https://www.unhcr.org/fr/news/press/2019/6/5d08a9954/nombre-personnes-deracinees-travers-monde-depasse-70-millions-chef-hcr.html.

d'*im*-migrer dans un autre pays. Imprégnée d'une vision souverainiste, elle laisse aux États le pouvoir de décider les conditions d'entrée dans leur pays.

La Convention relative au statut des réfugiés, ou Convention de Genève (1951), limite, à travers le principe de « non-refoulement », cette prérogative des États. En effet, d'un côté la Convention mentionne la nécessité de *se trouver hors du pays* dont le ou la réfugié·e a la nationalité afin de pouvoir prétendre à une protection internationale (art. 2), conditionnant ainsi le droit de demander l'asile au passage préalable de frontières. De l'autre, elle interdit l'expulsion d'« un réfugié sur les frontières des territoires où sa vie ou sa liberté serait menacée » (art. 33). Ainsi, alors que les États sont souverains dans le contrôle des flux migratoires et peuvent fixer les conditions d'entrée, de séjour et d'établissement des étrangèr·es sur son sol, le principe de non-refoulement limite cette liberté de principe quand il s'agit de personnes qui demandent protection contre une persécution.

En résumé, prétendre à une protection exige deux conditions : être sorti du pays dans lequel la persécution a lieu et se trouver physiquement sur le sol du pays où on demande protection. Parallèlement, le droit international oblige les États à protéger les réfugié·es du refoulement ; ne pouvant pas légalement restreindre l'accès à leur territoire à celleux qui demandent une protection, ils ont trouvé d'autres stratégies pour restreindre les arrivées (*cf.* chap. 13).

## 3 L'Europe des trois frontières au service du régime migratoire contemporain

Ne pouvant agir que partiellement *sur* la frontière, les États du Nord globalisé[2] ont mis en place des mécanismes de contrôle agissant *avant* celle-ci. À travers des politiques d'« externalisation des contrôles frontaliers[3] », les États instaurent en place ce que Afeef appelle un « régime de non-entrée » (Afeef, 2006). Ils le font en coopérant avec les États d'où partent ou bien transitent des migrant·es, en conditionnant l'aide au développement à un durcissement des contrôles frontaliers, en introduisant des visas, en déployant des agents des pays européens pour surveiller et contrôler, voire arrêter, les flux migratoires, en obligeant les compagnies aériennes, sous peine d'amende, à accomplir le contrôle frontalier au moment du *check-in* dans les aéroports. C'est la ***pré-frontière,*** représentée par un large trait grisé aux contours flous au milieu du Sahel sur la carte suivante.

Or, ces obstacles agissant *avant* la frontière Schengen ne suffisent pas à arrêter les mouvements migratoires : des personnes continuent à se mettre en route, de manière illégalisée, jusqu'à atteindre la frontière externe de l'Union européenne. Statistiquement,

2. On y inclut les pays riches occidentalisés, dont l'Australie.
3. Sur les politiques d'externalisation, voir l'*Atlas des migrants en Europe* (Migreurop, 2017).

ces mobilités ne représentent qu'une petite minorité des entrées sur le continent européen (1 à 3 % selon Bernardie-Tahir et Schmoll, 2018), mais médiatiquement et politiquement, c'est sur celles-ci qu'on se focalise. Pour empêcher de passer la ligne rouge de la frontière extérieure de l'Union européenne (*cf.* carte 26. 1), les pouvoirs en place érigent des barrières frontalières et « sanctuarisent » le monde « riche » : autour de l'Europe, de l'Amérique du Nord, de l'Australie et de l'Afrique australe (*cf.* carte 26.2).

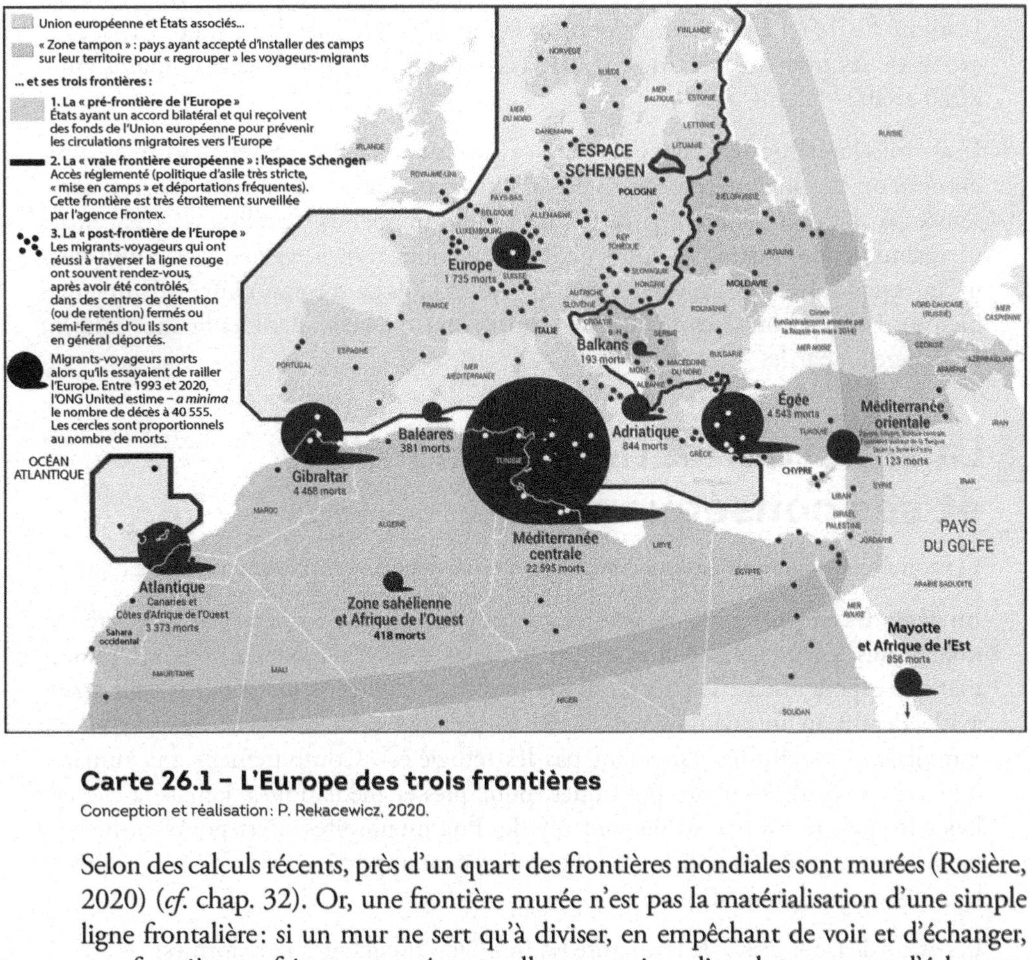


## Carte 26.1 – L'Europe des trois frontières

Conception et réalisation : P. Rekacewicz, 2020.

Selon des calculs récents, près d'un quart des frontières mondiales sont murées (Rosière, 2020) (*cf.* chap. 32). Or, une frontière murée n'est pas la matérialisation d'une simple ligne frontalière : si un mur ne sert qu'à diviser, en empêchant de voir et d'échanger, une frontière ne fait pas que séparer : elle est aussi un lieu de passage et d'échanges. De l'autre côté du mur on crée des « monstres », ceux qu'on ne peut pas voir ou connaître[4]. Cette représentation de l'autre entraîne une recrudescence de la fermeture, dans la surenchère et pour le plus grand intérêt du complexe militaro-industriel qui se transforme en complexe « sécuritaro-industriel » avec l'évolution contemporaine des frontières.

4. Voir le film *Les murs de la honte* (Denis T., Ratovondraona G., 2010).

La construction de barrières frontalières et d'autres dispositifs de militarisation des frontières est un *business* hautement profitable, dont le coût financier (et humain, comme on verra plus tard) est très important. Claire Rodier, dans son livre *Xénophobie Business* (2012), enquête sur l'augmentation spectaculaire du budget de Frontex (Agence européenne de garde-frontières et de garde-côtes) ou celui dédié à la construction et à la gestion des centres de détention administrative pour personnes en situation irrégulière. Selon *The Business of Building Walls*, rapport du Transnational Institute (2019), l'Union européenne a dépensé 1,7 milliard d'euros pour la sécurisation de ses frontières de 2007 à 2012, et projette d'en dépenser 8 milliards entre 2020 et 2027.

Une troisième frontière, en pointillé, se dessine *à l'intérieur* (et désormais aussi *au-delà*) du continent européen. C'est la ***post-frontière*** de l'expulsion. Elle est représentée par les points noirs (*cf.* carte 26.1), qui indiquent la localisation des centres de rétention administrative. Alors qu'il y a quelques années encore, ils se trouvaient uniquement sur le territoire européen, aujourd'hui ils en sortent, pour être implantés bien au-delà des frontières de l'Union européenne, qui cependant les finance souvent et les gère en partie.

## 4 La sanctuarisation du monde et ses conséquences

Le monde contemporain se trouve ainsi fragmenté, fissuré, compartimenté, « sanctuarisé ».

En dépit des efforts financiers pour ériger toujours plus de barrières, les mouvements migratoires, légaux ou illégalisés, ne tarissent pas, mais n'augmentent pas non plus de manière exponentielle (la part de migrant·es dans la population mondiale est stable à 3 %, depuis qu'on a commencé à la dénombrer au lendemain de la Seconde Guerre mondiale – ces chiffres n'incluent pas les réfugié·es). Contrairement aux rumeurs qui courent dans les arènes politiques, publiques et médiatiques, jamais la surveillance frontalière n'a permis de contrôler les flux migratoires ; c'est pourtant bien ce fantasme qui guide les politiques migratoires contemporaines, dont je vais esquisser les conséquences dramatiques.

Les effets de la tentative de fermeture les frontières prennent quatre formes :

- une « migration » des flux migratoires ;
- la création de campements informels en deçà des frontières ;
- l'allongement des parcours migratoires ;
- l'augmentation de la violence et la mortalité qui en résulte.

Première conséquence : après la construction de barrières, on constate un déplacement, et non un arrêt, des flux migratoires.

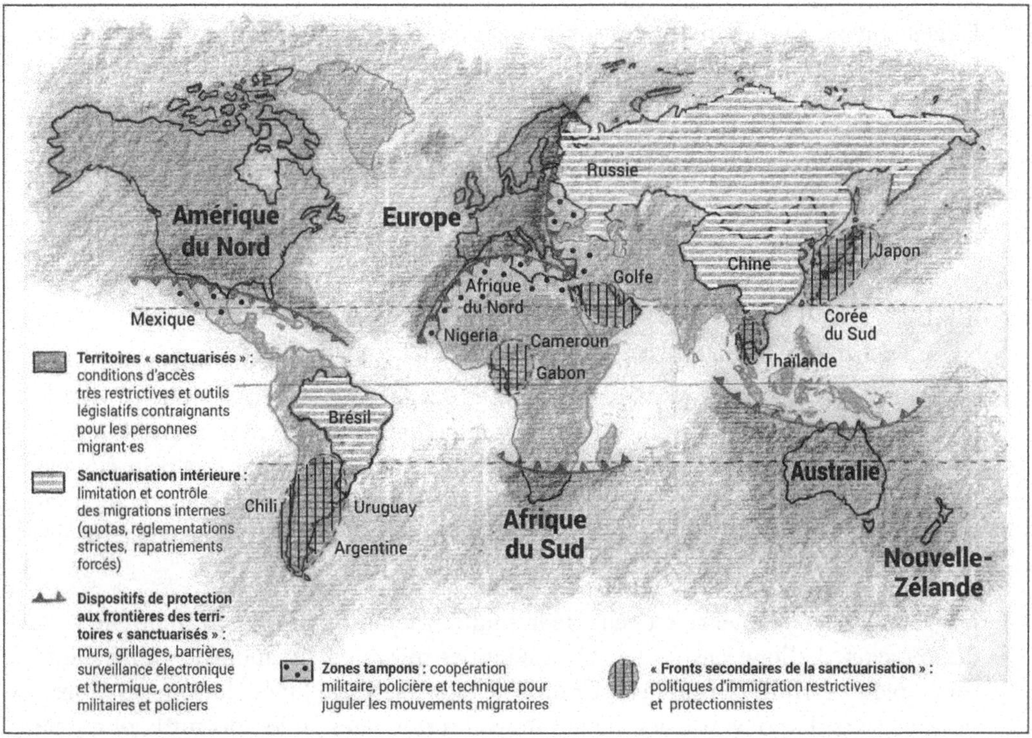


**Carte 26.2 – Un monde sanctuarisé**

Conception et réalisation : P. Rekacewicz, 2012.

## ENCADRÉ 26.1

### La frontière terrestre entre la Grèce et la Turquie

À partir de 2010, la région frontalière de l'Évros a connu une augmentation des passages. Pour les arrêter, le gouvernement grec a érigé une barrière frontalière (del Biaggio et Campi, 2013) sur le seul passage frontalier non délimité par le fleuve dans la région. Avec la construction du mur (2012), les exilé·es ont certes évité la zone pour entrer en Europe, mais la Bulgarie a vu le nombre de passages augmenter et a, à son tour, érigé une barrière frontalière, achevée en 2013. Cela n'a pas pour autant arrêté les migrant·es : à partir du printemps 2018, les traversées via la région de l'Évros se sont faites par le fleuve, bien plus dangereuses que celles qui, avant la construction du mur, se faisaient sur la terre ferme. En mars 2020, la Grèce a annoncé son intention d'étendre la clôture érigée en 2012…

Deuxième conséquence : la constitution de campements informels et la construction de camps, souvent qualifiés d'humanitaires, en deçà des frontières. Ils constituent des zones-tampons où règne l'ennui, où les migrant·es attendent le « bon » passeur ou l'argent envoyé par la famille pour survivre et pour planifier la suite du voyage. Chaque frontière fermée a ses « campements » : comme à Tijuana, au Mexique, ou Ceuta et Melilla, enclaves espagnoles sur le territoire marocain. Ils complètent ainsi d'autres formes d'infrastructures de l'attente qu'on avait l'habitude de voir dans des pays lointains ; des camps, formés de tentes ou containers, construits par le Haut-Commissariat des Nations unies pour les réfugiés (HCR). Aujourd'hui, on les trouve également dans des pays plus proches de la France[5], comme les *hotspots*, centres d'identification et de tri des exilés mis en place en 2015 en Grèce et en Italie avec des fonds européens, ou les camps le long de la « route des Balkans », notamment en Macédoine.

Troisième conséquence : la politique sécuritaire allonge les parcours migratoires, qui peuvent désormais durer plusieurs années, et deviennent tellement sinueux, que la classification entre pays d'origine, de transit et de destination perd son sens. On peut s'arrêter deux ans dans un pays avant de repartir vers un autre, qui ne sera peut-être pas le pays de destination finale, car entre temps il aura été décidé, sous le coup d'une décision administrative, de vous renvoyer dans le pays par où vous êtes entré sur le territoire européen.

La quatrième conséquence est celle de la souffrance des corps et de la multiplication des cadavres. Le long des routes, les migrant·es mis·es en situation de vulnérabilité sont violé·es, torturé·es, mutilé·es. Comme le rappelle Reece Jones « lorsque les expressions passives du pouvoir telles que les murs, les frontières ou les lois sur la propriété échouent, la violence physique est souvent le seul moyen qui reste pour empêcher les mouvements non désirés » (Jones, 2016), violence qui peut causer des pertes de vies humaines. Des chiffres datant de 2010 indiquent que plus de 3 000 corps sans vie ont été retrouvés entre 1994 et 2004 à la frontière entre le Mexique et les États-Unis. En Europe, l'association *United against racism* recense les mort·es aux frontières européennes ; la liste[6] mise à jour régulièrement depuis 1993, recense 40 555 cadavres, personnes décédées en traversant la Méditerranée mais aussi à l'intérieur de l'Europe, dans des centres de rétention administrative ou lors du passage d'un pays à un autre (*cf.* chap. 21).

...............

5. Voir notamment le livre publié par le collectif Babels, *De Lesbos à Calais : Comment l'Europe fabrique des camps* (Bouagga Y., Barré C., 2017) et le documentaire *Bienvenue au Réfugistan* (Poiret A., 2015).

6. La liste est disponible sur le site Internet de l'association : http://unitedagainstrefugeedeaths.eu/about-the-campaign/about-the-united-list-of-deaths/.

## Conclusion : un détour par l'histoire pour comprendre la géographie

Migrer au travers de frontières hautement contrôlées, surveillées et militarisées s'apparente de plus en plus, pour les « indésirables », à un parcours meurtrier semé d'embûches. Les médias multiplient les images des exilé·es à bord de bateaux surchargés tentant de traverser la Méditerranée : jeu politique et médiatique qui renforce la rhétorique de l'invasion et appelle à renforcer la sécurisation des frontières. Les routes des exilé·es n'en deviennent que plus dangereuses.

Que nous apprend l'histoire ? Au début des années 1990, après la chute du régime communiste, les Albanais·es arrivaient aussi sur les côtes italiennes sur des bateaux surchargés. « Qu'en est-il des Albanais ? » se demande 25 ans plus tard Massimo Cirri dans un article de blog du journal italien *Il Post*. Sa réponse éclaire tant notre présent que la (non) pertinence des politiques migratoires mises en place actuellement par nos gouvernements :

« Comment se fait-il que les Albanais aient disparu ? Si nous croisons les données, on comprend qu'ils ont commencé à disparaître de l'exposition médiatique, du centre du problème, quand – simplement – certaines lois ont changé, quand venir en Italie depuis l'Albanie est devenu plus courant : on pouvait le faire en achetant un billet et en montant sur un ferry. Un bateau normal, pas un bateau surchargé de corps, qui risquait de couler. Car les bateaux des Albanais coulaient. Et ils mourraient, les Albanais. Maintenant, ils ne meurent plus. Ils viennent et repartent, ils bougent. Nous pouvons donc dire que l'intégration cesse d'être un problème quand on nous permet d'aller et venir ».

## BIBLIOGRAPHIE

BLANCHARD E, (2013), « Les “indésirables”. Passé et présent d'une catégorie d'action publique », *Figures de l'étranger. Quelles représentations pour quelles politiques ?* Éditions GISTI, p. 16-26, https://hal.archives-ouvertes.fr/hal-00826717.

DEL BIAGGIO C., CAMPI A., (2013), « Regards sur les migrants de longue distance en Grèce », *L'Espace Politique* (20), http://espacepolitique.revues.org/2675.

JONES R., (2016), *Violent borders: refugees and the right to move*, Londres, Brooklyn, New York, Verso.

MIGREUROP, (2017), *Atlas des migrants en Europe. Approches critiques des politiques migratoires*, 3e édition, Paris, Armand Colin.

RODIER C., (2012), *Xénophobie business*, Paris, La Découverte.

CHAPITRE 27

# Garder la frontière

**Damien SIMONNEAU**

SOMMAIRE



Les politiques frontalières sont aujourd'hui marquées du sceau de la « sécurité ». Dans des contextes frontaliers, la « sécurité » (*security* en anglais) contre des menaces transfrontalières peut entrer en conflit avec le souci des résidents frontaliers pour leur « sûreté » (*safety* en anglais, langue qui fait la différence entre ces deux termes généralement tous deux traduits par « sécurité »). Cette tension langagière dévoile l'ambiguïté de la notion de « sécurité frontalière », tant dans sa définition que dans sa mise en œuvre. Dans ce chapitre, il s'agit surtout de décrypter la dimension de protection contenue dans la « sécurité frontalière » et les pratiques de surveillance qu'elle implique à l'époque contemporaine : qui garde la frontière et contre quoi ?

La sécurité frontalière assure-t-elle l'absence de menaces et d'« invasion » du territoire national, et en cela assure-t-elle donc la protection de l'État moderne ? Entre les murs défensifs du passé (ligne Maginot, muraille de Chine), des films comme *Le Désert des Tartares* de Valerio Zurlini de 1976 ou, plus récemment, le mur du Nord de *Game of Thrones*, nous sommes ainsi pétris de représentations d'une frontière comme ligne de front, où des militaires attendent du haut de forteresses et de murailles, un envahisseur.

Est-il plutôt question de gérer les peurs et fantasmes associés, donc de répondre aux interrogations des sociétés sur elles-mêmes ? En effet, empêcher des migrants de venir sur le territoire ne se situerait-il pas au cœur d'une politique identitaire ? Plus pragmatiquement, n'est-on pas en présence de dispositifs de gestion et de contrôle des multiples circulations transfrontalières, donc de filtres des mobilités utiles sur le plan économique ? La pandémie de la Covid-19 a démontré l'importance d'autoriser – en les « sécurisant », certaines mobilités jugées essentielles économiquement comme dans le secteur agricole, en même temps que l'on fermait les frontières.

Pour y voir plus clair, ce chapitre revient sur les principales problématiques de l'enjeu de sécurité frontalière contemporain (1) ainsi que sur la diversité des acteurs qui, aujourd'hui, gardent la frontière, du niveau local au niveau transnational (2).

# 1 Les multiples facettes de la sécurité frontalière

## 1.1 La performativité du marquage de la ligne-frontière

À première vue, garder la ligne-frontière rentre dans la défense d'un attribut de l'État moderne, à savoir le contrôle du territoire. La ligne-frontière est alors considérée comme la délimitation géographique entre deux juridictions souveraines. Lorsque les acteurs étatiques investissent la frontière, la militarisent, la patrouillent et la marquent dans l'espace, ils consacrent la performativité de la frontière comme attribut essentiel de l'État. Plus prosaïquement, c'est ce que tout un chacun expérimente lors des contrôles dans les aéroports par exemple, respectant en cela des séquences répétées, ritualisées, banalisées pour réaliser la sortie d'un espace étatique et l'entrée dans un autre. C'est aussi ce qui se trame avec l'arrestation, l'enfermement ou le renvoi de personnes considérées comme « illégales ».

Nous sommes alors au cœur de mises en spectacle de la sécurité frontalière dont l'expression la plus aboutie se trouve aujourd'hui dans la multiplication des murs de séparation (Simonneau, 2020) (*cf.* chap. 32). Les acteurs étatiques et ceux avec qui ils travaillent, se mettent en scène avec pour décor le territoire muré. Le récit dominant est celui d'un État assiégé mais protecteur qui, à ses confins, contrôle pour se protéger des envahisseurs. C'est ce que l'on entend dans la bouche d'un Viktor Orban en Hongrie qui entend ainsi défendre les « racines chrétiennes de l'Europe » ou quand, de Georges W. Bush à Donald Trump, cette mise en scène se répète aux États-Unis. Ces leaders jouent le jeu de la frontière comme ligne d'exclusion et de contrôle. Dans leurs discours et leurs pratiques, ils manipulent des thématiques déclinées selon leurs spécificités nationales, en les attribuant à la sécurité frontalière : respect de la souveraineté, protection d'une identité menacée, centralité de l'État dans le contrôle, réassurance face aux conséquences de la mondialisation, etc. Le contrôle frontalier est alors censé parler aux représentations des citoyens. Le marquage réaffirme l'ordre étatique qui structure la scène internationale.

## 1.2 L'articulation entre logiques de contrôle et de circulation

La mise en scène du contrôle à la ligne frontière ne doit cependant pas masquer que la signification attribuée à la frontière fait l'objet de controverses dans nos systèmes politiques. Les effets de renforcement frontalier (frontiérisation) sont aussi concomitants d'effets d'allègements voire de suppression des contrôles (défrontiérisation). Il convient d'aborder ces processus en termes de négociations, de coopérations, d'affrontements, et de revendications politiques dans lesquels le rapport à l'étranger et au territoire, ainsi que les modalités concrètes de contrôle, sont constamment débattus. Il s'agit alors d'étudier la sécurité frontalière au prisme des processus politiques qui la construisent et la reconstruisent sans cesse. Une telle perspective va s'intéresser au travail politique et médiatique de construction de représentations de l'immigration, en termes problématiques et sécuritaires par des entrepreneurs politico-moraux et via la diffusion de récits dans différentes arènes parlementaires, juridiques, médiatiques.

Cela aboutit à l'identification de scénarios pour voir comment est catégorisée l'altérité (en termes de menace, d'ennemi), comment cela permet de mettre en scène une identité défensive (protection d'un mode de vie, chasse aux migrants), et quelle est la place des scénarios alternatifs sur la coexistence, l'acculturation, l'intégration, etc. (*cf.* chap. 19). Il est alors possible de modéliser la fabrique de politiques frontalières pour aborder des enjeux communs aux différentes zones frontalières contemporaines (sécurité, intégration régionale, libre-échange, etc.). Les politiques *top-down* de sécurité nationale entrent en compétition avec les flux économiques et commerciaux, les cultures frontalières locales, les tissus de relations politiques et les mesures de sécurité mises en œuvre par d'autres niveaux de gouvernements (Brunet-Jailly, 2007). C'est le cas lorsqu'en mars 2019, face à une augmentation de l'arrivée de personnes migrantes ou demandeurs d'asile à la frontière mexicaine, Donald Trump menace de fermer la frontière. Les intérêts commerciaux tant locaux (dans la région frontalière d'El Paso au Texas) que nationaux (la *US Chamber of Commerce*) se mobilisent publiquement pour contester cette décision, attentatoire à leurs intérêts commerciaux. Ils parviennent à faire reculer D. Trump. Cet enjeu a aussi été au cœur des débats pendant la pandémie de la Covid-19.

## 1.3 Un filtre technologisé et un marché lucratif

La mise en scène du contrôle à la ligne frontière ne doit pas non plus occulter le fait que les technologies de contrôle dessinent aujourd'hui une frontière pixellisée où le contrôle s'exerce à distance, parfois bien en amont (dès le lieu de départ des migrants) et en aval (à l'intérieur du territoire d'arrivée) des mobilités. La sécurité frontalière se définit alors comme un ensemble de « solutions » légales, expertes et techniques fournies à des problèmes politiques et économiques (Côté-Boucher *et al.*, 2014). Les études de sécurité décrivent les micro-pratiques de contrôle des mobilités, et décortiquent les éléments des dispositifs de contrôle pour y déceler les techniques de pouvoir qui s'y exercent. Malgré une fluidité des formes du contrôle qui tend bien à dissocier le contrôle de la ligne frontalière, celui-ci s'incarne dans des technologies notamment biométriques qui peuvent se matérialiser sur différents sites.

D'une part vue sous cet angle, le sécuritaire frontalier fait office de filtre entre des mobilités considérées comme désirables du point de vue économique notamment (forces de travail via des systèmes de permis dédiés, hommes d'affaires et travailleurs frontaliers réguliers, transports de marchandises, investissement, étudiants…). D'autre part, le recours aux technologies alimente l'industrie de l'armement et de la surveillance qui a investi le secteur de la sécurité frontalière ces deux dernières décennies. Les principaux marchés pour ces produits sont les États-Unis, l'Asie-Pacifique et le Moyen-Orient (dont surtout l'Arabie Saoudite). En ce qui concerne le contrôle des frontières extérieures de l'Union européenne, le rôle du secteur privé est central (qu'on pense au EOS *European Organization for Security* comme groupe d'intérêts réunissant plusieurs entreprises de la défense) tant dans le cadrage des enjeux frontaliers, que dans la définition des programmes de recherche sur les technologies auprès de la Commission européenne.

## ENCADRÉ 27.1

### Biométrie et frontière

Iris, empreintes digitales, photos de visage : le contrôle frontalier s'incarne aujourd'hui dans l'enregistrement de données individuelles biométriques (du grec *bios* : vie, *metron* : mesure). Elles sont collectées et consultées via des scanners et lecteurs situés dans les aéroports, dans les camps de réfugiés, en préfecture ou au consulat au moment de demande de passeports et de visas. Ces données sont ensuite manipulées par des logiciels et stockées sous forme de bases de données que des algorithmes trient pour établir une concordance entre corps numérique et corps physique. En Europe, l'« Agence pour la gestion opérationnelle des systèmes d'information à grande échelle au sein de l'espace de liberté, de sécurité et de justice », abrégée EULisa, créée en 2011, est responsable des trois principaux systèmes informatiques en la matière : *European Asylum Dactyloscopy Database* (Eurodac), *Schengen Information System* (SIS II) et *Visa Information System* (VIS). Elle développe actuellement *Entry-Exit System*, un fichier de plus grande ampleur. Ces technologies biométriques ne sont pas qu'affaire de technicité et de normes censées favoriser leur interopérabilité et leur partage entre agences de sécurité. D'ailleurs, elles connaissent des erreurs de conceptions et de lectures. Elles dessinent surtout une « frontière intelligente » (*smart border*) qui permet un passage rapide des frontières pour les voyageurs dits de « bonne foi » (hommes d'affaires, voyageurs fréquents, marchandises, etc.) tout en produisant une figure, racisée, du migrant « indésirable » conformément à la programmation de ces logiciels et algorithmes. Des mouvements de refus de prise d'empreintes dans Eurodac se sont exprimés de la part de personnes exilées qui ne veulent pas être contrôlées de la sorte lors de leurs parcours migratoires.

### 1.4 Un champ de professionnels de la menace

La sécurité frontalière est aussi le reflet des luttes entre experts policiers et militaires, fonctionnaires et professionnels de la politique pour imposer des savoirs sécuritaires et des visions du monde. À la fin de la guerre froide, ce champ fut en recomposition : les militaires devant composer avec les policiers, qui imposèrent leurs figures de la menace (réseaux criminels, trafics de drogues et immigration). La sécurité serait donc un enjeu de production de savoirs-pouvoirs sur le couple sécurité/insécurité et par la nécessité professionnelle d'experts à « prédire ».

C'est à l'aune de l'analyse des comportements de ces professionnels de la sécurité qu'il convient de décrypter les politiques de sécurité intérieure, les politiques de défense et de sécurité européenne, les politiques d'immigration et d'asile dans un continuum entre enjeux internes et enjeux externes. Ainsi, l'institutionnalisation des questions de « Justice et affaires intérieures », troisième pilier du traité de Maastricht peut être considérée comme l'investissement de l'échelon supranational européen par des réseaux de policiers, juristes, fonctionnaires nationaux qui ont réussi à imposer des énoncés de sécurité dans les années 1980 et 1990 (Bigo, 1996). Aborder la sécurité frontalière sous l'angle du réseau de professionnels c'est en effet questionner les circulations entre professionnels et savoirs de sécurité d'une zone frontalière à une autre. Par exemple, la politique australienne de refoulement en mer et d'enfermement des personnes en migration dans des États tiers (Nauru et Manus) fut vantée par certains dirigeants européens en 2018 comme devant être mise en œuvre avec les pays de la rive sud de la Méditerranée. De même, l'expertise de l'armée israélienne en matière de contrôle du territoire (en contexte d'occupation militaire des territoires palestiniens) s'exporte aux frontières hongroises. Enfin, l'Union européenne est engagée dans un processus d'externalisation de ses contrôles frontaliers dans la région sahélienne, au Niger notamment.

## 2 Les gardiens de la frontière

Garder la frontière n'est plus seulement aujourd'hui une affaire de militaires ou de policiers, donc d'acteurs étatiques. La sécurité frontalière est construite par différentes formes de délégation du contrôle à des entreprises privées, des associations de citoyens, des ONG humanitaires, voire des personnes en migration elles-mêmes. Cette délégation peut être tacite sous formes de contrat de sous-traitance par exemple ou implicite via la participation d'acteurs non-étatiques à des opérations de contrôle de leur plein gré. De plus, le contrôle frontalier notamment en Europe se détermine à l'échelon supranational.

### 2.1 Le brouillage militaire/policier

Lorsqu'on regarde de plus près les pratiques concrètes (contrôle d'identité, tactiques de patrouille, déploiement d'infrastructures et de technologies) et les représentations du contrôle que se font les policiers aux frontières, deux tendances apparaissent :

la para-militarisation de leurs pratiques d'une part dans le cadre d'une militarisation de certaines zones frontalières, et la centralité du ciblage entre traversées autorisées et non autorisées d'autre part.

Comme d'autres lieux frontières traversés par la migration (Calais, Lampedusa, Lesbos, Briançon), la vallée de la Roya à la frontière franco-italienne a connu depuis 2016 une multiplication des barrières, des barrages, des déviations, de déploiement de drones, d'hélicoptères et de différents corps de police (CRS, police aux frontières, militaires, agents de sécurité privés, gendarmes) (BABELS, 2019). La police aux frontières notamment et ses brigades mobiles ont vu leurs prérogatives de contrôle élargies depuis les postes d'entrées frontaliers jusqu'à une zone de 60 kilomètres au-delà de la ligne-frontière. La zone frontalière avec l'Italie est pourtant intégrée au sein d'un espace de libre circulation depuis la signature des accords de Schengen en 1985 (et leur incorporation dans le Traité d'Amsterdam en 1997), les contrôles nationaux n'ont pas été supprimés mais s'exercent davantage de manière aléatoire et mobile dans cette zone. Les policiers fondent leurs activités de contrôle sur du ciblage parmi les mobilités quotidiennes de travail, de tourisme et de consommation. Ce type de ciblage engendre une suspicion généralisée envers des migrants racisés. Il entretient également une criminalisation des actions de citoyens solidaires des personnes en migration.

## ENCADRÉ 27.2

### Aux États-Unis, la patrouille frontalière (*Border Patrol*)

Aux États-Unis, la patrouille frontalière fédérale (*Border Patrol* aujourd'hui *Customs and Border Protection* – CBP) s'est progressivement para-militarisée depuis les années 1980 en s'équipant en radar, hélicoptères et équipements blindés. Elle a organisé des opérations blocus à la frontière mexicaine dans les années 1990, avant d'être incorporée dans le nouveau ministère à la sécurité intérieure (*Department of Homeland Security*) en 2003. Ainsi en coopération avec les ingénieurs de la garde nationale, les entreprises de la défense et de sécurité, CBP a été associé aux programmes de contrôle des années 2000 comme le *Secure Border Initiative* (SBI) intégrant différentes technologies sous l'égide de Boeing. Pourtant, à la frontière mexicaine, CBP est également en charge de faciliter la traversée des marchandises, des touristes et des consommateurs aux points d'entrées frontaliers via des programmes de pré-enregistrement. Les agents sont donc pris dans une chasse à l'homme dans les zones rurales tout en ciblant la contrebande de drogues et de migration non autorisée parmi les entrées autorisées. Le déploiement des unités d'élites paramilitaires de CBP, les BORTAC, tant sur le territoire états-unien qu'au-delà en Amérique centrale par exemple fait l'objet de controverses.

## 2.2 L'enjeu de supranationalité en Europe

Le contrôle des frontières est également un enjeu supranational dans le cas de l'Union européenne avec la création en 2004 d'une agence européenne dédiée : Frontex. Sa création fait écho à la doctrine de « gestion intégrée des frontières » formulée par la Commission européenne dès 2002 et consacrée en 2006 par l'adoption du Code frontière Schengen. Il s'agit d'un effort, âprement négocié entre États membres de l'Union européenne, de communautarisation de décisions en matière d'asile, d'immigration et de contrôle des frontières. Comme la plupart des États membres sont soucieux de préserver leur souveraineté sur les enjeux régaliens, cette doctrine repose sur quatre niveaux de coordination du contrôle des frontières européennes : dès le pays de départ et de transit par le biais des politiques de visa et de coopération avec les autorités locales ; par la surveillance des zones frontalières (en Méditerranée, au large des Canaries, aux frontières orientales de l'Union européenne ou dans les Balkans) et par le contrôle aux frontières maritimes et terrestres ; par des contrôles à l'intérieur de l'espace Schengen via l'échange d'informations et de données entre services de police et l'organisation de patrouille conjointe.

Frontex s'inscrit dans cette doctrine, tout en respectant les prérogatives des États. C'est avant tout une agence « technique », qui ne contribue pas à définir la politique européenne en la matière, et qui intervient à la demande des États-membres comme ce fut le cas à la frontière gréco-turque début mars 2020 à la demande de la Grèce. Le personnel de l'agence est composé pour moitié d'experts nationaux détachés bien que le Conseil européen table sur la constitution d'un corps permanent de 10 000 garde-frontières d'ici 2027. Son budget dépend des contributions des États-membres même s'il est amené à exploser (le budget 2020 de l'Union européenne prévoit une augmentation de 32,4 % par rapport à 2019 à 460 millions d'euros au total). Frontex est un acteur clef d'un modèle *sui generis* de contrôle frontalier à l'européenne.

L'agence est notamment au cœur de l'extra-territorialisation du contrôle entamée dès le début des années 2000 dans les eaux territoriales mauritaniennes et sénégalaises par l'opération Héra. Frontex dispose dans les pays de départ, jugés prioritaires, d'officiers de liaisons en lien avec les ambassades et consulats européens depuis 2004. L'agence fonctionne également par analyses statistiques, comme une agence de renseignement pour « prédire » les mouvements migratoires. Elle contribue ainsi à diffuser des cadrages menaçants sur la migration. Orientée surtout autour du contrôle des frontières extérieures, elle essuie régulièrement des critiques de la part de parlementaires européens et d'ONG de défense des droits des étrangers pour non-respect du droit d'asile lors de ses opérations d'interpellations. Ses modes opératoires à cheval entre autonomie organisationnelle et coopération avec les policiers nationaux soulèvent également des questions de responsabilité juridique du contrôle.

## 2.3 Quand le citoyen se charge du contrôle

Les citoyens participent également au contrôle frontalier et migratoire sous forme d'action de vigilantisme. Le vigilantisme traduit une remise en cause, par le bas, du monopole de l'État sur le maintien de l'ordre et donc un rapport ambigu envers les acteurs étatiques et policiers. Il peut prendre la forme de milices constituées spontanément comme cela est autorisé aux États-Unis ou de programmes de citoyens « vigilants » encadrés par les pouvoirs publics et élus locaux notamment en France comme les « Calaisiens en colère » en 2018 (*cf.* chap. 35). Les pratiques de ces groupes de surveillance se rapprochent de celles, d'une part, d'entreprise de mouvement social qui mène un travail politique au service de la cause de la militarisation de la zone frontalière dans des liaisons troubles avec les mouvements d'extrême-droite. D'autre part, ces groupes développent une expertise technique en détenant un savoir spécialisé sur la zone frontalière (diffusé sur internet), en organisant des pratiques de surveillance (de type « reconnaissance »), et en élaborant des technologies (drones ou caméras) pour aborder les mobilités. Un tel affichage expert interroge également l'euphémisation de positions xénophobes anti-migrants.

### DÉFINITION

**Vigilantisme**

Le vigilantisme correspond à des pratiques collectives de coercition mises en œuvre par des acteurs non-étatiques afin de faire respecter la loi, de faire régner la « justice » et l'ordre dans une communauté. Ces pratiques sont publiques ou du moins rendues visibles.

---

La sécurité frontalière comme ligne à garder militairement en temps de guerre est une conception dépassée. Elle est aujourd'hui l'apanage tant des militaires, des policiers, des civils (que ce soit du secteur privé, des ONG humanitaires ou de défense des droits, des collectifs citoyens pour ou contre la migration) que des ingénieurs des entreprises de technologies de surveillance. Une telle conception vient bousculer les dichotomies classiques entre intérieur/extérieur, étatique/non-étatique, public/privé, militaire/policier, ouverture/fermeture. La sécurité frontalière contemporaine sur de nombreux terrains est éminemment plurielle, fluide et surtout contestée tant dans sa définition que dans les modalités de sa mise en œuvre.

## BIBLIOGRAPHIE

BABELS, (2019), *La police des migrants. Filtrer, disperser, harceler*, Paris, Le passager clandestin.

BIGO D., (1996), *Polices en réseaux : l'expérience européenne*, Paris, Presses de Sciences Po.

BRUNET-JAILLY E., (2007), *Borderlands: Comparing Border Security in North America and Europe*, Ottawa, University of Ottawa Press.

CÔTÉ-BOUCHER K., INFANTINO F., SALTER M. B., (2014), « Border security as practice: An agenda for research », Security Dialogue, vol. 45, n° 3, p. 195-208.

SIMONNEAU D., (2020), *L'obsession du mur. Politique de militarisation frontalière en Israël et aux États-Unis*, Bruxelles, Peter Lang.

CHAPITRE 28

# Résister aux frontières en Méditerranée

**Charles HELLER**

SOMMAIRE



Face à la létalité accrue des frontières européennes depuis 2011, de nouvelles initiatives non-gouvernementales ont vu le jour pour soutenir les migrant·es dans l'exercice de leur liberté de mouvement, et lutter contre la violence des frontières. C'est sur ces pratiques multiformes de résistance que se concentre ce chapitre.

Un premier temps sera consacré au caractère structurel de la dangerosité des frontières contemporaines pour les migrant·e·s illégalisé·e·s[1]. Dans un deuxième temps, à l'aide de la théorisation du rapport entre pouvoir et résistance proposée par Foucault, la notion de « résister aux frontières » sera définie. Dans un troisième temps, l'analyse portera de manière dialectique sur les changements politiques et opérationnels en Méditerranée, et les nouvelles modalités de résistance développées à partir de 2011.

## 1 Une crise systémique en Méditerranée

La Méditerranée est devenue un espace de tension et de friction dans lequel les trajectoires des migrant·es, illégalisé·es par des politiques qui leur nient le droit d'accéder légalement au territoire européen, n'ont cessé d'évoluer face au déploiement croissant, par les États et l'Union européenne, de moyens militaires pour les contenir. Ces activités

1. J'emploie le terme « migrant·e·s illégalisé·e·s » pour souligner les processus politiques par lesquels le mouvement et la présence de certaines catégories de migrant·es sont rendus illégaux. Voir Bauder H., « Why We Should Use the Term Illegalized Immigrant », *RCIS Research Brief*, n° 2013/1, p. 1-7, https://www.ryerson.ca/content/dam/rcis/documents/RCIS_RB_Bauder_No_2013_1.pdf, consultation le 18 décembre 2018.

de maintien de l'ordre ont cherché, sans jamais tout à fait y parvenir, à canaliser les mouvements migratoires afin de les réduire à des mobilités disciplinées et gouvernables.

Si des régimes de mobilité de plus en plus sélectifs et inégalitaires se sont imposés en Méditerranée depuis le XIXe siècle, à mesure que l'impérialisme européen s'étendait vers les côtes africaines, ce n'est que depuis la fin des années 1980 que la migration illégalisée est devenue un phénomène structurel et fortement politisé. Au moment où la liberté de circulation s'est déployée à l'intérieur de l'Union européenne via l'accord de Schengen, les visas ont été de plus en plus refusés aux citoyen·nes du Sud global.

Comme les conditions systémiques façonnant les mouvements des migrant·es entre le Sud global et l'Europe demeurent inchangées, l'illégalisation de certaines catégories de mobilités, loin d'avoir permis la fin de la migration « non désirée », a plutôt conduit à ce que celle-ci opère dans une clandestinité accrue. Justifiant en retour le déploiement de moyens de contrôle exceptionnels sur ce qui est devenu une vaste zone frontière (*cf.* chap. 26).

La Méditerranée est ainsi devenue le terrain liquide d'un conflit de mobilité, qui a provoqué la mort de plus de 40 000 migrant·e·s depuis le début des années 1990 (*cf.* chap. 21) et s'est intensifié depuis les soulèvements arabes de 2011. La déstabilisation des dictatures sur lesquelles l'Europe s'était appuyée pour imposer sa politique d'externalisation du contrôle des frontières a suscité d'importants mouvements de population dans la région et inauguré une phase d'accroissement des départs plus lointains. L'augmentation des arrivées des migrant·es illégalisé·es sur les côtes européennes a déclenché la crise du régime européen des migrations. À la suite de l'accroissement des traversées en 2015, les institutions et les États membres ont cherché, coûte que coûte, à élargir leurs politiques de contrôle sur l'ensemble des trajectoires des migrant·es – contrôle qui s'étend bien au-delà de la Méditerranée, et se diffuse également à l'intérieur du territoire de l'Union européenne.

## 2 Penser la résistance aux frontières avec Foucault

Dans un bref texte intitulé *Préface à la transgression* (1963), Foucault a abordé la relation complexe entre la transgression et la limite : « La transgression est un geste qui concerne la limite ; c'est là, en cette minceur de la ligne, que se manifeste l'éclair de son passage, mais peut-être aussi sa trajectoire en sa totalité, son origine même. Le trait qu'elle croise pourrait bien être tout son espace. Le jeu des limites et de la transgression semble être régi par une obstination simple : la transgression franchit et ne cesse de recommencer à franchir une ligne qui, derrière elle, aussitôt se referme en une vague de peu de mémoire, reculant ainsi à nouveau jusqu'à l'horizon de l'infranchissable. » (2001, p. 264)

Foucault montre que limite et transgression sont dans un rapport *co-constitutif* et de *co-évolution* permanente. Quelques années plus tard (1976, p. 125-127), il reformule ce rapport en fonction du lien entre pouvoir et résistance. Il note que « là où il y a pouvoir, il y a résistance » (p. 126). Ainsi, les rapports de pouvoir « ne peuvent exister qu'en fonction d'une multiplicité de points de résistance » (*ibid.*) qui forment « l'irréductible » vis-à-vis du pouvoir (p. 127).

Foucault n'aura de cesse de souligner que le pouvoir s'exerce sur des pratiques de liberté résistantes, sans lesquelles il ne pourrait exister[2]. La conception foucaldienne des couples transgression/limite et pouvoir/résistance est utile pour penser les rapports de co-constitution et de co-évolution existant entre les frontières et les différentes pratiques qui leur résistent (les migrant·es et des acteurs non-gouvernementaux contestant les restrictions à la mobilité et les formes de violences qui les accompagnent). Ce cadre de pensée permet de comprendre que les frontières ne se matérialisent et n'existent qu'à travers la confrontation entre ceux qui les traversent et ceux qui les contrôlent. Elles sont le fruit d'une performance, comme le suggère l'artiste Ursula Biemann, dans son essai vidéo *Performing the Border* (1999) (*cf.* chap. 20). Sans frontières étatiques divisant l'espace mondial, il n'y aurait pas de « migration » dans le sens moderne du terme (une personne traversant une frontière internationale pour résider dans un autre pays), mais seulement de la mobilité humaine.

Cette notion de co-évolution fait écho à la théorisation de la migration et des frontières à partir de l'« autonomie de la migration » (Mezzadra et Neilson, 2019). L'idée est de fonder la réflexion dans l'analyse des mouvements sociaux et les luttes des migrant·es, plutôt que de partir du cadre établi par les frontières. La mobilité indisciplinée des migrant·es est alors comprise comme une *force* qui oblige constamment les politiques et les pratiques frontalières à changer et à se repositionner – influençant les pratiques des migrant·es en retour. Cette co-évolution concerne également les acteurs non-gouvernementaux dont la contestation de la violence des frontières oblige les États à s'adapter.

Ce passage par la théorisation foucaldienne permet donc de comprendre que les limites imposées à la mobilité humaine sont aussitôt contestées et transformées, à la fois par les traversées transgressives des migrant·es et par les pratiques non-gouvernementales. Ce nœud de tensions entre les pratiques de renforcement des frontières et leur franchissement est précisément l'une des définitions que nous pouvons donner de la frontière : il s'agit d'une institution façonnée par de multiples acteurs et par les conflits qu'ils incarnent. C'est à travers ce prisme que nous proposons de comprendre l'évolution de la situation en Méditerranée au cours des 10 dernières années.

2. Voir la discussion synthétique d'Alain Brossat : https://www.cairn.info/resistances-et-transferts--9782749203294-page-115.htm.

# 3 Résister aux frontières, en Méditerranée

## 3.1 La résistance persistante des migrant·es

Les formes de résistance des migrant·es aux frontières sont anciennes, et leurs manifestations sont diverses : elles peuvent être cachées et imperceptibles, telles le refus de l'assignation à résidence, ou ouvertes telles les grèves de la faim, occupations et manifestations publiques contre ce qui est perçu comme un régime d'apartheid global.

La figure du père Zerai, prêtre catholique d'origine érythréenne vivant en Italie illustre les possibilités d'innovation dans ce domaine. Très actif dans l'aide aux migrant·es, il a mis en place une possibilité de recevoir des appels de détresse en mer qui lui a servi à faire pression sur les États pour s'opposer aux pratiques d'abandon en mer ou de refoulement. Autre exemple, certaines familles de migrant·es mort·es ou disparu·es tentent de demander des comptes aux États, le plus souvent en vain.

Malgré la dénonciation des mort·es en mer par des associations qui, depuis le début des années 1990 (*cf.* chap. 21), comptent et cartographient ces décès, jusqu'en 2011 il était pratiquement impossible pour la société civile d'intervenir pour résister à ce problème. L'étendue de la Méditerranée la rendait difficilement accessible à l'exercice d'un droit de regard sur les politiques étatiques et européennes, et les rares tentatives de sauvetages non-étatiques étaient criminalisées. À titre d'exemple, En 2005, des pêcheurs tunisiens, mais aussi une ONG allemande ont notamment été mis en procès pour « aide à l'immigration clandestine » en Italie après avoir secouru des migrant·es en mer.

## 3.2 Nouvelles résistances de la société civile

À partir de 2011, les initiatives prolifèrent pour inventer de nouvelles formes d'intervention en soutien des migrant·es illégalisé·es dans le franchissement des frontières et pour s'opposer à la violence du contrôle.

Comment expliquer ce phénomène ? Un premier facteur est le nouveau contexte politique lié à ce qui a été dénommé les « printemps arabes », mais qui peut aussi être qualifié de *printemps méditerranéen*. En effet, en 2011, un vent de révolte souffle sur les deux rives de la Méditerranée, contre l'autoritarisme et le néolibéralisme en Afrique du Nord et au Moyen-Orient, mais aussi contre les effets de la crise financière et des politiques d'austérité en Europe, et finalement contre le régime européen des frontières. L'interconnexion entre ces soulèvements est devenue une réalité, certes contestée et fragile, et a constitué un facteur dans le regain d'imagination politique au sein des mouvements de soutien et de défense des droits des migrant·e·s.

L'année 2011 marqua aussi un tournant dans l'exacerbation de la surveillance des frontières avec la recrudescence de pratiques d'abandon en mer par les États.

Ne pouvant plus refouler les migrant·es vers des États désormais vacillants, les États européens se sont refusés à les secourir. Le cas du *left-to-die boat* a été emblématique à cet égard, témoignant des pratiques d'abandon en mer malgré un niveau de surveillance sans précédent, et conçu comme insoutenable par plusieurs acteurs de la société civile.

## ENCADRÉ 28.1

### Le *left-to-die boat*, en mars 2011

Au plus fort de l'intervention militaire de l'OTAN en Libye, 72 réfugiés ont été abandonnés pendant 14 jours à la dérive en Méditerranée : 63 ont perdu la vie, malgré leurs appels au Père Zerai, qui a, en vain, informé tous les acteurs civils et militaires présents dans la zone et malgré les signalisations de détresse envoyées aux navires naviguant dans le secteur, ainsi que plusieurs contacts interpersonnels entre les passagers à la dérive et des avions, hélicoptères et un navire militaires. Après que les 9 survivants ayant échoué en Libye ont réussi à s'échapper des geôles où ils étaient maintenus, le père Zerai a diffusé leur histoire dans la presse.

Pour la reconstitution des évènements, voir le rapport https://www.forensic-architecture.org/case/left-die-boat/.

Dans ce contexte, de nouvelles initiatives enchevêtrées et émanant de la société civile ont émergé dans une véritable effervescence. Elles ont transformé la Méditerranée en terrain de contestation transnationale, comme en témoigne la mobilisation des familles de disparu·es en Tunisie, qui se sont réunies en 2011 avec le soutien de militant·es italien·nes pour exiger la vérité et demander des comptes aux États sur la disparition de leurs proches (Tazzioli et Garelli, 2017). Cette même année, la coalition internationale *Boats4People* a organisé une large mobilisation autour des mort·es en mer, réunissant des acteurs de la société civile dans le cadre du périple d'un voilier reliant les deux rives de la Méditerranée. De plus, un ensemble d'organisations menées par le GISTI a initié le travail juridique qui a mené à plusieurs plaintes concernant le *left-to-die boat*. Mon collègue Lorenzo Pezzani et moi-même avons contribué à cette nouvelle phase d'activisme autour des morts en mer en lançant la même année un projet de recherche appelé *Forensic Oceanography*, qui a mobilisé à contre-courant les technologies de surveillance pour documenter les violations des droits des migrant·es en mer. Les méthodologies de reconstruction et spatialisation de ces violations développées par Forensic Oceanography ont servi de base pour la création de la plateforme en ligne *WatchTheMed*, un outil permettant à la société civile d'exercer un droit de regard critique sur les frontières maritimes de l'Union européenne.

Malgré cette prolifération d'initiatives, les naufrages ont continué. Après les naufrages des 3 et 11 octobre 2013 au large de Lampedusa, qui ont fait plus de 500 morts, les associations ont cherché de nouvelles manières d'intervenir au lieu de seulement dénoncer les mort·es après coup. Des membres de *WatchTheMed* créèrent ainsi l'*Alarm Phone*, un téléphone d'alerte citoyen opérant 24 heures sur 24 pour soutenir les migrant·es durant la traversée et faire pression sur les États. Depuis sa création en 2014, cet outil a contribué au sauvetage de plus de 2 800 embarcations[3]. À travers ces différents moyens de documentation et de pression, les acteurs non-gouvernementaux ont rendu plus coûteuse, pour les États, la perpétuation des pratiques de non-assistance, et ont contribué à les forcer à opter pour de nouvelles stratégies – qui se sont révélées n'être pas moins mortelles.

## 3.3 De la flottille citoyenne à sa criminalisation

Les initiatives décrites ci-dessus ont remis en question les formes de contrôle de la frontière méditerranéenne, tout en continuant à dépendre des moyens de secours maritimes étatiques, comme en témoigne la fin de l'opération italienne *Mare Nostrum*. Lancée en octobre 2013 suite aux naufrages susmentionnés, elle consistait en patrouilles de navires militaires au large des côtes libyennes, pour secourir les migrant·es – en rupture avec les pratiques de non-assistance qui prévalaient jusqu'alors. Suite au refus des États membres de l'Union européenne d'en poursuivre le financement, lui reprochant de créer un « appel d'air », les autorités italiennes y ont mis un terme fin 2014.

Il s'est alors produit un accroissement du nombre de mort·es en mer (*cf.* le rapport *Death by rescue*, 2016) : en avril 2015, 1 200 personnes se noient en une semaine. Afin de dénoncer cette politique d'abandon des États et pour secourir les migrant·es en détresse, une flottille citoyenne a été déployée. D'une embarcation en 2014, ce mouvement citoyen s'est étoffé pour arriver à une dizaine de bateaux en 2016.

Par leur présence, les ONG de sauvetage ont enlevé aux États le monopole de la capacité de surveillance et d'intervention en mer. Elles ont eu un impact fondamental au niveau opérationnel, en sauvant 75 000 personnes entre 2014 et 2018, dont beaucoup auraient pu mourir sans leur présence. Cependant, leur efficacité opérationnelle les a exposées à un risque de complicité involontaire avec les logiques sécuritaires des États, qu'elles laissaient se concentrer sur les activités de sécurité, y compris la destruction des bateaux des migrant·es. En d'autres termes, les ONG de sauvetage risquaient de devenir la « main gauche de l'Empire », guérissant les blessures causées par la violence de la main droite (Agier, 2010), leur présence dans les dispositifs frontaliers se « normalisant ». Les États ont quant à eux déployé des actions agressives envers les ONG.

Ainsi, l'été 2015 a marqué le début d'une nouvelle phase de fermeture violente des frontières, paradoxalement à un moment où la capacité des migrant·es à transgresser les frontières européennes était à son paroxysme. Après avoir réussi à pratiquement arrêter les arrivées en mer Égée grâce à la Déclaration UE-Turquie (mars 2016), l'attention

3. https://alarmphone.org/wp-content/uploads/sites/25/2019/10/AP_5-Years_2019_E.pdf.

des décideurs politiques est revenue sur la Méditerranée centrale, où le seul partenaire disponible face aux côtes italiennes était l'État libyen en ruines, et ses gardes-côtes accusés par les ONG de violations des Droits de l'Homme. Les contrôles aux frontières ont été externalisés aux partenaires libyens, avec une aide pour l'équipement de leurs garde-côtes, au détriment de l'action des ONG. Ainsi, depuis l'été 2016, l'Italie, avec le soutien de l'Union européenne, a à la fois intensifié sa collaboration avec les garde-côtes libyens, et mené une campagne virulente de dé-légitimation et de criminalisation des ONG – deux dimensions formant une véritable opération que nous avons appelée *Mare Clausum*[4].

À partir de ce moment, les activités de sauvetage qui avaient été temporairement normalisées sont redevenues de plus en plus transgressives – avec des pics de conflictualité en 2018, suite à l'élection en Italie de Salvini, ou en 2020, lorsque les États ont utilisé le coronavirus pour justifier l'intensification de leur guerre contre les migrant·es[5]. Face à des attaques de plus en plus virulentes, de nouvelles organisations tels que *Mediterranea* – une plateforme politique italienne initiée après l'élection de Salvini et affrétant son propre bateau de secours – ont réitéré le caractère désobéissant de leur action.

## ENCADRÉ 28.2

### Guerre contre les migrant·e·s

« Ceuta et Melilla : l'UE déclare la guerre aux migrants et aux réfugiés » est le titre d'une tribune interassociative publiée en 2005 en réaction à la mort de personnes ayant tenté de franchir la frontière barbelée de l'Europe (autour des enclaves de Ceuta et Melilla), tuées par balles par les forces de police. La multiplication de ces victimes et l'intensification de la violence étatique vont justifier, notamment selon le réseau Migreurop, l'idée que l'UE fait la « Guerre aux Migrants[1] ». Les critères mobilisés sont les mêmes que dans les ouvrages classiques de relations internationale (*cf.* chap. 3) : plus de 1 000 morts par an dans l'intervention des forces armées. La riposte disproportionnée dans l'usage de la force par les forces de l'ordre observée aux frontières est aussi qualifiée de « crime d'État[2] ». C'est ainsi que la violence structurelle a été qualifiée de guerre, asymétrique certes, aux migrants·es.

4. Voir notre rapport Mare Clausum : https://content.forensic-architecture.org/wp-content/uploads/2019/05/2018-05-07-FO-Mare-Clausum-full-EN.pdf.
5. http://www.migreurop.org/article2973.html?lang=fr.
1. Blanchard E., Wender A.-S. (dir.), (2006), *Guerre aux migrants : Le livre noir de Ceuta et Melilla*, Paris, Syllepse/Migreurop, http://www.migreurop.org/IMG/pdf/livrenoir-ceuta.pdf.
2. Voir Green P., Ward T., (2004), *State Crime: Governments, Violence and Corruption*, Londres, Pluto Press.

## Conclusion

La trajectoire de co-évolution entre les politiques et les pratiques des États d'un côté, des migrant·es et des acteurs non-gouvernementaux d'un autre côté, reste encore ouverte. La Méditerranée demeure aujourd'hui un espace de conflit. Les États ne parviennent pas à « pacifier » la frontière méditerranéenne en imposant leur politique de fermeture sélective : celle-ci rencontre la ténacité des migrant·es qui persistent à traverser la mer ainsi que le refus d'intimidation des acteurs non-gouvernementaux, malgré la criminalisation dont ils font l'objet. La perspective foucaldienne liant les rapports entre pouvoir et résistance permet de souligner la manière dont politiques et pratiques des frontières imposées par les États d'une part, et pratiques de résistance d'autre part, se répondent et se transforment mutuellement.

Les initiatives déployées au cours des dix dernières années ont profondément transformé l'espace-frontière qu'est la Méditerranée, investi et transformé en un espace transnational d'expérimentation politique. Des divisions nationales continuent d'exister entre les acteurs non-gouvernementaux, mais leurs initiatives résistent à la violence des frontières tout en mettant à mal les imaginaires politiques. Leur action pourrait préfigurer un univers où l'appartenance nationale et les frontières de la citoyenneté ne délimitent plus l'échelle de nos luttes pour transformer le monde.

Néanmoins, le conflit de mobilité dont la Méditerranée est l'un des fronts principaux continue d'engendrer une terrible souffrance. Comment tendre vers un horizon où le régime de libre circulation pour les citoyen·n·e.s européen·n·e·s soit universalisé et où les frontières cessent d'être des zones létales ? Ces questions restent ouvertes, et les réponses analytiques et pratiques ne peuvent être limitées au terrain de lutte en Méditerranée. Si les frontières continuent d'exister, il faudra les comprendre et les gérer dans un champ de relations économiques et politiques profondément transformé entre le Nord et le Sud, afin que la mobilité des un·es ne rencontre plus les politiques d'exclusion des autres.

## BIBLIOGRAPHIE

FOUCAULT M., (1963), « Préface à transgression », *Critique* : *Hommage à Georges Bataille*, n° 195-196, p. 751-770, et dans le recueil *Dits et Écrits*, vol 1, 2001, p. 261-277.

FOUCAULT M., (1976), *La volonté de savoir*, Paris, Gallimard.

MEZZADRA S., NEILSON B., (2019), *La frontière comme méthode ou la multiplication du travail*, traduction Julien Guazzini, Toulouse, Éditions l'Asymétrie.

STIERL M., (2019), *Migrant Resistance in Contemporary Europe*, Oxon, Routledge.

TAZZIOLI M., GARELLI G., (2017), *Tunisia as a Revolutionised Space of Migration*, New York, Palgrave Pivot.

## ENTRETIEN

**Avec Isabelle Saint-Saëns – militante associative – le 20 septembre 2020**

**1.** Quand vous pensez aux frontières, quelle est la première image qui vous vient à l'esprit ?

Deux images : la *valle* de Ceuta, cet assemblage sans cesse amélioré de multiples barrières métalliques, barbelés, caméras, projecteurs, dispositifs électroniques, qui se prolonge loin dans la mer ; un mur de Berlin du XXI^e^ siècle. Je l'ai vue du côté espagnol, dans cette ville où tant de rues portent le nom de militaires franquistes, en novembre 2005 lors de la marche organisée par les ami·es espagnol·es après la mort d'au moins onze migrants entre le 29 septembre et le 6 octobre.

L'autre est une image qui m'est restée en mémoire depuis mes 10 ans. En 1958, dans un train arrêté en gare de Miramas, je vois sur le quai une cinquantaine de ces Français dit « Français Musulmans d'Algérie » gardés par des gendarmes armés, un autre monde, image revenue avec force en 2002 quand l'un des migrants avec qui l'on travaillait nous a dit « pour moi la frontière c'est chaque fois qu'on me demande mes papiers et qu'on me retient ».

**2.** De quel point de vue et/ou quelle position professionnelle parlez-vous des frontières ?

De mon activisme sur les politiques migratoires, françaises au sein du Gisti, européennes dans le réseau Migreurop. Et bien sûr, personnellement, des frontières traversées avant l'arrivée Schengen.

**3.** Quelles sont les évolutions majeures des frontières que vous avez connues ?

D'abord, pour moi, la compréhension, en grande partie grâce aux ami·es géographes, que la frontière naturelle ça n'existe pas, que toute frontière est politique et sociale.

La violence de plus en plus grande aux frontières : Ceuta, Idomeni, les Balkans, Sangatte et Calais, déjà presque en Angleterre. Les morts dans les déserts en Méditerranée, où les frontières échappent aux zones SAR et où l'Union européenne abandonne aux garde-côtes libyens le sort des survivants des bateaux, mais aussi où se rassemblent et s'organisent et luttent les migrants. Nœuds de rencontre avec des activistes solidaires (Briançon, Calais, La Roya etc.).

**4.** Quelles émotions ressentez-vous face aux frontières/une frontière en particulier ?

Une frontière qui n'en est pas une : le Bosphore, entre l'Europe et l'Asie, où prit place l'errance de Io, jeune fille changée en génisse par Héra, dont le parcours erratique pour échapper au taon ressemble si fort aux trajets actuels de ceux qui fuient leur pays pour réussir à pénétrer l'espace Schengen.

**5.** Pouvez-vous citer un film, un roman, une pièce de théâtre, une chanson ou autre musique qui évoque la frontière pour vous, et nous en dire quelques mots ?

Films :

- Axel Corti la trilogie *Welcome in Vienna*, dont le 1^er^ volet raconte l'errance des réfugiés politiques, juifs, et juifs et politiques, au début des années 1940, sur ces frontières que sont Marseille puis *Le chemin des Pyrénées* qu'emprunta Walter Benjamin (magnifique livre de Lisa Fittko) ;
- Georges Perec et Robert Bobert *Récits d'Ellis Island, histoire d'errance et d'espoir* (1979) ;

- Robert Rodriguez *Machete* (2010) avec cette réplique, dite par une migrante mexicaine le poing levé « nous n'avons pas traversé la frontière, c'est la frontière qui nous a traversé·es », reprise d'un slogan des ouvriers agricoles grévistes dans les champs de Californie.

Livres :

- Reece Jones, *Violent Borders* (Verso, 2016) ;
- Geoges Perec, *Espèces d'espaces* (Galilée, 2000) ;
- Jorge Luis Borgès, *Histoire de l'infamie, histoire de l'éternité* (Bourgois, 1985)

« En cet empire, l'Art de la Cartographie fut poussé à une telle Perfection que la Carte d'une seule Province occupait toute une Ville et la Carte de l'Empire toute une Province. Avec le temps, ces Cartes Démesurées cessèrent de donner satisfaction et les Collèges de Cartographes levèrent une Carte de l'Empire, qui avait le Format de l'Empire et qui coïncidait avec lui, point par point. Moins passionnées pour l'Étude de la Cartographie, les Générations Suivantes réfléchirent que cette Carte Dilatée était inutile et, non sans impiété, elles l'abandonnèrent à l'Inclémence du Soleil et des Hivers. Dans les Déserts de l'Ouest, subsistent des Ruines très abîmées de la Carte. Des Animaux et des Mendiants les habitent. Dans tout le Pays, il n'y a plus d'autre trace des Disciplines Géographiques. » attribué par Borgès à Suarez Miranda, *Viajes de Varones Prudentes*, Lib. IV, Cap. XIV (Lérida, 1658) ;

- Alessandro Leogrande, *La frontiera* (Feltrinelli, 2017)

« C'est la frontière. Pour beaucoup elle est synonyme d'impatience, pour d'autres, de terreur. Pour d'autres, elle coïncide avec les remblais d'un fort que vous voulez défendre. Tout le monde la met au-dessus des autres mots, comme s'ils n'existaient que pour soutenir les phrases qui en soulignent les caractéristiques.

La frontière se situe toujours au milieu.

Ici, c'est le monde d'avant. Là, ce qui est encore à venir, et qui n'arrivera peut-être jamais. »

**6.** En quoi avez-vous fait bouger les frontières ?

Nous avons essayé, en particulier entre 2003 et 2008 dans le réseau transeuropéen Frassanito (*cf.* http://www.noborder.org/archive_item.php%3Fid=356.html), de faire connaître les réflexions sur l'autonomie des migrations, ainsi que les *border studies*. Au sein du réseau Migreurop, la publication régulière d'une carte des camps nous a permis de mettre en évidence que les frontières de l'Europe sont bien au-delà de l'Europe.

**7.** Voulez-vous ajouter quelque chose ?

Sur la question des frontières et des luttes se développe depuis longtemps un travail collectif très important, avec les migrant·es. Pour ma part, les rencontres avec les géographes et les anthropologues ont été inappréciables.

# PARTIE 4
# TYPES D'ESPACES

## SOMMAIRE

CHAPITRE 29

# *No man's lands* et zones grises

**Daniel MEIER**

SOMMAIRE



Pourquoi s'intéresser à des espaces liminaux, interstitiels, aux limites des États ou situés dans des marges territoriales ? Force est de reconnaître que ces « zones grises » frontalières sont une sorte d'angle mort de la recherche. Elles sont mal connues, peu documentées, peu explorées et étudiées alors qu'elles sont en expansion. Qu'il suffise ici de rappeler la propension des États ou milices paraétatiques à créer de telles zones lorsqu'elles ne sont pas le fruit d'une entente internationale. L'objectif de leur création semble assez varié, allant de l'interposition visant à l'instauration de la paix à la création de territoires sous l'hégémonie d'un État ou d'un groupe armé.

Ce champ de recherche est marqué par un faible investissement théorique et conceptuel dont la littérature scientifique témoigne, tant en géographie politique qu'en science politique. Le risque encouru est ici de se reposer sur les terminologies gouvernementales ou onusiennes, celles promues par les États ou les groupes belligérants, et ainsi limiter notre capacité de compréhension de ces espaces et leurs impacts sur les populations qui y vivent. Dans ce chapitre, un premier temps sera dévolu aux définitions, un second temps aux raisons de l'apparition de ces zones dans l'espace géographique, aux modes de gouvernance en termes juridique, politique et géopolitique, et aux effets sur les résident·e·s.

## 1 Penser les espaces interstitiels

De nombreux auteurs dans plusieurs disciplines se sont penchés sur la question des zones grises et des espaces liminaires à travers des concepts qui seront détaillés ici. Afin d'évaluer cette littérature, il est utile de considérer les trois composantes de la problématique des espaces interstitiels que sont l'espace, l'identité et le pouvoir. Soulignons d'abord que ces trois notions sont des constructions sociales, c'est-à-dire qu'elles s'incarnent dans des pratiques, qu'elles sont porteuses de sens et qu'elles connaissent des changements dans le temps. Loin d'être des immanences, elles traduisent la nature dynamique du réel et doivent se penser comme des processus et non des états. En outre, ces trois processus sont interdépendants : le processus de frontiérisation (espace) induit/est produit par des formes d'ordonnancement politique (pouvoir) qui, ensemble, participent à la figure de l'autre (identité) autant que cette dernière définit/redéfinit les limites spatiales et politiques du groupe.

À la lumière de ces trois processus, analysons maintenant les principaux concepts que l'on trouve dans la littérature. Le premier terme qui est aussi le plus classique est celui de zone tampon (*buffer zone*). Dispositif de la guerre moderne, il trouve une place de choix dans une tradition réaliste où seuls les États étaient des acteurs politiques. L'accent est porté sur la géographie (l'espace tampon), et aussi sur l'idée de relation de pouvoir asymétrique et de flexibilité stratégique. En effet, le terme peut décrire aussi bien une zone démilitarisée qu'un espace territorial occupé par un État tiers sur une fraction du territoire d'un État failli. Loin d'être une simple « zone de séparation », selon la terminologie officielle de l'armée américaine, la zone tampon met en lumière un enjeu de pouvoir. Malgré cela, ce concept plutôt descriptif ne laisse aucune présence aux questions identitaires, comme si les individus y résidant étaient quantité géopolitique négligeable. Il a fallu attendre l'investissement des *border studies* pour que les notions de *frontiers* (limites d'empires) et *borderlands* (régions frontalières) réinscrivent la zone tampon dans des rapports de pouvoir où les enjeux identitaires ont un impact sur la définition même du lieu tout en mettant l'accent sur la dimension possiblement conflictuelle qui peut en émerger.

Un second terme, celui de liminalité qui est issu d'une tradition plus anthropologique, prend un peu le contre-pied du premier tant il met l'accent avant tout sur le processus de transition identitaire. Il décrit fort utilement le stade « liminal », celui de l'entre-deux, mettant l'accent sur le processus de changement tant des structures sociales que de la subjectivité des acteurs. Le courant du transnationalisme féministe en a fait un usage critique en l'utilisant pour appréhender les lieux liminaux (espaces d'exclusion, centre de détention) au niveau de leurs impacts intimes. La notion de *borderscape* suit cette inspiration et traduit en terme plus géographique l'idée de liminalité, en mettant l'accent sur le processus d'appropriation/transformation des espaces frontaliers par les acteurs locaux, qu'ils soient résidents, migrants ou réfugiés. L'identité semble ici fonctionner en lien direct avec l'espace dans un cadre politique qui s'incarne dans des normes contraignantes.

Un troisième terme, celui de *no man's lands*, mérite aussi l'attention. Récemment, des géographes britanniques en ont relevé deux caractéristiques fondamentales : l'abandon et la fermeture (*abandonment and enclosure*). Le premier terme souligne le lien entre le territoire et le pouvoir puisqu'il réfère à l'idée de bannir une zone tout en lui appliquant un régime de gouvernance d'exception. Le second terme porte plutôt sur la relation entre espace et identité : la ségrégation spatiale par l'érection de murs ou barrières le délimitant définit *a priori* les populations isolées, avec toutefois un contre-effet puisque le bannissement territorial a de fortes chances de provoquer des mobilisations contre cet ordre des choses parmi les bannis.

DÉFINITION

**Espace interstitiel**

Afin de subsumer ces notions tout en conservant les trois pôles qui en constituent la substance, on peut recourir à la notion d'« espace interstitiel » (*in-between space*) entendu comme zone hors de la protection juridique étatique. L'espace interstitiel, tel qu'il est présenté par les géographes de l'urbain, se distingue par le caractère davantage institutionnalisé, économiquement et juridiquement intégré des espaces qui l'entourent. En conséquence, l'espace interstitiel est un espace peu régulé, faiblement institutionnalisé, fragile et mouvant dans le sens où il génère des sujets interstitiels, des minorités et des acteurs relégués qui, en pareil contexte, sont susceptibles de saisir l'opportunité de redéfinir et transformer leur environnement.

## 2 Classer et expliquer les espaces interstitiels

Ce cadre théorique et cette définition large permettent de poser une série de questions tant sur les raisons de l'apparition, l'existence et la persistance plus ou moins longue de ces espaces interstitiels. Qui sont les acteurs aux commandes dans ces espaces interstitiels et qui sont ceux qui ont un pouvoir sur la définition de ces espaces ? Quels sont les effets politiques, sociologiques et économiques de la création de tels espaces ? Comment les identités locales, nationales et régionales s'adaptent-elles et se reconfigurent-elles dans ces configurations liminales ? Autant de questions qui ouvrent le chemin à des études de cas, tirées de travaux empiriques de chercheurs, avec en ligne de mire une différenciation qui permet de distinguer deux types d'espaces interstitiels.

- En premier lieu, il y a les zones qui deviennent des *no man's lands* ou des zones tampons à la suite de processus de démilitarisation. Ces espaces possèdent des garanties institutionnelles significatives (étatiques et internationales) permettant le respect de règles de droits pour ceux qui y vivent malgré le statut particulier du territoire. La reconnaissance *de jure* du statut de ces zones interstitielles, résultant d'une entente entre parties belligérantes est un point clé garantissant une certaine stabilité, sans que cela signifie que ce statut soit immuable.
- En second lieu, on trouve les zones occupées par des acteurs étatiques ou para-étatiques dans des contextes de guerres et d'effondrement d'États. Non reconnus

internationalement, ces territoires dominés mais aussi fragmentés par l'ordre milicien, à la solde d'un État voisin ou non, et leur occupation, procèdent de règles arbitraires sans aucune garantie juridique pour les populations y résidant et souvent sans aucun observateur extérieur. L'instabilité institutionnelle est donc liée ici au principe d'une durée de vie traditionnellement plus brève de ce type de zones interstitielles, en fonction des fluctuations et retournement géopolitiques.

## 2.1 Les espaces interstitiels reconnus

L'exemple classique de la zone tampon institutionnalisée est celle de la DMZ – la zone démilitarisée qui sépare les deux Corées depuis la signature de l'armistice en 1953 et qui traverse la péninsule sur 248 km avec une bande de sécurité démilitarisée de 4 km de large de chaque côté du tracé frontalier. Ce vestige de la guerre froide est surveillé de part et d'autre par un total de plus d'un million de soldats, y compris des soldats américains, signe du caractère largement géopolitique de cette frontière. Le seul point de rencontre entre les deux États belligérants est un poste frontière sous l'autorité de l'ONU situé à Panmunjeon. Pour le reste, la zone démilitarisée est un *no man's lands* puisque personne n'est autorisé à y entrer au point que la zone est devenue un sanctuaire pour la conservation de plusieurs espèces animales. Néanmoins, cette stabilité est régulièrement mise à l'épreuve par des défections nord-coréennes, mais surtout par des provocations nucléaires du leader nord-coréen Kim Jong-Un. On doit souligner aussi que les relations entre les deux Corées ont connu des phases de détente importantes qui ont conduit au rétablissement de convois ferroviaires en 2007 et à l'ouverture fin 2004 de la zone industrielle de Kaesong, regroupant des entreprises sud-coréennes employant des travailleurs nord-coréens en territoire nord-coréen.

Plus couramment, les espaces interstitiels reconnus sont des zones démilitarisées sous supervision des Nations unies, principalement au Moyen-Orient. Parmi les missions les plus anciennes, il y a la Force des Nations unies chargée d'Observer le Désengagement (FNUOD) israélo-syrien et qui patrouille une zone démilitarisée, un *no man's lands* situé à l'est du Golan où plus personne ne vit depuis 1974. Au Liban voisin, la Force intérimaire des Nations unies au Liban (FINUL) œuvre dans une zone du sud du pays intégralement peuplée de ses habitants. Établie en 1978 suite à la première invasion israélienne, la FINUL a vu son mandat évoluer durant la guerre civile, puis changer radicalement en 2000 lors du retrait unilatéral d'Israël du Sud-Liban. Jusqu'à cette époque, cette zone de 850 km$^2$ était un espace interstitiel frontalier non reconnu, l'occupation militaire y était dénoncée par les Nations unies (résolution 425). De fait, il s'agissait d'une zone de non-droit où régnait l'arbitraire, l'obligation de la collaboration, la conscription forcée dans la milice supplétive pro-israélienne et où la torture était monnaie courante dans la prison non officielle de Khiam. Depuis la « libération » en mai 2000 suite au départ de l'armée israélienne et ses supplétifs, la FINUL a pu se déployer jusqu'à la frontière internationale pour y continuer sa mission d'interposition notamment par le tracé de la « ligne bleue » balisant la ligne de retrait israélienne. Après la guerre de 2006, son mandat a évolué pour englober le désarmement de toutes les milices tout en faisant reconnaître aux belligérants la « ligne bleue » comme frontière légitime avec un marquage au sol fait en commun.

CAS 29.1

■ **LA LIGNE VERTE, ZONE INTERSTITIELLE QUI SEGMENTE L'ÎLE DE CHYPRE**

En Europe, nous n'avons que très peu d'exemples de *no man's lands* persistant suite à des conflits encore non résolus. Le plus important reste toutefois l'un des plus connus, celui de la ligne verte qui travers toute l'île de Chypre, patrouillé par la mission de maintien de la paix des Nations unies à Chypre (UNFICYP). Établie dès 1964 pour s'interposer dans les violences entre Chypriotes grecs et turcs, la mission onusienne a vu son mandat étendu en 1974 suite à l'invasion turque qui entendait faire pièce au coup d'État soutenu par la Grèce. L'occupation militaire turque de la moitié nord de l'île et la fuite de 200 000 Chypriotes grecs du nord la zone sud ont conduit l'UNFICYP à se déployer à la lisière de la zone militaire turque, créant ainsi une zone tampon afin d'éviter toute confrontation. Cette zone interstitielle coupe l'île en deux, d'est en ouest, sur 180 km et sa largeur varie de 3,3 m à 7,4 km. La zone interstitielle couvre alors une surface de 346 km$^2$ où vivent 10 000 individus dans une quinzaine de villages. Toutefois, là aussi, les restrictions de circulation ont conduit au développement d'une faune et d'une flore recouvrant par exemple les anciens bâtiments du quartier grec abandonné de Varosha, dans la ville de Famagouste. Abcès de fixation de la tension gréco-turque, la division de l'île est contestée par la société civile chypriote et la réunification de l'île débattue sous l'égide de l'ONU (Plan Annan). Traversé par l'enjeu des relations Turquie-Union européenne, le contentieux intercommunautaire chypriote semble tributaire de considérations géopolitiques autant qu'ethno-nationales et donc peu susceptible d'être solutionné sans une entente impliquant la Turquie, notamment du fait de ressources offshore de la partie turque de l'île.

On peut ajouter enfin à cette liste une catégorie d'espaces interstitiels qui se situent à la lisière des souverainetés nationales des États européens mais aussi extra-européens, celle des camps de réfugiés et autres centres de rétention pour migrants. En nous appuyant sur les écrits de Michel Foucault, on peut ici parler de lieux hétérotopiques : bien que situés à l'intérieur d'une société, ils n'en sont pas moins déconnectés du tissu social et obéissent à des règles autres, des régimes de gouvernance qualifiés parfois de « régimes d'exception ». Ces espaces bien que reconnus juridiquement ont alors tendance à devenir des zones de tensions, de marginalité et de contradictions où les actes de résistance et de transgression, y compris de violence, sont favorisés par la marginalisation de celles et ceux qui y sont internés. Ce faisant ils incarnent bien les marges de l'Europe sans pour autant être situés physiquement aux marges des territoires.

## 2.2 Les espaces interstitiels non reconnus

Cela nous amène à une nouvelle catégorie d'espaces interstitiels qui tendent à se multiplier dans les anfractuosités des souverainetés, notamment à la faveur des conflits civils et de la faillite des États. Territoires non reconnus – on pense au cas du Somaliland – ou seulement par quelques États – comme les Républiques de Lougansk et Donetsk dans l'est de l'Ukraine, toutes deux soutenues par la Russie, mais aussi fruits de rapports de force régionaux, comme on le voit avec les occupations militaires turques et jordanienne respectivement au nord et au sud de la Syrie –, ce type d'espaces interstitiels tend à nous montrer l'envers du décor de l'ordre juridique-étatique, indépendamment des acteurs étatiques ou paraétatiques qui les soutiennent et en organisent l'occupation. Il convient donc de les lire comme des révélateurs de la faiblesse des catégories prédéfinies par l'ordre politique autant que celle des institutions.

### CAS 29.2

#### ■ L'IRAK ET L'AUTONOMISATION KURDE

Au nord de l'Irak, il existe une zone géographique disputée d'environ 30 000 km² qui, d'ouest en est, sépare la région kurde sous l'autorité de Erbil de la région centrale sous l'autorité de Bagdad. Les Nations unies ont défini cette bande de terre en tant que « territoires disputés » depuis la promulgation de la nouvelle Constitution en 2005 qui, dans son article 140, fait explicitement référence à cette terminologie. Ces territoires sont revendiqués par Erbil au nom d'une présence ancienne des Kurdes qui y vivaient avant d'en avoir été évincés par la politique baathiste « d'arabisation ». Cette dernière, entamée dans les années 1960, avait pour objectif de faire pencher la balance démographique du côté arabe au détriment des Kurdes, afin de pouvoir prendre le contrôle administratif de ces régions riches en pétrole, notamment au moyen de redécoupages régionaux. Suite à la guerre du Golfe de 1990-1991, une autonomie *de facto* commença à voir le jour, après d'autres tentatives antérieures durant la période baathiste. Elle permit l'émergence d'une gouvernance locale sous l'égide des deux grands partis kurdes, le PDK et l'UPK, eux-mêmes territorialement enracinés via des liens tribaux respectivement dans les provinces ouest (Dohuk, Erbil) pour le premier et est (Souleimaniyé) pour le second (*cf.* carte 29.1). Lors de la guerre d'Irak de 2003 lancée par les États-Unis, l'effondrement du régime baathiste de Saddam Hussein permit aux milices kurdes, les Peshmergas, d'étendre leur autorité *de facto* sur un certain nombre de territoires au sud des trois provinces susmentionnées.

C'est à ce moment que naquit le contentieux avec les nouvelles autorités à Bagdad. Selon l'article 140 adopté par la nouvelle Constitution irakienne, un référendum aurait dû avoir lieu dans les deux ans afin de permettre de le solder. C'était compter sans la déréliction du politique en Irak, notamment la dérive communautaire et la guerre civile qui ont fait de la zone kurde un havre de paix et ont convaincu Erbil de la nécessité d'une stratégie attentiste et d'une négociation avec le nouveau pouvoir chiite à Bagdad. Si un modus vivendi sécuritaire fut trouvé autour de patrouilles conjointes dans ces territoires disputés, toutes les tentatives d'entente autour de la répartition des richesses pétrolières, dont le sous-sol regorge, échouèrent et Erbil fit progressivement cavalier seul en exploitant le pétrole pompé dans les zones disputées pour son propre compte et par-devers Bagdad. La dégradation des relations entre Erbil et Bagdad devint manifeste sur le terrain, provoquant des tensions intercommunautaires, les Kurdes n'hésitant plus à pousser les populations arabes au départ. L'arrivée du groupe État islamique dans ces régions en 2014 mit en déroute l'armée irakienne et permis aux Peshmergas de sortir grandis de cette confrontation, grâce à l'aide américaine. Mais les territoires disputés vécurent des tragédies locales qui poussèrent les résidents à créer des milices sur bases ethniques, avec le soutien soit de Bagdad, de Erbil, de la Turquie ou du Parti des Travailleurs du Kurdistan (PKK), établi en Turquie. Le référendum d'indépendance lancé en 2017 comme un défi à Bagdad et contre l'avis de toutes les chancelleries étrangères fit long feu et aggrava l'instabilité dans les territoires disputés. Il contribua à les fragiliser en en faisant un réceptacle des rivalités régionales au risque de déchirer les communautés locales (Yézidis, Turkmènes).

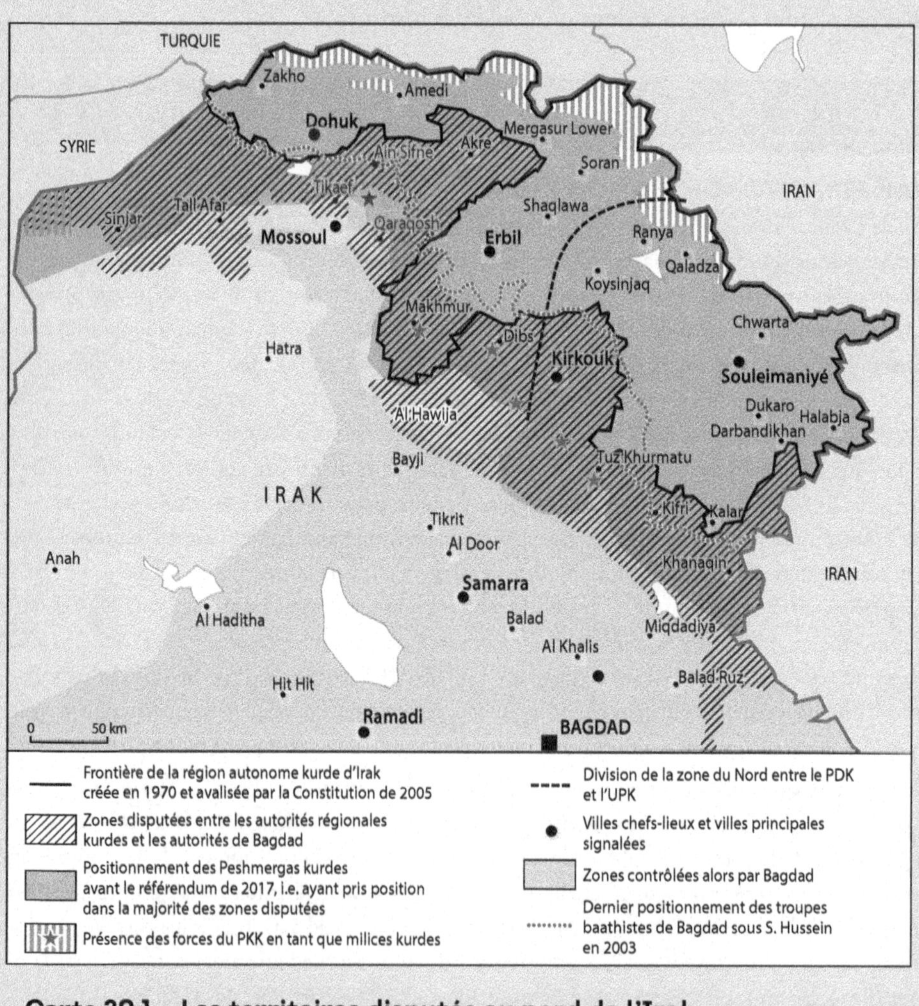


**Carte 29.1 – Les territoires disputés au nord de l'Irak**

Conception et réalisation : N. Martin et C. Roussel, enquête réalisée en 2015-2016.

## Conclusion

Les espaces interstitiels aux frontières forment des espaces territoriaux significatifs et en expansion dans le monde contemporain. Ils apparaissent divisés en deux catégories : les espaces reconnus qui matérialisent des processus de pacification par l'interposition et les espaces non reconnus qui renvoient à des zones sous occupation par des forces *de facto*. Les taxinomies qui peuvent leur être appliquées oscillent entre les enjeux de pouvoir, les aspects identitaires et les dimensions spatiales. La compréhension et l'analyse des espaces interstitiels aux frontières se situent donc au croisement de ces processus interdépendants et illustrent le potentiel de fragmentation territorial, politique et social à l'œuvre.

## BIBLIOGRAPHIE

YUVAL-DAVIS N., WYMESS G., CASSIDY K., (2019), *Bordering*, Cambridge, Polity Press.

FOKA Z., (2020), « Exploring the "in-between" in Nicosia's buffer zone: Local practices of de-bordering », *Mediterranean Politics*, vol. 25, n° 3, p. 310-331.

LONG K., (2013), « In search of sanctuary: border closure, "safe" zones and refugee protection », *Journal of Refugee Studies*, vol. 26, n° 3, p. 458-476.

MEIER D., (2020), « "Disputed territories" in northern Iraq: The frontiering of in-between spaces », *Mediterranean Politics*, vol. 25, n° 3, p. 351-371.

BRIGHENTI A. M., (2013), « Introduction » *in* MUBI B. A., *Urban interstices: The aesthetics and the politics of the in-between*, Farnham, Ashgate, p. XV – XXIII.

CHAPITRE 30

# Les formes contemporaines de l'extraterritorialité : concessions et zones franches

**Frédéric GIRAUT**

SOMMAIRE



Au XIXe siècle, les principales puissances occidentales imposent leur présence dans les ports chinois sous forme de territoires concédés. Il s'agit de forcer le commerce avec la Chine, alors rétive à l'ouverture de son vaste marché impérial aux puissances coloniales européennes, aux États-Unis et au Japon. Dans le cadre de leurs concessions, les puissances extérieures peuvent s'implanter en développant et sécurisant de véritables colonies constituées de missionnaires, militaires et commerçants. L'objectif est d'assurer une présence dans cette région du monde peuplée et convoitée. Ainsi se développent des maisons de commerce pour tirer profit de cette implantation. Un certain modèle de la concession de type colonial est défini.

L'extraterritorialité telle qu'elle s'invente ici reprend les techniques politiques de la franchise et de la colonisation. Elle vise à produire du territoire d'exception sous forme d'enclave au sein d'une aire de souveraineté[1]. Cela en dotant ce territoire d'avantages comparatifs via des exemptions et en obtenant un transfert de souveraineté à des puissances externes (*cf.* chap. 2).

Elle produit donc du différentiel au même titre qu'une frontière internationale, dont elle revêt certaines formes (*cf.* Les Aventures de Tintin: Le Lotus bleu). Ainsi, l'extraterritorialité par concession forme une enclave et un lieu frontière où tous les acteurs sont amenés à jouer sur les différentiels, ici en la faveur des étrangers, pour exploiter le marché chinois à partir d'une enclave qui constitue leur tête de pont dans ce marché.

Envisageons maintenant de manière générale le système extraterritorial contemporain basé sur des enclaves concédées. D'abord ses origines, puis ses modalités contemporaines, enfin la question de son développement dans le cadre de la mondialisation actuelle et des atteintes aux souverainetés nationales et régionales qui en découlent.

## 1 L'extraterritorialité : une technique politique d'inspiration prémoderne (franchise) et coloniale (comptoir, concession extractive)

Le modèle de la concession développé à Shanghai au XIX^e^ siècle rappelle tout d'abord le système colonial du comptoir, tête-de-pont dédiée au drainage des richesses, comme les Européens en ont créé sur les côtes africaines et asiatiques dès le XV^e^ siècle. Ce système du comptoir est ici associé à une colonie de peuplement urbaine dans une zone sécurisée en extraterritorialité par transfert de souveraineté à une puissance étrangère.

L'enclave ainsi créée bénéficie également d'une sorte de franchise, seconde technique mobilisée, par rapport au droit commun de son environnement, autrement dit, celui de la ville chinoise et plus largement de l'Empire chinois. Franchise comme pouvaient en bénéficier des cités marchandes européennes avant l'avènement de la période moderne et des États-Nations. Ces franchises médiévales peuvent être considérées comme des droits ou des libertés conquises par des communes et des collectifs de bourgeois vis-à-vis du suzerain ou du souverain, mais elles peuvent aussi être vues comme des avantages concédés par ces mêmes souverains à des territoires et des corporations pour faciliter leur activité. Leur fortune dopée par ces avantages se développe

...............

1. La notion de souveraineté relève de la sphère juridique pour affirmer le pouvoir régalien, devenu à l'époque moderne le pouvoir étatique exclusif dans le champ de la vie publique qui inclut notamment les régimes fiscaux et fonciers régis par des normes communes. Elle s'exerce sur un espace, une juridiction, qui constitue le territoire étatique, en principe limité par une frontière internationale qui le sépare de l'aire de souveraineté d'un État voisin. L'extraterritorialité relève également de la sphère juridique dans sa dimension spatiale, juridictionnelle. Elle indique l'existence d'un régime spécifique, dérogatoire – hors souveraineté – pour une portion d'espace, une juridiction, constituant une enclave au sein d'un territoire d'exercice de souveraineté d'un État (*cf.* définition dans le chap. 2).

en réseau et leur enrichissement dans ce cadre bénéficie *in fine* au territoire souverain dans lequel s'inscrivent ces villes franches. Évidemment, dans le cas des concessions chinoises, les franchises dont elles bénéficient dans le cadre de l'Empire sont extorquées par une puissance extérieure et permettent au contraire de s'affranchir de tout retour pour le marché et le territoire chinois après son exploitation.

La seconde colonisation qui débute à la fin du XIXe siècle, celle de la prise de possession des territoires africains et de certains territoires asiatiques par quelques puissances européennes, va voir s'épanouir une forme spécifique de concession déjà présente dans la première colonisation avec les plantations. Il s'agit de la concession extractive qui constitue la troisième technique mobilisée. Cette fois, ces concessions sont confiées à des compagnies privées tandis que les révolutions industrielles dopent la demande pour des produits nouveaux issus des mines ou des plantations industrielles. Les plantations d'hévéa développées au début du XXe siècle sous forme de vastes concessions par Firestone au Liberia, Michelin en Indochine (actuel Vietnam) ou encore GoodYear à Sumatra (Indonésie), en sont de bons exemples.

Au titre des modèles d'extraterritorialité qui permettent de comprendre les origines des pratiques contemporaines, il faut également citer pour mémoire les formes d'extraterritorialité liées au droit international. Elles assurent une franchise sur les lieux diplomatiques (ambassade, consulat, siège d'organisation internationale…). Elles ne sont pas exemptes de processus liés à la frontière. Elles ont pu jouer dans différents contextes un rôle de sanctuaire extraterritorial, et leur problématique est bien géopolitique, et non pas géoéconomique. Ce sont des lieux qui ne rentrent ni dans une logique extractive, ni dans une logique de captation d'investissements étrangers. Les deux caractéristiques contemporaines de l'extraterritorialité couplées à un système de concession et d'exemption.

## 2 L'extraterritorialité contemporaine : entre extraction (*grabbing*) et attraction (*emerging*)

La zone franche et ses déclinaisons constituent la forme contemporaine de la franchise, tandis que la concession extractive se renouvelle et se redéploie comme moyen de développement d'infrastructures ou comme projection offshore de terres disponibles pour des États ou de grandes compagnies étrangères.

Voyons d'abord le cas particulier, mais répandu, des acquisitions ou locations de terre de longue durée par des États ou des compagnies étrangères. Le développement dans les années 2000 de ces pratiques, appelées également *land grabbing* ou accaparement de terres, a accompagné une nouvelle phase de la mondialisation. Nouvelle phase qui, sur fond de forte croissance des cours des matières premières (avant 2008) et des denrées issues de l'agriculture, se manifeste par une course à la terre et à l'accès aux matières premières de la part d'acteurs majeurs publics (fonds souverains d'États y compris émergents) ou privés, mais le plus souvent liés à des États. Outre la compétition internationale accrue sur les permis de prospection et sur les concessions minières et de plantation, ce phénomène s'est donc traduit par des acquisitions de vastes périmètres destinés à l'agriculture. Non pas classiquement pour y réaliser une agriculture spéculative d'exportation de produits tropicaux et/ou forestiers, mais destinée à la sécurisation de l'approvisionnement agricole de certaines puissances qui ainsi étendent offshore leur propre aire de souveraineté alimentaire, tandis que d'autres pays leur concèdent une portion de territoire – qui de fait sort de leur aire de souveraineté en relevant d'une certaine extraterritorialité.

L'observatoire de référence *Land Matrix* recense à l'heure actuelle dans le monde près de 2000 transactions, pour autant d'enclaves ou d'exclaves, sur plus de 50 millions d'hectares, soit nettement plus qu'un pays comme la Suisse ou les Pays-Bas. Ces concessions de terres se répartissent sur tous les continents, mais trois grandes régions mondiales se distinguent : l'Afrique qui concentre le plus grand nombre de concessions (près de 600 pour près de 15 millions d'hectares concédés), l'Europe orientale qui concentre le plus de superficie (près de 17 millions d'hectares pour près de 500 concessions), l'Asie avec de moindres superficies (environ 7 millions d'hectares) mais un grand nombre de concessions (430), et enfin l'Amérique latine, autre région prisée des investisseurs (près de 10 millions d'hectares et plus de 300 concessions). Au sein de ces aires, certains pays (c'est le cas du Brésil, de l'Argentine, du Mozambique, de l'Éthiopie et de l'Ukraine) semblent s'être spécialisés dans ce type de concessions comme moyen de capter des investissements directs étrangers, le plus souvent (comme pour l'Éthiopie) en combinaison avec d'autres techniques d'attraction de ces investissements et notamment celle de la zone franche productive que nous allons maintenant envisager.

Les zones franches industrielles apparaissent nombreuses et de différents types qui s'apparentent toujours à une forme d'extraterritorialité. Elles sont, le plus souvent, couplées à de grandes infrastructures de transport qui leur assurent les connexions aux marchés extérieurs pour la fourniture de matières premières et l'exportation de la production. Il s'agit là d'un modèle aujourd'hui largement développé ou pratiqué dans les pays émergents ou qui aspirent à l'être. On pourra également le trouver ponctuellement au Nord, souvent sous des formes plus réduites et destinées à faciliter une reconversion industrielle de régions sinistrées. Dans tous les cas, l'opération vise à attirer les Investissements directs étrangers aussi bien par les exemptions dont ils pourront bénéficier que par l'attractivité et la connectivité du site et des infrastructures.

À l'origine, il s'agit de la formule de la zone franche d'exportation, largement pratiquée par de petits États (Singapour, Maurice, Tunisie…). Elle s'est généralisée et se combine avec différents types d'aménagements, de localisations et de conceptions. La Chine dont l'ouverture au capital étranger est très liée aux différentes formules de zones franches peut apparaître comme le laboratoire de l'application du modèle originel à des configurations différentes. Innovant dès la fin des années 1970 avec l'attribution du statut de zone franche à plusieurs sites stratégiques de sa façade littorale, la Chine y inclut d'emblée de vastes périmètres de type urbain. Les cinq zones économiques spéciales créées entre 1979 et 1988 couvrent ainsi 35 000 km$^2$. L'extension de ce statut, au milieu des années 1980, à de vastes zones rurales (les Zones économiques ouvertes), notamment dans le Delta de la Rivière des Perles, au-delà de Hong Kong et de la ZES de Shenzhen, s'est faite avec des avantages moindres. Dans le même temps, des zones franches attractives, mais plus ponctuelles, ont été créées pour des villes portuaires (Zones franches douanières), et des villes côtières et de l'intérieur (Zones de développement économique et technologique). Le couplage de la zone franche avec des aires portuaires reste cependant la figure dominante aux Suds, elle est présente dans la quasi-totalité des pays émergents, du Chili où le premier port franc est apparu dans les années 1920, aux Philippines où les bases navales et aéroportuaires américaines délaissées après la guerre froide et l'éruption du Pinatubo ont été reconverties en zones industrielles ouvertes.

Le développement de telles enclaves évoluant en extraterritorialité commence toujours par l'identification de sites stratégiques ouverts sur l'extérieur (en position littorale et/ou à proximité de grandes villes) potentiellement capables d'accueillir ou de développer de grandes infrastructures ainsi qu'une zone dédiée à la production et à sa logistique (qui peut inclure des logements et services). La première opération de sélection des sites implique donc toujours les États souverains au titre de leur politique d'aménagement et de développement économique. L'aménagement de ces périmètres, dont certains sont très vastes, est généralement concédé à des entreprises (le plus souvent étrangères) qui prendront en charge les investissements dans les infrastructures, le plus couramment sous la forme du BOT (*Build, Operate, Transfer* soit « réaliser, exploiter, restituer ») qui consiste à rentabiliser les investissements initiaux par une période d'exploitation exclusive avant de restituer l'infrastructure et sa maintenance. La gestion de l'ensemble du site, et notamment de sa zone industrielle et logistique, est soit concédée, soit fait l'objet d'une administration de mission spécifique. Elle évolue alors en totale ou quasi-extraterritorialité en accueillant de nouveaux investisseurs grâce à son statut dérogatoire et aux exemptions fiscales et douanières dont elle bénéficie. Véritables enclaves, ces périmètres ne sont plus seulement dévolus à des zones portuaires, mais peuvent inclure des parcs d'activité industrielle, touristique et de service en situation métropolitaine et/ou littorale.

Un bon exemple nous est donné en Afrique du Sud avec les Spatial Development Initiatives et Industrial Development Zones (devenues en 2019 les Special Economic Zones). Ces périmètres à statuts dérogatoires destinés aux Investissements directs étrangers ont été planifiés au sortir de l'Apartheid pour réinscrire l'Afrique du Sud dans le concert de la mondialisation en jouant sur ses atouts en termes de localisation entre océan Atlantique et océan Indien et en termes de marché émergent attractif ouvert sur le continent. L'IDZ de Coega (*cf.* figures 30.1 et 30.2) est implantée à proximité de la grande ville de Port Elizabeth, dont l'aire métropolitaine a été rebaptisée Nelson Mandela Bay. Elle s'est constituée à partir d'un nouveau port en eau profonde pouvant accueillir minéraliers et porte-conteneurs. Y ont été développés une zone industrielle ainsi que des services et zones d'habitat liés.

**Figure 30.1 – Le marquage de la souveraineté en pleine extraterritorialité ? (port de Coega)**

Crédit photo : F. Giraut, 2003.

**Figure 30.2 – L'aménagement d'un bassin du port en eau profonde de Coega**

Crédit photo : F. Giraut, 2003.

## 3 Les limites du liminal ou la gouvernance des frontières de l'exception

Le recours à l'extraterritorialité à des fins de développement par l'accueil d'Investissements directs étrangers a multiplié les enclaves concédées partout dans le monde, mais plus particulièrement dans les Suds globalisés. Les très nombreuses enclaves issues de ce processus, disposent de statuts dérogatoires par rapport à la souveraineté nationale, et se trouvent donc aux frontières des territoires. Par-delà leur attractivité au niveau international et le rôle qu'elles peuvent jouer pour doper la croissance de certains pays, elles posent, une fois concédées, des problèmes de droits humains et de gouvernance importants et ce à plusieurs niveaux.

Les deux problèmes principaux se situent essentiellement sur le plan de l'impact des concessions sur les populations locales usagères des ressources qu'elles exploitent, et sur l'effet-frontière généré par la présence de ces concessions dans leur environnement métropolitain ou régional.

Au titre de l'impact sur les populations locales, il faut, au-delà des déplacements de populations sédentaires, envisager également la question de la clôture de ces périmètres et de l'impossibilité d'accès pour certains de leurs usagers, dans le cadre du pastoralisme ou du semi-nomadisme, voire de la multilocalisation quand on est à la périphérie des villes. Ainsi, la sphère de la dépossession est souvent plus large que celle des populations résidentes et déplacées. Par ailleurs, une fois concédés, aménagés et exploités, ces sites mobilisent et emploient des populations riveraines (parmi lesquelles des déplacés et des immigrés) dont les conditions de vie peuvent être particulièrement précaires et dans la dépendance des acteurs étrangers de la concession.

Enfin, les périmètres concédés, se trouvent souvent à la périphérie d'une aire métropolitaine, y concentrent les investissements et les profits, mais échappent à sa gouvernance. Plus généralement, on peut dire qu'alors que les États mettent en place des systèmes de gouvernements local, régional et urbain de plus en plus décentralisés, les politiques de concessions peuvent priver ce gouvernement décentralisé des ressources principales qui pourraient l'alimenter fiscalement ainsi que de précieux périmètres de planification. Le cas de l'IDZ de Coega à la périphérie de Nelson Mandela Bay en Afrique du Sud est un bon exemple Le développement métropolitain est désormais orienté vers cette zone franche, indépendamment des priorités du gouvernement métropolitain et sans que ce développement ne contribue véritablement à ses ressources fiscales.

## Conclusion : l'art de combiner frontières internes et externes

L'extraterritorialité, loin d'être un résidu marginal sur le plan territorial des périodes prémodernes et coloniales, qui viendrait très ponctuellement faciliter les relations internationales, apparaît comme un moyen contemporain essentiel d'attraction des investissements directs étrangers. À ce titre c'est un outil qu'utilisent de nombreux États dans une stratégie de développement et qu'apprécient de nombreux investisseurs, y compris certaines puissances étrangères qui y voient un moyen d'étendre offshore leur propre aire de souveraineté productive et économique. La traduction territoriale de ces engouements est la multiplication des enclaves concédées sous différentes formes, particulièrement dans les pays du Sud. Ces enclaves constituent alors des espaces frontaliers pour lesquels se posent des questions d'effets frontière particulièrement problématiques du point de vue des droits humains et de la gouvernance locale, régionale et métropolitaine. Elles deviennent également, en interne et à leur périphérie, des bassins de vie de tout un peuple de la frontière qui dépend étroitement et localement des contrastes de souveraineté créés dans une double perspective de développement aux échelles nationales et internationales. Ce sont des projections de la mondialisation qui génèrent et entretiennent de la frontière comme ressource, au prix d'éventuels déséquilibres et bouleversements locaux majeurs.

## BIBLIOGRAPHIE

AMILHAT SZARY A.-L., GIRAUT F. (dir.), (2015), *Borderities: The politics of contemporary mobile borders*, Palgrave Macmillan.

BOST F., (2007), « Les zones franches, interfaces de la mondialisation », *Annales de géographie*, Paris, Armand Colin, n° 6, p. 563-585.

FERGUSON J., 2006, *Global Shadows. Africa in the Neoliberal World Order, Durham, Duke University Press.*

GIRAUT F., VANIER M., (2006), *Étude comparée des politiques d'aménagement du territoire et de développement régional dans les pays du sud*, Paris, DGCID. https://www.diplomatie.gouv.fr/IMG/pdf/Pubb.pdf.

NYIRI P., (2009), *Extraterritoriality, Foreign Concessions: the Past and Future of a Form of Shared Sovereignty*, Inaugural oration at Amsterdam's Free University (19 novembre), EspacesTemps.net, http://www.espacestemps.net/document7952.html.

Site Land Matrix : https://landmatrix.org/.

CHAPITRE 31

# Au cœur des frontières migratoires, l'enfermement des étrangers

**Olivier CLOCHARD**

SOMMAIRE



Les lieux dans lesquels des étrangers sont maintenus, parce qu'ils ne disposent pas de document de voyage ou de titre de séjour en règle, sont des éléments constitutifs des frontières. Ils jouent un rôle majeur dans la gestion des migrations, situés à proximité des grands aéroports européens ou établis au sein d'espaces maritimes comme en Grèce dans les archipels de la mer Égée ou au sud de l'Italie. Mis en place par les États, ils permettent d'organiser les renvois des personnes indésirables vers leur pays d'origine ou des États par lesquels ces dernières ont transité ou vécu.

Les aspects restrictifs des politiques européennes d'immigration et d'asile transforment le statut du franchissement irrégulier de la frontière qui est désormais davantage associé à un fait délictueux qu'à la recherche d'une protection ou d'une première étape pour une vie meilleure. En conséquence, ces espaces s'apparentent plus à des lieux d'enfermement qu'à des espaces providentiels.

Au sein de l'Union européenne, ces lieux sont nommés différemment selon les pays (centre fermé, centre de rétention administrative – CRA, *centro de internamiento de extranjeros*, *immigration removal centre*, zone d'attente, hotspots, etc.). Face à cette euphémisation inscrite dans les textes législatifs qui ont normalisé depuis le début des années 1980 ces dispositifs, la notion de camp d'étrangers a été réintroduite au début des années 2000 par les associations militantes et les chercheur·e·s en sciences sociales. Ce terme veut souligner d'une part les conditions de vie souvent inhumaines et dégradantes des migrant·es enfermé·es, et d'autre part les pratiques administratives et policières répressives utilisées à l'encontre des exilé·es. Dans le domaine migratoire, les euphémismes ne sont pas réservés à ces seuls lieux, ainsi d'autres formulations issues des législations et employées par les acteurs politiques, législatifs et administratifs concourent à tronquer une partie de la réalité : « retenir », « maintenir » pour enfermer, « éloigner », « raccompagner » pour expulser sont autant de termes qui soulignent la volonté des États de dissimuler ces dispositifs dispersés le long des frontières ou ceux installés sur le territoire mais néanmoins au cœur d'enjeux frontaliers.

L'agencement « global » de ces camps s'apparente à un archipel dont les effets vont en deçà et au-delà des seules frontières linéaires des États. Ces lieux sont inscrits dans des schémas réticulaires tant à des échelles locales, régionales qu'internationales. Enfin au-delà des conditions matérielles difficiles décrites dans nombre d'ouvrages, la vie des étrangers au sein de ces espaces frontaliers est marquée par des cheminements procéduriers complexes qui peinent à répondre à leur objectif principal : l'expulsion des personnes en situation irrégulière.

## 1 L'archipel européen de la rétention administrative

Le Hangar d'Arenc situé sur le port de Marseille et utilisé par les autorités françaises dès 1963 pour y enfermer notamment de nombreux Algériens, de quelques heures à plusieurs jours, et ce en dehors de tout cadre légal jusqu'en 1980, peut être considéré comme l'un des premiers lieux de rétention administrative de la période contemporaine destiné à la lutte contre l'immigration « irrégulière ». Ce centre qui a fonctionné jusqu'en 2006, depuis remplacé par un nouvel édifice dans le quartier limitrophe du Canet, ouvre en effet la voie à une généralisation des centres de rétention administrative comme le montre la carte 31.1. Ainsi en France[1] des années 1980 à 2020, le nombre de centres de rétention administrative est passé de 6 à 24, soit une capacité totale de près de 1 770 places pour plus de 45 000 étrangers enfermés en 2018 dont près de 36 % (16 496 personnes) à Mayotte.

1. Territoires d'outre-mer inclus (Guadeloupe, Guyane, Mayotte).

**L'État légalise ses pratiques arbitraires**[1]

**- 1983 -**

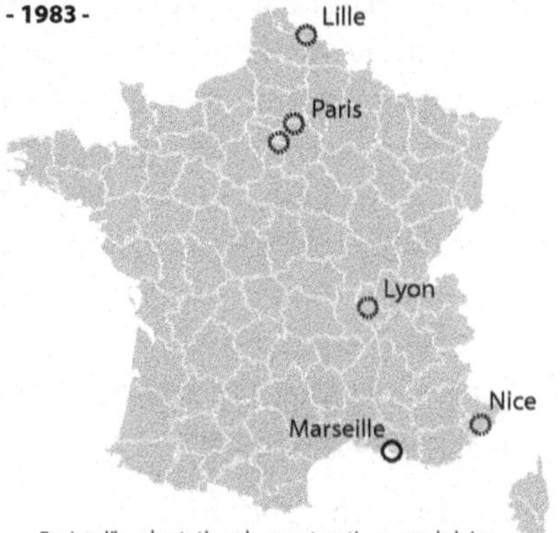


○ Projet d'implantation de constructions modulaires dans les cinq principaux aéroports[2]

1. En 1980, les lois Bonnet – du ministre de l'Intérieur de l'époque – légalisent les pratiques policières relatives à la détention arbitraire des étrangers à Arenc (Marseille).
2. Fischer Nicolas (2005) « Clandestins au secret. Contrôle et circulation de l'information dans les centres de rétention administrative français », *Cultures & Conflits*, n° 57, p. 91-118.

**Au nom de l'immigration « zéro[3] »**

**- 1993 -**

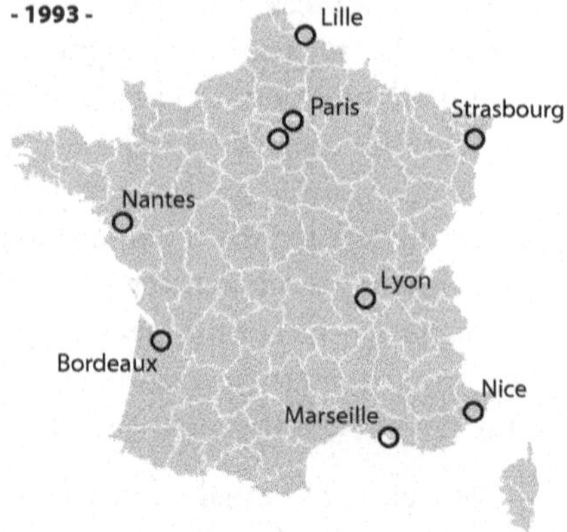


3. Le ministre de l'Intérieur de l'époque – Charles Pasqua – augmente le nombre de places dans les centres de rétention administrative dont une partie avait déjà été établis par les gouvernements précédents (socialistes, droite républicaine).

**La banalisation de la rétention administrative**[4]

**- 2003 -**

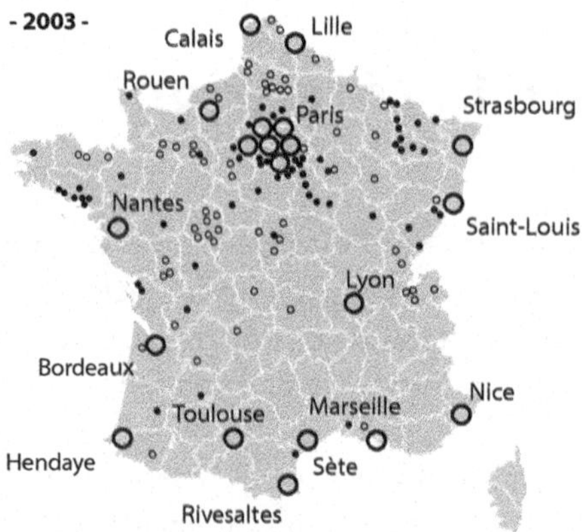


○ Centre de rétention administrative
• Local de rétention administrative permanent
∘ Local de rétention administrative temporaire

4. En 2001, un décret ministériel légalise de nouvelles pratiques arbitraires des autorités : le maintien d'étrangers dans des locaux de rétention administrative (LRA) situés dans les commissariats de police et gendarmerie avec des situations différentes selon les années.

**Vers un nombre illimité d'espaces de confinement**[5]

**- 2013 -**

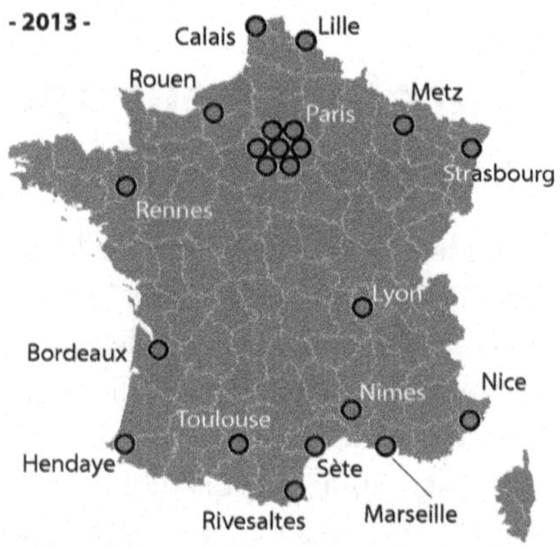


5. Suite à deux arrêts de la Cour de justice de l'Union européenne (CJUE) interdisant la pénalisation de l'irrégularité du séjour, la garde-à-vue de 48 heures des « sans-papiers » était devenue illégale. Mais une retenue de 16 heures est légale dans les 5 000 commissariats de police et gendarmeries de France.

■ Par ailleurs, l'assignation à résidence combinée aux systèmes biométriques et à l'usage du bracelet électronique vise à renforcer la géolocalisation sécuritaire des migrant·e·s sous le coup d'une obligation de quitter le territoire français.

## Carte 31.1 – L'évolution de la rétention administrative en France

Source : Ministère de l'Intérieur, rapports annuels sur les centres et locaux de rétention administrative de la Cimade.
Conception et réalisation : O. Clochard, Migreurop.

## ENCADRÉ 31.1

### Des liens historiques cristalisés dans certains lieux

Certains de ces endroits sont en effet emprunts d'histoire avec divers épisodes migratoires et/ou d'enfermement ayant précédé les situations que nous connaissons aujourd'hui. Avant d'y enfermer des étrangers en situation irrégulière, le camp de Rivesaltes situé dans le sud de la France a accueilli de nombreux réfugié·es espagnols, puis des Juifs et des Tsiganes destinés à être déportés pendant la Seconde Guerre mondiale, ensuite des Harkis, etc. En Belgique le centre « pour illégaux » de Bruges a été auparavant une ancienne prison pour femmes ; celui de Merksplas au nord-est d'Anvers construit en 1875 pour y enfermer des vagabonds, est destiné depuis 1994 au maintien des étrangers.

À l'échelle des États membres de l'Union européenne, selon les données compilées par Migreurop, de 2011 à 2016, le nombre de camps d'étrangers, ayant une capacité supérieure ou égale à 4 places, est passé de 351 à 260[2]. Mais au regard de la capacité totale connue, le nombre de places a augmenté passant de 25 000 à plus de 32 000. L'évolution de ces deux indicateurs, avec d'un côté une diminution du nombre de camps et de l'autre une augmentation du nombre de places, atteste « d'un processus de rationalisation lié aux objectifs étatiques de minimisation des dépenses et à la privatisation croissante de ce secteur » (Migreurop, 2017, p. 42). L'implication d'acteurs privés dans la construction et/ou la gestion de ces camps a en effet conduit à augmenter les capacités d'accueil de ces centres, comme en Angleterre avec le centre de Heathrow (1 011 places), mais il n'est pas le seul facteur. À partir de 2015 dans le sud de l'Italie et à l'est de la Grèce, ont été mis en place des « hotspots » avec des capacités allant de 300 à près de 3 000 places mais ces structures sont bien souvent marquées par la surpopulation. Par exemple, au début de l'année 2020, dans le centre de Lesbos, pensé pour accueillir 3 000 exilé·es, vivaient près de 25 000 personnes.

## ENCADRÉ 31.2

### Les Hotspots : des grands camps au sud de l'Europe

Le terme hotspots apparaît dans les communications officielles de l'Union européenne à partir du printemps 2015. Ces dispositifs sont censés répondre à la « crise migratoire » à laquelle l'Union est confrontée. Présentés tout d'abord comme des « dispositifs de premier accueil dans les États membres situés en première ligne », l'approche hotspots – pour reprendre la terminologie officielle – souligne surtout la transformation d'anciens ou la création de nouveaux camps d'internement de personnes étrangères en Grèce et en Italie. Dans ces lieux, les autorités nationales avec l'appui d'organismes européens comme

2. Voir la carte des camps de l'Union européenne (2016) produite par le réseau Migreurop, http://www.migreurop.org/article2746.html.

l'agence Frontex et le bureau européen d'appui en matière d'asile (EASO) opèrent ainsi un tri parmi les exilés : la plupart de ces personnes sont maintenues dans ces lieux dans l'attente d'être renvoyés vers un de leur pays de provenance, seule une minorité sont « relocalisées » dans un autre État membre de l'Union européenne. En septembre 2018, trois ans après la mise en place des dispositifs, 12700 et 22000 demandeurs d'asile avaient été respectivement relocalisés depuis l'Italie et la Grèce dans un autre État membre. Pour mémoire, les objectifs initiaux de la Commission européenne étaient de relocaliser 39600 demandeurs d'asile depuis l'Italie et 66400 depuis la Grèce. Selon le Haut-Commissaire des Nations unies aux droits de l'homme, des régions entières de ces deux pays sont ainsi devenues de « vastes zones de confinement forcé ».

Enfin si de nombreux lieux de petites tailles comme les commissariats de police, les postes de douanes « ont été remplacés par de grands établissements (Bulgarie, Chypre, Grande-Bretagne) » (Migreurop, 2017, p. 42), certains d'entre-eux continuent néanmoins à être utilisés à des fins de rétention administrative. C'est le cas en Bulgarie, à Chypre, en Espagne, en France (*cf.* carte 31.1) ou la Suède. Or diverses instances européennes, comme le Comité pour la prévention de la torture et des peines ou traitements inhumains ou dégradants du Conseil de l'Europe ou la Cour de Justice de l'Union européenne (CJUE[3]), ont souligné que les postes de police sont inadaptés pour accueillir des personnes en situation irrégulière, et ce d'autant plus pour de longues durées.

## 2 La dimension réticulaire des camps d'étrangers

Si, sur les cartes, l'ensemble de ces lieux forment des nuages de points, soulignant à leur manière une pixellisation de la frontière (Bigo, 2011), cette dernière est également marquée par une dimension réticulaire, et ce à différentes échelles.

La législation des États européens fait obligation aux autorités que la rétention administrative soit l'objet de contrôle de la part des institutions judiciaires. Ce point est également rappelé dans la directive « Retour[4] », seul texte européen encadrant le maintien en détention des étrangers. Ces derniers peuvent aussi former auprès des tribunaux, via des avocats ou des associations, des recours à l'encontre des décisions prises à leur encontre. Ce qui explique que les procédures sont marquées par des déplacements entre les lieux d'enfermement et les tribunaux. Néanmoins depuis le milieu des années 2000, « dans l'interstice laissé par l'administration au juge, celui-ci peine à jouer – même symboliquement – son rôle de garant du respect des libertés

3. Deux jurisprudences de la CJUE parues en 2011 précisent que des affaires relatives uniquement à l'irrégularité du séjour des étrangers ne doivent pas faire l'objet de mesures relevant d'un régime pénal.

4. Directive 2008/115 du 16 décembre 2008 sur les normes et procédures communes applicables dans les États membres au retour des ressortissants des pays tiers en séjour irrégulier.

individuelles. Face à la volonté première de l'État, endiguer l'afflux d'étrangers, le magistrat fait souvent figure de faire-valoir» (Salas, 2003). Par ailleurs des salles d'audience de tribunaux réservées aux étrangers sont «délocalisées» dans les lieux d'enfermement (Coquelles près de Calais, Roissy). Des visioconférences peuvent aussi être mises en place, ou encore les autorités transmettent une liste des personnes détenues au magistrat pour que ce dernier valide ou pas – sans avoir vu les intéressés – la prolongation du maintien des étrangers comme en Bulgarie.

Les lieux d'enfermement peuvent également être «connectés» entre eux car la coopération policière se déploie sur des territoires de plus en plus étendus, à l'intérieur et à l'extérieur de l'Union européenne. Ainsi, à plusieurs reprises, afin de diminuer le nombre d'étrangers dans la région de Calais, les autorités ont procédé à des transferts vers d'autres CRA en France voire dans d'autres États membres, en application de la réglementation de Dublin. Dans le cadre des expulsions groupées de l'agence Frontex, plusieurs centres de rétention peuvent être aussi mis à contribution afin de renvoyer de manière groupée des ressortissants d'un pays (Clochard, 2010).

Ainsi ces deux objets géographiques, que sont le réseau qui crée des liens et la frontière synonyme de séparation ont longtemps été pensés comme antagonistes. Or, ils sont très liés du fait que les acteurs aient recours à une multitude d'espaces et de dispositifs pour tenter de rationaliser le nombre de renvois, voire dissuader les personnes de rester, processus qui peut être aussi saisi à l'échelle des individus.

### ENCADRÉ 31.3

#### Le règlement de «Dublin»

Un des principaux objectifs du règlement du Parlement européen et du Conseil du 26 juin 2013 est de déterminer l'État responsable de l'examen d'une demande d'asile, et ce à partir de différents critères. Parmi les critères retenus, le premier pays de l'Union européenne par lequel le requérant «en situation irrégulière» est entré, c'est-à-dire bien souvent un État à la périphérie de l'Union, est responsable de la demande d'asile. Pour les personnes disposant d'un visa, cette responsabilité incombe à l'État qui a délivré l'autorisation. Ainsi, ces règles permettent de renvoyer les demandeurs d'asile d'un pays de l'Union européenne à un autre.

## 3 Maintenir les personnes dans les camps à défaut de pouvoir les expulser

Lorsque les personnes sont interceptées, soupçonnées de contrevenir aux règles de l'entrée et du séjour sur le territoire national, elles sont conduites dans ces lieux d'enfermement. Une des premières démarches des policiers ou gendarmes consiste à les identifier (nom, prénom, âge, etc.) et à notifier, le cas échéant, des éléments relatifs à leurs liens familiaux et au parcours emprunté. L'une des fonctions de ces documents administratifs, voire de ces papiers une fois qu'ils sont imprimés et remis aux intéressés, est de relier ces nouveaux arrivants au pouvoir central. Ces documents administratifs qui s'accumulent au fur et à mesure que la durée de rétention administrative s'allonge[5], forment en quelque sorte des « frontières de papiers » car d'une part ils sont bien souvent rédigés dans la langue des autorités qu'une grande partie des exilé·es ne comprennent pas, et d'autre part ces imprimés (procès-verbal, notification, ordonnance, sauf-conduit, etc.) soulignent le caractère complexe des procédures auxquels ces derniers sont confrontés. Pour Philippe Artières (2011, p. 10), « l'écriture est un acteur à part entière et s'inventent, par elle, des formes nouvelles d'enregistrement [voire de contrôles] qui peuvent être particulièrement efficaces pour les autorités agissant au sein de ces espaces frontaliers ». À quoi Philippe Artières ajoute : « Nulle police sans inscription : le biopouvoir s'écrit et agit par l'écriture ».

À cette bureaucratisation des procédures, s'ajoute le fait que le droit des étrangers aux frontières n'est pas toujours respecté. Par exemple, la France ayant été condamnée à cinq reprises par la CEDH pour avoir privé de liberté des enfants, dans des conditions caractérisant un traitement inhumain et dégradant au sens de l'article 3 de la Convention Européenne de Sauvegarde des Droits de l'Homme et des Libertés Fondamentales, continue pourtant à enfermer des enfants étrangers. En 2018, 1 429 enfants – dont 1 221 à Mayotte – ont été enfermés dans un centre en rétention administrative sur la base d'une décision préfectorale. Le droit des étrangers se fait alors balbutiant voire, dans certains cas, inexistant. Ainsi le centre fermé d'Elhovo en Bulgarie, mis en place en 2013 et situé non loin de la frontière turque, a fonctionné jusqu'en 2016 en dehors de tout cadre juridique[6].

Depuis le milieu des années 2000, les étrangers enfermés doivent également fournir aux autorités leurs empreintes digitales. Enregistrées en un lieu, ces données biométriques circulent ensuite dans un immense réseau informatique tel Eurodac qui enregistre les empreintes digitales de tous les demandeurs d'asile de l'Union européenne (plus de 2 700 000 séries d'empreintes digitales contenues à la fin de l'année 2014) ou dans le système d'information sur les visas (près de 20 millions de dossiers en 2015). Ainsi, ces données permettent de saisir en partie la traçabilité des parcours migratoires et renforcent la « déportabilité » des étrangers, pour reprendre l'expression de Nicholas De Genova (Jeandesboz J. *in* Migreurop, p. 86).

Néanmoins ces dispositifs informatiques et les mesures d'enfermement ne conduisent pas à l'effectivité de l'ensemble des expulsions. En 2008 et 2009, selon la Commission européenne, moins de la moitié des étrangers maintenus en rétention administrative

5. Les différents déplacements entre le lieu d'enfermement et les tribunaux entraînent en effet la production d'un grand nombre de papiers administratifs de la police aux frontières et des tribunaux.

6. Voir Bacon L., Tchalakova N., Clochard O., (2019), « Bulgarie, pays de transit », https://migrinter.hypotheses.org/3256.

au sein des États membres avaient été expulsés. En France, sur les 45 000 étrangers maintenus en rétention administrative en 2018, moins de 11 000 ont été renvoyés (*cf.* tableau 31.1). Plus largement pour l'année 2019, l'agence Eurostat recense pour les 28 pays de l'Union européenne 513 470 notifications de décision de « retour[7] », pour 161 755 personnes ayant effectivement quitté le territoire d'un des États membres.

**Tableau 31.1 – Étranger·ère·s maintenus en rétention administrative et expulsés en France**

| | Métropole | Outre-mer |
|---|---|---|
| **Personnes enfermées en rétention administrative** | 26 614 | 19 237 |
| **Renvois vers un pays hors l'Union européenne** | 5 657 | 923 |
| **Renvois vers un pays membre de l'Union européenne ou de l'espace Schengen** | 3 989 | 27 |

Source : ASSFAM-groupe SOS Solidarités, Forum réfugiés-Cosi, France terre d'asile, La Cimade, Ordre de Malte France et Solidarité Mayotte (2019) Centres et locaux de rétention administrative. Rapport 2018, https://www.lacimade.org/wp-content/uploads/2019/06/La_Cimade_Rapport_Retention_2018.pdf.

Au-delà de ces statistiques, l'enfermement d'un grand nombre de personnes étrangères peut être considéré comme arbitraire, et ce d'autant plus avec la période de crise sanitaire que l'Union européenne connaît en 2020 avec la fermeture d'un grand nombre de frontières et la diminution du nombre de vols aériens. Selon la directive « Retour », « lorsqu'il apparaît qu'il n'existe pas de perspective raisonnable d'éloignement », la personne est « immédiatement remise en liberté ». Cependant, il n'existe pas de mécanisme contraignant pour l'application de cette disposition, le caractère « raisonnable » de la perspective d'exécuter le renvoi étant laissé à l'appréciation des États.

# Conclusion

Liés à diverses formes de clôture de l'espace, les lieux d'enfermement des étrangers – chacun à leur manière – renforcent le caractère westphalien des frontières des États. Au sein et sur les bordures de l'Union européenne, cet archipel de camps longtemps marqués par des dispositifs relativement anciens et vétustes, s'est doté depuis la « crise de l'accueil des migrants » en 2015 de très grandes infrastructures tels les hotspots soulignant des processus de rationalisation voire d'industrialisation de la rétention administrative. Paradoxalement, ce sont ces établissements caractérisés par leur organisation réticulaire qui densifient et durcissent les contrôles migratoires aux frontières des États, définies comme linéaires.

7. Notifications qui concernent les étrangers maintenus en rétention administrative ainsi que ceux assignés ou non à résidence et vivant à dehors des lieux d'enfermement.

# BIBLIOGRAPHIE

ARTIÈRES P., BUREL L., (2011), *Archives du biopouvoir, Marseille 18e-20e siècles*, Marseille, Archives départementales des Bouches-du-Rhône.

BIGO D., (2011), « Frontières, territoire, sécurité, souveraineté », Ceriscope Frontières, http://ceriscope.sciences-po.fr/content/part1/frontieres-territoire-securite-souverainete.

CLOCHARD O., (2010), « Le contrôle des flux migratoires aux frontières de l'Union européenne s'oriente vers une disposition de plus en plus réticulaire », *Carnets de géographes*, n° 1, http://journals.openedition.org/cdg/1826.

MIGREUROP (2017), *Atlas des migrants en Europe. Approches critiques des politiques migratoires*, Paris, Armand Colin (3e édition).

SALAS D., (2003), *Immigration illégale et pratiques judiciaires en France*, coll. « Hommes et migrations », n° 1241, p. 78-88, https://www.persee.fr/doc/homig_1142-852x_2003_num_1241_1_3950.

CHAPITRE 32

# Les murs : le monde au pied du mur

**Sofia ABABOU et Élisabeth VALLET**

SOMMAIRE



Paradoxe de la mondialisation, la reconfiguration de la carte mondiale en un espace globalisé et libéralisé s'est accompagnée de la multiplication silencieuse des murs aux frontières. Des frontières de l'Inde à celles des États Baltes, du Mexique à la Malaisie, du Zimbabwe au Pérou, leur nombre ne cesse de croître, et de manière inédite dans l'histoire récente. Même si beaucoup ne sont en fait que des effets d'annonce et ne seront finalement jamais construits, il reste qu'en 2020, 72 murs frontaliers délimitent un cinquième des dyades dans le monde, dont près de la moitié sont des démocraties. Ils font ainsi la démonstration que les frontières ne s'opposent pas à la mondialisation mais s'inscrivent comme son corollaire. Les murs sont devenus un instrument central de la protection de la souveraineté à travers le contrôle étatique des marges : surligneurs d'identité et producteurs de différenciation dans un monde qui est Un, ils sont une des composantes possibles des frontières, qui, élastiques, mobiles, et réticulaires, se déforment selon l'acteur qui les franchit. Toutefois, en réduisant les frontières à leur seule acception sécuritaire, les murs tendent également à déformer les espaces transfrontaliers, avec à la clé d'importantes répercussions sur les populations, les économies locales ainsi que les écosystèmes qu'ils divisent.

## 1 Qu'est-ce qu'un mur ?

La notion même de mur frontalier recouvre un ensemble d'éléments divers, formant une architecture complexe.

## 1.1 Mur, barrière, ou clôture ?

Lorsque l'on parle de fortification, de mur, de clôture, de barrière... de sécurité, de séparation, « contre la terreur », « de la honte », ou même « de paix », le point de vue situé de celui qui désigne l'ouvrage frontalier est ce que l'on doit identifier, car cela nous informe sur l'orateur·trice autant que sur l'objet. Il est intéressant qu'à cet égard, la Cour internationale de justice (CIJ) ait choisi en 2004, après avoir entendu les divergences sémantiques existantes autour du mur/barrière/clôture israélo-palestinien·e, d'opter pour le terme de « mur ».

C'est donc ce terme que nous utilisons ici, pour désigner les infrastructures frontalières prenant la forme de barrières/clôtures/murs :

- dont les fondations sont fixes et en maçonnerie ;
- qui délimitent une partie de la frontière en dehors des points d'entrée réguliers ;
- dont les fonctions sont de faire valoir une frontière territoriale ou une revendication frontalière en empêchant le passage effectif des personnes et des marchandises.

**Figure 32.1 – Jérusalem-Est, mur de séparation**

**Devenu emblématique de l'emmurement du monde, le mur érigé par Israël représente une des formes de barriérisation territoriale.**

Crédit photo : É. Vallet © 2010.

## 1.2 Une architecture complexe

La notion de mur permet d'inclure, au-delà de l'infrastructure en forme de clôture dotée d'une structure en maçonnerie, tous les éléments qui lui sont adjoints (routes et barrières additionnelles, miradors, capteurs, senseurs, systèmes de surveillance et d'éclairage, déploiements de gardes frontaliers et lieux de détention). Le mur est donc entendu ici comme un « dispositif » plus large, en « millefeuille », système foucaldien à plusieurs niveaux de politiques, de déploiements militaires, de barriérisation et de technologies.

Le mur frontalier diffère de la frontière de trois façons.

- Il est d'abord défini par l'État constructeur : alors que la ligne de démarcation est en principe établie de manière bilatérale et conventionnelle par les deux voisins, le mur est construit unilatéralement.
- Ensuite, le mur est le plus souvent érigé le long de la ligne frontalière mais à l'intérieur du territoire souverain de l'État constructeur (et ce faisant, il peut être plus long que la frontière elle-même).
- Enfin, la frontière ne peut se résumer au mur : son acception, comme interface entre deux souverainetés, va bien au-delà des seules fonctions du mur qui, le plus souvent, ne vise que son étanchéité.

## 2 L'évolution des murs frontaliers dans le monde

Si l'évolution de la construction des murs est aujourd'hui significative, la fortification des frontières est loin d'être un phénomène nouveau, certains murs ayant même marqué l'histoire et les imaginaires. De la préhistoire à l'Antiquité, en passant par le Moyen Âge et l'époque moderne, les murs ont ainsi été nombreux à scarifier les territoires, servant tour à tour à les délimiter, à contrôler les déplacements, ou encore à mettre en scène la frontière.

### 2.1 Avant 1945

Selon David Frye, dès lors que les populations se sont sédentarisées, elles ont commencé à s'enfermer derrière des formes de fortifications. Les murs historiques avaient une fonction principalement militaire et défensive. Ainsi, le Danevirke, un mur d'environ 30 km de long construit par les Danois entre 650 et 968 avait été érigé afin de repousser les Francs sous Charlemagne, et le Genko borui, construit par les Japonais après 1274, visait à protéger le nord de l'île de Kyûshû des invasions mongoles. En outre, certains murs historiques ont pu cumuler plusieurs fonctions, comme le mur d'Hadrien, construit au IIe siècle apr. J.-C. au nord de l'Angleterre actuelle, qui servait d'une part à délimiter la frontière de l'empire romain et à surveiller les peuples septentrionaux et d'autre part à contrôler les mouvements de population afin de collecter des taxes. De la même manière, la célèbre Grande Muraille de Chine, en réalité un ensemble de constructions érigées sur une longue période – entre 220 av. J.-C. et le XVIIe siècle –, qui avait pour fonction initiale la protection contre les attaques des peuples nomades Xiongnu venues des steppes du nord, est également devenue, au fil du temps, un outil de contrôle du commerce. Également symboliques, les fortifications historiques pouvaient être un signal de puissance, de richesse et de force, certains historiens affirmant même qu'ils ont pu, ruinant certains empires, en précipiter la chute.

Toutefois, entre la fin de l'époque médiévale et le début du XXᵉ siècle, avec la reconfiguration des territoires suite à la paix de Westphalie et l'établissement progressif des frontières comme lignes de démarcations fixes de la souveraineté étatique, de moins en moins de frontières ont été murées. Certaines circonstances ont parfois mené à leur recrudescence, comme à la veille de la Seconde Guerre mondiale en Europe : ainsi, la Finlande a construit deux lignes de défense fortifiées à la frontière soviétique entre 1920 et 1940 – les lignes Mannerheim et Salpa –, la France a établi la ligne Maginot de 1929 à 1938, et l'Allemagne nazie a élaboré le Mur de l'Atlantique de l'Espagne à la Suède entre 1942 et 1944. Contournés, franchis, ces murs se sont avérés plus souvent une déclaration de principe qu'un système de défense efficace.

## 2.2 Après 1945

Durant la seconde moitié du XXᵉ siècle, malgré la création des Nations unies et le renforcement de la reconnaissance mutuelle de la souveraineté étatique sur des territoires nationaux définis, de nombreux murs ont continué à marquer les territoires. Si certains étaient particulièrement courts et visaient à freiner l'immigration, comme celui érigé entre Hong Kong et la Chine en 1950, d'autres ont poursuivi des objectifs de protection de la souveraineté des empires coloniaux, comme la ligne Morice, construite par la France avant la guerre d'Algérie.

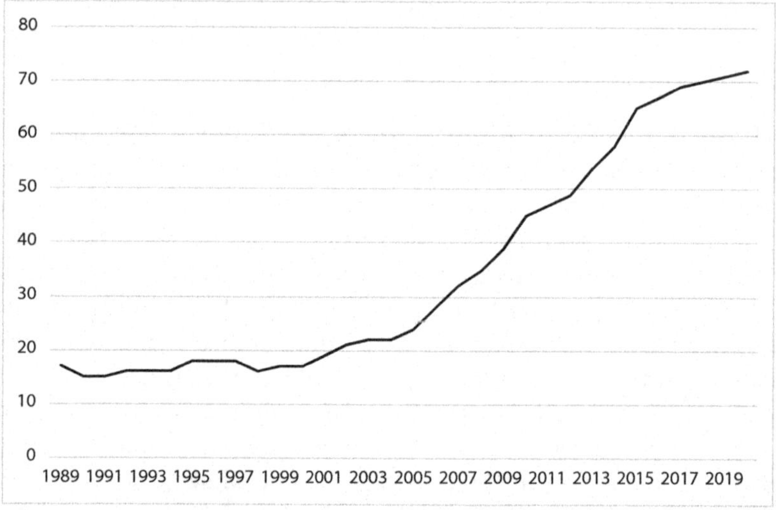


**Figure 32.2 – L'évolution des murs dans le monde depuis 1989**
Conception et réalisation : É. Vallet, M. Bourgeon, T. D'Aragon-Giguère, S. Ababou et F. Verreault.

Cette période reste cependant marquée par un mur emblématique, symbole de la guerre froide et du monde bipolaire. Construit en 1961, le mur de Berlin, symbole de la fracture Est-Ouest, finit par tomber le 9 novembre 1989. Pourtant, si la chute du mur de Berlin a bel et bien incarné la fin de la guerre froide, caractérisée par l'essor d'un courant de pensée présumant de l'obsolescence des États, des souverainetés et des frontières, l'intensification de la mondialisation, elle, n'a pas consacré la disparition des murs, loin s'en faut.

### 2.3 Le 11 septembre, un tournant sécuritaire

Bercé par la mondialisation, le village global s'est en fait défini à travers l'idée de frontières, conçues non pas comme les vestiges d'un ordre ancien, mais plutôt comme l'ossature de la mondialisation contemporaine. S'il restait 11 murs à l'issue de la guerre froide, il y en a désormais 72, selon les calculs de la Chaire R. Dandurand. À la suite du 11 septembre, le terrorisme et la sécurité sont devenus des moteurs majeurs des discours et des déclarations de construction des murs dans un espace global devenu zone frontière.

Dans un contexte de normalisation du durcissement des frontières, les murs se sont accompagnés du développement de haute technologie en matière de surveillance, de contrôle et de filtrage, établissant un état d'exception permanent. L'espace frontalier a muté en un laboratoire social et technologique, ce que confirment le développement de robots et le recours à l'intelligence artificielle depuis plusieurs années aux frontières israéliennes ou indiennes, par exemple.

Le glissement sémantique de la limologie au XXI$^{e}$ siècle trouve donc son ancrage dans la « *sécuritisation* » de la frontière incarnée par le mur, qui devient une norme sécuritaire de protection face aux terroristes, mais également aux trafiquant·e·s de drogues et aux immigrant·es (*cf.* chap. 27).

## 3 Les murs, entre efficacité et théâtralisation de la frontière

Les murs répondent à des besoins qui sortent souvent de la seule composante frontalière soulignée par les récits des États constructeurs. Les motifs présidant à leur construction expliquent en quoi leur efficacité doit être réévaluée à l'aune d'éléments distincts de la politique extérieure de l'État constructeur.

## 3.1 Les motifs de construction des murs

Après la Seconde Guerre mondiale, les murs frontaliers ont fréquemment représenté le moyen d'endiguer l'escalade d'une confrontation entre États riverains. Instruments d'une « paix négative », ils ont ainsi pu permettre de geler certains conflits territoriaux, en établissant unilatéralement une frontière *de facto*. Cependant, ils établissent, de pair avec la fin du conflit, la fin du dialogue. Ainsi en va-t-il des murs érigés au Cachemire entre l'Inde et le Pakistan en 1947, entre les deux Corées en 1953, ou à Chypre le long de la ligne verte en 1974. Dans une certaine mesure, la fortification récente des frontières des États baltes avec la Russie répond également à cette lecture classique des murs.

Depuis la fin du XXe siècle, les murs visant à empêcher le passage de biens ou de personnes deviennent prédominants. Les discours de légitimation des murs « anti » amalgament fréquemment migration, terrorisme et contrebande, les utilisant comme des notions interchangeables. Il est notable que trois quarts de ces murs ont été construits le long de frontières économiquement asymétriques.

Dans ce contexte, les enjeux frontaliers comptaient en temps de paix pour des enjeux classiques relevant de la police frontalière. Devenus des enjeux de sécurité nationale, ils justifient la militarisation de la zone et le durcissement croissant de la ligne frontalière.

## 3.2 L'(in)efficacité de l'emmurement frontalier

L'efficacité du mur repose sur le postulat de son imperméabilité. Mais l'argumentation de son bien-fondé est souvent limitée : puisque les flux sont enrayés en un point et à un moment donné, le mur est réputé efficace. Cette évaluation est parcellaire.

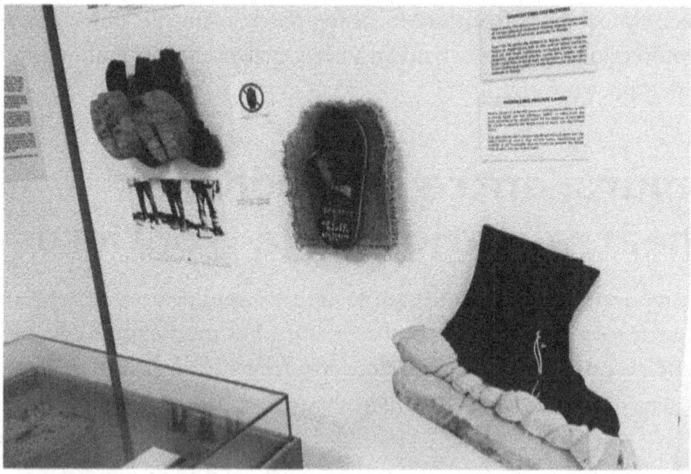

**Figure 32.3 – Les contournements – musée de la Border Patrol, El Paso, Texas**

Crédit photo : É. Vallet © 2019.

D'abord, alors que le coût du franchissement irrégulier de la frontière augmente en raison du mur, celui des méthodes de contournement devient de plus en plus rentable : tunnels, catapultes, drones, échelles, rampes sont utilisés pour passer par-dessus, en dessous, autour, voire à travers le mur. Ainsi, dans le secteur d'El Centro en Californie, des sections du mur érigé en 2019 ont été découpées au moyen d'une scie en vente en quincaillerie pour moins de 100 dollars.

Ensuite, l'évaluation de l'efficacité des murs devrait intégrer les « flux évaporés » : tels les migrant·es qui disparaissent parce qu'ils choisissent un autre chemin à une frontière pour réapparaître plus loin, les trafiquant·e·s qui changent par exemple l'objet de leurs trafics, ou encore les combattant·e·s irrégulier·e·s qui adaptent leurs stratégies d'infiltration. Enfin, l'appréhension (et la comptabilisation) des mêmes personnes qui tentent plusieurs fois de franchir la même frontière tend à déformer artificiellement les chiffres. L'évolution de la valeur annuelle de la contrebande et du trafic transfrontaliers (estimée globalement aujourd'hui à 1 014 000 milliards de dollars) et de la traite des êtres humains (avec un profit de 7 milliards de dollars) permet de prendre la mesure de ces flux. Pour mesurer l'efficacité du mur frontalier il est nécessaire d'intégrer d'autres critères, relevant de la politique intérieure de l'État.

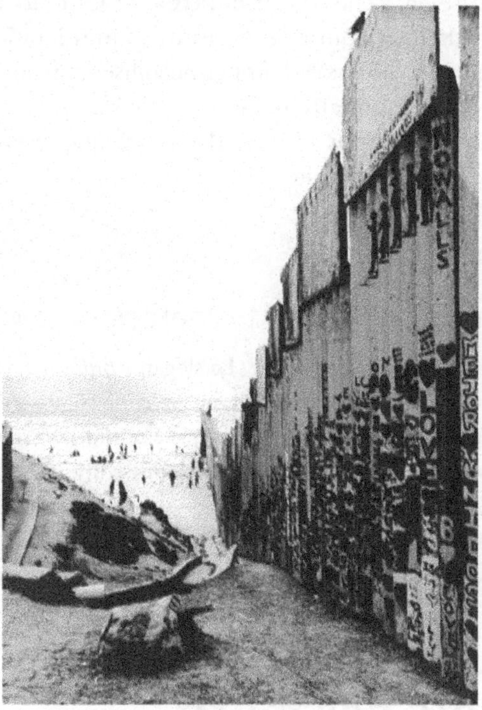


**Figure 32.4 – Tijuana, mur américano-mexicain**
Crédit photo : S. Ababou © 2019.

### ENCADRÉ 32.1

#### L'art frontalier comme outil de contestation à la frontière mexicano-américaine

Le développement de l'art aux frontières montre le lien entre expérience esthétique et réactions politiques. Ainsi, les croix déposées par Enrique Morones lors de rassemblements à Hotville (Texas) et portant l'inscription *no olvivado* (*not forgotten*) mettent en lumière la portée politique de cette forme d'art militant. Les balançoires de Ronald Rael à El Paso en 2019 ont souligné les paradoxes du mur qui fracture des zones frontalières très intégrées (*cf.* page de garde du présent ouvrage). La volonté d'effacer le mur se retrouve aussi dans le travail d'Enrique Chiu et d'Ana Teresa Fernandez (*cf.* chap. 20).

## 3.3 Le mur comme outil de théâtralisation de la frontière

Le mur vise la « mise en scène de la frontière ». Si les États cherchent à légitimer les murs en invoquant la lutte contre le terrorisme, l'immigration ou les trafics illégaux, leur incapacité à enrayer les flux et à imperméabiliser la frontière montre que les murs servent à consolider performativement leur souveraineté. Promesse de protection et marqueur d'identité, le mur rassure. Il montre que le gouvernement agit, créant l'illusion d'une plus grande sécurité.

### ENCADRÉ 32.2

#### *Build the wall* – Tump et la rhétorique du mur

Le propos est avant tout électoraliste. Le slogan « *Build the wall* » a permis au président américain de fédérer l'insécurité identitaire et économique d'un pan de la société autour d'un objet tangible. Il est la clé de sa stratégie électorale, ce qui explique l'érection rapide de nouveaux pans en 2020. Le déploiement, suite à une déclaration d'urgence, de soldats à la frontière face aux « caravanes de migrant·e·s » abonde dans le sens de la théâtralisation de cette frontière. Preuve en est, le Governement Accountability Office, a estimé dans un rapport de 2018 que le mur était tout au plus un « ralentisseur ».

# 4 Les impacts des murs

Pour autant les murs laissent une empreinte réelle dans les espaces qu'ils scarifient, tant sur les communautés frontalières concernées, que sur l'environnement qu'ils affectent.

## 4.1 Les divisions des communautés frontalières

Les murs isolent.

- En raison de leur construction non pas sur la ligne frontalière, mais à l'intérieur du territoire de l'État constructeur, les murs ex-murent des populations dans des enclaves, coincées entre le mur et la frontière, peinant à accéder aux services publics, aux ressources naturelles ou à leur emploi. En plein cœur de la pandémie de la Covid-19, les villages autochtones du Tripura de Nabadeep Chandra Nagar et de Kalikrishna Nagar se sont ainsi trouvés isolés entre le mur et la frontière lorsque l'État indien a déclaré le verrouillage du pays le 24 mars 2020.
- Les murs insularisent des économies autrefois interdépendantes, déstructurant les économies frontalières au point de mener à une redéfinition totale de l'identité des économies frontalières comme par exemple dans les villes jumelles de Nogales Sonora et Nogales Arizona.
- Les murs favorisent le développement d'une économie souterraine où les flux frontaliers continuent à exister mais ne sont plus aussi visibles, donc moins contrôlables. Ainsi les migrant·e·s choisissent des trajectoires plus risquées pour contourner les obstacles : environ 7 500 migrant·e·s ont ainsi perdu la vie à la frontière américano-mexicaine depuis la fin des années 1990, et plus de 40 000 sont mort·e·s en mer, aux frontières européennes, depuis la fin des années 1980 (*cf.* chap. 21).

Ce faisant, le recours aux passeurs est plus fréquent, et le coût de la traversée de plus en plus élevé. Le complexe sécuritaro-industriel acquiert ici une dimension parallèle, dans la mesure où le crime organisé prend directement pied de l'autre côté de la frontière.

## 4.2 L'altération des écosystèmes

L'érection des murs le long des frontières a également des conséquences sur l'environnement et la biodiversité. Ils impactent la flore à long terme, induisant des changements génétiques, comme l'a montré une équipe de recherche de l'Université de Pékin en 2003 dans le cas de la Grande Muraille de Chine. Car ils fragmentent des écosystèmes, exposant les populations animales à des risques d'extinction accrus avec l'intensification des changements climatiques. Selon le Centre pour la diversité biologique, aux États-Unis, la construction du mur perturbe les cycles migratoires de plus de 90 espèces menacées ou en voie d'extinction, qui traversent la ligne frontalière pour s'alimenter ou se reproduire, comme le jaguar, l'ocelot, ou le loup gris mexicain. En Slovénie, le mur construit le long de la frontière avec la Croatie a également affecté l'habitat des grands carnivores, tels que les loups, les ours et les lynx.

Le phénomène du mur, ancien, a connu une augmentation spectaculaire depuis la fin de la guerre froide. S'il prend différentes formes (barbelés, acier, sable) et a différentes fonctions (geler un conflit, prévenir le terrorisme, empêcher l'immigration), son efficacité comme sa légitimité, sont contestées. Les murs créent une illusion, celle de frontières qui pourraient être imperméabilisées par ces remparts archaïques, alors que les flux qu'ils cherchent à enrayer sont, par définition, adaptables et évolutifs.

## LE SAVIEZ-VOUS ?

- Le mur le plus long du monde est celui que l'Inde a construit à sa frontière avec le Bangladesh en 1989 : il mesure 2784 km de long.
- Le deuxième mur le plus long mur du monde est le « berm », un mur de sable de 2735 km construit par le Maroc entre 1975 et 1987 afin de contrôler la quasi-totalité du territoire de la République Arabe sahraouie démocratique (RASD), non reconnue par la communauté internationale.
- Le mur le plus haut du monde est celui construit par Israël à sa frontière avec l'Égypte, au Sinaï : il peut atteindre jusqu'à 10 m de hauteur.
- Le mur construit par la Corée du Nord à sa frontière avec la Chine, est, avec le mur de Berlin (et le rideau de fer), le seul mur frontalier construit dans le but d'empêcher la sortie de sa propre population.
- Le plus vieux mur (connu) de l'histoire a été érigé autour de Jéricho, la plus ancienne ville du monde connue, située en Palestine actuelle. Elle a été fortifiée dès 8 000 av. J.-C. par la construction d'un mur de pierre de 600 m de long, et dont la fonction reste aujourd'hui méconnue (protection face aux raids ou face aux inondations, œuvre religieuse ou spirituelle).
- Le marché de la sécurité frontalière est évalué à 30 milliards de dollars par année d'ici 2025 et le coût de construction du mur pourrait atteindre aux États-Unis, 20 millions du kilomètre.

# BIBLIOGRAPHIE


BROWN W., (2009), *Les murs de séparation et le déclin de la souveraineté étatique*, Paris, Les Prairies ordinaires.

CARTER D., POAST P., (2017), « Why do states build walls? Political economy, security, and border stability », *Journal of conflict resolution*, n° 2, p. 239-270.

JONES R., (2012), *Border Walls : Security and the War on Terror in the United States, India, and Israel*, Londres, Zed Books.

ROSIÈRE S., (2020), *Frontières de fer : le cloisonnement du monde*, Paris, Syllepse.

SOREL J., (2010), *Les Murs et le Droit international*, Paris, Éditions Pédone.

VALLET É., (2020), « State of Border Walls in a Globalized World », *in* BISSONNETTE A., VALLET É., (2014), *Borders and Border Walls, a New Era? (In)security, Symbolism, Vulnerabilities*, Londres, Routledge.

## ENTRETIEN

**Avec Ahmed Hussein, maçon – le 18 juin 2020**

**1.** Quand vous pensez aux frontières quelle est la première image qui vous vient à l'esprit?

La police. Mais les frontières pour qui exactement? Les gens sans-papiers ou les gens avec des papiers? Ou c'est juste pour une visite, pour visiter un autre pays? Pour les sans-papiers, le problème c'est toujours la police. Pour les gens avec les papiers, tout ça, la police, ça sert à rien, ce n'est pas une grande chose, il y a juste des papiers à remplir. Et c'est pas pareil pour toutes les frontières, selon les pays c'est différent. Quand tu fais une visite, tu peux rentrer – normal, comme un visiteur, même quand tu passes les frontières, quand tu es visiteur, tu viens dépenser de l'argent dans le pays. Pour quelqu'un qui fait une visite, c'est trop facile de passer les frontières. Quand toi tu es Européen et que tu veux passer la frontière d'un pays arabe, c'est plus facile pour toi de passer la frontière parce que tu as des sous européens. Mais pour les arabes, pour que tu passes une autre frontière, c'est toujours compliqué, il manque des papiers, il manque des choses, il manque, je sais pas… Il y a toujours un problème.

**2.** Écrivez une définition personnelle du mot « frontière »?

Frontières c'est la *halhudud*. Pour moi la frontière, c'est le dernier espace pour passer d'un pays à un autre pays. Et quand tu rentres dans un autre pays, c'est fini, l'histoire des frontières.

**3.** Quand avez-vous pensé aux frontières la dernière fois?

Ça fait longtemps que je n'ai pas pensé par rapport aux frontières, parce que comme je vis ici, c'est pas le truc important pour moi à la frontière. Mais au début, quand j'ai reçu les papiers, c'était important pour moi, comment tu fais pour passer les frontières de l'Europe? Au début quand je suis venu, c'était un peu risqué les frontières, c'était pas comme maintenant, par exemple. La dernière fois que j'y ai pensé… oui ça fait longtemps. Ça fait à peu près 15 ans.

**4.** À quelle occasion parlez-vous des frontières?

C'est rare quand je parle par rapport aux frontières. Parce que c'est pas un truc important dans la vie, sauf quand tu vois des choses politiques ou des guerres, ou l'histoire des gens qui passent les frontières. Si je pense aux gens syriens, aux gens libanais, aux gens soudanais, tu parles un petit peu de choses par rapport aux frontières. Sinon, on discute pas par rapport aux frontières, parce qu'il y a d'autres choses à parler dans la vie : les histoires de famille, le travail, les frontières c'est pas toujours important.

**5.** Quelles sont les évolutions majeures des frontières que vous avez connues?

Non, je n'ai pas vu de changement, ça fait longtemps que je suis sorti du pays: j'ai passé une fois à la frontière, après la police, elle m'a arrêté et je suis retourné encore à la frontière, comme je l'ai dit dans la première question, toutes les frontières c'est pas pareil quand même. Chaque frontière, il y a des gens gentils et des gens un peu méchants, y'a des gens qui s'occupent bien de toi et y'a des gens qui te laissent toi en bas par terre, sans manger, sans eau, sans rien.

**6.** Quelles émotions ressentez-vous face aux frontières, laquelle en particulier ?
Des fois, ça fait du bien pour toi, des fois aussi tu es inquiet, surtout quand toi, tu es pas légal ; quand toi tu es avec des bons papiers avec toi, ça gêne juste toi avec les questions, mais sinon ça va.

**7.** Pouvez-vous citer un film, un roman, une pièce de théâtre, une chanson ou une musique qui évoque la frontière pour vous, et nous en dire quelques mots ?
Ça, c'est trop compliqué cette question, j'arrive pas moi à trouver une, une… Comment on dit, une… un film ou une musique… oui il y a une chanson, qui s'appelle *Le pays aller-retour*, voilà.

**8.** Avez-vous fait bouger des frontières ?
Je ne comprends pas très bien cette question, je n'ai pas beaucoup de réponses à cette question. Oui, dans la vie, il y a beaucoup de choses que j'ai fait bouger par rapport aux frontières, que je pensais avant qu'il ne se passe pas, que les choses ne marchent pas, et finalement ça se passe bien. Oui, il y a beaucoup de choses, par exemple les papiers, j'aurais jamais pensé que je recevrais quelque chose comme ça, mais ça s'est bien passé, j'ai réussi maintenant.

CHAPITRE 33

# Frontières maritimes : le dernier cloisonnement du monde

**Nathalie FAU**

SOMMAIRE



Jusque dans les années 1970, les découpages de l'Océan, unique comme le rappellent les océanographes, reposaient sur des conventions progressivement diffusées par les géographes européens. L'objectif était à la fois pratique et stratégique : nommer une partie de l'océan permettait à la fois de mieux l'identifier et de se l'approprier. Les Européens ont « inventé » les océans en procédant à un découpage, certes plus tardif que celui des terres émergées, mais tout aussi conventionnel : à la fin du XIX^e siècle, la partition de l'Océan en trois, Atlantique, Pacifique et Indien, puis en cinq, avec l'ajout des deux océans polaires, s'impose dans les atlas européens puis au reste du monde. Elle est même officialisée et reconnue internationalement en 1928 par le Bureau hydrographique international, devenu en 1970 l'Organisation Hydrographique Internationale (OHI). Les tentatives d'appropriation des océans restent cependant limitées et sont surtout liées à l'ambition des grandes puissances de maîtriser et de dominer la circulation et les déplacements sur mer, qu'ils soient militaires ou commerciaux. L'objectif est alors de tenir les mers pour assurer son pouvoir à terre.

Le traité de Tordesillas de 1494 est considéré comme le premier signe tangible d'une volonté d'appropriation des espaces par les États ; en établissant une « métafrontière », il partage la planète exclusivement, terres et mers comprises (même encore inconnues), entre l'Espagne et le Portugal en fixant pour limite le méridien de

40° Ouest : à l'ouest, la part espagnole, à l'est, la part portugaise. En 1529, avec le traité de Saragosse, ces deux puissances maritimes fixent une deuxième ligne de partage au niveau du 133ᵉ de longitude Est. Ces tentatives d'accaparement exclusif au détriment des autres États se heurtent cependant à une autre représentation de l'océan, celle d'un espace mondial, unique, libre et ouvert et à un autre principe, celui de liberté de circulation ou liberté des mers. Dans le débat du XVIIIᵉ siècle entre le juriste néerlandais Hugo de Groot, dit Grotius, défenseur dans son livre *Mare liberum* du droit égal des États à disposer des mers, et le britannique John Selden, prônant à l'inverse le concept de « la mer fermée », ce sont les principes du premier qui se sont imposés. Ce droit fondamental, entériné aussi bien par la Convention de Genève de 1958 que par la Convention de Montego Bay de 1982, n'a jamais été remis en cause et est devenu le pilier principal du droit de la mer.

Au cours du XXᵉ siècle, de simples lieux de passage, d'espaces de circulation, les océans et les mers sont devenus des objets de convoitise du fait de leurs gisements en richesses exploitables. Jusqu'alors considérée comme un espace horizontal, simple surface uniquement propre à la navigation et à un prélèvement très superficiel des ressources liées à la pêche, la mer est dorénavant envisagée dans ses trois dimensions, comme un volume, à la fois réservoir alimentaire mais aussi de ressources énergétiques et de minerais. Une meilleure connaissance des océans et de leurs richesses, de la possibilité technique de les explorer et de les exploiter, est à l'origine d'une « territorialisation » des mers. L'unité juridique de l'océan mondial est remise en question par la volonté des États riverains de se projeter de plus en plus loin vers le large et d'étatiser les espaces maritimes afin de s'approprier leurs ressources naturelles. Ce processus d'appropriation des ressources est lancé en 1945 par les États-Unis : dans un discours du 28 septembre 1945, le président américain Harry Truman proclame l'extension unilatérale de la juridiction de son pays sur toutes les ressources naturelles (pétrole, gaz et minéraux) du plateau continental. Suivent alors d'autres revendications unilatérales, notamment des pays sud-américains riverains du Pacifique qui élargissent leur zone de pêche et leur juridiction nationale à 200 milles nautiques. Face à la prolifération des décisions unilatérales, et à un flou juridique porteur de conflits et d'inégalités, les États, sous l'égide des Nations unies, ont entrepris de fixer les règles de cette nouvelle appropriation des espaces maritimes. Les dispositifs régissant la définition des frontières maritime résultent ainsi de deux grandes conférences : la conférence de Genève en 1958 et celle de Montego Bay (Jamaïque) en 1982.

# 1 Spécificités des frontières maritimes par rapport aux frontières terrestres

## 1.1 Un « gradient » de souveraineté de moins en moins affirmé de la côte vers le large

Jusqu'au milieu du xx^e^ siècle, le découpage des espaces maritimes se limitait à deux catégories : les « eaux territoriales », où l'État dispose des mêmes pouvoirs que ceux qu'il exerce sur la terre ferme, et les eaux de la « haute mer », libres de toute emprise et ouvertes à tous. Or, la Convention de Montego Bay de 1982 définit non pas une frontière maritime mais quatre limites distinctes et acte parallèlement le déclin de la souveraineté de l'État à mesure que l'on s'éloigne des côtes :

- dans les eaux intérieures qui s'étendent du zéro des cartes marines jusqu'à la ligne de base simplifiant le trait de côte, l'État exerce la plénitude de ses compétences et une souveraineté quasiment identique au territoire terrestre.
- dans la mer territoriale s'étendant au maximum sur 12 milles marins depuis la ligne de base, la souveraineté de l'État est pleine et entière tout en garantissant la liberté de « droits de passage inoffensifs[1] » aux navires d'un pavillon autre que celui de l'État ; la zone contiguë, sorte de sas de sécurité dont la largeur maximale est de 24 milles, reconnaît à l'État riverain un espace supplémentaire de protection en étendant ses compétences douanières, fiscales, sanitaires et environnementales.
- Dans la Zone Économique exclusive (ZEE), d'une portée de 200 milles marins à partir des lignes de base, l'État côtier exerce des droits souverains, et non pas une souveraineté, pour l'exploration et l'exploitation des ressources biologiques ou non biologiques des eaux qui surplombent le plateau continental ainsi que du sol et du sous-sol. Il y dispose également d'une juridiction nationale lui permettant de réglementer et de contrôler la protection et la préservation du milieu marin ainsi que la recherche scientifique marine. Dans cette zone, les pays tiers jouissent cependant de la liberté de navigation et de survol, du droit de poser des câbles et des oléoducs sous-marins ainsi que la liberté d'utiliser la mer à d'autres fins internationalement licites. Au-delà de la ZEE commence la haute mer, les eaux internationales ne relevant de la juridiction d'aucun État et les grands fonds marins, que l'on appelle la « Zone », déclarée « patrimoine commun de l'humanité » par la résolution 2749 de l'Assemblée Générale des Nations unies en 1970.

Ainsi, si les frontières terrestres délimitent des souverainetés territoriales dans leur plénitude, les frontières maritimes ne séparent que des juridictions maritimes concernant des droits qui même s'ils sont souverains demeurent finalisés et limités. Les fonctions

1. Est déclaré « inoffensif ou innocent » tout passage ne portant pas atteinte à l'ordre public ou à la sécurité de l'État côtier. Les sous-marins sont tenus de naviguer en surface et les aéronefs n'ont pas le droit de survol.

et les significations de ces différentes lignes successives ne sont pas identiques : si le besoin de se doter d'une mer territoriale répond avant tout au souci de se protéger et de contrôler le trafic maritime, celui d'obtenir une ZEE répond au désir d'appropriation des richesses naturelles. La limite de la ZEE évoque davantage celle d'un front pionnier, d'une *frontier* plus que d'une *boundary*.

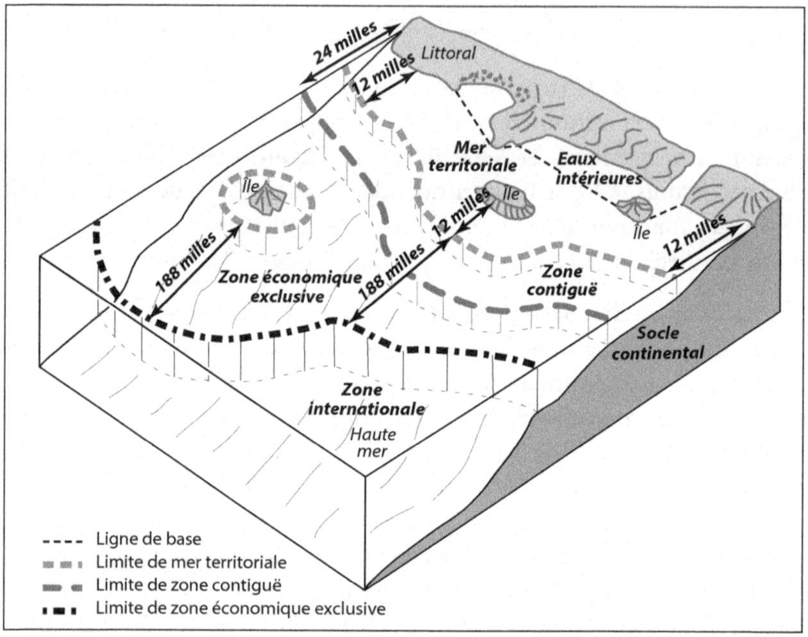


**Carte 33.1 – Les limites juridiques des espaces maritimes**

Source : P. Deboudt, C. Meur-Ferec, V. Morel, (2015), *Géographie des Mers et des Océans*, Paris, Armand Colin p. 198.

## 1.2 Concilier liberté des mers et souveraineté nationale

La projection de l'État en mer est incomplète du fait du maintien du principe de liberté des mers même dans les mers territoriales ; les juristes refusent ainsi le terme de frontière pour lui préférer celui de limite. Cette tension entre liberté des mers et souveraineté nationale est particulièrement tangible dans les détroits internationaux. Zone de discontinuité entre la terre et la mer, de nombreux détroits fixent les frontières car ils sont *a priori* considérés comme une limite « naturelle » : détroit du Pas-de-Calais entre la France et la Grande Bretagne ou de Malacca entre la Malaisie et l'Indonésie. En raison du poids stratégique et économique de ces bras de mer étroits entre deux terres qui mettent en relation des espaces maritimes, les États-riverains doivent respecter « le droit de passage en transit » et ne peuvent ni limiter le trafic, ni imposer aux navires en transit des taxes ou même des mesures contraignantes dans leurs eaux territoriales. Par ailleurs, les navires, à la différence des trains dans la partie terrestre, ne sont pas immobilisés aux passages des frontières et continuent toujours de relever en priorité de l'autorité de l'État de leur pavillon ; quel que soit l'espace maritime dans lesquels ils se trouvent, c'est le critère de nationalité qui s'applique (entre le navire et son État), relativisant complètement le lien spatial entre un État et « ses » zones de proximité.

## 1.3 Une frontière en trois dimensions, la délimitation verticale de la frontière

Le droit international de la mer envisage les étendues marines aussi bien horizontalement (surface) que verticalement (volume, profondeur et altitude) puisque des prescriptions juridiques spécifiques existent pour la colonne d'eau, l'espace aérien, le sol et le sous-sol marin et les richesses de la mer. Définir une frontière maritime, c'est à la fois fixer des limites en surface, mais aussi sur la colonne d'eau, c'est-à-dire l'ensemble de la masse des eaux située entre la surface et les fonds océaniques. Or ces différentes limites ne coïncident pas nécessairement. En mer du Nord, si les pays riverains ont ainsi ratifié rapidement des accords délimitant le plateau continental, particulièrement riche en hydrocarbures, afin d'assurer la sécurité juridique nécessaire à l'exploitation du sous-sol, ils n'ont en revanche pas procédé à la délimitation de la colonne d'eau : cette limite s'avérait inutile puisqu'ils participent tous, à l'exception de la Norvège, à la politique commune de la pêche de l'Union Européenne et que la protection de l'environnement est assurée par des accords multilatéraux. Les possibilités d'étendre le plateau continental au-delà de la ZEE jusqu'à une limite maximale de 350 milles (650 km) complexifient encore davantage les découpages : les fonds et les sous-sols marins peuvent appartenir à un pays mais être surplombés par des eaux internationales ou encore relevant de la juridiction d'un autre pays. Du fait d'un accord ratifié avant la convention de Montego Bay, une partie du plateau continental de l'Australie est ainsi surplombée par une colonne d'eau faisant partie de la ZEE indonésienne.

## 1.4 La terre domine la mer

La délimitation d'un territoire maritime dépend nécessairement d'un territoire terrestre. Elle est donc subordonnée à celle des frontières terrestres. Ce principe de délimitation explique l'importance pour un État d'exercer un droit souverain sur des îles ou des îlots sans aucun intérêt économique en eux-mêmes mais qui permettent de s'approprier la ZEE. Ainsi, si l'île Tromelin[2] – un banc de sable incultivable,

2. Juridiquement cependant, Tromelin n'est pas une île (selon la définition donnée par l'art. 121 de la convention de Montego Bay et précisée par la sentence arbitrale sur la mer de Chine méridionale) parce qu'elle n'a pas de vie économique propre. Elle n'a donc pas, en principe, droit à une ZEE. La France, en proclamant une telle ZEE viole la convention de 1982, comme c'est le cas pour bien des autres TAAF… La même situation sous-entend toute la problématique de MDC.

dépourvue d'eau potable et de seulement 1,5 km de longueur et 0,7 km de large – est un objet de litige entre la France et la République de Maurice, c'est en raison des possibilités de s'approprier ses 280 000 $km^2$ de ZEE et le contrôle des droits de pêche et d'exploitation des ressources. Ce rapport disproportionné entre la ZEE et la superficie terrestre est également manifeste dans la démesure des espaces maritimes dont jouissent désormais les petits espaces insulaires : le ratio ZEE/terre est ainsi de 114 pour la Barbade aux Caraïbes (49 000 $km^2$ pour 431 $km^2$) et même de 34 615 pour Tuvalu en Océanie (900 000 $km^2$ pour 26 $km^2$) qui est un État-archipel. Avec une superficie terrestre d'environ 126 550 $km^2$, l'ensemble des outre-mer français génère une ZEE de près de 11 millions de $km^2$, soit plus de 40 fois celle de la France continentale (334,604 $km^2$). Du fait de ce vaste domaine marin, la France n'a pas moins de 39 frontières maritimes avec 30 pays différents, notamment avec le Venezuela, le Canada ou encore l'Australie. Deuxième pays du monde en termes de surface maritime, juste derrière les États-Unis, la France continue d'étendre son domaine maritime, notamment son territoire sous-marin par des demandes successives d'extension de son plateau continental ; en juin 2020, suite à l'approbation par la Commission onusienne des limites du plateau continental d'une extension de 151 300 $km^2$, il a ainsi été porté à une surface de 730 000 $km^2$. Une augmentation de plus d'un demi-million de $km^2$ avait déjà eu lieu en 2015 et la France entend encore revendiquer 500 000 $km^2$.

De même, si les conflits en Mer de Chine Méridionale (MCM) se focalisent autour de l'appropriation les îles Paracel et Spratley, c'est pour revendiquer les ZEE qu'elles génèrent. L'article 121 de la Convention de 1982 stipule cependant que juridiquement une île est « une étendue naturelle de terre entourée d'eau qui reste découverte à marée haute et qui doit se prêter à l'habitation humaine ou à une vie économique propre ». Or, en MCM, la plupart des espaces émergés sont trop petits pour être qualifiés d'îles et ne sont juridiquement que des « rochers » donnant uniquement droit à une eau territoriale. Ainsi, pour régler le contentieux en mer de Chine méridionale, les dirigeants vietnamiens, mais aussi philippins, défient de plus en plus la Chine sur le terrain du droit international en appelant à l'application stricte des lois de la Convention.

## 1.5 Une définition négociée et influencée par des évolutions géopolitiques

À la différence du tracé des frontières terrestres, hérité le plus souvent de rapports de force entre deux États limitrophes, le tracé des frontières maritimes ne peut être dissocié des changements géopolitiques mondiaux et des évolutions du droit international. L'élaboration du droit de la mer a ainsi été un vecteur de revendications et d'influences des pays anciennement colonisés et un enjeu géopolitique et économique opposant les pays du Nord et du Sud. L'extension de la largeur de la mer territoriale, passant de 3 à 12 milles, résulte ainsi directement de négociations entre les grandes puissances maritimes et les pays d'Amérique Latine et d'Afrique. Le Chili, le Pérou et l'Équateur ont milité activement pour des mers territoriales s'étendant jusqu'à 200 milles au large de leurs côtes afin de sécuriser leur zone de pêche. Cette demande, inacceptable pour les grandes puissances maritimes, a cependant abouti à un consensus avec l'innovation de la ZEE et l'extension de la mer territoriale. De même, au lendemain des indépendances, les gouvernements indonésien et philippin s'autoproclament État-archipel afin de donner une unité à leur territoire discontinu constitué de poches de souveraineté, exercée dans la zone des 3 miles nautiques entourant chaque île, séparée par des eaux internationales. Par cette revendication, l'ensemble des eaux situées à l'intérieur de l'espace maritime délimité par les lignes de bases archipélagiques est ainsi assimilé à des « eaux intérieures » sur lesquelles le gouvernement exerce une juridiction et une souveraineté pleine et entière. Cette innovation juridique, qualifiée dans un premier temps par les puissances maritimes comme un acte de piraterie d'État du fait de l'accaparement d'un espace maritime jusqu'alors commun à toutes les nations, donne lieu à une bataille juridique et diplomatique qui débouche également sur une décision consensuelle : la Convention de 1982 tout en reconnaissant le statut officiel d'État-archipélagique, introduit également des garanties quant à la sauvegarde de la liberté de la navigation en introduisant la notion de « passage archipélagique » qui permet la traversée en transit des eaux archipélagiques.

## CAS 33.1

### ■ LES FRONTIÈRES MARITIMES DE L'OCÉAN ARCTIQUE

Les litiges entre les 5 pays riverains de l'Arctique (Canada, Russie, États-Unis [Alaska], Norvège et Danemark [Groenland]) se focalisent autour de deux questions. Le premier concerne le statut des eaux des passages du Nord-Ouest (entre le Groenland et le Canada) et du Nord-Est (entre pôle Nord et côtes russes) : du fait de la fonte de la banquise liée au changement climatique, de nouvelles routes maritimes pourraient y transiter. Si la Russie et le Canada envisagent ces passages comme inclus dans leurs eaux intérieures, pouvant ainsi refuser le droit de passage inoffensif, les États-Unis et l'Union européenne les qualifient de détroits internationaux afin de garantir la liberté de circulation. Le second concerne la délimitation des ZEE (chevauchement des revendications dans la mer de Beaufort entre le Canada et les États-Unis, en mer de Barents entre la Norvège et la Russie, en mer de Béring entre la Russie et les États-Unis ou encore litige de souveraineté sur l'île de Hans entre le Canada et le Danemark) et des plateaux continentaux élargis : depuis 2007, la Russie, le Canada et le Danemark se disputent la dorsale de Lomonosov. Ces litiges n'empêchent en rien une coopération, notamment dans le cadre du Conseil de l'Arctique, qui facilite l'exploitation en commun des ressources, la législation de mesures de protection environnementale tout en limitant les ingérences extérieures.

# 2 Tracer les frontières en milieu marin

## 2.1 Des délimitations potentiellement conflictuelles

Les frontières maritimes sont désormais davantage porteuses de conflits que les frontières terrestres, et seules 50 % d'entre elles ont fait l'objet d'un règlement. Cette plus grande conflictualité s'explique à la fois par la supériorité numérique des dyades maritimes, 480 contre 320 dyades terrestres, par leur enjeu relativement récent, par la maritimisation des États et par des progrès technologiques rapides qui multiplient les nouvelles possibilités d'accès aux ressources marines. Les contentieux portent sur la délimitation des frontières mais aussi sur l'appropriation des ressources et sur la liberté de navigation. Ils sont particulièrement nombreux dans les mers fermées ou semi-fermées où l'application de la Convention de Montego Bay induit nécessairement un chevauchement des revendications. En Méditerranée, face à la complexité des découpages, les pays riverains ont longtemps observé un accord tacite pour ne pas créer de ZEE. Dans les années 1990, les changements de contexte régional, notamment la surpêche, l'augmentation des trafics maritimes et la découverte d'hydrocarbures, ont conduit les États à utiliser les possibilités offertes par la Convention, transformant la Méditerranée en espace conflictuel. La situation est particulièrement tendue en Asie orientale du fait d'un espace maritime complexe constitué de golfes, de mers semi-fermées, de péninsules et d'archipels mais aussi de détroits et d'îles éparses. Cette succession de bassins maritimes ne facilite en rien les délimitations des frontières et les zones de chevauchement de revendications sont ainsi multiples, que ce soit en mer de Chine méridionale, dans le golfe de Thaïlande, dans le détroit de Malacca ou encore dans la mer de Célèbes ou de Timor.

## 2.2 Comment borner des frontières maritimes ?

La fluidité du milieu physique dans lequel se déploient les frontières maritimes soulève la question de leur bornage, de leur ancrage matériel. Même si la construction d'un mur ou de repères visibles n'est pas envisageable, les États ne renoncent pas pour autant à marquer leur présence. En mer de Chine méridionale, les gouvernements des États côtiers se servent ainsi des pêcheurs, suivis de près par de milices armées ou même par la marine afin d'intervenir en cas d'arrestation, mais aussi de plateformes pétrolières mobiles ou même d'accords de concessions pétrolières à des États tiers ou à des multinationales pour signifier leur souveraineté et leur juridiction dans les zones disputées. Les États côtiers disposent par ailleurs d'outils de contrôle et d'observation des océans de plus en plus sophistiqués comme l'imagerie satellitaire optique et radars ou encore les transpondeurs émettant des signaux destinés au repérage et au suivi des navires. À ces dispositifs technologiques de détection donnant des possibilités de traçabilité des opérations et des activités océaniques, s'ajoutent comme en Méditerranée avec la création de l'agence européenne Frontex, des patrouilles de surveillance et des opérations de police maritime. Que ce soit en Méditerranée ou au large de l'Australie, les autorités interceptent les embarcations des migrants et les refoulent en dehors de leurs eaux territoriales ; de véritables murs d'eau émergent. Une autre tentative des États riverains de « territorialiser » les ZEE est de rapprocher le statut des frontières maritimes de celui des frontières terrestres en transformant les différentes zones de juridiction en une seule ligne. Les finalités écologiques des aires marines protégées (AMP) de grande taille, notamment celles recouvrant la totalité d'une ZEE, peuvent ainsi être contournées dans le but de permettre aux États côtiers de disposer de nouveaux moyens de contrôle. Le passage d'une argumentation économique à une argumentation environnementaliste marque en fait une nouvelle étape d'extension de l'emprise des États sur l'espace maritime, extension qui s'opère au nom de la science et de la protection de la nature. Le cas le plus emblématique est celui des îles Chagos.

CAS 33.2

**■ LES AIRES MARINES PROTÉGÉES DES ÎLES CHAGOS : UN OUTIL DE REVENDICATION TERRITORIALE**

Depuis le 1er avril 2010, le Royaume-Uni a établi une grande aire marine protégée (AMP) *no take*, c'est-à-dire une réserve intégrale, excluant toute présence humaine autre que scientifique, autour de l'archipel des Chagos dont l'extension correspond à la totalité de la ZEE. Ces îles situées dans le nord de l'océan indien sont l'objet de litiges entre le Royaume-Uni et l'île Maurice, devenue indépendante en 1968. Un conflit exacerbé par la location en 1966 de l'île de Diego Garcia à l'armée américaine et par le déplacement des populations des habitants de l'archipel vers les Seychelles et Maurice. Or, le site Wikileaks a révélé que les vraies motivations sous-jacentes à la création de cette AMP sont géopolitiques ; elle est « un instrument juridique visant à paralyser et même à annihiler le droit des populations natives déportées dans les années 1970, ainsi que celui de leurs descendants, de revenir vivre sur leurs îles, en privant les Chagossiens de tout moyen économique de subsistance ». Le 18 mars 2015, le Tribunal arbitral a cependant décidé que la proclamation unilatérale de l'AMP des Chagos par le Royaume-Uni, dans une zone dont la souveraineté est contestée, est juridiquement nulle. Les AMP peuvent ainsi être utilisées pour étendre des revendications territoriales et dépendent dans les faits d'une double logique de front écologique et de front géopolitique.

## 2.3 Renoncer à la délimitation des frontières pour exploiter les ressources naturelles

Lorsque les pays dont les juridictions se chevauchent ne parviennent pas à conclure un accord de délimitation du plateau continental ou de la ZEE, ils peuvent néanmoins créer des Zones communes de Développement. Cette solution temporaire et pragmatique est une forme de coopération qui permet aux États côtiers d'explorer et d'exploiter en commun des ressources marines situées soit des deux côtés de la frontière, soit dans une zone de chevauchement des revendications territoriales; dans ce dernier cas, elle permet le partage et l'exploitation conjointe des ressources naturelles avant même la délimitation officielle d'une frontière maritime et sans même préjuger du partage de la zone concernée. Les ZCD sont un moyen de maintenir de bonnes relations politiques entre les pays dont les revendications se chevauchent et d'éviter des conflits liés à l'exploitation unilatérale des ressources marines. Elles permettent par ailleurs comme dans le cas de ZCD pour l'exploitation pétrolière de mener une exploration approfondie des zones contestées et de supprimer ce que certains appellent le syndrome de l'Alaska, c'est-à-dire la crainte de voir un gisement important être découvert dans une zone perdue lors d'un compromis trop hâtivement accordé. De plus, l'exploitation pétrolière demandant énormément de capitaux, il est peu envisageable pour des compagnies privées d'investir dans des zones disputées et de courir le risque, comme cela s'est déjà passé plusieurs fois en mer de Chine méridionale, d'être contraintes d'abandonner le projet en dépit des investissements déjà réalisés. En l'absence d'accords de coopération, les ressources marines risquent donc de demeurer inexploitées. Dans le golfe de Thaïlande, une mer semi-fermée étroite dont la plus grande largeur de côte à côte est de seulement 500 km, la délimitation des frontières maritimes est complexe et les zones de chevauchement des revendications sont multiples entre la Thaïlande, le Cambodge, le Vietnam et la Malaisie. Afin d'exploiter la richesse en hydrocarbures du golfe, la Malaisie et la Thaïlande en 1979, puis la Malaisie et le Vietnam en 1993 ont ratifié la création d'une ZCD; une autorité commune gère l'exploration et l'exploitation des ressources minières et répartit les coûts et les bénéfices entre les deux pays.

## Conclusion : le dernier cloisonnement du monde

Les frontières maritimes sont ainsi le dernier cloisonnement du monde : la haute mer, bien commun partagé, ne compte plus que pour 64 % des océans et elle a même complètement disparu dans la mer du Nord ou aux Antilles. Or la définition des frontières maritimes est particulièrement mobile car le droit de la mer superpose deux conceptions de l'espace maritime : l'une maritime, où prévaut la liberté, indispensable à la navigation et au commerce, l'autre terrienne guidée par une volonté d'occuper, d'exploiter et de territorialiser les mers, depuis la surface jusqu'aux sous-sols. Cette dernière logique continue de s'étendre avec les possibilités des États d'étendre leur juridiction au-delà des 200 miles, dans une zone de haute mer adjacente pour contrôler et surveiller les pêches et appliquer des mesures de gestion pour les stocks chevauchants. Parallèlement, au nom de la sûreté et de la sécurité des mers, de petits États insulaires ou des États déclarés « faillis » sont contraints de délaisser une partie de leur souveraineté au profit des grandes puissances maritimes. En dépit d'une législation internationale, les frontières maritimes sont aussi issues d'un rapport de force.

# BIBLIOGRAPHIE

FAU N., DE TRÉGLODÉ B., (2018), *Mers d'Asie du Sud-Est. Coopérations, intégration et sécurité*, Paris, CNRS Éditions.

HELLER CH., PEZZANI L., (2014), « Traces liquides : enquête sur la mort de migrants dans la zone frontière maritime de l'Union européenne », *Revue européenne des migrations internationales*, vol. 30, n° 3 et 4 [en ligne].

LASSERRE F., (2011) « Frontières maritimes dans l'Arctique : le droit de la mer est-il un cadre applicable ? », Ceriscope Frontières [en ligne].

LOUCHET A., (2015), *Atlas des mers et des océans, Conquêtes, tensions, explorations*, Autrement.

ORTOLLAND D., PIRAT J.-P., (2008), *Atlas géopolitique des espaces maritimes. Frontières, énergie, pêche et environnement*, Paris, Éditions Technip.

CHAPITRE 34

# Les réseaux de transport au risque de la frontière

**Antoine BEYER**

SOMMAIRE



Frontière et réseau sont les instruments d'une appropriation de l'espace. Ils déterminent des agencements spatiaux qui mettent en forme l'espace social à travers des composants matériels mais aussi idéels (discours, représentations cartographiques). Pour reprendre les termes de Jacques Lévy (2003), frontière et réseau mettent en œuvre « des assemblages spatialisés, spécifiques, circonstanciels et labiles, d'objets, de choses, de personnes, d'idées, de langages ». Les dispositifs frontaliers ou réticulaires agencent ainsi l'espace, tantôt pour mettre à distance, tantôt pour rapprocher. Une analyse approfondie permet alors de voir comment les deux pôles conceptuels et *a priori* opposés peuvent ménager des contacts, se combiner, voire se renforcer mutuellement. Partant des notions et des implications logiques de leurs définitions qui instaurent une tension initiale, nous chercherons à articuler progressivement et de manière systématique les deux termes pour mettre en avant les conditions de possibilités de leur hybridation.

## 1 De l'opposition à la combinaison d'un couple de figures géographiques

Dans une première approche, la figure de la frontière qui *crée de la distance dans la proximité* s'oppose au réseau de transport qui, au contraire, *crée de la proximité dans la distance* (Arbaret-Schulz, 2008). Cette articulation conceptuelle a le mérite de placer d'emblée les deux termes au cœur de la réflexion de la géographie humaine dont l'objet est précisément la régulation sociale de la distance. Chacun des termes offre un mode privilégié d'unification de l'espace par l'imposition d'une norme : la dimension politique de la souveraineté pour la frontière et le partage des caractéristiques technico-économiques qui assurent une continuité dans le système de transport. Ces entrées ne sont néanmoins pas exclusives, la frontière peut être analysée sous un angle technico-économique et le réseau de transport dans sa gouvernance politique. De plus, le degré d'intégration des systèmes territoriaux considérés, qu'ils soient linéaires ou réticulaires, recouvre des situations où la mesure permet de quantifier l'intensité de l'observation et ses variations.

Dans la définition proposée, frontière et transport sont des expressions géographiques fondamentalement antagonistes. Leur articulation repose sur une figure rhétorique qui est celle du chiasme (du grec *khiasmós*, disposition en croix). Outre un jeu de mots ici porteur de sens, cette définition attire l'attention sur le croisement et sur les modalités concrètes où les deux notions se recoupent. Il est alors intéressant de voir comment les deux dimensions opposées du réseau et de la frontière interagissent, s'imposent alternativement l'une à l'autre, se combinent pour donner naissance à des configurations territoriales particulières. Ce faisant, elles contribuent à donner forme géographique à des systèmes et à des lieux spécifiques pour constituer des « dispositifs territoriaux » parfois complexes et susceptibles de répondre à des injonctions doubles, potentiellement contradictoires relevant de compromis territoriaux. L'image la plus élémentaire du dispositif bivalent est ainsi le pont-levis qui peut alternativement assurer le passage ou l'empêcher en s'intégrant au rempart. En suivant les dispositifs dans la combinaison de leur diversité, se dévoilent des principes de territorialisation que nous nous proposons d'envisager à travers deux approches géographiques majeures, celle de la continuité et celle des échelles.

## CAS 34.1

### ■ LA GÉOMÉTRIE FRONTALIÈRE DU FRANCHISSEMENT – LES PONTS DU RHIN ENTRE STRASBOURG ET KEHL

Les aléas du pont ferroviaire sur le Rhin entre France et Allemagne résument bien la fonction d'interface et de fusible géopolitique dévolue à une infrastructure de transport frontalière. Le pont initial de 1861 (aujourd'hui disparu) intégrait ostensiblement la frontière entre la France du Second Empire et le Grand-Duché de Bade, en reliant le tablier central fixe, par deux structures pivotantes sur chaque rive. Le système permettait ainsi en cas de guerre de rétablir la fonction défensive de la frontière en « coupant les ponts » sans pour autant détruire l'élément central. Les concepteurs de cette architecture étaient alors encore dans la représentation d'un conflit limité ; le siècle qui a suivi a montré l'intensification des conflits et ses répercussions directes sur l'infrastructure qui sera détruite en 1944, à l'exception de la pile centrale.

Pour compléter les illustrations historiques, rappelons qu'avec l'arrivée de la grande vitesse, la voie unique du pont ferroviaire a été doublée en 2010 (il avait été reconstruit à voie unique en 1956 et resté jusque-là sans changement). La nouvelle structure est rehaussée pour assurer un meilleur tirant d'air aux bateaux rhénans.

Le financement de l'infrastructure est une autre dimension de la mitoyenneté frontalière. Le coût de reconstruction du pont a été imputé à 75 % à la RFA au titre des dommages de guerre, plus de 60 ans après la fin du conflit. Les coûts d'entretien sont en revanche répartis à égalité entre les deux États riverains. Pour les divers ouvrages de franchissement du Rhin qui se sont multipliés au rythme de la construction européenne, la répartition est variable soulignant la montée en puissance dans la gestion des systèmes frontaliers de nouveaux acteurs, qu'ils soient locaux ou européens, dans un subtil jeu d'équilibre financier.

Dans le voisinage immédiat du pont ferroviaire, un nouveau pont à vocation urbaine inauguré en 2017 est dédié au tramway et aux circulations douces. Avec un trafic de plus de 6 000 passagers quotidiens, il constitue un élément clé de l'agglomération transfrontalière Strasbourg-Kehl. Il vient compléter le pont routier et la passerelle des Deux rives, dédiés depuis 2004 aux piétons et cyclistes, comprenant la plateforme suspendue sur le Rhin. Avec ses deux arches, l'ensemble est devenu le symbole même de la rencontre sur la frontière. Plus au sud encore, le pont Pflimlin esquisse un contournement sud de l'agglomération dont l'opportunité reste un point de divergence entre les deux pays. Les ponts du Rhin à hauteur de Strasbourg et leur histoire sont ainsi en résumé des dispositifs politiques et techniques où se télescopent fonctions et échelles. Ils présentent par leurs structurations d'objets géographiques le croisement et la tension des frontières et des réseaux.

**Tableau 34.1 – Synthèse des caractéristiques des ouvrages d'art frontaliers sur le Rhin entre Strasbourg et Kehl**

| Fonction | Type de structures | Nom | Date de construction | Coûts | Répartition des coûts |
|---|---|---|---|---|---|
| Pont ferroviaire | Pont en poutre en treillis | Nouveau Pont ferroviaire | 2010 | 23 M€ | 25 % État français<br>75 % État allemand |
| Pont de tramway | Double Bowstring | Beatus Rhenanus | 2017 | 28 M€ | 70,4 Strasbourg<br>26,2 % ville de Kehl<br>3,4 %UE<br>(pile centrale) |
| Pont routier | Pont en poutre-caisson | Pont de l'Europe | 1960 | nc | 100 % État allemand |
| Passerelle | Pont haubané | Passerelle des Deux Rives | 2004 | 21 M€ | 59 % Strasbourg/41 % Ville de Kehl |
| Pont routier | Pont en poutre-caisson | Pont Pierre Pflimlin | 2002 | 64 M€ | 50 % État français/50 % État allemand |

Conception : A. Beyer, sources diverses.

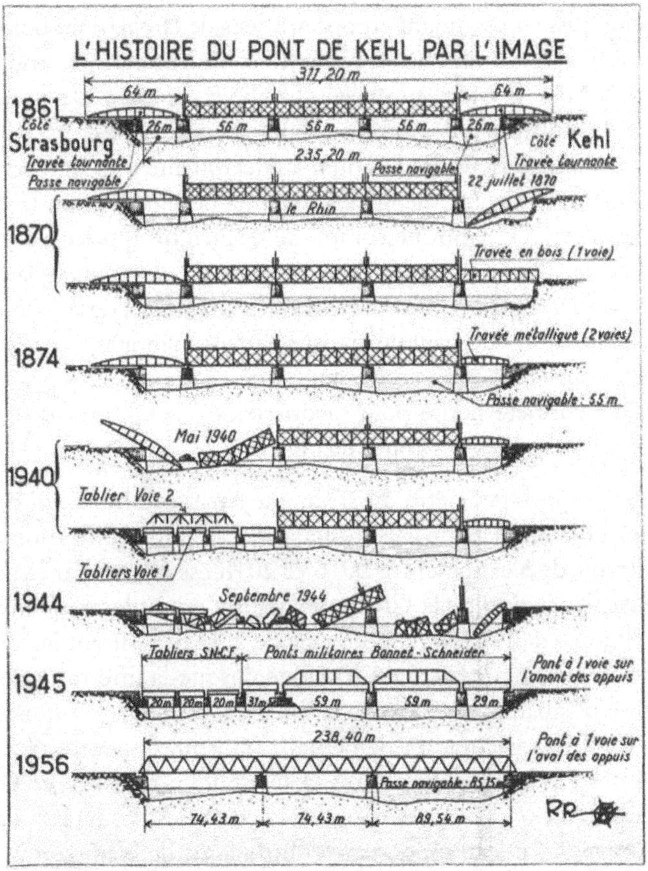


**Figure 34.1 – Les profils des ponts ferroviaires comme reflet des aléas frontaliers entre Strasbourg et Kehl 1861-1956**

Source : *La vie du rail*, n° 1045 du 8 mai 1966, p. 6.



# 2 Articuler continuité et discontinuité

L'infrastructure de transport peut être aussi envisagée comme un instrument d'intégration, le plus souvent subordonné à la fonction frontalière. Portés par un projet politique, canaux, routes et voies ferrées créent des continuités privilégiées d'un côté de la frontière et en limitent les franchissements. Il est fréquent que des voies de transport nationales longent parallèlement la frontière en ménageant peu ou pas de connexions. Cette fonction sélective de la mobilité permet de contrôler des flux en limitant volontairement l'accès réciproque des territoires. Elle limite aussi les échanges par l'existence de normes divergentes qui accroissent les coûts et sont susceptibles d'imposer des ruptures de charge pour les biens et les personnes. Ainsi, le rail européen, longtemps encadré par les différents États européens, se caractérise par une diversité de standards : écartement de voies (ibérique, russe ou standard européen), sens de circulation, poids autorisé par essieu, longueur de convois ou encore systèmes d'alimentation électrique. Autant de freins aux échanges que le cadre européen cherche à dépasser. Des solutions ont été développées avec l'équipement des motrices d'une double, voire d'une triple électrification, qui, bien que renchérissant le coût du matériel roulant, évitent le temps perdu par un changement de motrice. De même, les systèmes de signalisation (ERTMS) visent à doter le rail européen d'une norme commune, et bien qu'appelée à se substituer aux dispositifs nationaux, elle s'y superpose pour le moment. C'est aussi dans le sens d'un effacement des frontières qu'il faut comprendre le soutien actif de la Commission européenne pour la réalisation des maillons transfrontaliers manquants, les fameux *Missing links* des RTE-T. Pour la Commission Européenne, connecter les États-membres c'est atténuer l'effet de frontière hérité pour favoriser les échanges socio-économiques et accroître ainsi la cohésion des territoires de l'Union.

Le système de transport peut être aussi un moyen d'établir la continuité territoriale par-delà les aléas des découpages frontaliers. La rapide édification d'un pont de 18 km sur le détroit de Kertsch entre 2016 et 2018 est pensée par le gouvernement russe pour sceller l'annexion de la Crimée. Un autre exemple particulièrement frappant est celui du pont de Pelješac, un ouvrage de 2,4 km assurant la continuité de la magistrale routière croate sur la côte Adriatique, jusque-là interrompue par l'unique lucarne maritime bosniaque de 21 km. Sa fonction est de surmonter une discontinuité territoriale, fort ancienne au demeurant, puisqu'elle remonte à un traité de 1364 conclu entre l'Empire Ottoman et la république de Raguse ! Cofinancé par l'Union européenne et bâti par des entreprises chinoises, l'ouvrage d'art est conçu pour ne pas entraver l'accès au modeste port bosniaque de Neum.

Zones sensibles, les territoires frontaliers doivent aussi être facilement accessibles aux troupes et au matériel militaire. Les infrastructures peuvent y être localement surdimensionnées par rapport aux besoins locaux afin de permettre le déploiement des forces armées. Certaines voies qualifiées de stratégiques sont spécifiquement réalisées à ces fins, parfois au détriment d'autres projets. Historiquement, la construction des voies ferrées et routières dans les zones frontalières sensibles de l'est de la France a été soumise à l'approbation de l'État-major (Reitel, 2003). Est-il nécessaire de rappeler que tous les ouvrages d'art sont pourvus de niches pour y déposer les explosifs afin de couvrir la retraite éventuelle des troupes ? Certaines grandes infrastructures de transport ont même pu être considérées comme des remparts potentiels contre des invasions ennemies. En Belgique, le Canal Albert, voie d'eau à grand gabarit inauguré en 1930 pour ouvrir la région industrielle de Liège à Anvers (en évitant les Pays-Bas dont elle longe la frontière méridionale) a pu être présenté par les militaires comme une ligne défensive. Les événements ont montré que cette fonction a été très mal assurée en 1940. La concurrence entre États est de fait un élément central pour la géographie des grands réseaux. Ainsi, l'ensemble du système de transport du grand Delta du Rhin s'est construit dans l'émulation séculaire entre les deux « pays portiers » de l'Europe du nord-ouest que sont les Pays-Bas et la Belgique (Beyer, 2011). Dans bien des cas, la frontière doit être considérée comme le « tuteur » des systèmes de transport.

À l'inverse, les systèmes de transport existant ont pu orienter les découpages frontaliers. C'est en remontant le plus en amont possible des cours d'eau et en y apposant des pierres d'abordage au nom de leur monarque que les premiers colons portugais ont contribué à définir les limites actuelles du Brésil. L'indépendance du Panama n'est pas concevable sans les Américains soucieux d'établir un État-client à la place de la souveraineté colombienne. Dans le détail, nombreux sont les tracés de frontières qui ont été définis pour y incorporer des infrastructures routières ou ferroviaires existantes.

De même, la question de l'accès à la mer ou son blocage par une puissance rivale a conditionné bien des limites territoriales. Pourtant, l'accès des territoires continentaux enclavés ne passe pas forcément par le découpage frontalier et l'exclusivité souveraine qu'elle revêt. En témoignent les notions de corridor et de couloir (civil, militaire ou humanitaire). Des arrangements peuvent être obtenus qui garantissent la libre desserte d'un territoire isolé, comme cela a été le cas pendant plusieurs décennies pour Berlin-Ouest relié à la RFA par voies aériennes et terrestres depuis des points frontaliers imposés. La géohistoire des réseaux de transport de cette ville a aussi donné lieu à de passionnants développements, articulant frontières et systèmes de transport dans leurs déconnexions puis leurs reconnexions (Bourghard, 2006). La carte de l'Europe conçue à Versailles en 1919 doit se lire comme une tentative d'ouvrir sur la mer des États enclavés issus de l'éclatement des empires. Elle impose la création, en apparence anachronique, de villes-ports indépendantes (Trieste, Fiume, Danzig et Memel) et réaffirme la gestion internationale et le libre accès des grands cours d'eau (Rhin, Danube, Elbe, Oder, Niémen). À l'échelle locale et en dépit de ces arrangements, les États voisins ont cherché à s'autonomiser en construisant leurs propres débouchés maritimes, avec pour résultat la duplication durable des aménagements portuaires : Gdansk/Gdynia en Pologne, Trieste/Koper/Rijeka autour de la péninsule de l'Istrie. La position frontalière a, tout à la fois conduit à leur création et assuré un premier essor, mais en a ensuite entravé le développement. Dans une même logique, la Russie de Poutine a développé de nouveaux ports nationaux dans le golfe de Finlande afin de se passer du transit assuré par des territoires baltes devenus indépendants. L'inauguration au début des années 2000 des ports de Primorsk et Ust-Luga conduit en retour à la réorientation des réseaux de transport terrestres – dont les oléoducs et gazoducs, pour se raccorder à ces nouvelles interfaces (Thorez, 2013).

# 3 Réseaux, frontières et les jeux des échelles

En tant qu'objets géographiques, réseaux de transport et frontières peuvent s'inscrire dans des échelles différentes et par là appeler des arrangements spécifiques. C'est le cas de l'ajustement des réseaux aux recompositions frontalières qui ont succédé à la Première Guerre mondiale, à l'éclatement du système soviétique ou à l'intégration européenne. Les réseaux sont appelés à s'aligner sur les nouvelles frontières. Toutefois, des systèmes de transport inadaptés peuvent persister au-delà des recompositions géopolitiques. Ils illustrent pour partie des traces de territoires anciens avec leurs *frontières fantômes et les réseaux palimpsestes*. Se dessinent alors d'autres continuités et discontinuités où réseaux et frontières ne coïncident plus ou partiellement. Dans les républiques baltes, le choix d'une intégration européenne accrue s'exprime par le projet *Rail Baltica* qui aligne le système ferré local à une logique européenne (1 435 mm) selon un itinéraire globalement nord-sud qui irait de la Finlande (via un tunnel entre Helsinki et Tallinn) à la Pologne, oblitérant en partie le système hérité celui de l'écartement russe (1 520 mm) à dominante est-ouest.

L'enchevêtrement des dimensions frontalières et réticulaires est encore plus poussé dans les relations tendues qu'entretiennent Israël et les populations des Territoires palestiniens où le modèle de l'emboîtement confine au jeu de go. La partition des territoires de l'autorité palestinienne se lit comme une fractale, en référence à cette figure qui reproduit aux différentes échelles un même schéma, ici de contrôle et de séparation. La sécurisation des colonies juives et la réponse aux *intifadas* ont conduit le pouvoir israélien à poursuivre sa fragmentation des territoires palestiniens par le biais des infrastructures de transport qui relient les espaces israéliens. Le système routier doit permettre d'accéder aux colonies dispersées pour garantir l'accès à ses habitants et aux forces armées (policiers et militaires). Pour ce faire, il faut traverser des territoires potentiellement hostiles et en limiter sinon en interdire l'accès aux populations palestiniennes. Murs, checkpoint, routes réservées, multiplication des ponts et des tunnels pour relier des territoires disjoints font du réseau de transport local un graphe partiellement non planaire pour limiter les contacts, ce qu'Eyal Weisman (2007) qualifie de « politique de la verticalité ». Cette gestion partiale des circulations impose aux populations palestiniennes de nombreux détours et de longues attentes pour atteindre des lieux pourtant voisins à vol d'oiseau. Frontières et réseaux se construisent ici de pair et sont inextricablement mêlés dans un quadrillage de contrôle territorial qui se projette même dans la troisième dimension. L'espace aérien palestinien est sous le contrôle de son puissant voisin, comme d'ailleurs ses eaux territoriales. Tenter de contourner les frontières, c'est alors creuser des tunnels pour l'attaque de revers ou l'approvisionnement civil et militaire auprès des États voisins. Au-delà de la partition politique du territoire, il y a donc aussi une division fondamentale entre les mobiles et les assignés à l'immobilité.

# Conclusion

Dans leurs imbrications effectives, réseaux de transport et frontières conduisent à dépasser la simple opposition binaire. Les dispositifs géographiques qui structurent le territoire procèdent de la combinaison de ces contraires. Les lieux et dispositifs remarquables procèdent d'une hybridation par des compromis qui reflètent un équilibre souvent précaire de tensions. Les dispositifs territoriaux qui en résultent appartiennent alors simultanément aux logiques de circulation et de barrière. Sur cette base, les quelques grandes familles qui se dégagent et que ce texte a cherché à esquisser, sont loin d'épuiser la diversité et les variations des situations et des arrangements locaux. Au-delà, ce cadre interprétatif appelle à être prolongé vers les technologies de l'information et la gestion du cyberespace (*cf.* chap. 17). La fonction centrale de la frontière apparaît pleinement comme un aménagement assurant le contrôle des flux. Les dispositifs territoriaux y sont alors convoqués comme des artefacts et mettent en lumière des configurations physiques et des dispositifs juridico-techniques dans l'élaboration du compromis territorial qui rend opératoire la fonction frontalière de filtre.

# BIBLIOGRAPHIE

BEYER A., (2011), « La Belgique à la croisée des chemins. Une géohistoire des grandes infrastructures de transport du Plat Pays à l'aune de ses frontières », *Annales de Géographie*, n° 681, p. 465-485, DOI: 10.3917/ag.681.0465, URL: https://www.cairn.info/revue-annales-de-geographie-2011-5-page-465.htm.

BURGHARD C., (2006), *Als der Osten durch den Westen fuhr. Die Geschichte der Deutschen Reichsbahn in Westberlin*, Köln, Böhlau Verlag, p. 353 (Lorsque l'Est traversait l'Ouest. L'histoire de la Deutsche Reichsbahn à Berlin-Ouest).

REITEL F., (1983), « L'influence militaire sur le tracé des voies ferrées et sur la localisation des gares », *Bulletin de l'Association de Géographes Français*, n° 492-493, p. 77-86.

THOREZ P., (2013), « Les enjeux portuaires de la Russie en mer Baltique », *Territoire en mouvement Revue de géographie et aménagement* [en ligne], 10 | 2011, mis en ligne le 1er juin 2013, consulté le 21 mai 2020. URL: http://journals.openedition.org/tem/1129, DOI: https://doi.org/10.4000/tem.1129.

WEIZMAN E., (2007), *Hollow Land. Israel's Architecture of Occupation*, Londres, Verso, p. 318.

## ENTRETIEN

**Avec Fabrice Genter, président de la CCI Moselle Métropole Metz, 1er vice-Président de la CCI Grand Est**

**1.** Quand vous pensez aux frontières, quelle est la première image qui vous vient à l'esprit?

La première image qui me vient est celle d'un barrage, d'un mur, d'une clôture que l'on va ou non pouvoir franchir selon des modalités administratives. Le temps s'arrête. C'est une image dure, avec la visualisation en particulier des *no man's lands* entre les pays de l'Est avant 1989 (cabines de douaniers fermées d'où sortaient des mains qui nous demandaient des documents des visas, barbelés). Je l'ai toujours en tête aussi quand je vais aux États- Unis, avec les contrôles aux aéroports, au Vietnam, ou en Chine.

Ensuite, quand nous avons l'aval pour passer, c'est le sentiment d'entrer dans un autre monde, plein de curiosité, avide de voir, d'entendre, de partager.

C'est aussi l'image de ces frontières coloniales en Afrique, en Amérique du Sud, qui séparent les familles, les ethnies, les populations d'une même culture. Elles portent encore aujourd'hui beaucoup de souffrance, de guerre. Leur fondement n'est pas celui de peuples qui ont choisi leur destin, mais une partie leur a été imposée par des tiers.

Enfin, c'est l'image, sur beaucoup de continents, de couleurs, de langues, de modes de fonctionnement différents, portés par l'histoire et la géographie, dans de nombreux endroits. Ces frontières ont bougé, ont mis du temps à se mettre en place. Elles appellent à la découverte des esprits et des cœurs.

**2.** De quel point de vue ou de quelle position professionnelle parlez-vous des frontières?

Je les ai expérimentées et les expérimente toujours, sous l'aspect du touriste, étant un voyageur impénitent, qui aime la découverte et les nouveaux espaces, aussi du point de vue professionnel quand je construis des plates-formes logistiques dans différents endroits.

**3.** Quelles sont les évolutions majeures des frontières que vous avez connues?

Pour moi, la plus importante est celle de 1989 avec la chute du mur de Berlin. D'un coup, nous avons pu aller librement dans toute l'Europe. Il n'y avait plus de territoires « interdits », nous retrouvions la possibilité, comme au cours des siècles précédents de nous déplacer dans tout notre espace européen. Dans la foulée, il y a eu l'ouverture des frontières au niveau international, j'ai pu aller en Chine, à Cuba, au Vietnam. Même si les frontières existaient encore, elles étaient devenues franchissables dans des conditions relativement faciles.

Je pense aussi à l'Europe et à la libre circulation dans l'espace Schengen. Dans une région comme la nôtre, avec la Moselle limitrophe de l'Allemagne, du Luxembourg, cela a tout changé. Seul un panneau nous indiquait que nous avions changé de pays. Et puis, même les postes douaniers ont été détruits.

Avec le développement des échanges internationaux, et surtout l'Internet et des nouvelles technologies, les frontières physiques ont aussi volé en éclat. Les informations circulent. Le savoir est accessible à tous, d'un clic, ouvrant des possibilités considérables à tous. En voyage, nous pouvons discuter en *live* avec des personnes restées chez nous, leur montrer ce que l'on voit. Une sorte de communauté mondiale s'est créée de fait, abolissant les frontières physiques.

**4.** Quelles émotions ressentez-vous face aux frontières/une frontière en particulier ?

Aujourd'hui, c'est d'abord le sentiment intense de pouvoir découvrir de nouveaux espaces, d'autres cultures, de rencontrer en direct des personnes aux langues et aux rythmes différents.

La frontière symbolique qui reste à Berlin, Checkpoint Charlie, me touche vraiment beaucoup. Celle qui me fait mal aujourd'hui, dans le même esprit est celle du Mexique et des États-Unis, ce mur en place.

**5.** Pouvez-vous citer un film, un roman, une pièce de théâtre, une chanson ou une musique qui évoque la frontière pour vous, et nous en dire quelques mots ?

Je vous parlerai de peintures : celles qui sont sur le mur de Berlin et que l'on voit encore. Non seulement le mur qui reste très partiellement porte toute sa symbolique, mais surtout les œuvres représentées magnifient la liberté, le partage, dans des couleurs et des représentations qui se côtoient, facilement. Elles sont pour moi une vraie source d'inspiration, au regard de l'histoire, de la géographie, de la culture.

**6.** En quoi avez-vous fait bouger des frontières ?

Des frontières mentales oui, à mon niveau bien sûr et en toute modestie par exemple, permettre aux femmes d'accéder aux conseils d'administration, à la présidence, de différentes instances. Mettre en route le processus de métropole à Metz, pour faire mieux, plus visible, ensemble, en rassemblant plutôt que de rester éparpillés… Mais les frontières psychologiques sont parfois bien plus tenaces que celles entre pays.

**7.** Voulez vous ajouter quelque chose ?

Les frontières ne me semblent pas inutiles, tant qu'elles marquent aussi la souveraineté de cultures, de peuples, mais elles doivent être perméables, s'accompagner de respect des autres, de la volonté de pouvoir faire ensemble. Les frontières garantissent l'identité mais doivent aussi rester ouvertes.

CHAPITRE 35

# Des frontières dans la ville : le cas de Calais

**Camille GUÉNÉBEAUD**

SOMMAIRE



Située à seulement 35 km des rives anglaises, la ville de Calais concentre une grande partie du trafic maritime transmanche. Elle est de ce fait un des espaces où les personnes exilées arrivées par le sud ou l'est de l'Europe tentent le passage pour se rendre outre-Manche. Venues du Kosovo, d'Irak, d'Iran, de Palestine, d'Afghanistan, du Soudan, d'Érythrée ou encore de Syrie, celles-ci se heurtent au renforcement de la frontière et se retrouvent souvent bloquées dans Calais, de quelques jours jusqu'à plusieurs mois, en attente de réussir à traverser.

Ce chapitre explore comment la frontière nationale a été renforcée depuis plus de 20 ans dans la ville à l'appui de politiques répressives (1) et comment elle se rejoue à l'échelle locale à l'initiative de la mairie et de collectifs d'habitant·es (2). La conclusion ouvre sur une troisième dimension : celle de la ville comme espace de luttes et de résistances au régime frontalier.

Par le prisme de la situation calaisienne, nous revenons ainsi sur plusieurs thématiques clés des *border studies* qui interrogent la localisation de la frontière, ses acteurs et les logiques de sa mise en œuvre. Du mur à la ville, de la figure du policier à celle de l'habitant : il s'agit d'explorer la complexité de la fabrique des frontières à partir d'un contexte urbain singulier.

# 1 Une ville au cœur d'enjeux interétatiques

Juridiquement, la frontière franco-britannique partage le détroit du Pas-de-Calais à équidistance des deux côtes selon l'image de la ligne, mais les contrôles se matérialisent en réalité sur les points de passage (ports, tunnel, gares) dans les villes. Située à proximité du site d'entrée du tunnel sous la Manche et accueillant le premier port de passagers français, la ville de Calais est depuis plus de 20 ans au cœur de ces enjeux interétatiques de renforcement de la frontière.

## 1.1 Fermer la frontière à Calais

Pour comprendre comment cette ville est devenue le théâtre de l'intensification des contrôles transfrontaliers, il faut revenir sur plusieurs éléments du contexte européen et franco-britannique. Le premier est la création au niveau européen de l'espace Schengen, au sein duquel les contrôles frontaliers ont été éliminés pour être reportés aux frontières extérieures[1]. En 1985, le Royaume-Uni reste en dehors de cet accord et la frontière franco-britannique devient une frontière extérieure de l'espace Schengen. Les autorités britanniques vont alors pousser au renforcement et à la délocalisation de la frontière sur le sol français par une série d'accords et de traités.

Le plus connu est le traité franco-britannique du Touquet signé le 4 février 2003. Ce dernier permet la mise en œuvre de contrôles frontaliers bilatéraux sur l'ensemble des ports de la Manche et de la mer du Nord : c'est-à-dire que l'Angleterre peut contrôler l'entrée sur son territoire depuis la France et vice-versa. Ce déplacement géographique des contrôles est aussi mis en place sur le site d'entrée du tunnel sous la Manche (protocole de Sangatte, 1991) et dans les gares où passe l'Eurostar (protocole additionnel au protocole de Sangatte, 2001). Le traité du Touquet lance par ailleurs une phase d'externalisation – c'est à dire de transfert – du contrôle britannique au gouvernement français. La France s'engage ainsi à un contrôle à 100 % des poids lourds qui quittent son territoire grâce à du matériel de détection humaine mis à disposition par le Royaume-Uni.

Ce durcissement de la frontière se matérialise en particulier sur les points de passage. Les services de l'immigration britannique s'installent sur le port de Calais et sur le site d'Eurotunnel pour effectuer des contrôles et ces deux espaces deviennent progressivement « bunkerisés » (*cf.* encadré 35.1). Dans les années qui suivent, d'autres décisions bilatérales sont prises, qui ciblent plus largement la ville. Bernard Cazeneuve, alors Ministre de l'Intérieur, dans une déclaration conjointe avec la secrétaire d'État à l'Intérieur britannique Mme Theresa May en septembre 2014, engage la France à travailler à « dissuader les migrants illégaux de se rassembler dans et autour de Calais ». Au-delà des points de passage, il s'agit d'empêcher les personnes exilées de rester dans la ville.

1. Les contrôles aux frontières intérieures ont cependant été rétablis dans plusieurs pays depuis septembre 2015.

### ENCADRÉ 35.1

#### Un port retranché de la ville

Le port de Calais est aujourd'hui un haut lieu d'échanges et de liens avec les côtes britanniques, mais c'est aussi un point de contrôle et de blocage des migrations. Installation de barbelés, de grillages, de systèmes de vidéosurveillance : en 20 ans, le paysage portuaire a été profondément transformé afin d'effectuer un tri entre les passages désirés et ceux considérés comme indésirables. D'une simple clôture à la fin des années 1990, le port est actuellement entouré d'une double rangée de grilles surmontées de barbelés qui s'étendent en amont sur plusieurs kilomètres le long de la rocade portuaire. Au sein du port, la Police aux frontières (PAF) effectue des contrôles en première ligne, puis ce sont les agents de la Chambre de commerce et d'industrie (CCI) qui contrôlent les poids lourds avec du matériel de détection de haute technologie et enfin ce sont les contrôles britanniques. Cette « bunkerisation » du port (mais aussi du tunnel) a conduit à augmenter les tentatives de passage par la voie maritime et, par conséquent, à rendre la traversée plus dangereuse pour les personnes exilées.

## 1.2 Concentrer, éloigner, disperser

Face à l'installation dans la durée de personnes exilées sur le littoral, les gouvernements français ont fait le choix de politiques d'invisibilisation et de dispersion. La stratégie a consisté à deux reprises à concentrer et regrouper les exilé·es dans un camp éloigné du centre-ville de Calais : le premier est le Centre d'hébergement et d'accueil d'urgence humanitaire (CHAUH) géré par la Croix-Rouge de 1999 à 2002 dans le village de Sangatte ; le second est le bidonville créé autour du centre d'accueil de jour Jules Ferry entre 2015 et 2016, à la périphérie de Calais (*cf.* encadré 35.2). Entre ces deux dates et depuis 2016, les personnes exilées vivent dans des campements dans les bois ou dans des squats en ville et font face à une importante répression policière qui vise à leur faire quitter le territoire.

Les pouvoirs publics français travaillent en effet à une politique d'expulsion à différentes échelles. Ils tentent tout d'abord des expulsions vers les pays d'origine ou dans d'autres pays européens via la procédure de Dublin[2]. C'est au Centre de rétention administrative (CRA) de Coquelles, accolé au site d'Eurotunnel, que la Police aux frontières réalise ces procédures. Mais l'éloignement se fait aussi à l'échelle nationale. Le gouvernement français a réalisé à plusieurs reprises des opérations de dispersion par l'hébergement dans d'autres régions françaises (Opérations Ulysse après 2002 et Centres d'accueil et d'orientation – CAO – en 2016), ainsi que des opérations de

2. Le règlement de Dublin prévoit qu'un seul État européen est responsable de la demande d'asile d'une personne et permet ainsi des expulsions entre États européens (*cf.* chap. 31).

dispersion dans la région. Au sein de la ville de Calais, une intense répression policière est mise en œuvre envers les exilé·es : destructions régulières des abris et des campements, entraves aux repas et au sommeil, interpellations multiples, intrusions dans l'espace privé, etc. Ces pratiques visent à épuiser psychologiquement et physiquement les personnes pour les pousser à partir.

Ce refus de l'inscription spatiale des exilé·es dans la ville marque un ordre territorial qui les exclut et les éloigne progressivement de Calais, de la frontière et de l'espace national. Cette politique, issue d'accords bilatéraux avec l'Angleterre et de décisions des gouvernements français, trouve également des relais à l'échelle locale.

### ENCADRÉ 35.2

#### Le bidonville Jules ferry

Le centre Jules Ferry – un ancien centre de loisirs qui se situe à l'écart de la ville derrière les grilles de la rocade portuaire – est reconverti en 2015 en centre d'accueil de jour à destination des exilé·es. L'État délègue sa gestion à l'association La Vie Active, les autres associations devant formuler une demande écrite pour y être admises. À l'intérieur, un seul repas par jour est servi sur des tables « mange debout ». L'hébergement n'est pas envisagé (à l'exception de 100 places prévues pour les femmes et les enfants) mais les exilé·es sont par contre contraint·es de quitter leurs squats en ville pour s'installer dans les zones de dunes autour du centre. Cet espace devient progressivement un bidonville où vivent jusqu'à 10 000 personnes. Le film *Regarde ailleurs* d'Arthur Levivier retrace avec finesse tout le processus politique qui conduit à sa destruction en 2016 et qui ouvre à une nouvelle période de chasse policière des exilé·e·s hors de la ville.

## 2 La fabrique locale de la frontière

La ville de Calais est à la fois le lieu de matérialisation des contrôles britanniques et le théâtre d'action des gouvernements français qui cherchent à éloigner les personnes exilées du littoral. Mais c'est aussi un espace où observer la fabrique locale de la frontière, notamment par le prisme de la politique municipale et des mobilisations d'habitant·es du territoire.

### 2.1 La politique municipale

Les collectivités locales, et en particulier les mairies, ont un rôle actif dans les politiques d'accueil ou de non-accueil des personnes exilées. Une pluralité de postures municipales se dessine dans la région et sur le littoral. Ainsi, entre 2008 et 2014, quatre maires de différents bords politiques – Damien Carême à Grande-Synthe (PS), Maryse

Roger-Coupin à Angres (PC) Jean-Pierre Bataille à Steenvoorde (UMP) et Marc Boulnois (EELV) à Norrent Fontes – ont mis en place un hébergement hivernal et/ou ont facilité les conditions de vie sur les campements de leurs communes.

À Calais, les choix de la municipalité ont été autres. L'équipe de Natacha Bouchart (LR), arrivée en 2008 après 30 ans de municipalité communiste, mène depuis lors une politique active d'éloignement des espaces humanitaires et d'expulsion des squats. Elle met les services municipaux, et en particulier le service propreté, à disposition de la préfecture pour les expulsions de lieux de vie et appelle les Calaisiens et Calaisiennes à dénoncer les squats (*cf.* encadré 35.3). En mettant en jeu la possibilité même d'existence de ces lieux de vie, c'est-à-dire une appartenance première à la ville, la municipalité entre en congruence avec les politiques gouvernementales qui travaillent à faire partir les exilé·es de Calais.

### ENCADRÉ 35.3

#### L'appel à dénoncer les squats

Natacha Bouchart signale sur sa page Facebook le 23 octobre 2013 une adresse mail qui permet aux Calaisiens et Calaisiennes de dénoncer des squats d'exilé·es : « Il ne faut pas hésiter à laisser un mail sur cette adresse : securitesquatcalais@gmail.com lorsque vous voyez des No Borders ou des migrants s'implanter illégalement dans une maison ». Cet effet d'annonce réalisé quelques mois avant les élections municipales va conduire à placer la question migratoire sur l'agenda politique de la campagne. En mars 2014, Natacha Bouchart remporte un second mandat et poursuit la politisation de cette question dans la ville. La mairie décide en particulier de limiter l'accès des exilé·es à des établissements publics (médiathèque et piscine Icéo) par une modification des règlements intérieurs. Des squats aux lieux publics : la municipalité participe ainsi à la marginalisation des personnes exilé·es dans la ville.

## 2.2 Les habitant·e·s des territoires frontaliers

Au-delà du rôle des échelons institutionnels locaux dans le redéploiement des frontières d'État, les contextes frontaliers voient également émerger une forme de « demande sociale » de frontière portée par certain·es habitant·es des territoires frontaliers. Ces mobilisations visent à mettre à l'agenda politique des décisions hostiles aux personnes exilées et à se placer en intermédiaires de la fabrique des politiques migratoires.

À Calais, des collectifs de riverain·es ont ainsi émergé à différentes périodes pour faire fermer ou déplacer des squats ou des campements à proximité de chez eux. Qu'il s'agisse du *Collectif de Sangatte* qui s'est mobilisé pour faire fermer le Centre d'Hébergement de la Croix-Rouge de 2000 à 2002, de l'association *Bien être au Virval*, créée en 2006 par un groupe de voisin·es qui refusaient l'ouverture à proximité de chez eux d'un local du Secours Catholique, ou encore d'un collectif de riverain·es mobilisé pour que déménage une aire de distribution des repas, les répertoires d'action de ces groupes restent souvent assez classiques (pétitions, sit-in, manifestations, réunions avec les pouvoirs publics).

Des pratiques de vigilantisme, c'est-à-dire des pratiques d'auto-justice mises en œuvre par des acteurs non-institutionnels, ont parfois ponctué ces mobilisations, mais elles restent plutôt le fait de certains groupes proches de l'extrême droite. C'est le cas de Sauvons Calais et des Calaisiens en colère qui œuvrent de manière visible depuis 2013 (*cf.* encadré 35.4). Ces formes de vigilantisme se retrouvent dans d'autres contextes nationaux, par exemple à la frontière entre les États-Unis et le Mexique où des groupes de citoyens – les « Minutemen » – patrouillent et participent à la surveillance des frontières (*cf.* chap. 27). Cette auto-attribution de missions de police ne se fait pas forcément en opposition avec les pouvoirs publics : au contraire, souvent elle signifie moins un retrait de l'État que son redéploiement sous des formes indirectes.

## ENCADRÉ 35.4

### Pratiques de vigilantisme

Quelques jours après l'appel à dénoncer des squats lancé par la mairie de Calais en octobre 2013, le groupe Sauvons Calais est fondé à l'appui d'une page Facebook. Ce groupe, composé en partie de militant·es d'extrême droite, se propose de mener des rondes dans la ville pour empêcher l'installation de personnes exilées. Il réalise notamment l'expulsion par la force d'un squat à Coulogne, au sud de la ville. Sauvons Calais appelle à des rassemblements devant le lieu qui deviennent de plus en plus violents, avec des jets de pierres et de cocktails molotov. La police est présente mais n'intervient pas et les jets de projectiles finissent par détruire partiellement la toiture et forcent les habitant·es (essentiellement des militant·es No Border) à quitter le lieu.

Certain·es sympathisant·es de Sauvons Calais rejoignent par la suite les Calaisiens en colère, un collectif fondé en 2015 par des riverain·es du bidonville Jules Ferry. L'activité principale des Calaisiens en colère consiste à surveiller les personnes exilées, notamment lors de patrouilles nocturnes. En 2016, ces rondes cessent suite à une controverse liée à une vidéo mise en ligne par le groupe où l'on entend quelqu'un insulter violemment des exilé·es depuis un pont et déclarer : « *Je vais chercher mon gun ! C'est la guerre ce soir ! J'ai un Flash-Ball chef, je peux l'utiliser ?* » (*La Voix du Nord*, 5 janvier 2016).

## Conclusion : la ville comme espace de résistance

Partir de la situation calaisienne permet de comprendre à la fois comment les espaces urbains peuvent être le théâtre de la mise en œuvre de frontières nationales et comment la frontière se renégocie également à l'échelle locale. Que ce soit par l'action de collectifs de riverain·es ou celle de groupes politiques, les pratiques de vigilantisme font apparaître de nouvelles figures du contrôle, au-delà de celle du policier. La création de politiques locales d'accueil ou de non-accueil par les mairies participe aussi à une redéfinition de la frontière. Dans la ville de Calais, la municipalité a fait le choix d'une coopération active avec les politiques gouvernementales qui visent à faire partir les exilé·es du littoral.

Cette mise à l'écart ne se fait cependant pas sans luttes portées par les personnes elles-mêmes et par le milieu associatif. La ville constitue ainsi aussi un espace de résistance aux politiques d'expulsion. Au niveau associatif, des collectifs se sont engagés au fil des années en soutien aux exilé·es : on retrouve au début des années 2000 La Belle-Étoile, Salam, le collectif C'Sûr, le Secours catholique, le Groupe d'information et de soutien des immigrés (GISTI), la Ligue des droits de l'homme (LDH) et par la suite également L'Auberge des migrants ou encore le réseau No border. Que ce soit dans des luttes pour la création de lieux autonomes, pour l'ouverture d'espaces humanitaires ou la mise en place de lieux de soins pris en charge par l'État, ces militant·es et bénévoles associatifs œuvrent à créer et à maintenir ouverts des espaces d'accueil dans la ville.

L'histoire calaisienne est également ponctuée de mobilisations et de manifestations menées par des personnes exilées qui donnent de la visibilité à leur présence dans la ville. C'est le cas en septembre 2013 où, à la suite d'expulsions à répétition de squats, des Syrien·nes occupent une passerelle piétonne du port de Calais et exigent d'être reçu·es par les autorités britanniques. Après plusieurs jours d'occupation et une rencontre avec le directeur de la Border Force qui refuse tout examen des demandes autres qu'au cas par cas, les personnes quittent la passerelle et vont établir un campement très visible à l'entrée du centre-ville, près du port. Elles sont progressivement rejointes par des personnes de différentes nationalités venues notamment d'Afghanistan, d'Érythrée, d'Éthiopie, du Soudan, d'Égypte et du Pakistan. Suite à une première expulsion en mai 2014, elles occupent un lieu de distribution des repas pendant un mois et s'organisent avec des réunions régulières entre représentants des différentes communautés. Tous et toutes refusent de retourner à l'écart de la ville dans les bois et optent pour une stratégie de visibilité et une affirmation d'un droit à l'espace.

Face à une politique de dispersion et d'expulsion qui se joue à différentes échelles à Calais et mise en œuvre par une pluralité d'acteurs, maintenir ouverts des espaces d'accueil et des lieux de vie est un enjeu fort de lutte dans la ville. Mais si la fabrique locale des frontières ne se fait pas sans résistances, le rapport de force s'est encore durci ces dernières années à Calais. Depuis la destruction du bidonville Jules-Ferry en 2016, la politique gouvernementale, soutenue par la mairie, se matérialise par un harcèlement policier quotidien dans le but d'empêcher la présence de personnes exilées dans la ville. Des arrêtés municipaux ont été pris qui entravent l'aide humanitaire et trois compagnies de CRS sont affectées en permanence à Calais, notamment pour réaliser des expulsions journalières de campements. Ces choix politiques accentuent la précarisation massive des conditions de vie et de traversée des personnes exilées.

## BIBLIOGRAPHIE

AGIER M., BOUAGGA Y., GALISSON M., HANAPPE C., PETTE M., WANNESSON P., (2018), *La jungle de Calais*, Paris, PUF.

CLOCHARD O., (2014), « Les différents visages du confinement des migrants en France », *in* POINSOT M., WEBER S., *Migrations et mutations de la société française. L'état des savoirs*, Paris, La Découverte, p. 177-184.

GARDENIER M., (2018), « Sauvons Calais, un groupe anti-migrants. Une perspective : "rétablir l'ordre" », *Revue européenne des migrations internationales*, vol.34, n° 1, p. 235-256.

GUÉNÉBEAUD C., (2015), « Vivre en voisins à la frontière. Enjeux autour de la présence de migrants sans-papiers dans la ville de Calais. », *Belgéo*, n° 2, URL : http://journals.openedition.org/belgeo/15476 ; DOI : https://doi.org/10.4000/belgeo.15476.

PETTE M., (2016), « Venir en aide aux migrants dans le Calaisis », *SavoirAgir*, n° 36, p. 47-52.

## CARTOGRAPHIE

BERSON E., (2011), « Un mur sur le détroit du Pas de Calais », Recueil Alexandries, Collections Esquisses, URL : http://www.reseau-terra.eu/article1191.html.

GUÉNÉBEAUD C., (2019), « De l'autre côté du tunnel. Quinze ans de renforcement des sites-frontière à Calais », *Mappemonde*, 126, URL : http://journals.openedition.org/mappemonde/1176.

PAPIN D., GRANDIN J., (25/01/2016), « En cartes : La crise des migrants à Calais », *Le Monde*, URL : https://www.lemonde.fr/les-decodeurs/visuel/2016/01/25/en-cartes-la-crise-des-migrants-a-calais_4853320_4355770.html.

CHAPITRE 36

# Les agglomérations transfrontalières

**Christophe SOHN**

SOMMAIRE



Une ville frontalière ne se définit pas simplement par sa localisation à proximité d'une frontière ; c'est avant tout un lieu qui dépend de cette limite pour son existence même. Longtemps, cette condition frontalière a induit une marginalisation économique et territoriale de ces centres urbains périphériques. Sous les effets combinés de la mondialisation, de la reconfiguration du rôle politique et économique des États et de la fin de la guerre froide, une croissance sans précédent d'*agglomérations transfrontalières* (c'est-à-dire d'entités urbaines qui s'étendent de part et d'autre d'une ou de plusieurs frontières) a vu le jour. Ce processus global d'urbanisation des espaces frontaliers donne à voir la formation de nouvelles « centralités périphériques » dont les modalités de développement varient en fonction des régions.

Dans ce contexte, les agglomérations transfrontalières constituent des lieux privilégiés d'observation des dynamiques d'intégration transfrontalière. Ces « laboratoires » de l'intégration permettent d'analyser ce qui se passe lorsque les frontières s'ouvrent, tant au niveau des pratiques et des représentations des populations que des réponses institutionnelles et des modes de gouvernance. Les difficultés inhérentes au dépassement des frontières, quand ce n'est pas leur durcissement face aux peurs suscitées par les flux migratoires, soulignent la fragilité de ces agencements urbains résultant de la disjonction entre la connectivité d'un monde globalisé et la territorialité résiliente des États.

# 1 Origine et développement du phénomène urbain transfrontalier dans le monde

L'existence de centres urbains localisés à proximité d'une frontière renvoie à deux processus historiques distincts. En premier lieu, certaines villes existaient avant que l'établissement d'une frontière internationale ne vienne les couper en deux entités distinctes (phénomène de partition). À l'issue de la Seconde Guerre mondiale, de nombreuses villes d'Europe centrale ont ainsi été divisées, comme Görlitz – Zgorzelec et Francfort – Słubice sur la frontière germano-polonaise, Gorizia – Nova Gorica entre Italie et Slovénie ou encore Berlin. De nos jours, Nicosie à Chypre ou Jérusalem sont des exemples emblématiques de villes-frontières toujours divisées. Dans d'autres situations, la délimitation d'une frontière à proximité d'une ville a séparé celle-ci d'une partie de son arrière-pays, lui conférant ainsi un nouveau statut de ville frontalière (comme Bâle à partir du XVI<sup>e</sup> siècle). En second lieu, de nombreuses villes frontalières ont été fondées *ex nihilo*, consécutivement à l'établissement d'une frontière entre deux États. Dans certains cas, il s'agissait de bastions destinés à renforcer la fonction défensive d'une frontière et à proclamer la force d'un État souverain (comme Narva à la frontière russo-estonienne). Dans d'autres cas, l'émergence de villes dans des régions frontalières a été motivée par des considérations économiques (comme Lomé à la frontière entre le Togo et le Ghana) ou administratives (comme Haparanda à la frontière entre la Suède et la Finlande). En tant que portes d'entrée des personnes et des marchandises, ces villes ont vu leur économie croître grâce aux activités de transit et de stockage ainsi qu'aux opérations de douanes. L'essor de ces économies de la frontière a généralement entraîné une duplication de l'urbanisation, donnant ainsi naissance à des *villes-doublons* ou *villes-jumelles*.

Le développement de véritables agglomérations transfrontalières a longtemps été entravé du fait des obstacles induits par les frontières (notamment la réduction des aires de chalandise des villes), mais également la volonté des États de ne pas permettre l'essor, à la périphérie de leur territoire, d'unités économiques et sociales difficiles à gérer et susceptibles de générer des convoitises. À cela s'ajoutent des impératifs militaires qui ont conféré aux zones frontalières le statut stratégique de zones tampons. Ces facteurs, qui ont coïncidé avec la formation d'États modernes à partir du XVI<sup>e</sup> siècle, expliquent pourquoi les grandes villes ne sont que rarement situées à proximité des frontières internationales. À la suite de l'accélération de la mondialisation et du renforcement des mécanismes d'intégration régionale à partir des années 1980, les fonctions traditionnelles des frontières ont muté. La levée progressive des restrictions vis-à-vis du commerce international, des transactions financières et, dans certains cas, de la mobilité des personnes, a renforcé la fonction d'interface des frontières au détriment de leur rôle de barrière. Ce faisant, les espaces frontaliers ont acquis de nouvelles perspectives de développement. Si les villes frontalières restent dépendantes de la frontière, la nature de la relation qui les lie a changé : au-delà des obstacles qu'elle induit, la frontière présente également des opportunités en matière de développement économique, d'affirmation identitaire et de reconnaissance politique. Un bref tour d'horizon des dynamiques frontalières de par de monde illustre la dimension récente et globale du phénomène d'urbanisation des régions frontalières.

## 1.1 Europe

L'ouverture des frontières au sein de l'Union européenne et le soutien marqué à la coopération territoriale (programmes Interreg) ont constitué un contexte favorable à l'essor du fait urbain transfrontalier, en particulier dans des régions économiquement puissantes et urbanisées comme l'Europe rhénane (*cf.* carte 36.1). En Europe centrale et orientale, les villes frontalières sont le plus souvent de taille modeste (mis à part Vienne, Bratislava, Ostrava ou encore Rybnik) et connaissent une croissance modérée. Un des traits caractéristiques des mutations à l'œuvre est l'émergence de *métropoles transfrontalières*. Il s'agit de régions urbaines dotées de fonctions métropolitaines qui transcendent les frontières étatiques et dont la taille démographique varie de quelques centaines de milliers à quelques millions d'habitants. Les cas de Bâle, Copenhague – Malmö, Genève, Lille, Luxembourg et Strasbourg constituent des exemples remarquables de cette configuration urbaine originale. L'intégration économique y est d'autant plus forte que les différentiels frontaliers sont marqués. À Bâle, Genève, Lille ou Strasbourg, des formes ambitieuses de coopération territoriale ont également vu le jour, avec à la clé, l'affirmation de véritables projets de territoire métropolitain transfrontalier.

## 1.2 Amérique du Nord

Le phénomène d'urbanisation à grande échelle des régions frontalières est également prégnant en Amérique du Nord. Parmi la douzaine de villes-jumelles égrenées le long de la frontière entre les États-Unis et le Mexique, les cas de San Diego – Tijuana et d'El Paso – Ciudad Juarez sont emblématiques du développement de vastes métropoles transfrontalières comptant plusieurs millions d'habitants. La présence de différentiels frontaliers particulièrement marqués en ce qui concerne les coûts de main-d'œuvre et l'entrée en vigueur de l'Accord de Libre-Échange Nord-Américain (ALENA) en 1994 constituent les moteurs d'une intégration économique transfrontalière portée par le développement d'industries à bas coût localisées du côté mexicain (les *maquiladoras*) ainsi que d'intenses flux de biens, de capitaux et de personnes (travailleurs, résidents, touristes…). En dépit d'une violence endémique liée au trafic de drogues et de la fortification de la frontière du côté états-unien avec la construction d'une barrière agrémentée d'un dispositif de surveillance sophistiqué, l'urbanisation transfrontalière demeure soutenue quoique marquée par de fortes disparités socio-économiques. De son côté, la frontière entre le Canada et les États-Unis demeure relativement peu peuplée, à l'exception de la région des Grand Lacs qui compte quelques agglomérations transfrontalières (Détroit – Windsor, Buffalo – Niagara Falls).

## Carte 36.1 – Les villes frontalières en Europe

Source : ESPON Database 2016.
Conception et réalisation : C. Sohn et T. Cuignet, LISER.

## 1.3 Asie

L'Asie du Sud-Est constitue une autre partie du monde où certaines régions frontalières sont soumises à d'intenses dynamiques d'intégration économique et d'urbanisation étroitement articulées à la mondialisation. Dans le cas de Singapour, la cité-État polarise son hinterland frontalier afin de pouvoir accéder à des ressources qui lui font défaut (terrains, main-d'œuvre bon marché). L'établissement d'une coopération avec Johor (en Malaisie) et l'archipel de Riau (en Indonésie) à partir de 1989 a donné naissance à une zone économique transfrontalière baptisée le « Triangle de Croissance SIJORI ». Parallèlement à cette dynamique d'intégration transfrontalière « postcoloniale », l'essor de villes frontalières dans la sous-région du Grand Mékong accompagne la stratégie chinoise de coopération économique visant l'extension de son influence en Asie du Sud-Est. La croissance débridée de villes frontalières comme Kunming (Yunnan) qui, en quelques décennies, est passée du statut de capitale provinciale à celui de pôle métropolitain à partir duquel la Chine entend déployer ses zones de coopération économique et ses réseaux commerciaux en direction de la Birmanie, du Laos et du Vietnam, souligne la force des dynamiques d'intégration transfrontalière à l'œuvre.

## 1.4 Afrique

Enfin, le continent africain n'est pas en reste avec une croissance soutenue des villes frontalières, en particulier en Afrique de l'Ouest et dans la région des Grands Lacs. Dans une grande majorité de cas, il s'agit de villes petites et moyennes organisées autour de marchés transfrontaliers et situées au carrefour d'axes régionaux. Quelques mégapoles frontalières (comme Kinshasa et Brazzaville) et des agglomérations transfrontalières (comme N'Djamena – Kousséri ou Lomé – Aflao) dépassent le million d'habitants. Cette urbanisation frontalière s'est amorcée dans les années 1980 avec la détérioration de la conjoncture économique. Elle s'est par la suite amplifiée à travers la constitution des zones d'intégration économique régionale et l'insertion des villes frontalières dans des réseaux commerciaux transnationaux de biens manufacturés (en particulier chinois) et de denrées alimentaires. Même dans le contexte de multiplication des conflits qui affecte l'Afrique subsaharienne depuis les années 1990, de nombreux centres urbains frontaliers ont su tirer leur épingle du jeu en devenant des zones d'opportunités attractives pour des entrepreneurs (para) militaires qui cherchent à contrôler les échanges commerciaux et le trafic de matières premières. La pérennisation de ces dynamiques frontalières reste toutefois sujette à caution. Certaines villes frontalières subissent en effet de fortes fluctuations démographiques au gré de l'évolution des réglementations fiscales et douanières ou des taux de change, mais aussi et surtout de la situation sécuritaire (terrorisme). Une forme particulière d'urbanisation frontalière provient de l'installation de camps de réfugiés qui deviennent, avec le temps, des quasi-villes (exemple des camps de Dadaab au Kenya).

# 2 Les agglomérations transfrontalières, laboratoires de l'intégration

L'essor des agglomérations transfrontalières de par le monde représente un terrain privilégié pour analyser les dynamiques d'intégration, c'est-à-dire ce qui se passe lorsque l'effet de séparation induit par les frontières s'érode au profit des contacts et des échanges transfrontaliers. L'intégration transfrontalière est un processus complexe qui comporte différentes dimensions.

## 2.1 Intégration fonctionnelle

L'intégration fonctionnelle renvoie aux échanges économiques, aux flux de biens et de personnes et à l'interdépendance des territoires de part et d'autre d'une frontière. Cette forme d'intégration est le principal moteur de l'urbanisation des régions frontalières. Si la relative ouverture des frontières est une condition nécessaire, elle n'est toutefois pas suffisante. D'une part, l'essor de flux transfrontaliers sous-entend l'existence d'infrastructures de transport adéquates. Or, très souvent, les villes frontalières, du fait de leur marginalisation territoriale, présentent des lacunes en la matière. Cela est d'autant plus marqué quand la frontière se double d'une barrière naturelle (fleuve, détroit, montagne). Ainsi, dans le cas de l'agglomération transfrontalière du Grand Genève, les réseaux ferroviaires français et suisses n'ont fait l'objet d'une interconnexion que très récemment, après près d'un siècle d'atermoiements. Jusqu'alors, les réseaux nationaux finissaient en cul-de-sac de part et d'autre de la frontière.

La deuxième condition est l'existence de différentiels frontaliers qui suscitent des mobilités (de travail, de loisirs, de tourisme ou résidentielles) ainsi que des échanges commerciaux légaux ou illicites (contrebande). Ainsi, en Amérique du Sud, les villes de Ciudad del Este au Paraguay, Foz de Iguaçu au Brésil et Puerto Iguazú en Argentine forment une agglomération trinationale millionnaire qui doit son essor aux perspectives combinées du commerce formel, du tourisme et de trafics en tout genre. En Europe, Luxembourg, Genève et Bâle tirent profit du travail frontalier qu'elles polarisent (respectivement 200 000, 86 000 et 56 000 travailleurs frontaliers se rendent chaque jour dans ces villes). À chaque fois, des différences de salaires et d'opportunité d'emplois alimentent cette intégration économique qui se double d'une périurbanisation transfrontalière. Bien souvent, lorsque les différentiels frontaliers s'aplanissent, le niveau des interactions reflue. Enfin, lorsque les différences de part et d'autre d'une frontière sont trop marquées, elles compliquent l'accomplissement d'autres aspects de l'intégration, notamment le sentiment de faire partie d'une seule et même communauté.

## 2.2 Intégration symbolique

L'intégration idéationnelle se rapporte au fait qu'avec l'ouverture des frontières, les habitants des territoires frontaliers élaborent parfois une culture d'entre-deux et, de ce fait, partagent un certain nombre d'idées et de valeurs en commun. Cette forme d'intégration se manifeste avant tout dans la tête des gens ; autrement dit, c'est un processus long et incertain. Même dans les cas de villes-jumelles marquées par une grande proximité culturelle ou de profonds liens historiques, comme Herzogenrath et Kerkrade à la frontière germano-néerlandaise qui forment ensemble l'agglomération « Eurode », le sentiment d'appartenance à une communauté transfrontalière peine à se concrétiser. Plusieurs raisons expliquent ces réticences. Premièrement, la persistance d'asymétries institutionnelles, de barrières linguistiques ou de préjugés et de stéréotypes quant aux voisins frontaliers vient souvent contrarier les volontés de rapprochement des habitants ou des édiles. Deuxièmement, les relations transfrontalières, lorsqu'elles sont trop déséquilibrées, peuvent susciter des ressentiments teintés de mépris ou de jalousie vis-à-vis des voisins. Enfin, il y a la résistance des frontières nationales en tant que référents identitaires que certaines passions sacralisent (nationalisme). Ces obstacles à la réalisation d'une identité transfrontalière partagée soulignent l'incomplétude des agglomérations transfrontalières qui demeurent avant tout des constructions sociales et politiques en devenir.

## 2.3 Intégration institutionnelle

Enfin, l'intégration institutionnelle concerne les initiatives prises par les acteurs politiques, la société civile ou des coalitions d'entrepreneurs pour mener des projets de coopération, élaborer des mécanismes de gouvernance et mettre en œuvre des politiques publiques transfrontalières. Compte tenu des enjeux économiques, sociaux et symboliques qu'elles représentent, les villes frontalières sont des lieux de prédilection de la coopération transfrontalière, avec toutefois une grande diversité d'approches en fonction des contextes. Ainsi, dans le cas de l'Amérique du Nord, ce sont généralement les milieux d'affaires locaux qui ont initié des coopérations pragmatiques visant à faciliter le commerce et le passage des frontières. L'expérience européenne est, au contraire, marquée par une forte institutionnalisation de la coopération transfrontalière et un rôle prépondérant des autorités publiques locales et régionales. Les villes frontalières européennes ont joué un rôle symbolique important dans la politique de cohésion de l'Union européenne. La vision d'une Europe unie s'est ainsi concrétisée à travers une myriade d'initiatives locales destinées à dépasser les clivages hérités du passé et à construire des ponts par-delà les divisions. La multiplication des eurocités (comme Bayonne – San Sebastián ou Chaves – Verin), des eurodistricts (comme Bâle, Sarrebruck – Forbach ou Strasbourg – Ortenau) ou des eurométropoles (Lille – Kortrijk – Tournai) atteste de cet élan européen. La persistance des logiques nationales explique cependant, pour partie, le succès mitigé de ces nouveaux échelons de la gouvernance territoriale.

## Conclusion : des constructions territoriales réelles ou imaginées ?

La prise en compte des différentes facettes de l'intégration transfrontalière souligne à quel point les villes frontalières sont des objets paradoxaux : la frontière est à la fois ce qui justifie leur existence et ce qui les empêche de se réaliser pleinement. C'est aussi ce qui, souvent, confère à ces villes une ambiance particulière faite de métissage et de mise à distance. Cette ambivalence conduit à questionner la pertinence de concepts comme celui de villes-jumelles : les villes-doublons demeurent souvent dissemblables et, même intenses, leurs relations restent inégales. Si la continuité de l'espace urbanisé au-delà de certaines frontières constitue une réalité indéniable, l'absence d'un sentiment d'appartenance à une communauté transfrontalière et la relative faiblesse des modes de gouvernance questionnent la nature et le devenir de ces constructions territoriales. Cette interrogation est d'autant plus opportune que l'on assiste depuis quelques années à une résurgence des nationalismes, à l'accentuation d'un discours sur la fermeture des frontières et, dans certains cas, à la réintroduction de contrôles frontaliers et à l'érection de nouveaux murs. Parce qu'elles représentent traditionnellement des portes d'entrée pour les flux migratoires, qu'ils soient acceptés ou contestés, les villes frontalières sont des lieux d'application des méthodes de surveillance et de « sécurisation » des frontières. Elles sont aussi des lieux où s'inventent, souvent dans la contestation, de nouvelles manières de faire et de vivre la ville. L'exemple du Grand Genève, un projet d'agglomération transfrontalière particulièrement ambitieux et qui doit régulièrement faire face à une contestation politique populiste et xénophobe, en atteste. Dans d'autres cas, comme par exemple à Copenhague-Malmö, les difficultés inhérentes à la construction d'une métropole transfrontalière « intégrée » ont conduit les acteurs régionaux à préférer le marketing territorial au projet de territoire. Il ne s'agit dès lors plus d'inventer une ville par-delà la frontière, mais de promouvoir sur la scène internationale un lieu imaginaire qui mobilise la frontière comme un objet de reconnaissance et d'attractivité économique. Loin d'être achevée, la construction des agglomérations transfrontalières demeure un défi redoutable pour les populations et les acteurs frontaliers.

## BIBLIOGRAPHIE

BUURSINK J., (2001), « The binational reality of border-crossing cities », *GeoJournal*, n° 54/1, p. 7-19.

NUGENT P., (2012), « Border Towns and Cities in Comparative Perspective », *in* WILSON T. M., DONNAN H., *A Companion to Border Studies*, Chichester, Wiley-Blackwell, p. 557-572.

REITEL B., ZANDER P., PIERMAY J.-L., RENARD J.-P., (2002), *Villes et Frontières*, Paris, Anthropos.

SOHN C., (2016), « La frontière : un atout dans un monde urbain globalisé », *Questions internationales*, La Documentation française, n° 79-80, p. 37-47.

WALTHER O., DAMBO L., KONÉ M., (2020), « Urbanisation et villes frontalières en Afrique de l'Ouest », *L'Information géographique*, n° 84/2, p. 31-47.

# PARTIE 5
# CONCLUSIONS POUR ENSEIGNER LA FRONTIÈRE

## SOMMAIRE

# CHAPITRE 37

# L'Arlésienne : tour d'horizon d'un thème transversal dans les programmes du secondaire

**Fabien BARTHÉLÉMY, Olivier ANDRU**

SOMMAIRE



Le thème des frontières est aux programmes de géographie ce que le personnage de l'Arlésienne est à l'opéra de Bizet : partout et nulle part à la fois. Les frontières ne font explicitement l'objet d'aucun chapitre des programmes du collège (cycle 3 et 4) ni des programmes d'enseignement commun du lycée général et technologique. Seul le programme d'enseignement de spécialité de Première en a fait un thème spécifique.

Mauvaise nouvelle pour les (futurs) enseignant·es d'histoire-géographie qui souhaiteraient approfondir cette question : ils n'auront que très rarement l'occasion de traiter directement le sujet dans le cadre d'un chapitre dédié. Bonne nouvelle : ils pourront mobiliser leurs connaissances en la matière ainsi que ses entrées didactiques à de maintes reprises. En effet, on peut qualifier les frontières de thème transversal dans les programmes les plus récents de l'enseignement secondaire. Autre métaphore possible alors à l'attention des enseignant·es concernés : celle du coucou qui pond ses œufs dans le nid des autres.

Ce chapitre a pour but d'éclairer cette transversalité : situer la place de ce thème dans les programmes et comprendre les approches pour l'aborder. La première partie est consacrée aux programmes de la fin du cycle 3 jusqu'à l'enseignement de spécialité de terminale en passant par les filières générales et technologiques. La deuxième partie aborde les enjeux didactiques et les approches scientifiques pour enseigner les frontières. La troisième partie propose quelques pistes d'enseignement : les notions, les cas, les compétences.

# 1 Le thème des frontières dans les programmes du secondaire

Cette partie est une brève exégèse des programmes en date dans le secondaire, à la recherche du thème des frontières. Les citations qui suivent en sont extraites.

## 1.1 Au collège, fin du cycle 3 et cycle 4

Consacré à la notion d'habiter, le programme du niveau sixième ne fait nulle mention du mot « frontière ». Il n'est d'ailleurs pas davantage mentionné pour les plus petits niveaux du cycle 3. En classe de sixième, le thème 4 *Le monde habité* pourrait pourtant intégrer une étude sur un cas frontalier. En effet, le sous-thème 2 *La variété des formes d'occupation spatiale dans le monde* peut amener à étudier comment habiter la frontière et répondre ainsi à l'objectif d'explorer les « dynamiques de peuplement en cours ».

Au cycle 4, la frontière fait une apparition discrète mais notable dans le programme du niveau troisième, thème 3 *La France et l'Union européenne* : « On aborde cette question en y intégrant l'examen d'une région transfrontalière ». Ladite question est celle de l'intégration de la France dans le territoire de l'Union européenne. L'étude d'une frontière de la France métropolitaine, de ses aménagements et de ses dynamiques régionales est ainsi une figure imposée du programme. Par ailleurs, la frontière française peut également être étudiée dans le thème 2 *Pourquoi et comment aménager le territoire ?* dans le cas spécifique des territoires ultra-marins (sous-thème 2). Les frontières, aussi bien maritimes que terrestres, illustrent la « problématique spécifique » de ces territoires.

En quatrième, la frontière transparaît derrière le caractère transnational du thème 2 puis derrière l'approche régionale du thème 3. En cela, c'est potentiellement le niveau du collège qui offre le plus d'opportunités d'étudier la frontière. *Les mobilités humaines transnationales* (thème 2) et *Mers et océans : un monde maritimisé* (sous-thème 1 du thème 3) amènent à traiter la place des frontières dans la perspective des échanges mondialisés. Dans le thème 3, les études des États-Unis d'une part et d'un grand ensemble africain d'autre part mettent en évidence, respectivement, le rôle des frontières externes d'un État et les frontières nationales au sein d'un ensemble régional. Ces deux thèmes permettent chacun d'alterner les points de vue des États et des humains sur le rôle des frontières et leurs effets sur la circulation ou bien l'intégration régionale.

Enfin, le programme de cinquième ne propose aucun thème qui invite à faire l'étude des frontières. En revanche, une réflexion filée sur l'année est possible dans la mesure où les thèmes 1 et 2 reposent essentiellement sur le niveau national et la mobilisation d'indicateurs étatiques. La frontière apparaît comme l'opérateur de délimitation symbolique de toutes les caractéristiques nationales abordées : démographie, richesse, développement, exploitation de ressources, production d'énergie. Le thème 3 vient conclure l'année en montrant que les manifestations du changement global (« changement climatique, urbanisation généralisée, déforestation… ») dépassent ces frontières.

## 1.2 Au lycée en enseignement commun

Le programme du niveau Seconde, centré sur *Environnement, développement, mobilité : les défis d'un monde en transition* ne fait pas figurer de manière explicite la frontière parmi les notions à étudier mais celles de migration et de mobilité la suggèrent. Le thème 3 *Des mobilités généralisées* invite les élèves à réfléchir sur les flux migratoires et les mobilités touristiques. Le choix des études de cas peut favoriser les situations frontalières.

Dans le programme de Première, focalisé sur les recompositions des espaces de vie et de production, le phénomène de littoralisation peut être l'occasion d'aborder à nouveau la situation de frontière.

Les élèves devront attendre la classe de terminale pour étudier la délimitation des ZEE dans le thème 1 *Mers et océans : au cœur de la mondialisation*. Dans le thème 2 *Dynamiques territoriales, coopérations et tensions dans la mondialisation* la notion d'intégration soulève la question de l'évolution du rôle des frontières.

Le thème 3 *L'Union européenne dans la mondialisation : des dynamiques complexes* ne peut faire l'impasse sur les frontières internes et externes de l'Union européenne. La question spécifique sur la France est par ailleurs consacrée « aux échanges et mobilités de part et d'autre de la frontière ». Enfin, les élèves qui habitent dans une région frontalière pourront une dernière fois dans leur scolarité étudier cette notion abordée d'une manière indirecte et sporadique.

En série technologique, l'approche pédagogique est différente mais le parcours notionnel et les titres de thèmes sont identiques.

## 1.3 Au lycée en enseignement de spécialité d'histoire-géographie, géopolitique et sciences politiques

Les élèves qui choisissent l'enseignement de spécialité pourront approfondir la notion de frontière dans le thème 3 *Étudier les divisions politiques du monde : les frontières*. La question doit être appréhendée avec une approche pluridisciplinaire, dans un chapitre introductif qui vise à dégager les enjeux du thème par l'observation de la situation actuelle. Les enseignant·es sont appelés à faire comprendre la variété des types de frontières et les dynamiques qui les transforment. C'est l'occasion de remettre en cause des préjugés sur les frontières en soulignant leur caractère artificiel et évolutif.

Ensuite, deux axes sont successivement étudiés en approfondissement. Pour l'axe 1 *Tracer des frontières, approche géopolitique* les sujets d'étude des jalons s'enracinent dans le passé mais ils permettent d'aborder plusieurs fonctions des frontières et d'éclairer des questionnements actuels. L'axe 2 *Frontières en débat* doit prendre appui sur deux jalons. Le premier favorise une approche historique et politique de l'évolution de la *frontière germano-polonaise de 1939 à 1990, entre guerre et diplomatie* ; le second *Dépasser les frontières : le droit de la mer* invite à comprendre le processus de production de frontières.

Le thème s'achève par un objet de travail conclusif *Les frontières internes et externes de l'Union européenne* en appliquant sur cet ensemble les connaissances et les méthodes acquises précédemment. Les trois jalons proposent d'étudier *Les enjeux de Schengen et du contrôle aux frontières : venir en Europe, passer la frontière* avant d'aborder *Les frontières d'un État adhérent* puis *Les espaces transfrontaliers intra-européens.*

L'année de terminale en enseignement de spécialité a pour objectif d'approfondir les notions et méthodes initiées en Première. Le chapitre introductif du thème 1 *De nouveaux espaces de conquête* présente l'espace et les océans comme les dernières frontières. L'axe 1 *Conquêtes, affirmations de puissance et rivalités* amène à étudier la façon dont les puissances se projettent au-delà de leurs frontières nationales pour devancer leurs rivaux. L'axe 2 *Enjeux diplomatiques et coopérations* soulève la question de la production de frontières en particulier dans le jalon 2 consacré à la création de ZEE. Le thème suivant *Faire la guerre, faire la paix* ne nous éloigne pas de la notion de frontière, au cœur des logiques d'affrontement et des modalités de construction de la paix. Il offre l'occasion de préciser le modèle westphalien de frontière et sa remise en cause au début du XXIe siècle. L'objet de travail conclusif *Le Moyen-Orient : conflits régionaux et tentatives de paix impliquant des acteurs internationaux* permet à l'élève de récapituler les connaissances acquises durant l'année. Enfin le thème 6 *L'enjeu de la connaissance* propose un objet de travail conclusif intitulé *Le cyberespace : conflictualité et coopération entre les acteurs*, dernière occasion pour questionner les frontières réseaux et les préjugés sur la matérialité des frontières.

## 2 Enseigner la frontière : enjeux didactiques

Dès lors que les Conseils supérieurs des programmes n'ont pas jugé nécessaire de faire plus de thèmes directement dédiés à la frontière, pourquoi faudrait-il inclure ce thème dans les enseignements ? Quels seraient alors ses objectifs didactiques ?

## 2.1 Objet central, idées reçues, approches critiques

Un début de réponse est donné dès la première phrase de la lettre de cadrage des questions aux concours du Capes Cafep et de l'Agrégation externes : « Les frontières sont un objet central de la géographie. » L'intégralité de la lettre de cadrage fait ensuite la démonstration de cette centralité et de sa transversalité à travers les thèmes comme les approches scientifiques.

Une deuxième réponse tient au lien fort entre le thème des frontières et le support cartographique que la lettre de cadrage rappelle également. À l'école, impossible d'imaginer une salle d'histoire-géo sans son planisphère mural représentant le « monde politique ». Des générations d'écoliers ont ainsi eu du monde une vision plate, striée de frontières et pavée d'États – pas toujours à jour ! Des frontières s'insinuant alors comme un élément « naturel » de la géographie au même titre que les montagnes, les cours d'eau ou les déserts qu'on pouvait voir au verso. C'est la raison pour laquelle Anne-Laure Amilhat Szary invite à dépasser les idées reçues sur la frontière (2016) et la lettre de cadrage appelle à « enseigner cette thématique en faisant preuve d'esprit critique ».

Bien avant que la question des frontières fasse l'actualité de l'enseignement, la priorité de ce thème m'avait été signalée par Mohamed, un élève de quatrième, lors d'un cours d'EMC sur la liberté. Alors que nous abordions la notion de liberté de circulation celui-ci m'avait posé cette question : « Pourquoi il y a plusieurs pays dans le monde, pourquoi il n'y en aurait pas qu'un seul ? » Suivant les suggestions de cet élève, enseigner la frontière entraîne alors les enseignant·es et leurs élèves dans une entreprise de déconstruction de leur vision du monde en répondant à une question fondamentale de la géographie : « Pourquoi l'espace géographique est-il tel qu'il est et pas autrement ? » C'est donc avec une approche critique que les enseignant·es doivent aborder l'étude des frontières : dans la diversité de leurs formes et de leurs fonctions d'une part et comme un construit politique et culturel d'autre part.

## 2.2 Approches scientifiques

Pour atteindre ces objectifs didactiques la lettre de cadrage fait référence à plusieurs approches scientifiques. L'approche géopolitique est celle qui transparaît de manière la plus évidente des thèmes au programme car on peut la mobiliser pour chacun des thèmes. En effet, pour chacun il est possible, voire nécessaire, d'aborder en quoi les frontières traduisent les spatialités des organisations politiques, leurs discontinuités et parfois les crises qu'elles suscitent. En complément, la géohistoire est nécessaire pour contextualiser les frontières dans les époques et les conditions politiques et géographiques de délimitation. Le programme de spécialité fait la part belle à ces deux approches.

La géographie économique met l'accent sur la dimension d'interface à travers les aménagements et les effets qu'ils suscitent. Cette approche amène des études à différentes échelles et se prête bien à la comparaison de plusieurs cas frontaliers. Les thèmes de troisième et le thème 3 de quatrième peuvent se baser sur cette approche tout comme les thèmes de terminale.

Une approche par la géographie sociale et culturelle est également possible à chaque fois qu'on peut aborder la frontière par l'angle des témoignages, des corps ou de l'art. Cette approche interroge aussi bien les conditions matérielles de franchissement des frontières que leurs dimensions symboliques. La spatialité des frontières dépasse alors la ligne ou les territoires pour se porter à l'échelle des individus, des sites, des installations ou des réseaux. Les thèmes 4 de sixième ou 2 de quatrième se prêtent bien à ces types d'approches ainsi que le thème 3 du programme de seconde.

## 2.3 Attendus didactiques

À la fin du cycle 4, l'étude de la frontière aura permis aux élèves d'approfondir leur construction de repères géographiques. En continuant à apprivoiser ces formes linéaires sur les cartes, à différentes échelles, ils développent leur compétence de repérage des pays dans l'espace mondial. Les élèves enrichissent également leur vocabulaire. Outre la définition de la frontière, les notions de transnational et de transfrontalier sont abordées respectivement en quatrième et troisième. La frontière permet également d'approfondir la notion de territoire, de ZEE et l'on peut même évoquer les notions d'interface et de discontinuité. Enfin, l'étude de la frontière amène les élèves à développer leur capacité à caractériser des espaces, notamment à distinguer les frontières terrestres et les frontières maritimes ou encore à reconnaître différents paysages frontaliers.

À la fin de sa scolarité au lycée, on peut estimer qu'un élève aura été en mesure de comprendre ce qu'est une frontière dans sa complexité, ses fonctions de filtre, son caractère construit et artificiel. L'enjeu consiste à maîtriser les différents attributs d'une notion de manière progressive. Cela nécessite que le professeur fasse régulièrement des rappels explicites des acquis afin que l'élève puisse les relier entre eux. L'élève aura étudié plusieurs types de frontières et leur fonction d'interface. Il aura étudié à plusieurs échelles les dynamiques propres aux espaces transfrontaliers, l'évolution des frontières en lien avec les migrations internationales et enfin leur reconfiguration du fait des logiques d'intégration régionale et de mondialisation.

Les élèves qui suivent l'enseignement de spécialité ont l'occasion d'approfondir et d'élaborer une typologie des frontières. L'approche historique permet de faire prendre conscience de l'évolution des frontières dans leur tracé et leur fonction, en relation avec la construction de l'État-nation. Les élèves doivent comprendre qu'une frontière est le résultat d'un processus de négociations, d'un équilibre des forces en présence. L'enseignement de spécialité permet aussi de montrer que les frontières font l'objet de représentations qui nourrissent des discours politiques.

Pour chaque thème et chaque niveau, des liens peuvent être faits avec les programmes d'EMC sur des thèmes comme la liberté, le droit, la souveraineté, la solidarité ou encore la défense.

## 3 Enseigner les frontières : pistes pédagogiques

Au collège comme au lycée, toute démarche pédagogique vise à la fois l'acquisition de connaissances et la maîtrise de compétences afin d'amener les élèves à mener des raisonnements géographiques. Cette partie propose des pistes pour aborder ces objectifs par l'enseignement des frontières.

### 3.1 Pistes pour enseigner les frontières au collège

Dès le collège, la carte et la photographie sont des supports qui peuvent donner de la matière à différentes études de cas, leur contextualisation et la montée en généralité. En sixième, quatrième ou troisième, ces supports – en particulier le planisphère des murs de Stéphane Rosière – se prêtent à des exercices de lecture de carte, de description de paysage ou de construction de croquis amenant les élèves à comprendre la matérialité et le fonctionnement des frontières d'une part et à développer des compétences de repérage dans l'espace et de pratique du langage cartographique d'autre part. Une utilisation numérique de la carte peut être faite pour le thème des mobilités en quatrième grâce aux cartes interactives de *passportindex.org* qui propose un classement des passeports en fonction du nombre de pays auxquels ils donnent accès. Un tel support amène à découvrir les dispositifs politiques et administratifs derrière les frontières et à mener une réflexion sur les inégalités que les frontières font peser sur les mobilités transnationales.

Des travaux récents croisant géographie et art autour des questions de cartographie, de mobilité et de frontières fournissent des cas inspirants pour construire des séances dépassant l'usage classique de la carte[1]. Ces cartographies sensibles ne reposent pas sur des données mais sur des récits de franchissement de frontière. Or, de nombreux organes de presse ont mis en ligne des témoignages de migrants entre 2015 et 2016, illustrant le franchissement des frontières de l'Union européenne et des traversées maritimes. Ainsi, toujours pour le thème de quatrième, plusieurs activités peuvent être proposées pour amener les élèves à comprendre les

...............

1. Nous faisons référence aux « Cartographies Traverses » d'Anne-Laure Amilhat Szary et Sarah Mekdjian, aux différents travaux recensés dans l'*antiAtlas des frontières* (https://www.antiatlas.net) ou encore aux recherches d'Elise Olmedo sur la cartographie sensible.

frontières par des expériences humaines. Elles peuvent soit partir de cartes sensibles pour faire travailler le récit en géographie, soit partir de récits pour faire travailler des formes artistiques de langage cartographique. De telles séances peuvent faire l'objet de croisements disciplinaires avec le français ou les arts plastiques. Enfin, des œuvres d'art à la frontière ou exprimant l'idée de frontière peuvent être étudiées à la manière de l'histoire des arts en expérimentant une démarche de « géographie des arts » (*cf.* chap. 15 et 20).

## 3.2 Pistes pour enseigner les frontières au lycée

En terminale série technologique le thème 1 *Mers et océans : au cœur de la mondialisation* propose un sujet d'étude, « Les réseaux de câbles sous-marins : des infrastructures essentielles à la mondialisation ». Une fois décrit leur rôle dans les échanges d'informations et les inégalités qu'ils induisent, une incursion géopolitique est suggérée : « Leur concentration rend certains espaces particulièrement stratégiques et vulnérables. » Le sujet d'étude peut être abordé en introduction de la question obligatoire pour décrire les inégalités d'insertion des territoires dans la mondialisation mais aussi la dynamique de création de frontières dans les espaces maritimes et dans le cyberespace. Un dossier documentaire permettra aux élèves de « mettre en relation des faits de natures et de localisations différentes », « d'identifier les contraintes et les ressources d'une situation géographique », de « travailler de manière autonome ». Outre un planisphère des principaux câbles et data centers, peut figurer un texte sur la surveillance des points d'atterrage par la DGSE et des câbliers dans la ZEE. On peut compléter par un document sur la territorialité des données personnelles russes et l'extraterritorialité des données françaises. Le questionnaire doit guider les élèves pour qu'ils comprennent que l'information traverse les frontières mais que ces dernières sont actives et que les États tentent de renforcer leur souveraineté sur les infrastructures ainsi que les contenus. Une erreur à éviter cependant : aborder le sujet d'étude sous le seul angle géopolitique alors qu'il introduit le chapitre sur la mondialisation.

En classe de terminale enseignement de spécialité, la question des frontières numériques est aussi abordée d'une manière beaucoup plus approfondie dans un travail conclusif « Cyberespace, conflictualité et coopération entre acteurs ». En prenant appui sur ce qui a été étudié en géographie en début d'année, on peut proposer une ouverture sur les enjeux géopolitiques et politiques. L'accent sera mis sur les frontières numériques entre opérateurs, les frontières juridiques portant sur les contenus et les frontières matérielles sur les infrastructures feront l'objet d'un simple rappel. Il est possible de faire travailler les élèves en groupes autonomes sur le site de cyberstratégie de la chaire Castex et de les faire réfléchir sur une cartographie du cyberespace, en particulier les types de figurés utilisables pour représenter les limites et les frontières (*cf.* chap. 17).

Après ce parcours des programmes afin d'y dénicher les thèmes, les enjeux et les manières d'enseigner la frontière, il ressort que les occasions de l'étudier, d'en faire une matière de réflexion et de développement de compétences géographiques sont nombreuses. À l'image de la notion de frontière qui appelle un regard critique, son enseignement doit éviter quelques lieux communs que nous rappelons pour conclure :

1. Seul l'enseignement de spécialité serait dédié à l'enseignement des frontières. Même si ce thème en fait une étude approfondie, bien d'autres thèmes permettent d'aborder les frontières aussi bien par des études de cas ponctuelles que par une réflexion globale tout au long du programme d'un niveau.
2. Les frontières ne seraient qu'un sujet de géopolitique. Si cette approche est la plus classique, l'aborder par la géohistoire, la géographie économique et la géographie sociale et culturelle est tout aussi riche sur le plan didactique, quitte à en faire l'objet d'une séance de « géographie des arts ».
3. Les frontières se réduiraient à des lignes sur un planisphère. Il convient de dépasser, de manière progressive tout au long du cursus, cette vision statique, linéaire et bivalente pour aborder la complexité des formes et des fonctionnements.
4. Les frontières s'étudieraient uniquement par des cartes. La cartographie est un outil privilégié mais parfois trompeur. Les élèves peuvent s'approprier une connaissance des frontières par bien d'autres supports et d'autres manières de raisonner et s'exprimer que la cartographie « classique ».

Enseigner les frontières amène à une triple transversalité : transversalité dans les programmes et transversalité au sein des thèmes pour en faire un fil rouge de l'enseignement en géographie. Une troisième forme est celle de l'interdisciplinarité qui permet des ouvertures avec les autres matières.

## BIBLIOGRAPHIE

AMILHAT SZARY A.-L., (2016), « La frontière au-delà des idées reçues », *La revue internationale et stratégique*, Paris, Armand Colin, Institut des relations internationales et stratégiques, p. 147-153.

CHAPITRE 38

# Les frontières d'un virus : enseignements conclusifs et perspectives

**Anne-Laure AMILHAT SZARY**
**et Grégory HAMEZ**

SOMMAIRE



Le choix de faire figurer les frontières au programme des concours de recrutement des futurs professeurs·es de géographie et d'histoire français était courageux au moment où il a été pris, du fait du poids idéologique que revêt leur traitement médiatique : il est devenu précurseur au vu des événements que nous avons traversés en 2020, liés à la pandémie de Covid-19. Il n'est pas courant de placer un manuel sous les feux de l'actualité : au contraire, les mises au point scientifiques se donnent plus souvent pour but de s'inscrire dans une longue durée qui évacue les soubresauts récents. En l'occurrence, la fermeture concomitante d'une grande partie des frontières du monde et le confinement des personnes ont non seulement porté la question des limites au cœur des préoccupations mondiales, elles nous obligent aussi à penser différemment notre relation dialectique aux flux de la mondialisation et à réfléchir autrement à ce qu'enclore veut dire. Une façon de vérifier la robustesse de tout ce que les chercheur·es racontaient sur les frontières jusque-là !

# 1 Comprendre la Covid-19 à toutes les échelles de la mondialisation

Que s'est-il passé ? Il faut revenir sur un bref échéancier que la mémoire courte de l'événement vécu tend à effacer au fur et à mesure : des décès en masse dans la province chinoise de Wuhan se produisent dès octobre-novembre 2019. L'alerte sur la dangerosité de la transmission n'est donnée que début décembre. L'Organisation Mondiale de la Santé est alertée dès le début 2020, et les cas commencent à se répandre dans le monde en janvier, au point que l'OMS déclare le 30 janvier 2020 une « situation d'urgence de santé publique internationale », clause qui lui permet de mobiliser la communauté internationale. Les cas continuent à augmenter, avec une très forte mortalité hors de Chine, notamment en Italie courant février 2020, ce qui amène l'OMS à déclarer officiellement une « pandémie » le 11 mars. De mars à mai 2020, suite à des réactions étatiques unilatérales, de très nombreux pays vont prendre la décision de fermer leurs frontières internationales et d'inciter de manière plus ou moins coercitive leurs habitant·es à se confiner chez eux[1].

La diffusion de la Covid-19 a bel et bien dessiné une carte de l'état de la globalisation. Les aires urbaines les plus développées et les plus connectées au reste du monde ont été des lieux de diffusion particulière du virus. Cette globalisation est aussi culturelle : parmi les premières personnes atteintes de la maladie en Corée du Sud, en Italie ou en France se trouvent des touristes chinois ou ayant voyagé en Chine, notamment de la province du Wuhan. Les réseaux de cette globalisation se jouent des frontières, qu'il s'agisse d'évènements religieux (à l'origine de la propagation du virus dans l'État de New York aux États-Unis, à Mulhouse en France, à Kuala Lumpur en Malaisie) ou sportifs (comme avec le match de football de Ligue des Champions entre l'Atalanta Bergame en Italie et Valence en Espagne, en février 2020[2]).

En miroir, les décisions prises pour limiter la pandémie ont mis en évidence la dimension structurelle des échanges globaux à toutes les échelles : problèmes d'accès aux « commodités » agricoles déclenchant une crise alimentaire, limitation des flux de « remittances » (transferts financiers opérés par les migrant·es) pour les pays des Suds participant fortement de leur vulnérabilité croissante. Derrière les modifications des mouvements de personnes dont nous avons pu prendre conscience au niveau individuel, c'est la baisse des flux de marchandises qui va avoir un impact important sur nos

...............

1. Une carte interactive des fermetures est renseignée de manière collaborative par l'université d'Oxford (Blatavnik School of Government) qui met en ligne ses données (*Our World in Data* Covid-19 dataset) et a construit un indicateur de « rigueur » des fermetures (*strigency index*: Covid-19: Government Response Stringency Index, septembre 2020) pour rendre compte de la multiscalarité des mesures de confinement (fermeture des frontières, interdictions de voyage, restriction d'accès aux lieux de travail, écoles, etc.). *Cf.* https://www.bsg.ox.ac.uk/research/research-projects/coronavirus-government-response-tracker#data.

2. Hamez G. *et al.*, (2020), « La frontière « nationale » brouillée par la Covid-19 », *The Conversation*, https://theconversation.com.

existences au cours des mois à venir. Ce frein inédit aux mouvements et aux échanges caractéristiques de la mondialisation contemporaine a entraîné une contraction de l'économie sans précédent, caractérisée par la chute du PIB mondial (25 % pour l'Inde, 12 % pour la zone Euro) liée à une baisse historique de la production par habitant, aux perturbations de l'offre et de la demande... Les prévisions en matière de paupérisation sont alarmantes, des centaines de millions de personnes basculant dans la pauvreté, sans compter du fait que, privés d'école pendant la pandémie, des milliards d'enfants du monde ont été privés d'accès à l'apprentissage. Dans le même temps, au cœur du « *lock-down* », mot utilisé pour désigner à la fois les fermetures de frontières et le confinement des individus, les émissions journalières de $CO_2$ ont connu une contraction tout aussi inédite (jusqu'à 20 % par rapport aux taux moyens quotidiens de 2019), entraînant une amélioration de la qualité de l'air dans les grandes mégalopoles, de l'eau de la lagune de Venise, etc., questionnant sur les modalités souhaitables pour la reprise, dans un contexte de menaces découlant du changement climatique.

## 2 Relire la frontiérisation du monde à l'aune de la pandémie

Que retenir de cette chronologie rétrospective pour l'analyse des frontières ?

Elle offre à voir de façon saisissante et condensée la nature spatiale de la frontière, dans sa diversité et ses ambivalences. D'abord, il ressort qu'à peu près aucune frontière au monde n'est complètement étanche, dans la mesure où le virus a circulé effectivement. Ensuite, si la circulation opère à travers les frontières, les frontières conservent un rôle de cloisonnement indéniable. Ce cloisonnement se voit d'abord par le fait que la circulation du virus s'effectue d'abord et avant tout à l'intérieur des limites nationales, avant de percoler à travers les frontières. La mobilité infranationale prime sur les autres formes de mobilité ; et les politiques sanitaires sont propres à chaque État, de même que le degré d'acceptation sociale face aux mesures de restriction de liberté. En outre, les frontières exercent également un rôle affiché de barrière ou de filtre, évoluant dans le temps. Depuis mars 2020, les États ont déployé des politiques différentes de contrôle aux frontières : certains interdisent les arrivées de voyageurs provenant de certains pays, d'autres acceptent les arrivées moyennant une quarantaine de durée variable, d'autres encore conditionnent les arrivées à la prise de température comme nouvelle modalité de contrôle de la circulation des corps et/ou à la production d'un document de dépistage négatif, ou à l'engagement à en produire un rapidement. Ces politiques différentes traduisent en partie la vision du monde que porte chaque État : par exemple, pour qualifier les zones à risque, les États fédéraux comme l'Allemagne et la Suisse effectuent un classement des régions étrangères, tandis qu'un État centralisé comme la France effectue un classement des pays dans leur ensemble. L'échelon international auquel la coordination aurait été la plus efficace, reste singulièrement en retrait malgré l'intervention rapide de l'OMS, illustrant le difficile transfert de souveraineté vers des organisations supra-nationales.

La frontière reste donc un dispositif au service de l'État, dont la portée symbolique est forte. De fait, les effets d'annonce priment parfois sur la réalité des contrôles, comme la déclaration des autorités françaises en août 2020 de mettre en place une réciprocité des contrôles face au Royaume-Uni, quand ce dernier imposait une mise en quarantaine des voyageurs arrivant de France – réciprocité non suivie d'effet, ni immédiatement, ni dans les mois qui ont suivi. Autant que ces postures diplomatiques, les revirements dans les déclarations sont aussi révélateurs de l'ambivalence symbolique des frontières. Dans le Land allemand de la Sarre, frontalier du Grand Est français, le Ministre de l'Intérieur sarrois déclara en avril 2020 que grâce à l'interdiction d'entrée des Français, une meilleure protection serait assurée aux Sarrois – avant de se raviser et de présenter ses excuses aux voisins français, dans une région marquée par un important travail frontalier.

Le virus, parfois dénoncé comme « chinois » au risque d'escarmouches diplomatiques, a franchi de nombreuses barrières, à commencer par celle de l'organisme humain. Il questionne d'abord et avant tout la question des échelles et notre vision traditionnellement binaire du monde entre un dehors et un dedans. La fameuse « distance sociale », préconisée parmi les gestes barrières pour lutter contre sa propagation, est de fait une distance géographique entre les personnes vivant en société dont la présence du SARS-CoV-2 impose de repenser les approches théoriques.

Parler d'échelles, c'est en effet comprendre qu'une gestion rationnelle de la pandémie, comprise comme maladie se diffusant à l'échelle mondiale, aurait dû se faire à ce même niveau planétaire. Mais les différends entre les grandes puissances et l'OMS en ont décidé autrement[3] et il est revenu aux gouvernements des États de prendre les décisions fondamentales pour tenter de contingenter le virus, portant essentiellement sur la limitation des mobilités humaines (fermeture des frontières, confinement) et sur la réduction du contact avec le virus (gestes barrières et équipements de sécurité comme les masques ou visières). Cette nationalisation apparente de la prise de décision cache en fait des réalités régionales disparates, que les gouvernements locaux, notamment dans le cadre des pays fédéraux, ont pu prendre en charge, ouvrant un débat sur le rôle de cet échelon infranational dans les décisions géopolitiques.

L'un des grands paradoxes de l'épidémie, comme le montre L. Muscarà dans le chapitre 19 de l'ouvrage, est que les gouvernements populistes qui appelaient de leurs vœux la fermeture de leurs frontières face à la mondialisation dont ils faisaient des migrant·es les boucs émissaires, sont justement ceux qui ont refusé d'appliquer ces mesures. Ils mettaient là en évidence le fait que la frontière ne constituait pour eux qu'un argument rhétorique utile dans leur attirail idéologique, dont il faudrait désormais se méfier plus que jamais. Un deuxième paradoxe est que celles et ceux qui ont pu se confiner étaient justement les personnes les plus mobiles, pour lesquelles la privation temporaire de

..............

3. https://laviedesidees.fr/L-OMS-dans-le-maelstrom-du-covid-19.html.

mouvement a pu être vécue sans privation d'accès (ni au travail à distance, ni à la consommation, ni à la culture ou l'éducation[4]). Tout le monde est loin de s'être confiné et les mesures liées à la pandémie ont mis en évidence les inégalités structurelles de nos sociétés, dont les terribles images des lignes blanches tracées au sol pour délimiter les espaces de (quelle?) «sécurité» des sans-abri témoignent. Troisième paradoxe, le traitement des étrangers·ères illégalisé·es est venu renforcer encore la dimension arbitraire du traitement des personnes aux frontières: les activistes ont été nombreux à souligner que d'une part, la fermeture des frontières prévenait le recours au droit d'asile du fait de l'impossibilité d'accueil et que, d'autre part, l'enfermement des migrant·es, justifié comme étape préalable à leur renvoi, devait être suspendu en période de fermeture de frontières... il n'en est pas moins résulté une dégradation terrible des conditions de vie pour les personnes enfermées dans les frontières, notamment européennes[5]. Le virus a travaillé à toutes les échelles la différenciation des régimes de mobilités et de frontiérités.

## 3 Repenser la géographie à l'ère du «microbiocène»

Le SARS-CoV-2 et la lutte contre la pandémie qu'il a engendrée posent une série de questions d'envergure sur ce que protéger veut dire aujourd'hui et sur le rôle que les frontières internationales jouent là, parmi un attirail d'autres dispositifs, dans une dialectique essentielle entre sécurité et liberté que ce débat oblige à poser.

En proposant de distinguer les mobilités des «plus vulnérables» ou de tracer les infectés et leurs contacts, ce virus nous oblige à penser des «frontières pandémiques» qui mettent en lien les corps et le global dans une confrontation scalaire inédite. À l'heure où certains proposent de parler de «microbiocène» plutôt que d'anthropocène[6], où il apparaît nécessaire pour tous de repenser les questions de distance, d'échelle, d'interactions, travailler et faire travailler les questions de frontière aux étudiants·es qui deviendront à leur tour enseignant·es paraît bien, plus que jamais, essentiel.



...............

4. Voir Amilhat Szary A.-L., (2020), «Those who are confined, are also the most mobile!», *in* Wille C., Kanesu R., *Bordering in Pandemic Times. Insights into the Covid-19 Lockdown. Borders in Perspective*, vol. 4, UniGR-Center for Border Studies, http://www.uni-gr.eu/fr/node/3213.

5. Heller C., (2020), «De-confine Borders: Towards a Politics of Freedom of Movement in the Time of the Pandemic», *COMPAS*, https://www.compas.ox.ac.uk/2020/de-confine-borders-towards-a-politics-of-freedom-of-movement-in-the-time-of-the-pandemic-wp/.

6. Rees T., (2020), «From The Anthropocene To The Microbiocene», *NOEMA Magazine*, juin, https://www.noemamag.com/from-the-anthropocene-to-the-microbiocene/.

262977 – (III) – OSB 80° – PCA – BTT
Dépôt légal : novembre 2020
Suite du tirage : février 2023

Achevé d'imprimer par Dupliprint à Domont (95)
N° d'impression : 2023020877
www.dupliprint.fr

*Imprimé en France*

pca
cmb
édition pré-presse
livres numériques

44400 Rezé